Rainer Grießhammer

#klimaretten

Jetzt Politik und Leben ändern

GUTE ARGUMENTE, FAKTEN UND CO$_2$-WERTE – JETZT UND HIER!

Das Buch ist ungewöhnlich aufgebaut und leicht zu lesen. Es ist ein politisches Buch und zugleich ein Handbuch für Aktivist*innen und für Konsument*innen, die ihr Leben wirklich ändern wollen. Wer gegen die Klimaerhitzung kämpft, muss Bescheid wissen. „Fridays for Future"-Aktivist*innen finden hier schnell die wichtigsten Fakten, wie CO$_2$-Werte und gute Argumente für die politische Debatte und Streitgespräche. Das Buch ist natürlich auch für die „Parents for Future" und „Grandparents for Future" eine echte Quelle, und selbst die „Scientists for Future" haben damit ein gutes Nachschlagewerk. Die siebzig grün hinterlegten und mit einem **#Hashtag** markierten **Sondertexte** können getrennt vom restlichen Text gelesen und verstanden werden (Verzeichnis siehe Seite 252f.)

#klimaChecker: Viele Menschen glauben, dass sie sich „eigentlich" klimafreundlich verhalten – von dem zu großem Auto und der zu großen Wohnung und den schönen Reisen mal abgesehen. Welch ein Irrtum!

#klimaKlartext: Zum politischen Betrug der EU-Flottengrenzwerte; der selbst verschuldeten Krise der Automobilindustrie, und zum Bürger-Boykott gegen Windkraft

#klimaPolitik: Zu den zentralen Diskussionen zu Fliegen, Tempolimits, Dienstwagenbesteuerung

#klimAktiv: Politische Initiativen (z.B. „Der Große Radschlag"), Gruppeninitiativen (z.B. „Keine Abi-Reise per Flugzeug"), konkrete Verhaltenstipps, Argumente, um andere zu überzeugen

#klimaStory: Visionen, Essays, überraschende Berechnungen, mit denen man Verhaltensänderungen oft besser auslösen kann als mit der Beschreibung von Katastrophen und Fehlverhalten

#klimaFAQ: Zu den kniffligen Themen wie etwa Atomkraft, Elektroautos, CO$_2$-Kompensationen

Auch die Kapitel zu Mobilität, Ernährung, Wohnen und Strom können getrennt gelesen werden. Wer das ganze Buch liest, wird die Zusammenhänge von Gesellschaft, Wirtschaft und Politik bei der Klimarettung besser verstehen. Ausführlich behandelt werden Klimapolitik, das Klimaprogramm der Bundesregierung, der Überflusskonsum, Konsumverhalten (mit den acht einmaligen großen Entscheidungen) und die alte Streitfrage: Verhältnisse oder Verhalten ändern? Das ausführliche **Stichwortverzeichnis** ermöglicht ein schnelles Auffinden von Themen (S. 254ff.) Im **Glossar** werden einige nicht jedem bekannte Abkürzungen wie EEG, ÖPNV erläutert sowie die für das Verständnis zentralen physikalischen Einheiten wie kW, kWh, GWh etc. Weiter werden die für die Berechnungen zugrunde gelegten Werte der CO$_2$-Werte, der Kosten und Einsparungen aufgelistet.

VORWORT

Als Wissenschaftler, langjähriger Klimaschützer und Autor von Büchern zu Klimaschutz erlebe ich in den letzten Jahrzehnten ein Wechselbad der Gefühle. Zuversicht nach der ersten internationalen Vereinbarung, dem Kyoto-Protokoll (1997), Frust über die viel zu kleinen Fortschritte bei den zahlreichen weiteren Klimaverhandlungen, Freude über den riesigen Fortschritt und die Kostensenkung bei Photovoltaik und Windenergie, Ärger über den Ausstieg der USA aus dem internationalen Klimaschutz und über die vielen Wind-energie-Gegner*innen in Deutschland.

Trotz zahlreicher Initiativen steigen die globalen CO_2-Emissionen, wird das Klima weiter erhitzt und die Zeit immer kürzer, in der katastrophale Auswirkungen der Klimaerhitzung noch verhindert werden können. Während ich bei der älteren Generation oft den Eindruck hatte, dass die sich nach dem Prinzip *„Nach mir die Sintflut"* zurückhält, war ich zunehmend erstaunt, dass sich in der Jugend kein wesentlicher Protest regte.

Mit dem begeisternden Weckruf von „Fridays for Future" wird nun aber ein neues Zeitalter beginnen. Die riesige und positive Resonanz darf allerdings nicht darüber hinwegtäuschen, dass der Widerstand gegen Klimaschutzmaßnahmen nach wie vor groß ist – in Politik und Wirtschaft, aber potenziell auch bei den mehreren Dutzend Millionen Autofahrer*innen, Eigenheimbesitzer*innen und Mieter*innen – die allesamt auch Wähler*innen sind.

Für die Überzeugung der Gegner*innen, Skeptiker*innen gegenüber der drohenden Klimakatastrophe und der großen Mehrheit der bewegungslos Verharrenden brauchen „Fridays for Future"-Aktivist*innen gute Argumente, Fakten und Zahlen. Damit sie souverän argumentieren können, habe ich dieses Buch geschrieben.

Das Wechselbad der Gefühle geht weiter. Am 20. September beteiligte ich mich wie viele Millionen Menschen weltweit und zusammen mit 30.000 Mitmarschierenden im kleinen Freiburg auf der Demo von „Fridays for Future" und war von der Breite der Bewegung, der Aufbruchsstimmung und den Diskussionen begeistert. Am Nachmittag las ich dann mit Spannung die Erklärung der Bundesregierung zu ihrem Klimaschutzprogramm – und empfand wirklich körperliche Schmerzen beim Lesen dieser mutlosen Beschlüsse.

Ich war tief enttäuscht von dem Mangel an Visionen und dem fehlendem Glauben an eine Veränderbarkeit von Politik und Gesellschaft. Dabei hat engagierter Klimaschutz gleichzeitig mehrere positive Auswirkungen – auf die Gesundheit der Bevölkerung, die Reduktion von Lärm und Schadstoffen, auf die Innovationskraft der Wirtschaft, Arbeitsplätze in Zukunftsbranchen, die Senkung der hohen externen Kosten und der Abhängigkeit von

Energieimporten. Einmal getroffene und gut begründete Entscheidungen werden von der Bevölkerung aber sehr wohl mitgetragen. Man denke nur an die Durchsetzung des zuvor heftig umstrittenen Rauchverbots in Gaststätten und öffentlichen Einrichtungen.

Bei Vorträgen und Diskussionen wird mir immer wieder die Frage gestellt, ob man Verhalten oder Verhältnisse bzw. Politik und Rahmenbedingungen ändern muss. Das beantworte ich im Buch gleich an mehreren Beispielen: Man muss die Politik ändern. Und das eigene Leben ändern. Das eine geht nicht ohne das andere.

Trotz vieler Studien und Informationen gibt es vielfach Fehleinschätzungen über die richtigen politischen und privaten Maßnahmen. Ja – in der Klimapolitik sind hohe CO_2-Preise superwichtig, aber sie sind keinesfalls ausreichend. Genauso wichtig sind ordnungsrechtliche Verbote (z. B. Tempolimits) und Gebote (z. B. zur verpflichtenden Gebäudesanierung). Viele Konsument*innen glauben, dass ökologischer Konsum teuer ist und dass man den ganzen Tag an irgendwelche Verhaltenstipps denken muss. Das Gegenteil ist der Fall: Mit klimafreundlichem Konsum kann man deutlich Geld sparen; und mit wenigen wichtigen Einzelmaßnahmen legt man die Höhe des Konsums in den nächsten Jahren fest. Und der Konsum ist bislang leider viel zu hoch.

Mit den Klimachecker-Tabellen im Buch können Jugendliche in kurzer Zeit den eigenen Konsum und den der Eltern, Verwandten, Nachbar*innen oder Freund*innen einstufen – in der Regel ist der viel klimaschädlicher als gedacht! Tut mir leid, wenn das Ärger gibt.

Viele sind zufrieden, wenn sie den Müll trennen, ein paar LED einschrauben und Plastiktüten vermeiden. Das sollte man auf jeden Fall tun – aber man muss auch wissen, dass der Ferienflug nach Australien den gleichen Klimaeffekt hat wie die Produktion und Verbrennung von 500.000 Plastiktüten (fünfhunderttausend). Aber das besonders klimaschädliche Fliegen wird politisch gezielt befördert. Es gibt also noch viel zu tun!

Das Honorar für die erste Auflage des Buchs geht als Spende an „Fridays for Future".

Für die große Unterstützung bei der Entstehung des Buchs danke ich Moritz Gartiser (Recherche), für das kritische Gegenlesen einzelner Kapitel Dieter Seifried (Ö-quadrat) und meinen Kolleg*innen vom Öko-Institut (Veit Bürger, Carl-Otto Gensch, Jenny Teufel, Christof Timpe und Wiebke Zimmer). Für die schnelle Erstellung von Grafiken und das Layout danke ich Nathalie Kupfermann und Bertram Sturm, für das sehr engagierte Lektorieren Sabine Winkler und für die gemeinsame Ideenfindung dem Verleger Thomas Becker.

Freiburg i.Br., im Dezember 2019   *Rainer Grießhammer*

INHALT

Einleitung   **11**

Die Politik im etablierten System gefangen   13

Die Wirtschaft schwenkt um   14

Die Konsumenten im Hamsterrad des Überflusskonsums   16

Ermutigende Entwicklungen   20

Die Grenzen der bisherigen Umwelt- und Klimaschutzpolitik   22

Was sind Transformationen?   24

Wie treibt man Transformationen voran?   29

Das Analysetool der Transformationsmatrix   30

Das Klimaschutzgesetz (Entwurf 2019)   41

Das Klimaschutzprogramm 2019   43

Gesamteinschätzung zum gesamten Klimaschutzprogramm   47

Der individuelle Beitrag zur Klimaerhitzung   50

Die großen Einmal-Entscheidungen   53

1   Strom – immer noch aus der Steckdose   **60**

1.1   Umwelt-, Gesundheitsprobleme und hohe Risiken   61

1.2   Status und Perspektiven im Stromsektor   63

1.2.1   Der Atomausstieg   65

1.2.2   Der Kohleausstieg   66

1.2.3   Die Erneuerbaren Energien   69

1.3   Die Energiewende im Stromsektor als gezielte Transformation   70

1.4   Leitbilder und Slogans mit Durchschlagskraft   71

1.5   Soziale und zeitliche Strukturen   71

1.6   Materielle Infrastrukturen   74

1.6.1   Photovoltaik   76

1.6.2   Biogasanlagen   76

1.6.3   Windkraft   77

1.6.4   Stromspeicher   81

1.6.5   Netzausbau   82

1.7	Märkte und Finanzsysteme	82
1.7.1	Die Kostenstruktur bei Strom	82
1.7.2	Externe Kosten der Stromerzeugung	83
1.7.3	Förderung der Erneuerbaren Energien	84
1.7.4	Große Kostensenkung bei den Erneuerbaren Energien	85
1.7.5	Dezentralisierung der Stromerzeugung und neue Eigentümer	86
1.7.6	Blind für Betriebskosten?	87
1.8	Verhalten und Lebensstile	88
1.9	Technologien, Produkte und Dienstleistungen	93
1.9.1	Stand-by	95
1.9.2	Strommessgeräte	96
1.9.3	Digitale Produkte und Dienstleistungen	96
1.9.4	Geräte und Dienstleistungen	97
1.9.5	Smartphone	98
1.9.6	Onlineshopping	100
1.9.7	E-Book-Reader	102
1.9.8	Fernsehgeräte	103
1.9.9	Licht und Lampen	104
1.9.10	Waschmaschinen	106
1.9.11	Wäschetrockner	108
1.9.12	Kühl- und Gefriergeräte	109
1.9.13	Herde und Wasserkocher	112
1.9.14	Spülmaschinen	113
1.9.15	(Warm-)Wasser verbrauchende Geräte	114
1.9.16	Heizungspumpe/Warmwasser-Zirkulationspumpe	115
1.9.17	Photovoltaikanlagen	116
1.9.18	Batteriespeicher	117
1.9.19	Mobile Raumklimaanlagen	119
1.10	Politikinstrumente	119
1.10.1	EU-Emissionshandel	119

1.10.2 Ökodesign-Richtlinie 121

1.10.3 Verpflichtende Angabe der Stromkosten im Betrieb 122

2 Geisterfahrer im Umweltschutz 124

2.1 Die Autokalypse 125

2.2 Die Verkehrswende 128

2.3 Der Kampf der Leitbilder und Parolen 131

2.4 Autos im Schnitt nur 20 km/h? 135

2.5 Das Leben ändern 137

2.6 Vom Auto zur multimodalen Mobilität 141

2.6.1 Multimodale Mobilität 141

2.6.2 Nicht zu vergessen: Einfach laufen 147

2.6.3 Der öffentliche Personennahverkehr (ÖPNV) 148

2.6.4 Bahn frei für das Klima 150

2.6.5 Sharing 152

2.6.6 Die Verbrennungsmotoren in der Sackgasse 157

2.6.7 Das Flugzeug im Steigflug 171

2.7 Der Umbau der Infrastrukturen 178

2.8 Der Automobilmarkt fährt an die Wand 179

2.9 Lehrstühle ändern, Pkw-Label korrigieren 183

2.10 Strategie und Politik 185

3 Umwelt und gesundheitsbewusste Ernährung 188

3.1 Hauptprobleme: qualvolle Tierhaltung und
zu viel Fleisch 189

3.2 Transformation Landwirtschaft und Ernährung 192

3.3 Landwirtschaftliche Böden weitgehend nur
für Tierhaltung 193

3.4 Man ist, was man isst 194

3.5 Besser essen 196

3.5.1 Ernährungsstile 197

3.5.2 Biolebensmittel 199

3.5.3 Planet Health Diet – der Speiseplan der Zukunft 202

3.6	Die Stulle der Postmoderne	206
3.7	Carbon Footprint von Lebensmitteln	208
3.8	Lebensmittel sind zu billig	212
3.9	Integration von Ernährungsbildung in den Schulunterricht	214
3.10	Politikinstrumente	216
3.10.1	Reform der Gemeinsamen Agrarpolitik (GAP) der EU	216
3.10.2	Erhöhung des Ökolandbaus	217
3.10.3	Reduktion des Tierbestands	217
3.10.4	Höhere Fleischpreise	218
4	**Besser Wohnen**	**220**
4.1	Status und Probleme	221
4.2	Transformationsmatrix	223
4.3	Neue Wohnmodelle	224
4.4	Energetisches Update	226
4.4.1	CO_2-Emissionen schnell reduziert	227
4.4.2	Teilsanierung und komplette Sanierung	230
4.5	Die richtige Zeit finden	232
4.6	Zu viele große Wohnungen	233
4.7	Günstige Sanierung durch Niedrigzinsen und CO_2-Bepreisung	234
4.8	Plusenenergiehäuser und „Erneuerbare Wärme"	239
4.9	Fürs Leben lernen	242
4.10	Politikinstrumente	244
Anhang		**247**
Glossar		**248**
Verzeichnis #Hashtags		**252**
Stichwortverzeichnis		**254**
Der Autor		**257**
Nachwort		**258**

www.klimaretten.org

EINLEITUNG

„Mehr als die Vergangenheit interessiert mich die Zukunft,
denn in ihr gedenke ich zu leben."

Albert Einstein

Die Zukunft ist auch nicht mehr das, was sie einmal war. *„Weil Ihr unser Klima killt"* – so steht es zu Recht auf den Transparenten der „Fridays for Future"-Bewegung. Nach diesen Freitagen ist es aus mit den Sonntagsreden und den Vertröstungen auf zukünftiges Handeln.

Im Stillen hatten noch viele Bürger*innen gehofft, dass die Klimaerhitzung erst in einigen Jahrzehnten kommt. Oder nur in irgendwelchen Inselstaaten und Afrika, aber doch nicht hier in Deutschland. Aber die Ereignisse überschlagen sich. „The Day after Tomorrow" hat schon begonnen: Eine extreme mehrmonatige Trockenheit im Osten von Deutschland, Hagelstürme, Tornados, Starkregen, Schlammlawinen, „Jahrhundert"-Überschwemmungen, Waldbrände, beginnendes Waldsterben, Einnistung der asiatischen Tigermücke (die den gefährlichen Dengue-Virus übertragen kann), erste Infektionen mit dem West-Nil-Virus in Deutschland, der heißeste Juni seit Beginn der Wetteraufzeichnungen, erstmals Höchsttemperatur von 42,6 Grad gemessen. Globaler Meeresspiegelanstieg, riesige Waldbrände in Kalifornien und Schweden, schwere Tropenstürme und Überschwemmungen, schnelles Abschmelzen der Gletscher am Südpol, Auftauen des Permafrosts in Sibirien und Alaska, Waldbrände am nördlichen Polarkreis, Hitzewellen, Dürren und Nahrungsmittelknappheit in vielen Ländern. Seit Beginn der Klimaaufzeichnungen die 20 heißesten Jahre in den vergangenen 22 Jahren.

Die Klimaerhitzung geht weiter, trotz vieler Klimaschutzkonferenzen und -beschlüsse steigen die CO_2-Emissionen der Welt jedes Jahr höher, 2018 wieder um 1,7 % bzw. 550 Millionen Tonnen[1] auf insgesamt 33.100 Millionen Tonnen. Wenn der Emissionstrend so beibehalten wird, wird die Erde schon bis etwa 2040 um 1,5 Grad heißer sein als in der vorindustriellen Zeit und dann noch viel heißer werden. „Plötzlich" merken wir, dass die Klimaerhitzung uns selbst betreffen wird: Großeltern, Eltern, Kinder und Jugendliche. Wer heute jünger als 20 ist, ist in Gefahr, bis 2100 eine weitere, unglaubliche Erhitzung der Erde um insgesamt 4 Grad mitzuerleben und deren katastrophale Folgen zu erleiden.

---

1   Global Energy and CO_2 Status Report (https://www.iea.org/geco/emissions/)

Schon lange warnen Wissenschaftler vor der drohenden Klimaerhitzung, und seit Mitte der 1980er-Jahre ist das auch in der Öffentlichkeit bekannt. Und mit jedem der fünf Berichte des IPCC (Intergovernmental Panel on Climate Change) wurden die Vorhersagen präziser und schwerwiegender. In der deutschen Öffentlichkeit und Politik wurde die drohende Klimaerhitzung spätetens 1986 mit einer weit beachteten Titelgeschichte des Magazins „Der Spiegel" bekannt[2]. „Was nützt eine Wissenschaft", klagte Ozonforscher Sherwood Rowland, „die hinlänglich zuverlässige Vorhersagen machen kann, wenn alle nur herumstehen und warten, dass die Prognosen auch eintreffen?" Politik, Wähler*innen und die meisten Konsument*innen verharren weitgehend satt und bewegungslos im selbstgefälligen „Ökobiedermeiertum". Seit Jahrzehnten folgen sie der typischen Behauptung, es gäbe keine Alternative B. Das ist blanker Unsinn. Wahr dagegen ist: Es gibt keinen Planet B und schon gar nicht drei Planeten – so groß ist nämlich der derzeitige Ressourcenhunger.

Die Gesellschaft ist zersplittert in überwiegend egoistische Einzelpositionen. Widerstand gibt es meist nur, wenn die eigene Lieblingsposition gefährdet ist, z. B. durch ein Tempolimit, einen Veggieday oder ein Windrad in 900 Meter Entfernung. Gesellschaftlich gibt es kaum Visionen und Strategien, politisch wenig Führung, und die Integration gesamtgesellschaftlicher Interessen ist mangelhaft. Die Bürger*innen nehmen ihre unterschiedlichen Rollen wie Konsument, Wähler, Arbeitnehmer, Schüler, Lehrling, Studierender, Mieter, Eigentümer, Autofahrer und – ach ja – Eltern oder Großeltern zum Teil konträr wahr. Klimaschutz ist dabei eine dieser tausend Sachen, die man irgendwie auch noch erledigen muss. Oder die man besser auf morgen verschiebt. Und um es mal klar zu sagen: Vor Greta Thunberg waren die meisten Jugendlichen vor lauter Chillen auch nicht besser als ihre Eltern.

Das Hauptproblem ist aber, dass die Elterngeneration eine irre Angst vor Veränderungen ihrer Komfortzone hat und keine positiven Visionen für die Zukunft. Irgendwie merkwürdig: Gerade die Elterngeneration hatte doch wirklich Visionen und konnte viele umsetzen. Und sie hatte mit ihren Initiativen gerade im Umweltschutz viele Erfolge: die akute Vergiftung von Luft und Wasser der 1970er-Jahre beseitigt, die gefährlichsten Chemikalien verboten, den Ozonabbau gestoppt, das Waldsterben verhindert, den AKW-Ausstieg erzwungen und die Energiewende initiiert. Ohne diese Aktionen wäre es heute erst recht zappenduster. Da stellt sich natürlich die Frage, warum die bisherige Umweltpolitik nicht ausgereicht hat, um die Klimaerhitzung zu stoppen (S. 22ff.), und warum die Erwachsenen keine hitzigen Diskussionen mehr führen und nur noch schlaff im Sessel hängen.

---

2 https://www.spiegel.de/spiegel/print/d-13519133.html

Die Welt und mit ihr Deutschland befindet sich JETZT an einem Scheidepunkt. JETZT muss eine andere Politik her – eine hohe CO_2-Steuer, der schnelle Kohleausstieg, das Tempolimit und viele andere Maßnahmen müssen JETZT kommen. Und JETZT müssen die Konsument*innen ihr Leben wirklich ändern – nicht nur ein bisschen Strom sparen, gelegentlich im Bioladen einkaufen und den Ferienflug mit Atmosfair kompensieren. Das sind nur erfolglose Entzugsversuche von der Konsumsucht.

Aber wie reagiert das reiche und wirtschaftlich stabile Deutschland, hochinnovativ und einstmals weltweiter Vorreiter in Umwelt- und Klimaschutz? Wie die Menschen in Deutschland, als Konsumenten und als Wähler, wie die Wirtschaft und wie die Politik?

DIE POLITIK IM ETABLIERTEN SYSTEM GEFANGEN

Wenn man Politikersprüche zu „Fridays for Future" hört, wie etwa von FDP-Chef Christian Lindner (*„Das ist eine Sache für Profis"* – also nix für Jugendliche) oder von Verkehrsminister Andreas Scheuer zum Tempolimit auf Autobahnen (*Gegen jeden Menschenverstand"* – die 750 Millionen Bürger in den anderen EU-Ländern und in den USA, alle mit Tempolimit, sind danach offensichtlich beScheuert) –, kann man als Klimaschützer verzweifeln. Dennoch ist es falsch, über „die Politiker" oder „die Politik" zu lästern. Wer es besser machen will und wer wirklichen Klimaschutz haben will, muss sich politisch engagieren und aktiv werden – wie „Fridays for Future".

Wenn man sich als Jugendlicher mit seinen Eltern oder Verwandten streitet oder umgekehrt oder alle zusammen mit den Nachbarn, sollte man aber gute Argumente haben und beispielsweise wissen, welche Länder schon hohe CO_2-Steuern haben, warum das Steuersparmodell Dienstwagenprivileg zu den vielen übermotorisierten Autos führt oder warum AKWs beim Klimaschutz nicht helfen. Und vor allem, warum Deutschland sein eigenes Klimaschutzziel 2020 nicht einhalten wird und warum das lang erwartete Klimaschutzprogramm der Bundesregierung mutlos ist und die zentralen Klimaschutzziele damit verfehlt werden.

Aber warum gibt es keinen wirklich durchgreifenden Klimaschutz, gerade in Deutschland, das seit Langem für „Klimaschutz und Energiewende" (S. 23f.) bekannt ist und doch schon im Zeitraum 1990 bis 2011 die CO_2-Emissionen um 26 % reduziert hat? Der wesentliche Grund für die erstaunlich hohe Reduktion waren aber vor allem der Zusammenbruch und das „Abwickeln" der ostdeutschen Wirtschaft nach der Wiedervereinigung. Klimapolitisch gesehen sozusagen die „Gnade der späten Wiedervereinigung". Hinzu kamen tatsächlich erste und erfreuliche Auswirkungen der von der Zivilgesellschaft geforderten Energiewende und entsprechende Gesetze, wie etwa das zur Förderung der Erneuerbaren Energien (EEG), sowie Fördermaßnahmen zur Gebäudesanierung.

Danach, also in den sieben Jahren seit dem historischen und weltweit beachteten Beschluss der Bundesregierung zur Energiewende im Jahr 2011 bis zum Jahr 2017, wurden die CO_2-Emissionen aber nur um 1,5 % reduziert! Das von der Bundesregierung selbst gesetzte Klimaschutzziel für 2020 (40 % weniger Treibhausgase als 1990) wird deutlich verfehlt, wie die Bundesregierung selbst bekennt.

Der wesentliche Grund für den mangelhaften Klimaschutz ist, dass die Politik das lang etablierte und vorherrschende System aus Wirtschaftswachstum, Infrastrukturen, Lebensstilen und Machtverteilung nicht ändern, sondern nur ein bisschen optimieren möchte. Für einen erfolgreichen Klimaschutz sind jedoch vielmehr „strukturverändernde Transformationen" erforderlich (S. 24ff.).

Diese Transformationen müssen vergleichbar umwälzend sein wie früher die industriellen Revolutionen (damals mit der Einführung der Dampfmaschine, der Nutzung von Kohle, Erdöl und Strom sowie der industriellen Massenproduktion). Die industriellen Revolutionen waren jedoch nur technologiegetrieben und hatten zu erheblichen sozialen Verwerfungen geführt. Für die anstehenden Transformationen (Energiewende, Verkehrswende etc.) gibt es dagegen gesellschaftlich gesetzte Ziele (vor allem Klimaschutz).

Mögliche negative Auswirkungen wie Arbeitsplatzverluste oder Mehrbelastungen für Haushalte mit geringem Einkommen können vermieden oder kompensiert werden. Die Energiewende im Strombereich ist dafür ein gutes Beispiel (S. 23ff.). Die Verkehrswende, die Wohnwende und die Landwirtschafts- und Ernährungswende müssen folgen (Kap. 1–4). Die Ziele dafür sind eigentlich jedem klar: Änderung der Wirtschaft durch die Internalisierung der externen Kosten und eine hohe CO_2-Steuer, Reduktion des umweltschädlichen Überkonsums, Stromproduktion nur durch Erneuerbare Energien, weg von der Autofixierung, Tempolimits 120/80/30 km/h, systematische Sanierung des Gebäudebestands, Reduktion des hohen Fleischkonsums und eine wirklich gute Tierhaltung. Und allein mit der Rücknahme der absurden Steuerbefreiungen für den besonders klimaschädlichen Flugverkehr hätte man jedes Jahr 12 Milliarden Euro für den Ausbau der Infrastrukturen von Bahn, ÖPNV und Radverkehr.

DIE WIRTSCHAFT SCHWENKT UM

Die deutsche Wirtschaft hat überwiegend akzeptiert, dass die Klimaerhitzung durch die Menschheit verursacht wird und entsprechende Gegenmaßnahmen getroffen werden müssen. Die meisten Unternehmensverbände befürchten sogar, dass sie weltwirtschaftlich ins Hintertreffen kommen, wenn sie nicht durch strenge Klimaschutzauflagen zu Innovationen gezwungen werden, mit denen sie konkurrenzfähig bleiben. Die einzelnen Industrieverbände sind nur uneins, ob die Treibhausgasemissionen bis 2050 um 80 oder 95 % reduziert werden sollen.

Das von der Bundesregierung im Oktober 2019 vorgelegte Klimaschutzprogramm wurde selbst von mehreren Industrieverbänden harsch kritisiert, darunter vom Verband Deutscher Maschinen- und Anlagenbauer (VDMA), dem größten europäischen Wirtschaftsverband (der VDMA hatte übrigens einen CO_2-Preis von 110 Euro pro Tonne CO_2 gefordert[3]; die Bundesregierung hat sich für einen Einstandspreis von 10 Euro pro Tonne CO_2 entschieden – das ist kein Schreibfehler!). Innerhalb der Wirtschaft gibt es potenzielle Verlierer der Energiewende (z. B. die vier großen Energiekonzerne und die Automobilhersteller) und potenzielle Gewinner der Energiewende (z. B. Hersteller von Photovoltaik- und Windenergieanlagen oder energieeffizienten Haushaltsgeräten).

Ob Unternehmen zu den Verlierern oder Gewinnern einer Transformation wie der Energiewende gehören, hängt allerdings weniger von ihrer Stellung im alten System ab als davon, ob sie sich frühzeitig auf Veränderungen einstellen und entsprechende Innovationen vorantreiben. Die deutsche Automobilindustrie hat hier komplett versagt. Einerseits hat sie versucht, auf Teufel komm raus und mit kriminellem Betrug die Diesel-Technologie zu retten, und hat in Brüssel gegen die Verschärfung der CO_2-Grenzwerte lobbyiert. Dabei konnte sie auf die Unterstützung der Bundesregierung vertrauen, die traditionell am Abschleppseil der Automobillobby in Brüssel gegen schärfere Grenzwerte auftritt. Andererseits verpasste die einst weltweit führende deutsche Automobilindustrie einen frühen Einstieg in neue Mobilitätskonzepte und in die Elektromobilität und überließ die Markteinführung der Elektromobilität ausgerechnet China.

Hinzu kommt, dass die deutsche Automobilindustrie nach wie vor auf große, schwere und übermotorisierte Autos mit hoher Spitzengeschwindigkeit bis 200 km/h und mehr setzt – offensichtlich rechnet sie weder mit einem Tempolimit noch mit einer CO_2-Besteuerung und setzt auch hier aufs falsche Pferd bzw. auf zu viele Pferde-Stärken (PS). Nun steht die Automobilindustrie unter hohem wirtschaftlichem Druck, sowohl durch die chinesischen Auflagen für Importe wie auch durch die neuen und vergleichsweise scharfen CO_2-Flottengrenzwerte der EU, die wenn überhaupt nur durch einen erheblichen Anteil an Elektrofahrzeugen eingehalten werden können. Insgesamt wird sich die

---

3 Handelsblatt vom 8.7.2919

Wirtschaft aber viel schneller umstellen, als viele denken, auch wenn sie sich lange gegen Veränderungen gesträubt hat.

DIE KONSUMENTEN IM HAMSTERRAD DES ÜBERFLUSSKONSUMS

Die meisten Deutschen denken, dass sie besonders umweltorientiert sind, schließlich trennen sie ja brav den Hausmüll. Pro Kopf sind das jährlich 565 Kilo. Die Pro-Kopf-Emissionen des klimaschädlichen CO_2 liegen allerdings bei – ups! – 10.466 Kilo(!). Fast zwanzigmal so viel. Aber praktischerweise ist das CO_2 ja ein Gas und entschwindet unsichtbar in die Luft – zur Klimaerhitzung.

Der Überflusskonsum nimmt in Deutschland seit Jahren massiv zu. Dazu muss man wirklich mal einige Zahlen anschauen: Die Wohnfläche lag 1960 bei 20 Quadratmeter pro Kopf, heute bei 47 Quadratmeter. Der Autobestand lag bei 4,5 Millionen (nur BRD), heute bei 47 Millionen. Die durchschnittliche Leistung der Autos hat sich von 32 PS auf 145 PS nahezu verfünffacht. Die durchschnittliche Höchstgeschwindigkeit der 2018 neu zugelassenen Autos ist 200 km/h. Im ersten Halbjahr 2019 waren 30 % der Neuwagen SUVs. Normalsterbliche konnten sich 1960 keine Flugreise leisten. Heute liegt der Schnitt bei 2,44 Flugreisen pro Einwohner und Jahr.[4] Die Anzahl der privaten Flugreisen liegt dabei fast zehnmal höher (!) als die der beruflich bedingten Reisen.[5]

Die vielen Effizienzfortschritte (60 bis 90 % weniger Stromverbrauch bei Haushaltsgeräten und Beleuchtung; 3-Liter-Autos ab 1999; Passivhäuser ab 1999) wurden entweder nicht angenommen oder durch höheren Konsum und Reboundeffekte kompensiert.

Gerade die „umweltorientierten" Akademiker haben einen besonders umweltintensiven Lebensstil: große Wohnung, zwei Autos und viele Reisen. Der Lebensstil der meisten Jugendlichen ist auch nicht besser: häufiger Gerätewechsel, angenehme Mitnutzung der großen Wohnung und Autos der Eltern, auch wenn man für Lehre oder Studium längst ausgezogen ist, viele Reisen und Flüge – Airbnb lässt grüßen! Mit den #klimachecker-Grafiken (S. 89, 127, 210, 231f.) kann man Eltern, Freunde, Verwandte und sich selbst glasklar einordnen.

Durch eine anspruchsvolle Klimaschutzpolitik und Nutzung effizienter Technologien könnte die Umweltbelastung des Konsums natürlich deutlich gesenkt werden, aber der Lebensstil und der Überflusskonsum Deutschlands können trotzdem nicht weltweit

---

4   https://ec.europa.eu/eurostat/statistics-explained/index.php/Passenger_transport_statistics/de
5   https://de.statista.com/statistik/daten/studie/171112/umfrage/flugreisen-in-den-letzten-12-monaten/

übertragen bzw. durchgehalten werden – nicht der Energieverbrauch, nicht die Zahl der Flüge, nicht die Zahl der Autos, nicht die Höhe des Fleischverbrauchs. Das traut sich keiner so richtig zu sagen, und die wenigsten wollen es auch hören. Aber die Klimaerhitzung lässt sich nicht ohne eine Reduktion des Überflusskonsums stoppen. Merkwürdigerweise sind die wenigsten Deutschen glücklich – trotz oder vielleicht gerade wegen des Überflusskonsums. Vor lauter Konsum haben sie vergessen, wie gut sie schon leben.

Trotz mehrerer Jahrzehnte mit Debatten und Aktionen für ökologischen und nachhaltigen Konsum ist dieser noch nicht im Mainstream angekommen. Der Anteil der Öko-Konsumenten liegt bei wenigen Prozent: Die für den Klimaschutz wichtige energetische Sanierungsrate von Häusern liegt bei jährlich rund 1 %, die der registrierten Carsharing-Nutzer bei 3,75 % der Führerscheininhaber*innen (2018), und der Marktanteil biologisch angebauter Lebensmittel lag 2017 bei 5,4 %. Würde man noch nach einer Kombination dieser Aktivitäten fragen (wer lebt in einem Niedrigenergiehaus und ist Carsharing-Nutzer*in und kauft biologisch angebaute Lebensmittel?), würde man sicher im Promillebereich landen. In der Breite wird es ökologischen Konsum erst geben, wenn die gesetzlichen Rahmenbedingungen geändert werden – CO_2-Besteuerung, Streichung der Subventionen für Flugverkehr, starke Förderung des öffentlichen Verkehrs und des Fahrradverkehrs etc.

Und doch waren die Öko-Konsument*innen zusammen mit Umweltorganisationen und -initiativen höchst erfolgreich: Ohne sie gäbe es keine Energiewende, keinen Ökostrom, keinen Atomausstieg, keine hochenergieeffizienten Produkte, kein Carsharing, keine Biolebensmittel, keine fairen Produkte. Denn die Unternehmen reagieren eben doch auf die Nachfrage nach Produkten, und die Politiker reagieren durchaus sensibel auf das Verhalten und die Wünsche der Bürger*innen. Wie wird ein Abgeordneter zum Tempolimit abstimmen, wenn er auf dem Weg zur Abstimmung über ein Tempolimit von 120 km/h auf Autobahnen von den meisten Autos rasant überholt wird? Und umgekehrt: Wie wird ein Gemeinderat abstimmen, wenn Bürger*innen vehement Tempo-30-Zonen fordern, weil sie keinen Lärm, keine Luftverpestung und keine gefährlichen Unfälle wollen? Aber auch: Welches Beispiel geben die Schüler*innen, die sich für wenige Kilometer im Elterntaxi zur Schule kutschieren lassen?

Persönliche Änderungen im Leben fallen schwer, wenn die äußeren Rahmenbedingungen nicht stimmen. Wenn man auf dem Land wohnt und auf das Auto angewiesen ist, weil der öffentliche Nahverkehr und die Bahnanbindung schlecht sind. Wenn man ein Elektroauto fahren will und es nicht genug Ladestationen gibt. Wenn es 6.000 Euro staatlichen Zuschuss für den Kauf eines Elektroautos gibt, jedoch null Zuschuss für den Kauf eines Elektrofahrrads. Wenn die Bahn teurer ist als das Fliegen (u. a. wegen der Steuerbefreiungen für den Flugverkehr). Wenn es in der Betriebskantine, Ganztagsschule oder Kita nur ungesundes fleischreiches Essen gibt. Wenn die nächste Biometzgerei 15 km entfernt ist. Wenn der Eigentümer der Mietwohnung die Wohnung nicht energetisch sanieren will. Wenn die CO_2-Emissionen der Stromproduktion zu hoch sind, weil zu spät aus Kohleverstromung ausgestiegen wird. Wenn konventionelle Produkte und Alternativen billiger sind, weil es keine CO_2-Steuer gibt und dagegen hohe Subventionen für fossile Energien.

Dann wird deutlich, dass es nicht reicht, das eigene Verhalten oder das der Eltern oder Mitbürger*innen zu ändern. Dann müssen auch die Verhältnisse geändert werden, die Gesetze, die Subventionen, die Förderbedingungen für Innovationen.

Man muss Verhalten und Verhältnisse ändern

Das eine kommt nicht ohne das andere. Die philosophische Ablenkungsfrage, ob zuerst die Henne oder zuerst das Ei da war, kann man sich sparen. Wer nicht gackert, erreicht gar nichts. Und wer nicht selbst aktiv wird und keine Eier legt, überzeugt niemanden.

Bürger*innen haben mehrfache Rollen: Sie sind Konsument*innen, Wähler*innen, Mieter*innen/Eigentümer*innen, Arbeitnehmer*innen, oder sie sind noch in der Ausbildung, Bürger*innen können politisch aktiv sein, Anbieter*innen von Airbnb, Uber oder My Taxi sein, können eigene Photovoltaikanlagen installieren und als Anwohner*innen gegen oder für Windkraftanlagen kämpfen. In allen Funktionen können Bürger*innen Klimaschutz fördern – aber leider auch verhindern.

Aktivisten von „Fridays for Future" und andere Klimaschützer*innen stehen hier vor mehreren Herausforderungen:

❖ Sie müssen für wirklich wirksame klimapolitische Gesetze und bessere Rahmenbedingungen argumentieren (S. 37ff.) und andere Bürger*innen und Wähler*innen davon überzeugen können. Das ist nicht so leicht, wie die Diskussionen um Veggieday, Tempolimit, Benzinpreise oder die hohen Kaufzahlen von SUVs zeigen – aber auch die immer noch zugkräftigen Anti-Slogans (Freie Fahrt für freie Bürger etc.) und die vielen Fehlinformationen und Fehleinschätzungen.

❖ Sie müssen dafür nicht nur demonstrieren, sondern die Änderungen auch durch kreative Initiativen unterstützen, wie etwa mit Schulsanierungen (S. 243), der „Fossil Free"-Initiative, der kirchlichen Initiative „Zukunft einkaufen", der „Transition Town"-Bewegung u.v.a.m. Das geht am einfachsten in Kommunen – viele lokale Initiativen strahlen von dort auf die Landes- und Bundespolitik und auf die Medien und Öffentlichkeit aus.

❖ Sie müssen anders leben und damit anderes Leben vorleben: Ridesharing statt eigenem Auto, vegetarische oder fleischarme Ernährung statt hohem und ungesundem Fleischkonsum, Gemeinschaftswohnen statt steigendem Wohnraumbedarf. Und generell bescheiden und umweltfreundlich konsumieren. Wer das nicht selbst vorlebt, kann in Diskussionen wenig überzeugen.

❖ Um andere Konsument*innen von einem besseren Leben überzeugen zu können, müssen Aktivist*innen die Gründe kennen, warum die meisten Konsument*innen zwar von Umwelt- und Klimaschutz reden, aber gegensätzlich handeln.

Die Änderung von Verhalten und Lebensstilen ist für den weiteren Klimaschutz und die Klimaschutzpolitik extrem wichtig. Denn die Energiewende ist bislang nur im Strombereich wirklich vorangekommen. Da der „Strom unverändert aus der Steckdose" kommt, musste niemand seinen Lebensstil ändern. Aber jetzt braucht es große Veränderungen in der Mobilität, bei den Gebäuden und in der Ernährung.

Gegen den Willen von 80 Millionen Hauseigentümer*innen und Mieter*innen, 45 Millionen Autobesitzer*innen und mehrere Dutzend Millionen Bürger*innen mit hohem Fleischkonsum macht die Politik keine Gesetze – also muss man auch überzeugend für andere Visionen, Lebensstile und alternatives Verhalten werben. Hinzu kommt: bei einem hohen CO_2-Preis von 180 Euro Tonne CO_2 (der kommen muss und kommen wird!) werden Benzin und Diesel, Heizenergie und Flugzeugkerosin zwar um einige Zehnerprozent teurer, aber die meisten Bürger*innen in Deutschland – vom Mittelstand aufwärts – können das trotzdem bezahlen. Damit sich ihr Konsum ändert, müssen die Alternativen so attraktiv und erprobt sein (Radinfrastruktur, ÖPNV, Bahn, Essensangebote etc.), dass die Bürger*innen freiwillig anders konsumieren.

Letztlich kann die Änderung der Konsumstile in Deutschland auch globale Auswirkungen haben. Deutschland exportiert nicht nur Autos und andere Produkte in die ganze Welt, sondern implizit auch Konsumstile. Die aufsteigenden Mittelschichten in den bevölkerungsreichen Schwellenländern wie China, Indien oder Brasilien versuchen einen ähnlichen Konsumstil zu erreichen. Die Deutschen fahren SUV, reisen und fliegen viel, haben große Wohnungen, essen viel Fleisch. Vieles von dem überträgt sich – trotz andersartiger Kulturen. Auch darum muss man den Überflusskonsum reduzieren.

ERMUTIGENDE ENTWICKLUNGEN

Zum Glück gibt es auch viele ermutigende Entwicklungen zu Klimaschutz und Nachhaltigkeit. Im November 2015 wurde in Paris von den 196 Mitgliedsstaaten der Klimarahmenkonvention die Vereinbarung getroffen, die menschengemachte Klimaerhitzung auf deutlich unter 2 °C und auf möglichst 1,5 °C gegenüber den vorindustriellen Werten zu begrenzen („Paris Agreement"). Zwei Monate vorher wurde in New York von allen Mitgliedsstaaten der Vereinten Nationen und mit breiter Beteiligung der Zivilgesellschaft die sogenannte Agenda 2030 verabschiedet.

Die Agenda 2030 erfordert eine Konkretisierung der nachhaltigen Entwicklung. Bis zum Jahr 2030 sollen 17 Ziele erreicht werden, darunter „Saubere Energie", ausreichend „Maßnahmen zum Klimaschutz" (Ziel 13) und „Nachhaltiger Konsum und nachhaltige Produkte" (Ziel 12), Ban Ki-moon, der damalige UN-Generalsekretär, sagte dazu: *„Wir können die erste Generation sein, der es gelingt, die Armut zu beseitigen, ebenso wie wir die letzte sein könnten, die die Chance hat, unseren Planeten zu retten."* Und selbst der Papst hat in seiner Enzyklika „Laudatio si" (2015) einen engagierten Umwelt- und Klimaschutz und einen Ausstieg aus den fossilen Energieträgern gefordert.

In den letzten Jahren haben sich viele Länder, in den USA viele Bundesstaaten, zu einem ernsthaften Klimaschutz verpflichtet und CO_2-Steuern eingeführt. Selbst China forciert den Klimaschutz und verändert durch seine Solarindustrie und durch die Elektromobilität die internationalen Märkte. Viele Städte haben anspruchsvolle Klimaschutzpläne und Umsetzungsmaßnahmen verabschiedet, in der Regel auf Druck der örtlichen Initiativen. Mittlerweile fordern auch viele Unternehmen Klimaschutz und die Einführung einer CO_2-Steuer. Und vor allem macht die weltweite Initiative „Fridays for Future" Hoffnung. Denn ohne Druck geht gar nichts.

Deutschland hat international eine große Verantwortung für den Klimaschutz. Als erstes Land weltweit hat Deutschland die Energiewende beschlossen, und bereits seit der Jahrtausendwende die Erneuerbaren Energien im Strombereich vorangetrieben. Es ist nicht übertrieben: Alle Länder der Welt schauen auf die deutsche Energiewende und Klimaschutzpolitik. Wenn das reiche und innovative Hightech-Deutschland die Energiewende und den Klimaschutz nicht hinbekäme – welches Land sollte es dann schaffen?

Durch die sehr frühe und umfangreiche Förderung von Photovoltaik und Windenergie hat Deutschland den Grundstein dafür gelegt, dass die Erzeugungskosten um über 90 % gesunken sind und erneuerbarer Strom heute schon günstiger als in AKWs oder Steinkohlekraftwerken erzeugt werden kann, erst recht in noch sonnigeren oder noch windreicheren Ländern als Deutschland. Das war die größte „Entwicklungshilfe", die Deutschland je gegeben hat. Und so soll es weitergehen.

Nur CO_2 reduzieren? Mit den im Buch gemachten Vorschlägen für Klimapolitik und Verhaltensänderungen kann sehr viel CO_2 reduziert werden. Aber natürlich besteht der Sinn des Lebens nicht darin, CO_2 zu sparen. Und auch die Politik sollte Maßnahmen nicht allein auf die Reduktion von CO_2 reduzieren. Aber das Erfreuliche ist – fast alle Maßnahmen zur CO_2-Reduzierung haben positive Paralleleffekte.

Gut für die Umwelt: Durch die Maßnahmen wird nicht nur CO_2 reduziert, sondern auch Schadstoffe wie Stickoxide oder Feinstaub, die Gewässerbelastung durch Nitrat und der hohe Flächenverbrauch reduziert und die Biodiversität erhöht.

Gut für die Volkswirtschaft: Die hohen externen Kosten werden reduziert. Die Steuereinnahmen können für Sinnvolles eingesetzt werden. Die hohen Kosten für Energieimporte werden reduziert, die Abhängigkeit von Energieeinfuhren aus Russland und den arabischen Ölländern nimmt ab.

Gut für die Konsument*innen: Mit den Maßnahmen und Verhaltensänderungen leben sie deutlich gesünder, es gibt weniger Lärm und weniger Unfälle. Die Konsument*innen sparen Geld (!), haben mehr Zeit, ein angenehmeres Wohnumfeld und mehr Möglichkeiten für soziale Kontakte.

POLITIK ÄNDERN

Politik ändern „Wer etwas will, findet Wege.
Wer nicht will, findet Gründe."
Albert Camus

Die Produktions- und Konsummuster Deutschlands und vieler Industriestaaten sind schon seit mehreren Jahrzehnten besonders umweltbelastend und ressourcenintensiv. Bei einer Verbreitung des westlichen Lebensstils auf alle Nationen und zehn Milliarden Menschen würde die ökologische Tragfähigkeit der Erde weit überschritten. Vor allem die sich verschärfende Klimaerhitzung, aber auch die Stickstoffbelastung der Umwelt, die hohen Biodiversitätsverluste oder das Plastik in den Weltmeeren lassen nicht mehr viel Zeit, um ein langfristig tragfähiges Lebens- und Wirtschaftsmodell durchzusetzen.

Beim Lesen dieser Zeilen stellen sich damit zwei bohrende Fragen: *Hat die Umweltbewegung in den letzten Jahrzehnten eigentlich überhaupt was bewirkt? Es gibt doch schon seit Jahrzehnten eine Umweltpolitik – was hat die eigentlich durchgesetzt?*

DIE GRENZEN DER BISHERIGEN UMWELT- UND KLIMASCHUTZPOLITIK

Anfang der 1970er-Jahre gab es in Deutschland und anderen Industriestaaten eine massive akute Umweltbelastung. Wasser, Luft und Böden waren hoch belastet, es gab Zehntausende wilder Müllkippen, hochgiftiger Sondermüll wurde in Kiesgruben vergraben, hochrisikoreiche Anlagen wie AKWs, nukleare Wiederaufbereitungsanlagen in Hanau oder Wackersdorf waren in Planung oder Betrieb. Die Lebensmittel und sogar Muttermilch (!) waren mit einem Cocktail giftiger Chemikalien belastet. In den 1980er-Jahren zeichneten sich dann mit dem sauren Regen, dem beginnenden Waldsterben und der Zerstörung der stratosphärischen Ozonschicht (dem „Ozonloch") die ersten chronischen Umweltkrisen ab. Einen traurigen Höhepunkt gab es 1986 mit dem Super-GAU des AKW in Tschernobyl. Die radioaktive Belastung verteilte sich über ganz Europa. Um Tschernobyl wurden mehr als 115.000 Menschen in mehr als 500 Dörfern heimatlos und Hunderte Quadratkilometer Heimat unbewohnbar. Wenige Monate später führte der Großbrand eines Chemielagers der Sandoz AG in Basel über das kontaminierte Löschwasser zu einer Komplettvergiftung des Rheins und all seiner Lebewesen.

Durch den Druck der Umweltbewegung entstanden in Deutschland und international viele Umweltgesetze. Auch wurden erstmals Umweltministerien in Bund und Ländern und Umweltdezernate in den Kommunen eingerichtet, an den Universitäten entstanden Umweltstudiengänge. Bis Anfang der 1990er-Jahre wurden viele akute Umweltprobleme gelöst oder zumindest wesentlich eingedämmt – ein großer Erfolg der Umweltbewegung! Die Gewässersituation hatte sich entspannt, die Emission von Luftschadstoffen war – außer im Verkehrsbereich – deutlich reduziert worden. Abfallentsorgung und Recycling waren etabliert, viele der besonders giftigen Chemikalien und Materialien (wie etwa Asbest, bleihaltiges Benzin, chlororganische Pestizide, Fluorchlorkohlenwasserstoffe [FCKW], Polychlorierte Biphenyle oder Pentachlorphenol) waren verboten oder von der Industrie schnell noch vorher vom Markt genommen worden. Mit dem Montreal-Protokoll als der ersten internationalen Umweltvereinbarung und dem Verbot der Fluorchlorkohlenwasserstoffe (FCKW) konnte gerade noch die Zerstörung der stratosphärischen Ozonschicht und damit eine große globale Umweltkrise gestoppt werden. Trotzdem dauert die Regenerierung der Ozonschicht mehrere Jahrzehnte und wird wohl noch bis etwa 2050 dauern – weil die einmal in die Umwelt freigesetzten FCKW erst über mehrere Jahrzehnte abgebaut werden.

Das Verbot der FCKW war übrigens auch ein riesiger Schritt für den Klimaschutz, denn die FCKW haben nicht nur die Ozonschicht zerstört, sondern hatten auch einen sehr hohen

Treibhauseffekt. Der Treibhauseffekt einzelner FCKW ist bis zu 22.900 Mal (!) höher als der von Kohlendioxid (CO_2).

Die Eindämmung der akuten Umweltprobleme war allerdings im Wesentlichen durch technische und organisatorische Maßnahmen erreicht worden. Beispiele waren die Erhöhung der Energieeffizienz bei Haushaltsgeräten, der Einbau von Filtern, Katalysatoren oder Reinigungsanlagen in Autos und Kraftwerken, das Verbot von bleihaltigem Benzin, der Ersatz der FCKW durch andere Chemikalien (aber ohne wesentliche Änderung der Produkte), die Vorschriften zur Sammlung und Verwertung von Müll u.a.m. All dies war unbedingt notwendig, aber leider nicht ausreichend. Denn in keinem Fall gab es einen Strukturwandel – also grundlegende Änderungen bei den umwelt- und ressourcenintensiven Systemen (Energieversorgung, Wohnen, Verkehr, Landwirtschaft und Ernährung) und beim generell hohen Pro-Kopf-Konsum. Dies führte dazu, dass sich chronische und globale Umweltkrisen entwickelten. Ein solcher grundsätzlicher Strukturwandel in Wirtschaft und Konsum und eine entsprechende Wende in den wichtigsten Sektoren werden von der Umweltbewegung schon seit Langem gefordert und sind in Büchern oder Studien ausführlich dokumentiert: Ende oder Wende (Eppler 1975); Energiewende (Krause et al. 1980); Landbau-Wende (Bechmann 1987); Chemiewende (Grießhammer 1992); Verkehrswende (Hesse 1995); Ernährungswende (Eberle et al. 2005).

Das Paradebeispiel war die visionäre „Energiewende-Studie" des Öko-Instituts, die bereits 1980 als Buch veröffentlicht wurde: „Die Energiewende – Wachstum und Wohlstand ohne Erdöl und Uran".

In der Studie wurden der unnötig hohe Energieverbrauch in Deutschland und die Ausbaupläne für viele weitere Atomkraftwerke und Kohlekraftwerke kritisiert sowie eine Wende in der Energiepolitik gefordert. Der Energieverbrauch sollte durch Effizienzsteigerung und Energiesparen drastisch reduziert und durch Erneuerbare Energien gedeckt werden – bei gleichzeitigem Ausstieg aus der Atomenergie. Damit wurde die Grundlage für die heutige Energiewende gelegt.

Die Energiewende-Studie des Öko-Instituts prägte die energiepolitische Diskussion der nächsten Jahrzehnte. Diese wurde noch verstärkt durch den AKW-GAU in Tschernobyl (1986), durch die jahrzehntelange politische Arbeit von 400 Energiewendekomitees und die ab etwa Mitte der 1980er-Jahre aufkommende Klimadiskussion.

Um die Jahrtausendwende gab es schon die ersten Gesetze und Förderprogramme. Wegweisend waren das 100.000-Dächer-Programm zur Förderung der Photovoltaik (1999 bis 2003) und im Jahr 2000 das Erneuerbare-Energien-Gesetz (EEG) zur Förderung von Photovoltaik und Windenergie. Ohne diese damals heftig umstrittenen Aktivitäten wäre in den nächsten Jahren weder ein Atomausstieg noch ein Kohleausstieg möglich. Richtig „offiziell" wurde die Energiewende mit Beschluss von Bundestag und Bundesregierung aber erst nach dem nächsten atomaren Super-GAU in Fukushima (2011).

Die zielgerichtete Energiewende war und ist ein erstes Beispiel für einen grundlegenden Strukturwandel bzw. Transformation (wie man heute sagt). Aber erst seit zehn bis 15 Jahren versteht man besser, wie Transformationen entstehen und gefördert werden können.

WAS SIND TRANSFORMATIONEN?

Bereits im 19. und 20. Jahrhundert gab es große technologische und gesellschaftliche Umwälzungen, die als „industrielle Revolutionen" bezeichnet wurden, weil sie von bahnbrechenden technologischen Innovationen in der Industrie ausgingen. Die erste industrielle Revolution war durch die Einführung von Dampfmaschine, Spinnmaschine und mechanischem Webstuhl charakterisiert, die zweite industrielle Revolution durch Einführung von Elektrizität, Öl als flexibler Energiequelle, Autos und Entwicklung der Massenproduktion. Vor allem die zweite industrielle Revolution hat zum Klimawandel geführt!

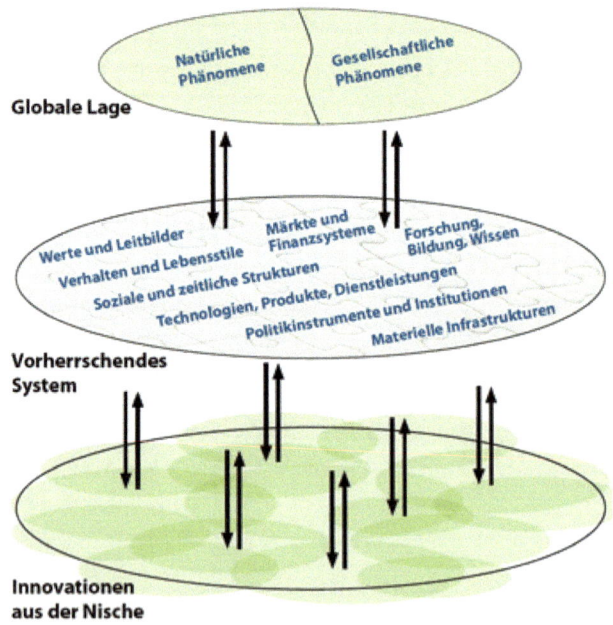

Abbildung: Eigene Darstellung modifiziert nach Geels 2002

Bei den industriellen Revolutionen kam es durch die technologischen Innovationen zu großen Umbrüchen mit Arbeitslosigkeit in alten Sektoren, Landflucht, Armut und miserablen Bedingungen bei den neu entstandenen Industriearbeitsplätzen.

Eine weitere industrielle Revolution hat in den letzten Jahrzehnten mit der Digitalisierung begonnen (ohne dass sie gesellschaftlich geplant oder vorhergesehen wurde). Die Digitalisierung hat übrigens schon Hunderttausende Arbeitsplätze vernichtet, aber auch Hunderttausende neue Arbeitsplätze geschaffen. Während die „industriellen Revolutionen ungeplant" waren und sind und durch die Eigendynamik der technischen Entwicklungen getrieben werden, folgen Transformationen wie die Energiewende gesellschaftlichen und politischen Zielen. Die Ziele für die Energiewende sind – wie oben gezeigt – Reduktion des zu hohen Energieverbrauchs, Deckung des verbleibenden Energieverbrauchs durch Erneuerbare Energien und Klimaschutz. Die dazu erforderlichen Technologien werden bei Transformationen gezielt gefördert, bei der Energiewende im Strombereich sind dies die Photovoltaik und Windenergie.

Gewinner und Verlierer

Transformationen sind mit grundlegenden Veränderungen in der gesamten Gesellschaft verbunden – bei den Werteeinstellungen, den sozialen Strukturen und Lebensstilen, bei den Technologien und Produkten, in der Wirtschaft und bei den Eigentumsverhältnissen, beim Konsum, bei Forschung und Bildung, bei den materiellen Infrastrukturen, bei Politik und Gesetzen. Bei jeder Transformation gibt es potenzielle Gewinner und potenzielle Verlierer. Durch die Energiewende haben die vier großen Energieversorgungsunternehmen beispielsweise schon jetzt an Macht und Wirtschaftskraft verloren.

Die bisher errichteten Photovoltaik- und Windenergieanlagen gehören dagegen überwiegend Privatleuten, Landwirten und Fonds (S. 86). Die deutsche Autoindustrie wird voraussichtlich in eine schwere Krise kommen, weil sie zu lange auf große Autos mit Verbrennungsmotoren gesetzt hat und von chinesischen Elektroautoherstellern überholt oder gar überrollt werden wird. In den deutschen Braunkohleregionen gehen Zehntausende Arbeitsplätze verloren – es ist aber beschlossen, dies durch milliardenschwere Strukturhilfen zum Aufbau neuer Wirtschaftszweige und Arbeitsplätze auszugleichen. Besitzer*innen und Mieter*innen von großen, ungedämmten Häusern müssen höhere Energiepreise fürchten, Besitzer*innen und Mieter*innen von energieeffizienten Häusern brauchen dagegen keine Energiepreissteigerungen, Ölkrisen oder politisch motivierte Blockaden der Gasversorgung zu befürchten.

Wie wird eine Transformation ausgelöst?

Bei einer Transformation wird das bisher vorherrschende System in ein anderes gewünschtes System überführt. Bei der Stromversorgung ist das vorherrschende System beispielsweise ein Netzwerk von Institutionen, Akteuren, Infrastruktur und Gesetzen (konventionelle Großkraftwerke, Atomkraftwerke und Braunkohlekraftwerke, große Energieversorgungsunternehmen, Stromnetz, Überkapazitäten etc.). Ein solches „vorherrschendes System" kann von zwei Seiten unter Druck kommen und verändert werden (s. Abbildung S. 24). Globale, politische und weltwirtschaftliche Entwicklungen können „von oben" eine Veränderung des Systems herbeiführen oder befördern. Bei der Energiewende waren oder sind das beispielsweise: die atomaren Katastrophen in Tschernobyl und Fukushima, die Liberalisierung der Energiemärkte in den 1990er-Jahren, die Klimaerhitzung sowie die Klimaschutzkonferenzen (zuletzt die Paris-Konvention) und die Agenda 2030, im Automobilbereich die schnelle Entwicklung der Elektromobilität in China und der „Dieselgate" und natürlich der Druck durch die globale zivilgesellschaftliche Entwicklung „Fridays for Future"!

Auch „von unten" haben soziale oder technologische Nischenentwicklungen die Energiewende ausgelöst und unterstützt, z. B. die Antiatombewegung, die Energiewendekomitees (S. 34f.), die Entwicklung von Solarkollektoren, Photovoltaik und Windkraft, von Passivhäusern und Plusenergiehäusern, die Gründung von Carsharing und BlaBlaCar, die Fahrradinitiativen, der Boom der E-Bikes u.a.m.

Der Druck von beiden Seiten auf das vorherrschende System kann so eine Transformation auslösen und verstärken. Die Veränderungen in den verschiedenen Teilen des vorherrschenden Systems können gleichzeitig oder zeitlich versetzt ablaufen und sich gegenseitig erheblich beeinflussen, verstärken oder schwächen. Entscheidend für den Erfolg einer Transformation ist, dass sich die Prozesse im Lauf der Zeit verdichten und zu grundlegenden, unumkehrbaren Änderungen im vorherrschenden System führen (Paradigmenwechsel).

Wichtig zum Verständnis der gezielten Transformationen (z. B. der Energiewende in Deutschland) ist, dass Politik und Gesellschaft eine Transformation wesentlich in die gewünschte Richtung schieben und beschleunigen können, aber sie nicht im Detail steuern können. Eine zielgerichtete Transformation ist also nicht mit den Fünfjahresplänen der ehemaligen DDR oder Sowjetunion zu vergleichen. Beispiele für die Richtungsvorgaben der Energiewende sind die Förderung der Erneuerbaren Energien, der Gebäudesanierung, der Elektromobilität, das Klimagesetz und das Klimaschutzprogramm.

Wer startet eigentlich eine Transformation? Wer treibt sie voran?

Bisher hat es nur wenige gezielte Transformationen gegeben, sodass man das nicht sicher sagen kann. Aber wahrscheinlich kommen der Wunsch und der Druck für eine Transformation zuerst aus der Zivilgesellschaft und werden dann im Laufe der Zeit von Teilen der Politik unterstützt und irgendwann als Regierungsprogramm übernommen. So war es jedenfalls bei der Energiewende.

Den idealtypischen Verlauf einer Transformation zeigt die Abbildung. Die Transformation beginnt nicht mit einem „Startschuss" oder einem einmaligen Beschluss, sondern mit einer „Vorentwicklungsphase" mit vielen gesellschaftlichen Auseinandersetzungen und Innovationen. Bei der Energiewende im Strombereich waren das beispielsweise die Anti-Atom-Demonstrationen, die Energiewendestudie des Öko-Instituts, die Entwicklung von Solarkollektoren, Photovoltaik und Windkraft. In der Startphase gibt es die ersten größeren Veränderungen, beispielsweise das 100.000-Dächer-Programm zur Förderung der Photovoltaik, das Erneuerbare-Energien-Gesetz (EEG) und einen steigenden Anteil erneuerbarer Energien bei der Stromproduktion. In der „Durchbruchsphase" beginnt der kaum noch aufzuhaltende strukturelle Wandel mit vielen weiteren tiefgreifenden Veränderungen. Bei der Stromproduktion ist die Energiewende schon in dieser Durchbruchsphase: Die Erneuerbaren Energien haben bereits einen Anteil von rund 40 % an der Stromproduktion, der Kohleausstieg ist beschlossen, und 2022 werden die letzten Atomkraftwerke abgeschaltet. In der „Stabilisierungsphase" setzt sich dann das politisch gewünschte und geförderte System endgültig durch und wird zum neuen „vorherrschenden System". Bei der Stromproduktion wird das voraussichtlich im Zeitraum von 2030 bis 2050 erfolgen. In der Regel dauern Transformationen mehrere Jahrzehnte. Für die Eindämmung der Klimaerhitzung ist das ein Riesenproblem – denn dafür ist nicht mehr lange Zeit!

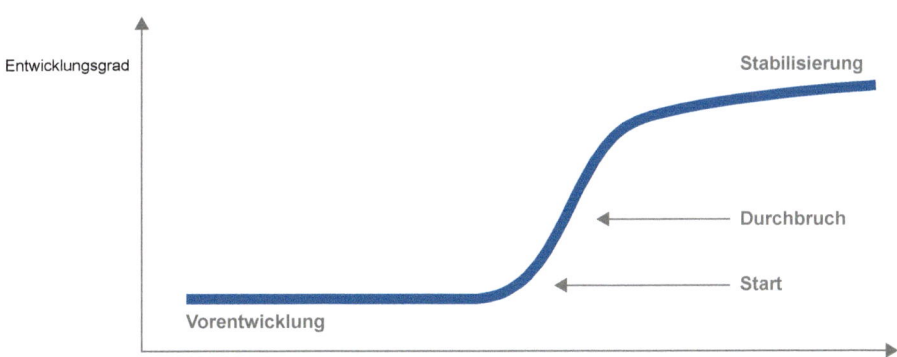

Abbildung: Idealtypischer Verlauf von Transformationen
(Quelle: KEMP & LOOBACH 2006, übersetzt)

Gegenwind gegen die Energiewende

In der Realität verlaufen Transformationen aber nicht so glatt wie in der Abbildung gezeigt. Denn es gibt viele Akteure, die das alte „vorherrschende System" retten wollen – weil sie davon profitieren, nicht an den Erfolg des neuen Systems glauben oder dort keine eigene Rolle mehr sehen. Beispielsweise wurde der erste Beschluss zum Atomausstieg durch die rot-grüne Regierungskoalition im Jahr 2000 durch die schwarz-gelbe Regierungskoalition im Jahr 2010 mit der sogenannten Laufzeitverlängerung für Atomkraftwerke weitgehend aufgehoben. Nach dem atomaren Super-GAU in Fukushima (2011) gab es dann aber kurz darauf eine erneute Richtungsänderung zum zweiten Atomausstieg. Aber immer noch und aktuell gibt es Versuche, die Atomkraft zu retten, indem sie als Heilmittel für den Klimaschutz dargestellt wird.

Ein anderes Beispiel: Die Windkraft wird vielerorts bekämpft. Im „Klimaschutzprogramm 2030" der Bundesregierung wurde den Windkraftgegnern entgegengekommen und 1.000 Meter als Standardabstand von Windkraftanlagen zur nächsten Siedlung festgelegt. Damit werden auf einen Schlag bis zu 50 % der möglichen Flächen für Windkraft ausgeschlossen. Die Abstandsregelung ist aber (im Januar 2020) noch nicht gesetzlich festgelegt.

Welche Transformationen laufen oder sind geplant?

In den 1980er-Jahren hat die „Digitalisierung" als ungeplante Transformation bzw. dritte industrielle Revolution begonnen und ist bereits in der Durchbruchsphase. Im gleichen Zeitraum hat die „Energiewende" begonnen. Genau genommen besteht die Energiewende aus mehreren gekoppelten Transformationen – aus der „Stromwende" (S. 60–123), der „Verkehrswende" (S. 124–187), der „Landwirtschafts- und Ernährungswende" (S. 188–219) und der „Wohnwende" (S. 220–246).

Während die Stromwende bereits weit vorangekommen ist, befinden sich die Transformationen in den Bereichen Verkehr, Gebäude und Wohnen sowie Landwirtschaft und Ernährung noch in der Vorentwicklungsphase.

Die Digitalisierung betrifft alle Bereiche und Sektoren der Gesellschaft und ist damit eine „Querschnittstransformation". Die Verkehrswende, die Wohnwende und die Landwirtschafts- und Ernährungswende sind sektorale Transformationen, also auf einzelnen gesellschaftliche Bereich begrenzt. Die Stromwende wird auch als sektorale Transformation gesehen, aber sie wird mehr und mehr zur Querschnittstransformation – weil perspektivisch alle Sektoren der Gesellschaft (auch die Chemieindustrie) mit erneuerbarem Strom versorgt werden und dadurch die jeweiligen Technologien, Produkte und Märkte völlig verändert werden. Über die genannten Transformationen hinaus gibt es noch Vorschläge für eine „Große Transformation" (WBGU [Wissenschaftlicher Beirat der Bundesregierung Globale Umweltänderungen], Welt im Wandel – Gesellschaftsvertrag für eine Große Transformation, 2011), in der sich Wirtschaft, Gesellschaft und alle Sektoren ändern – hin zur klimaneutralen Gesellschaft.

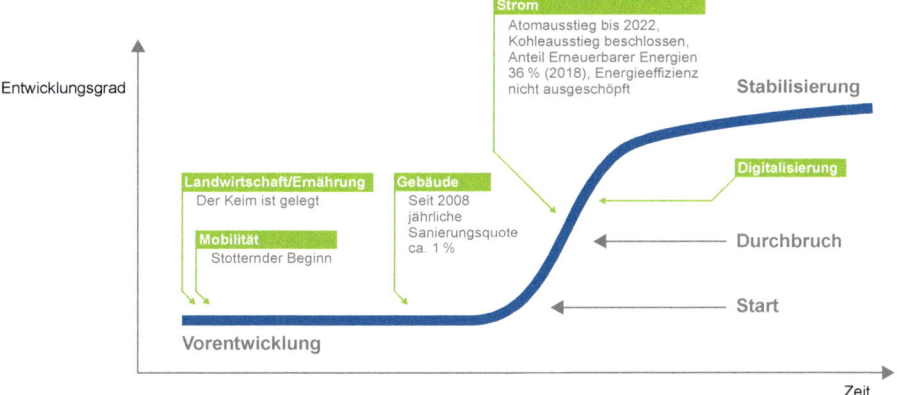

Abbildung: Entwicklungsgrad der Transformationen (eigene Darstellung)

Parallel dazu gibt es seit den 1970er-Jahren (!) eine Reihe von zum Teil widersprüchlichen Vorschlägen für eine Umgestaltung der Wirtschaft (Qualitatives Wachstum, Ökologische Industriepolitik, Green Economy, Postwachstum/Degrowth, Sustainable Economy u.a.m. Das dahinterstehende Konzept einer allumfassenden, globalen, zielgerichteten Transformation ist eigentlich das der „Nachhaltigen Entwicklung" und der „Agenda 2030". Aber gerade die Vielzahl der höchst anspruchsvollen Ziele und die Übergröße der Herausforderung machen deutlich, wie schwer die Umsetzung ist.

Wenn schon die Stromwende in Deutschland mühsam vorankommt, wenn die Verkehrswende, die Wohnwende und die Landwirtschafts- und Ernährungswende erst am Anfang stehen – wie viel schwerer ist das bei den 195 Staaten der Welt – mit Unterschieden in Entwicklungsstand, unterschiedlicher Politik, unterschiedlichen Religionen und Kulturen, mit globalen Machtkämpfen, wirtschaftlicher Konkurrenz und Ausbeutungsverhältnissen.

WIE TREIBT MAN TRANSFORMATIONEN VORAN?

Lange Zeit hatte man gedacht, dass es eigentlich nur zwei Bereiche gibt, die zu großen Änderungen in Gesellschaft und Wirtschaft führen. Entweder gibt es wesentliche Veränderungen am Markt, und/oder es gibt neue Gesetze. Die Analyse von Transformationsprozessen hat aber gezeigt, dass es innerhalb des vorherrschenden Systems deutlich mehr Bereiche gibt, auf denen die Stabilität des Systems beruht.

Umgekehrt sind das die Bereiche, in denen Initiativen und Änderungen ansetzen müssen, um Transformationen voranzutreiben. Änderungen hin zu einer Transformation sind besonders dann erfolgreich, wenn sie in mehreren Bereichen erfolgen und sich gegenseitig verstärken. Die typischen (acht) Bereiche sind in der nachfolgenden Transformationsmatrix dargestellt. Die Bereiche sind nicht scharf abgegrenzt und gehen zum Teil ineinander über.

DAS ANALYSETOOL
DER TRANSFORMATIONSMATRIX

Das Analyse-Tool der „Transformationspuzzle" (siehe Abbildung) kann mehrfach genutzt werden:

❖ Das vorherrschende System und seine dominierenden Elemente können damit analysiert werden.

❖ Es kann abgeleitet werden, welche Initiativen in den einzelnen Bereichen notwendig sind, um die Transformation voranzubringen.

❖ Die Initiativen in einem Bereich können optimiert werden, wenn sie mit Aktivitäten in anderen Bereichen abgestimmt werden. Die alte Frage: „Muss man die Politik verändern oder das Verhalten der Konsument*innen ändern oder alternative Produkte produzieren oder im Bildungsbereich ansetzen?" wird damit einfach beantwortet. In all diesen Bereichen müssen Transformationen unterstützt werden, aber nicht jede*r muss in jedem Bereich dazu aktiv sein.

❖ Die Wichtigkeit der eigenen Initiativen oder Aktivitäten in einem Bereich kann damit besser eingeordnet werden.

Nachfolgend werden die acht Teile der Transformationsmatrix einzeln erläutert. Bei der Beschreibung der Transformationen in den Sektoren Stromproduktion, Verkehr, Wohnen, Landwirtschaft und Ernährung wird die Transformationsmatrix zur Analyse genutzt, und mögliche Initiativen für Klimaschützer und die Politik werden abgeleitet.

Wertewandel und Leitbilder: Über Werte wird in der Gesellschaft selten gesprochen, aber sie beeinflussen die Politik und das Verhalten der Konsument*innen erheblich. Typische und oft gegensätzliche Werthaltungen sind z. B. „Grenzenlose Freiheit des Einzelnen", „Mehr Verantwortung für das Gemeinwesen", „Verantwortung für die nächsten Generationen" oder „Schutz der Umwelt". In längeren Abständen brandet die Wertediskussion auf, weil die alten Werte überholt sind oder nicht mehr ausreichen, beispielsweise in den Jahren nach 1968, die an den Unis mit einem legendären Slogan begannen: „Unter den Talaren der Muff von 1.000 Jahren".

Aktuell hat es die „Fridays for Future"-Bewegung geschafft, eine neue Wertediskussion auszulösen. Und sie wird damit die Gesellschaft und Politik verändern! In den tagtäglichen Debatten und in den Medien werden die Werte meist indirekt über Leitbilder und Slogans diskutiert. Typische alte oder „vorherrschende" Leitbilder sind: „Freie Fahrt für freie Bürger", „Autogerechte Stadt" oder „Fleisch ist ein Stück Lebenskraft".

In der Wertedebatte ist es wichtig, neue Leitbilder und neue Visionen zu kreieren und diese den alten Leitbildern und Slogans entgegenzusetzen. Der erfolgreichste alternative Slogan in der Geschichte war „AKW? Nein danke!". Andere bekannte Slogans und Leitbilder sind: „Die Sonne stellt keine Rechnung", „Slowfood" oder „Stadt der kurzen Wege". Auch das internationale Skandieren auf den „Fridays for Future"-Demonstrationen hat bereits Wirkung gezeigt: „What do we want? Climate Justice!", „When do we want it? Now!"

Die Professorin Elisabeth Wehling hat in ihrem Buch „Politisches Framing" gezeigt, dass sogar einzelne Begriffe unterschiedliche Assoziationen und damit Handlungen oder Unterlassungen auslösen können. So hört sich beispielsweise „Klimawandel" nicht besonders bedrohlich an. Der angemessene Name dafür muss „Klimaerhitzung" sein. Ein anderes Beispiel: Die Forderung nach einer „energetischen Sanierung" von Gebäuden kann eher Widerstände oder Unmut auslösen (wenn das eigene Haus als Sanierungsfall gesehen wird). Als attraktivere Bezeichnung wird „energetisches Upgrade" vorgeschlagen.

Soziale und zeitliche Strukturen: Die Veränderung von sozialen Strukturen kann erhebliche Auswirkungen auf die Umwelt haben. Die immer wieder zitierte typische vierköpfige Familie ist mittlerweile ein Ausnahmefall. 75 % (!) aller Haushalte sind Ein- oder Zweipersonenhaushalte. Damit ist automatisch ein höherer Energieverbrauch pro Kopf verbunden. Mit Gemeinschaftswohnen kann man dem entgegenwirken. Das regelmäßige gemeinsame Familienessen ist ebenfalls zur Ausnahme geworden, das Außer-Haus-Essen hat deutlich zugenommen. Deshalb muss man für nachhaltiges Essen in den Kantinen an Kitas, Schulen, Unis und Unternehmen kämpfen (S. 207).

Bei der Stromproduktion können Angebot und Nachfrage zeitlich auseinanderfallen Bei der konventionellen Stromproduktion mit kontinuierlich laufenden Großkraftwerken (AKWs, Braunkohlekraftwerke) wurde in der Nacht zu viel Strom produziert, und es wurden dafür gezielt neue Stromverbraucher aufgebaut, z. B. elektrisch betriebene Nachtspeicheröfen. Durch die Photovoltaik wird nun an sonnenreichen Tagen mittags am meisten Strom produziert. Hinzu kommt, dass Solarstrom und Windstrom nicht regelmäßig, sondern fluktuierend anfallen. Darauf kann mit Demand-Side-Management (s. Glossar S. 248) und Stromspeichern reagiert werden.

Verhalten und Lebensstile: Durch anderes Verhalten und andere Lebensstile könnten die CO_2-Emissionen um mehrere Zehnerprozent gesenkt werden. Allerdings machen das nur wenige Prozent der Konsument*innen. Wesentliche Gründe dafür sind schlechte Rahmenbedingungen (z. B. schlechter ÖPNV, schlechte Fahrradwege, Mangel an kleineren Wohnungen), Zeitknappheit, mangelndes Prestige, niedrigere Preise für klimaschädliche Produkte und Dienstleistungen. Das lässt sich alles ändern.

Märkte und Finanzsysteme: Die Preise für klimaschädliche Produkte und Dienstleistungen sind niedriger, weil sie subventioniert werden und weil die Kosten von Umwelt- und Gesundheitsschäden nicht von den Herstellern, sondern extern von der Gesellschaft getragen werden müssen (z. B. beim Flugverkehr, S. 171ff.). Deswegen müssen die externen Kosten durch CO_2-Steuern „internalisiert" und damit von den Verursacher*innen getragen werden. Aber es gibt auch andere Probleme durch spezielle Verhältnisse am Markt. Beispielsweise erschwert die im europäischen Vergleich sehr niedrige Eigentumsquote bei Wohnungen das energetische Upgrade, und es kann zu erheblichen Interessenskonflikten zwischen Vermieter*innen und Mieter*innen kommen.

Technologien und Produkte: In den letzten Jahrzehnten hat es sehr hohe Steigerungen bei der Energieeffizienz von Produkten gegeben (Haushaltsgeräte, Häuser, Autos). Die potenzielle Senkung des Energieverbrauchs wurde aber überwiegend durch Ausweitung des Konsums kompensiert: mehr Wohnfläche pro Kopf, mehr und größere Autos, mehr und größere Haushaltsgeräte. Auch das lässt sich ändern. Eine erfreuliche Entwicklung ist dagegen die massive Kostensenkung bei Photovoltaik und Windenergie.

Materielle Infrastrukturen: Die Verkehrs-Infrastruktur ist bisher zentral auf das Auto ausgerichtet. Das lässt sich ändern und bekämpfen – durch den Ausbau der Radinfrastruktur, des ÖPNV und der Bahn (S. 141ff.). Für Elektroautos und E-Bikes muss eine neue Lade-Infrastruktur aufgebaut werden.

Bei der Strom-Infrastruktur lagen bisher die Zentren der Stromproduktion und des Stromverbrauchs weitgehend zusammen (beispielsweise wurden AKWs in der Nähe der industriellen Zentren gebaut). Bei der Windenergie wird aber am meisten Strom in Norddeutschland und offshore erzeugt, wohingegen die industriellen Verbrauchszentren eher im Süden und in der Mitte Deutschlands liegen. Deswegen muss das Stromnetz ausgebaut werden, und deswegen muss die Windproduktion an Land deutlich gefördert werden. Die „Infrastruktur" der Landwirtschaft sind die Böden. Diese werden überwiegend für die Tierhaltung und Fleischproduktion genutzt, zudem werden viele Böden im Ausland genutzt. 66 % der in Deutschland verzehrten Lebensmittel werden direkt oder indirekt (als Futtermittel) im Ausland angebaut.

Forschung, Bildung, Wissen: In der Agenda 2030 wird als wichtiges globales Ziel herausgestellt, dass alle Lernenden das Wissen und die Fähigkeiten zur Förderung einer nachhaltigen Entwicklung erwerben, unter anderem durch Bildung für nachhaltige Entwicklung und nachhaltige Lebensweisen, Menschenrechte, Gleichstellung der Geschlechter, Förderung einer Kultur des Friedens und der Gewaltlosigkeit, Weltbürgerschaft und Wertschätzung der kulturellen Vielfalt und des Beitrags der Kultur zu einer nachhaltigen Entwicklung. Ab 2019 soll z.B. an öffentlichen Schulen in Italien das Unterrichtsfach Klimawandel und nachhaltige Entwicklung eingeführt werden.

Für Klimaschutz und Energiewende sind zum Teil neue Lehrinhalte und Bildungsmaterialien erforderlich. Mit der Sanierung von Schulen mithilfe von Schüler-Eltern-Lehrer-Initiativen lernen alle fürs Leben (S. 243). Die Sanierung der bundesdeutschen Gebäude droht an einem Handwerkermangel zu scheitern. Für Klimaschutz und Energiewende sind zum Teil neue Forschungsinhalte und neue Lehrstühle an den Universitäten erforderlich.

Für die Herausforderungen von Transformationen ist eine *„Transformationsforschung"* erforderlich, für höhere Praxisrelevanz und eine schnellere Umsetzung in die Praxis eine

Weiterentwicklung der Methodik zur „*transformativen Forschung*". Informationen und Wissen zu Umweltproblemen und Klimaerhitzung sind in großem Umfang vorhanden.

Zu wichtigen Punkten gibt es aber erhebliche Fehleinschätzungen, beispielsweise zu den vermeintlichen Mehrkosten von ökologischem Konsum, zu den Gesamtkosten von Autos (S. 180f.) oder zu den Zeitersparnissen durch höhere gefahrene Geschwindigkeit (S. 135f.). Im Buch wird eine Vielzahl von Initiativen vorgestellt, mit denen Wissen in Handeln überführt wird. Zum Beispiel ist das staatliche Pkw-Label so verwirrend, weil es schwere Autos mit hohem Verbrauch gut bewertet.

Politikinstrumente: Die Notwendigkeit von neuen Gesetzen und Änderungen der Subventionspraxis ist offensichtlich. Die jeweilige optimale Ausgestaltung ergibt sich auch aus der Analyse der anderen Bereiche im Transformationspuzzle. Die Politikinstrumente werden in den Sektor-Kapiteln im Detail behandelt. Das Klimaschutzprogramm der Bundesregierung vom 9. Oktober 2019 wird zusammenfassend vorgestellt und bewertet (S. 43ff.) und in den Einzelkapiteln 1 bis 4 vertieft.

#klimAktiv

DIE ENERGIEWENDEKOMITEES –
DIE GROSSELTERN VON „FRIDAYS FOR FUTURE"

Am 26. April 1986 kam es in dem ukrainischen Kernkraftwerk Tschernobyl zur Kernschmelze. Die anschließende Explosion des betroffenen Reaktorblocks führte zu einer großflächigen Verbreitung radioaktiven Staubs und erheblicher Strahlenbelastung in ganz Europa. Auf Initiative des Öko-Instituts konstituierte sich darauf in Deutschland innerhalb weniger Monate ein Netzwerk von rund 400 Gruppen unterschiedlichen Ursprungs (Friedens-, Umwelt- und Anti-AKW-Initiativen sowie neu gebildete Eltern- und Mütter-Initiativen).

In der Anfangszeit fokussierten sich die Initiativen hauptsächlich auf gezielte Informationsaufbereitung, Medienarbeit und Veranstaltungen, dann auf gezielte politische Initiativen, vor allem in Kommunen. Zentrale Themen waren Energiewende, Beratung zu Energieeffizienz und erneuerbaren Energieträgern, die Förderung von Photovoltaik und Blockheizkraftwerken, später auch Klimaschutz. Zehn Jahre nach der Initiierung existierten noch rund 280 aktive Energiewendekomitees.

Schon seit Mitte der 1990er-Jahre wurden von Energiewendekomitees oder einzelnen Mitgliedern kommunale Energieagenturen und Firmen gegründet: Ökostromanbieter wie die EWS oder Lichtblick, Photovoltaik- und Windenergiefirmen. Andere wechselten zu großen Umweltverbänden oder übernahmen politische Funktionen in Gemeinderäten, Landes- und Bundesregierung.

Mit ihrem großen Engagement hatten die 400 Energiewendekomitees auch großen Erfolg – mit vielen Energie- und Klimaschutzplänen, Pilotprojekten zu Erneuerbaren Energien und politischem Druck wurde die Energiewende vorangetrieben, der Atomausstieg erzwungen und Gesetze und Fördermaßnahmen für Erneuerbare Energien vorangebracht.

Wesentliche Kriterien für den Erfolg der Energiewendekomitees waren:

❖ Vorliegen eines strategischen Konzepts: Mit der Energiewendestudie des Öko-Instituts (1980) lag eine inhaltlich bereits ausgearbeitete Strategie vor, die auch in Kommunen umgesetzt werden konnte („Rekommunalisierung der Energieversorgung") und die auch innovativen Unternehmen neue Geschäftsmodelle für Energieeinsparungen bot („Least-Cost-Planning" für Stadtwerke)

❖ Kooperationen mit den bereits zu Energie und anderen Themen engagierten Umweltschutzorganisationen und mit fortschrittlichen Kommunen

❖ Regelmäßige Öffentlichkeitsarbeit und Aktionen in Form von Kampagnen und Projekten – energiepolitische Stellungnahmen, Energiekonzepte, Effizienzprogramme, kommunale Umsetzungsprojekte, Planung und Bau von Anlagen mit Erneuerbaren Energien, Stromsparwettbewerbe u.a.

❖ Veranstaltungen und Vorträge bei Kongressen, Seminaren und Messen sowie eigene Veranstaltungen zur Strategiebildung und Ableitung von Handlungsoptionen und Aktivitäten

❖ Publikationen und Erstellung von themenspezifischen Materialien

❖ Unterstützung der Vernetzung und Moderation durch das Öko-Institut als eine erfahrene Organisation mit hohem Transformationswillen und glaubwürdiger Zielsetzung

Die Erfahrungen des lockeren, aber strategisch gut ausgerichteten Netzwerks der Energiewendekomitees können von „Fridays for Future"-Gruppen genutzt und übertragen werden. Mit dem Internet und Social Media sind die Vernetzung und Kommunikation heute viel leichter als in den 1980er- und 1990er-Jahren.

NACHHALTIGE ENTWICKLUNG UND WIRTSCHAFTSKONZEPTE

Die auf der Rio-Konferenz 1992 von der internationalen Staatengemeinschaft beschlossene „Nachhaltige Entwicklung" weist wesentliche Elemente und Treiber einer intentionalen großen Transformation auf. Der Rio-Konferenz gingen international jahrzehntelange Debatten um eine globale Umweltpolitik (Stockholm-Konferenz 1972), um Armutsbekämpfung, eine gerechte Rohstofforderung, Schuldenerlass oder Umschuldungsstrategien für die Entwicklungsländer und eine gerechte Weltwirtschaftsordnung (1980er-Jahre) voraus. Mit der Klimaschutzrahmen-Konvention (1992) und der Biodiversitäts-Konvention

(1992) gab es bereits wesentliche internationale Vereinbarungen. Die schwierigen und zähen Entscheidungsprozesse zu weiterem Klimaschutz und zur Verpflichtung auf konkretere Nachhaltigkeitsziele (Sustainable Development Goals) zeigen aber, wie umstritten die erforderlichen strukturellen Änderungen im vorherrschenden System von Produktion und Konsum sind.

Letztlich erfordern die auf der Rio-Konferenz 1992 beschlossene „Nachhaltige Entwicklung" und die 2015 beschlossene „Agenda 2030" als die ganz große Transformation eine grundsätzliche Umgestaltung von Wirtschaft, Produktion und Konsum und einen deutlich reduzierten Verbrauch von Rohstoffen und Emissionen pro Kopf.

Diese müssen weltweit durchhaltbar und umweltverträglich sein, auch wenn alle Menschen der Welt gleich viel Ressourcen beanspruchen und für gleich viel Emissionen verantwortlich wären („Budgetansatz"). Der Budgetansatz wird nicht nur den Klimaschutz sicherstellen, sondern auch weitere ökologische und soziale Krisen lösen oder mindestens entschärfen: die Gefährdung der Welternährung, die Beseitigung von Armut, die Überschreitung der planetaren Grenzen, das Plastik in den Weltmeeren u.a.m. Weltweite Krisen erfordern weltweite Zusammenarbeit, wie die erfolgreichen Beispiele zur Eindämmung des sauren Regens, des Waldsterbens und des Abbaus von stratosphärischem Ozon („Ozonloch") zeigen.

Postwachstum

Vor allem in den westlichen Industriestaaten wie auch Deutschland ist eine bisweilen sehr theoretische Diskussion zu den richtigen Wirtschaftskonzepten entbrannt. Dazu gibt es verschiedenste Vorschläge mit scheinbar ähnlichen Zielen, aber grundverschiedenen Konzepten: Qualitatives Wachstum, Ökologische Modernisierung, Ökologische Industriepolitik, Green Economy, Sustainable Economy, Postwachstum/Degrowth u.a.m.

Verkürzt dargestellt gibt es zwei Positionen:

1. Nach den technologieorientierten Green-Economy-Konzepten müssen Wirtschaft und Wachstum nicht grundsätzlich geändert werden, denn es ist möglich, den Ressourcenverbrauch, die Umweltbelastung und Klimaerhitzung durch Technologieentwicklung und Effizienzmaßnahmen entscheidend zu reduzieren. Dazu müssen die externen Kosten internalisiert und Innovationen besonders gefördert werden.

2. Nach der Postwachstums- oder Degrowth-Theorie sind all diese Maßnahmen aber nicht ausreichend. Der Konsum, der Ressourcenverbrauch und die Umweltbelastung müssen drastisch reduziert werden, und die Wirtschaft darf nicht weiter wachsen.

Richtig ist auf jeden Fall, dass der Konsum in Industrieländern wie Deutschland und der nationale und globale Ressourcenverbrauch und die globale Umweltbelastung drastisch reduziert werden müssen.

Richtig ist aber auch, dass die Lebensbedingungen in vielen Ländern der Welt sehr schlecht sind und eine wesentliche Verbesserung nur durch höheren Konsum und Wachstum möglich ist. Auch bei den erwünschten Transformationen (Energiewende, Verkehrswende etc.) müssen bestimmte Bereiche und Unternehmen und der Absatz von Produkten wachsen (z. B. die Erneuerbaren Energien, die Ökostromanbieter, der Absatz von Fahrrädern und E-Bikes) und andere schrumpfen (Absatz und Zahl der Autos) oder ganz verschwinden (z. B. Atomenergie, Kohleverstromung). Das muss auch in Zukunft so sein, weil durch Forschung und Entwicklung immer neue Bedürfnisse kreiert werden. Letztlich heißt das, dass trotz Wachstum von Bedürfnissen und Wirtschaft die ökologischen Grenzen eingehalten werden müssen, indem nachhaltige Produktions- und Konsummuster wachsen und nicht nachhaltige Produktions- und Konsummuster verschwinden müssen oder gar nicht etabliert werden.

Die theoretische Klärung der Wachstumsfrage kann noch lange dauern. Bisher wurde nicht überzeugend dargestellt, warum eine Wirtschaft nicht auch ohne Wachstum stabil sein kann, wenn nur die Sozialsysteme umgestellt werden, die bislang auf Wirtschaftswachstum aufbauen. Abgesehen davon verstärken sich die Anzeichen, dass es in Industriestaaten auch jenseits von Wirtschaftskrisen einen gewissen Sättigungseffekt gibt und keine dauerhaft hohen Wachstumsraten zu erwarten sind. Wie auch immer: Sowohl das Postwachstumskonzept wie auch die Green-Economy-Konzepte erfordern als Erstes die gleichen zentralen Maßnahmen – nämlich die Internalisierung der externen Effekte und die Förderung von nachhaltigen Innovationen und die drastische Senkung des Ressourcenverbrauchs und der Umweltbelastung!

Die Bundesregierung zeigt mit ihrem Klimakonzept, dass sie prinzipiell in diese Richtung gehen will, aber g a n z l a n g s a m. Leider hilft das nicht gegen schnell schmelzende Gletscher, Meeresspiegelanstieg, Auftauen der Permafrostböden und Waldsterben.

KLIMASCHUTZPOLITIK

Nach verschiedenen Szenarien können weltweit seit Beginn 2015 etwa noch 600 bis 850 Gigatonnen (Gt) Treibhausgase ausgestoßen werden, um das Ziel der Pariser Klimakonvention einzuhalten (weitere Erhitzung unter 2 Grad Celsius, möglichst aber 1,5 Grad Celsius). Bei einer Gesamtemission von 850 Gt wird die Klimaerhitzung eher in Richtung 2 Grad Celsius gehen. Basierend darauf hat der Sachverständigenrat für Umweltfragen berechnet, wie groß die Gesamtemissionen Deutschlands sein dürften. Den Anteil Deutschlands hat er über den Anteil an der Weltbevölkerung mit 1,1 % und rund 9,4 Gt berechnet. Dieser Zuordnung würden vermutlich schon viele Länder und Menschen dieser Welt widersprechen, weil man eigentlich die gesamten „historischen" Emissionen seit der Industrialisierung nehmen müsste – und da steht Deutschland an vierter Stelle der Emittenten.

Im Zeitraum 2015 bis 2019 hat Deutschland aber schon wieder etwas über 4,4 Gt Treibhausgase emittiert. Ab 2020 dürfte Deutschland also nur noch rund 5 Gt bzw. 5.000 Millionen Tonnen Treibhausgase emittieren! Im Klimaschutzprogramm der Bundesregierung vom 9. Oktober 2019 sind die jährlichen Maximalemissionen im Zeitraum 2020 bis 2030 festgelegt. Zusammen sind das aber schon rund 7.400 Millionen Tonnen.

Das oben berechnete Gesamtbudget würde bereits Anfang des Jahres 2026 erreicht – danach dürfte Deutschland NICHTS mehr emittieren. Das ist doppelt erschreckend: Erstens sind die Reduktionsziele viel zu schwach. Zweitens werden selbst die schwachen Emissionsziele voraussichtlich nicht eingehalten werden, weil das Klimaschutzprogramm schlecht ist (s.u.).

Wie weiter unten gezeigt wird, ist das von der Bundesregierung am 9. Oktober 2019 hierzu beschlossene Klimaschutzprogramm mutlos und bei Weitem nicht ausreichend, um die (auch noch zu niedrigen) Ziele der Bundesregierung einzuhalten. Als unverdächtigen Zeugen kann man Karl Lauterbach zitieren, der bis September 2019 langjähriger stellvertretender Vorsitzender der SPD-Fraktion im Bundestag war und urteilte: *„Bundestag und Bundesrat können nur versuchen, das Gesetz zu reanimieren."*

Nun ist Politik schwierig und kommt meist nur mit Kompromissen voran. Politiker*innen berufen sich dabei gerne auf Max Weber, der einst sagte, Politik sei *„ein starkes langsames Bohren von harten Brettern mit Leidenschaft und Augenmaß zugleich".* Das ist prinzipiell richtig, aber im Fall der Klimaschutzpolitik der komplett falsche Ansatz.

Erstens ist die Klimaerhitzung seit Mitte der 1980er-Jahre allen Politiker*innen bekannt und das Ausmaß der Bedrohung mit jedem Bericht des IPCC, den vielen Klimakonferenzen und den weltweit und auch in Deutschland zunehmenden Extremereignissen überdeutlich geworden. Zweitens bleiben nur noch wenige Jahre Zeit, um ein Kippen des Klimasystems und eine völlige Überhitzung der Erde zu vermeiden. Diese Herausforderung erfordert eine völlig neue Politik und sofortiges Handeln. When do we want it? Now!

Zentrale Elemente einer zukunftssichernden Klimaschutzpolitik müssten sein:

1. Zukunftssichere Emissionsziele – für Deutschland also maximal 5.000 Millionen Tonnen CO_2 ab 2020

2. Hohe CO_2-Bepreisung durch CO_2-Steuern und Emissionshandel – der CO_2-Preis muss von Beginn an hoch sein (60 Euro/Tonne CO_2) und bis 2026 auf 180 Euro/Tonne CO_2 steigen. Durch entsprechend klare Vorgaben können sich Unternehmen bei ihren Investitionen einstellen und Haushalte entsprechend bei ihren Entscheidungen über Wahl der Wohnung, energetische Sanierung und Kauf oder Nichtkauf eines Autos. Die zentral wichtige CO_2-Bespreisung wird für sich allein aber nicht ausreichen. Die Bepreisung muss durch Ordnungsrecht bzw. gesetzliche Vorschriften zur Gebäudesanierung, Emissionsgrenzwerte für Autos, Tempolimits, zu Ökolandbau und Tierhaltung etc. ergänzt werden (s.u.)

3. Streichung aller klimaschädlichen Subventionen, im Besonderen den Steuerbefreiungen im Flugverkehr (mit jährlich 12 Milliarden!)

4. Beschleunigter Aufbau der Erneuerbaren Energien im Strom- und Wärmebereich und der beschleunigte Kohleausstieg

5. Beschleunigung der Gebäudesanierung

6. Rascher Ausbau der Infrastrukturen von Rad, ÖPNV und Bahn und die Abkehr von der Autofixiertheit der Verkehrspolitik – das Auto darf nur noch eines von mehreren wichtigen Verkehrsmitteln sein

7. Reform der Gemeinsamen Agrarpolitik (GAP) der EU mit Förderung von Ökolandbau, wirklich artgerechter Tierhaltung und mittelfristig mindestens Halbierung der viel zu hohen Tierhaltungsbestände

8. Sicherung der Sozialverträglichkeit beim Klimaschutz (siehe S. 47ff.) durch teilweise Rückverteilung der staatlichen Einnahmen aus der CO_2-Bepreisung an die Bürger*innen (nach dem Pro-Kopf-Prinzip) sowie gezielte Auslgeichsmaßnahmen für Haushalte mit geringem Einkommen)

Für die Finanzierung der klimagerechten Alternativen (Erneuerbare Energien, Gebäudesanierung, Ausbau Rad-, ÖPNV- und Bahn-Infrastruktur) und für die Finanzierung von Maßnahmen zur Sicherung der Sozialverträglichkeit würden durch die CO_2-Bepreisung und den Wegfall der klimaschädlichen Subventionen ausreichend Mittel zur Verfügung stehen. Die zentralen Forderungen können durch Querschnittsgesetze, die mehrere Sektoren betreffen (z. B. Emissionshandel), und sektorspezifische Gesetze, Förderungen und Infrastrukturmaßnahmen umgesetzt werden. Sie werden in diesem Buch ausführlich vorgestellt:

- ❖ **Querschnittsgesetze:** Europäischer Emissionshandel für Kraftwerke und große Industrieanlagen (S. 119f.), CO_2-Bepreisung von Heizenergie und Benzin/Diesel (S. 139, 144).

- ❖ **Maßnahmen zum Stromsektor (S. 60ff.):** Atomausstieg, Kohleausstieg, weitere Förderung der Erneuerbaren Energien, Ökoeffizienzrichtlinie, Ausweisung der Betriebskosten energieverbrauchender Geräte.

- ❖ **Maßnahmen zum Verkehrssektor (S. 124ff.):** CO_2-Bespreisung (s.o.), Rücknahme der Steuerbefreiungen im Flugverkehr, Tempolimits auf Autobahnen (120 km/h), Landstraßen (80 km/h) und innerorts (30 km/h), deutliche Änderung der Dienstwagenbesteuerung, Verbesserung der Infrastrukturen von Bahn, ÖPNV und Radverkehr, integrierte Radförderprogramme, Pkw-Maut, höhere Parkgebühren und höhere Bußgelder bei Falschparken und Geschwindigkeitsübertretungen, Mehrwertsteuersenkung bei der Bahn, 365-Euro-Jahresticket im ÖPNV, bundesweites Einheitsticket für Bahn und ÖPNV, Ausbau von Elektroladestationen für Elektroautos, Zuschüsse zum Kauf energieeffizienter Haushaltsgeräte und E-Bikes & Co.

- ❖ **Maßnahmen zum Gebäudesektor (S. 220ff.):** CO_2-Bepreisung (s.o.), verpflichtende Sanierungen für Bestandsgebäude (hin zu dem Standard KfW-Effizienzhaus 55), Ausweitung der finanziellen Förderprogramme und alternativ steuerliche Absetzbarkeit der Sanierungskosten, Verbot für den Einbau neuer Ölheizungen (ab sofort) und neuer Gasheizungen (ab 2025), Energie-Standard KfW-Effizienzhaus 40 für neue Gebäude, vorrangiger Bau von Ein-, Zwei- und Dreizimmerwohnungen, Erhebung einer Primärbaustoffsteuer, Ausweitung der kommunalen Beratung zur Gebäudesanierung, Förderinitiativen zu Gemeinschaftswohnungen, zum Umbau größerer in kleinere Wohnungen und zum Umzugsmanagement sowie Ausweitung der Handwerkerausbildung.

- ❖ **Maßnahmen zu Landwirtschaft und Ernährung (S. 188ff.):** Reform der Gemeinsamen Agrarpolitik (GAP) der EU mit Ausrichtung der meisten Fördermittel auf Umweltauflagen statt nur auf bewirtschaftete Fläche; Förderung des Ökolandbaus mit Ziel eines 20%-Anteils im Jahr 2030; Reduktion der Tierhaltungsbestände um 60 %, Reduktion der Stickstoffüberschüsse auf höchstens 50 kg/ha; Mehrwertsteuererhöhung für Fleisch, Auflagen für wirklich artgerechte Tierhaltung, Nachhaltigkeitsanforderungen an Futtermittelimporte.

- ❖ **Maßnahmen zu Sicherung der Sozialverträglichkeit (siehe ausführlich S. 47ff.).**

DAS KLIMASCHUTZPROGRAMM 2030
DER BUNDESREGIERUNG

Zum Klimaschutzprogramm der Bundesregierung gab es am 20. September 2019 einen Grundsatzbeschluss im Bundeskabinett. Darauf basierend hat die Bundesregierung am 9. Oktober 2019 den Entwurf für ein Klimaschutzgesetz und ein Klimaschutzprogramm mit über 60 Einzelmaßnahmen vorgelegt. Ein Teil der Beschlüsse kann von der Bundesregierung direkt selbst umgesetzt werden, ein zweiter Teil muss noch im Bundestag Zustimmung finden, ein dritter Teil muss auch noch mit dem Bundesrat abgestimmt werden. Zudem berühren einige Beschlüsse EU-Recht. Bis Mitte Januar 2020 kam es zu mehrfachen Änderungen gegenüber dem angekündigten Klimaschutzprogramm. Der Kohleausstieg wurde deutlich abgeschwächt. Die angekündigten Regelungen zu Photovoltaik und Windenergie sind noch nicht umgesetzt. Alle gesetzlichen Maßnahmen zur Umsetzung dieses Programms sollen noch 2019 vom Bundeskabinett verabschiedet werden. Gegen einige geplante Gesetze oder Maßnahmen sind Klagen angekündigt worden. Dies könnte dazu führen, dass es auch noch zu erheblichen Zeitverzögerungen (!) und/oder zum Kippen beschlossener Maßnahmen (!) kommt. Die möglichen Klagen betreffen das nationale Emissionshandelsystem (Begründung: unzulässige Mischung aus Emissionshandel und Festpreisen), die Mehrwertsteuerreduktion für die Bahntickets (Begründung der Bus-Verbände: unzulässige Fokussierung nur auf die Bahn, müsste auch für Fernbusse gelten), die hohe finanzielle Unterstützung der Deutschen Bahn (Begründung: Verstoss gegen EU-Beihilferecht), die Querfinanzierung der geplanten Reduktion der EEG-Umlage durch die Einnahmen aus dem nationalen Emissionshandel (Begründung: Verstoss gegen EU-Beihilferecht).

Die nachfolgende Darstellung und Stellungnahme zu den Kernpunkten des Klimaschutzprogramms beziehen sich auf die zum Stand 16.01.2020 vorgelegten Maßnahmen und Entwürfe. Detailkommentierungen finden sich dazu in den Sektorkapiteln.

DAS KLIMASCHUTZGESETZ (ENTWURF 2019)

Das Klimaschutzgesetz wurde als Entwurf vorgelegt, es muss noch im Bundestag verabschiedet werden. Es enthält folgende relevante Elemente:

❖ Die deutschen, europäischen und internationalen Klimaschutzziele werden bekräftigt. Klimaneutralität bis 2050 soll „als langfristiges Ziel" verfolgt werden. Für 2030 wird ein nationales Klimaschutzziel (Reduktion der CO_2-Emissionen gegenüber 1990 mindestens 55 %) festgelegt. Für 2040 wird kein nationales Klimaschutzziel vorgelegt (im Entwurf vom Februar 2019 war das noch enthalten).

❖ Es wird festgehalten oder besser: zugegeben, dass Deutschland das in der EU für das Jahr 2020 vereinbarte europäische Klimaschutzziel in den Bereichen Verkehr, Gebäude, Industrie und Landwirtschaft verfehlen wird und dafür erhebliche Strafzahlungen (!) anfallen werden.

❖ Das nationale Klimaschutzziel für 2030 wird in Sektorziele mit jährlichen Emissionsbudgets übersetzt. Anpassungen der Emissionsbudgets sind möglich, und zwar im Verordnungsweg – also ohne Zustimmung von Bundestag und Bundesrat.

❖ Die festgelegten Sektorziele bzw. Emissionsbudgets sind in der Tabelle wiedergegeben. Wenn in einem Sektor (z. B. Verkehr oder Gebäude) die Zielvorgaben nicht eingehalten werden, muss das zuständige Ministerium umgehend Maßnahmen zum Nachsteuern vorlegen.

Sektorziele für Treibhausgasemissionen 2020–2030

	2020	2021	2022	2023	2024	2025	2026	2027	2028	2029	2030
Energiewirtschaft	280		257								175
Industrie	186	182	177	172	168	163	158	154	149	145	140
Gebäude	118	113	108	103	99	94	89	84	80	75	70
Verkehr	150	145	139	134	128	123	117	112	106	101	95
Landwirtschaft	70	68	67	66	65	64	63	61	60	59	58
Abfallwirtschaft und Sonstiges	9	9	8	8	7	7	7	6	6	5	5

Tabelle: Die Sektorziele von 2020 bis 2030

❖ Zur Finanzierung der Maßnahmen wird der bestehende „Energie- und Klimafonds" erweitert; die Einnahmen aus dem vorgesehenen nationalen Emissionshandelssystem in den Bereichen Mobilität und Gebäude kommen in diesen Fonds.

Unabhängig davon ist die nun definitive Festlegung von Sektorzielen sehr wichtig, weil die jeweils zuständigen Ministerien bislang die Verantwortung für die Einhaltung des Gesamtziels auf die anderen Ministerien abschieben konnten. Für die Finanzierung von Klimaschutzmaßnahmen würde weit mehr Geld zur Verfügung stehen (jährlich 12 Milliarden Euro), wenn die seit vielen Jahren bestehenden, ungerechtfertigten Steuerbefreiungen für den besonders klimaschädlichen Flugverkehr zurückgenommen worden wären.

DAS KLIMASCHUTZPROGRAMM 2019

Das Klimaschutzprogramm umfasst im Wesentlichen Maßnahmen zu den Sektoren Stromproduktion, Verkehr, Gebäude und Landwirtschaft. Für den Verkehrsbereich (außer Luftverkehr) und Gebäudebereich sowie kleinere Industrieanlagen wird ein nationales Emissionshandelssystem mit CO_2-Bepreisung eingeführt (als „Brennstoffemissionshandelsgesetz – BEHG"). Die Zertifikatspreise werden für die Jahre 2021 bis 2025 von vornherein festgelegt – mit 25 Euro pro Tonne CO_2 im Startjahr 2021 und dann 30 Euro (2022), 35 Euro (2023), 45 Euro (2024) und 55 Euro (2025). Im Jahr 2026 sollen die Zertifikate versteigert werden – in einem Korridor zwischen 55 und 65 Euro pro Tonne CO_2.

Kommentar: *Die CO_2-Preise sind viel zu niedrig. Sie werden im Verkehrsbereich kaum wirken, im Gebäudebereich allenfalls mittelfristig. 10 Euro pro Tonne bedeutet umgerechnet eine Erhöhung der Benz- und Dieselpreise um rund 3 Cent. Zum Vergleich: Die Dieselpreise schwankten zwischen September 2012 und 2016 um 53 (!) Cent, die von Superbenzin um 35 Cent. Die CO_2-Steuer liegt in anderen Ländern viel höher, beispielsweise in Schweden bei 115 Euro pro Tonne CO_2, in der Schweiz bei 86 Euro und in Frankreich bei 44,50 Euro. Zudem ist zweifelhaft, ob die Kombination von Emissionshandel und vorab festgelegten CO_2-Zertifikatspreisen rechtlich überhaupt zulässig ist.*

Weitere Beschlüsse zum Verkehrsbereich sind: Erhöhung der Luftverkehrsabgabe im Flugverkehr (bei Kurzstrecken um 5,53 Euro, Mittelstrecken um 9,58 Euro und Langstrecken um 17,25 Euro), Reduktion der Mehrwertsteuer für Fernverkehrstickets der Bahn auf 7%, Änderung der Dienstwagenbesteuerung, eine höhere finanzielle Förderung der Bahn, des ÖPNV und des Radverkehrs, weitere Förderung des Kaufs von Elektroautos mit mindestens 6.000 Euro sowie der Ausbau von Elektroladestationen auf 1 Million bis 2030.

Kommentar *Die Erhöhung der Luftverkehrsabgabe ist so gering, dass sie kaum zu Änderungen im Flugverkehr führen wird (S. 171ff.). Die Förderung des Kaufs von Elektroautos bis zu 6.000 Euro geht in die falsche Richtung – richtigerweise müsste der Kauf von E-Bikes und (großen) Elektrorollern sowie 365-Euro-Tickets im ÖPNV gefördert werden. Tempolimits (S. 161f.) wurden nicht eingeführt und nicht einmal diskutiert. Die finanzielle Förderung von ÖPNV und Radinfrastruktur sollte deutlich höher sein. Gut sind die finanzielle Förderung des Ausbaus der Bahn und die Mehrwertsteuersenkung bei den Bahntickets. **Gesamteinschätzung:** Das 2030-Ziel im Verkehrsbereich wird bei Weitem nicht erreicht werden. Neben den unzureichenden nationalen Beschlüssen trägt dazu auch die EU-Regelung zu CO_2-Flottenstandards bei, die trickreiche Ausnahmen möglich macht (S. 165f.).*

Weitere Beschlüsse zum Gebäudebereich (neben dem nationalen Emissionshandel, s.o.) sind: Die Fördermittel für die energetische Sanierung werden deutlich erhöht, alternativ ist eine Absetzung von 20 % des Sanierungskosten von der Steuerschuld möglich. Der Einbau neuer Ölheizungen ist (mit Ausnahmen) ab 2026 verboten. Die Energieberatung für Wohngebäude wird verbessert. Die Energiestandards für neue Gebäude werden nicht verschärft. Sanierungspflichten im Bestand werden nicht eingeführt.

> **Kommentar** *Die CO_2-Bepreisung mit dem Einstiegswert von 25 Euro pro Tonne CO_2 und langsamer Steigerung auf 55 Euro pro Tonne CO_2 wird zuerst einmal wenig Wirkung entfalten. Bei 25 Euro pro Tonne CO_2 beträgt der Preisanstieg z.B. bei Heizöl rund 7,5 Cent pro Liter Heizöl. Der Heizölpreis schwankte in den letzten sieben Jahren aber schon um 39 Cent. Besonders schwerwiegend ist, dass keine Sanierungspflichten im Bestand eingeführt werden, keine Vorgaben für die Sanierungstiefe, keine Verschärfung für den Energiestandard bei Neubauten. Das Verbot von Ölheizungen sollte sofort in Kraft treten und um ein Verbot von Gasheizungen ab 2025 ergänzt werden. Die finanzielle Förderung bei Sanierungen sollte um mindestens 20% erhöht werden. Gut ist, dass alternativ zu einer Förderung die Sanierungskosten steuerlich abgesetzt werden können (20% der Sanierungskosten von der zu zahlenden Steuer).*
> **Gesamteinschätzung:** *Das 2030-Ziel im Gebäudebereich wird nicht erreicht werden, das 2050-Ziel (weitgehend klimaneutraler Gebäudebestand) wird bei Weitem nicht erreicht werden.*

Beschlüsse zum Strombereich: Die Bundesregierung will sich bei der EU-Kommission dafür einsetzen, dass beim europäischen Emissionshandel für die CO_2-Zertifikate ein „moderater europäischer Mindestpreis" eingeführt wird – der Marktpreis liegt derzeit (Oktober 2019) bei 25 Euro pro Tonne CO_2. Der am Jahresanfang 2019 gefundene Kompromiss wurde durch Beschluss der Bundesregierung am 16. Januar deutlich abgeschwächt. Gegenüber dem Kohlekompromiss wird es bis 2030 zu Mehremissionen von etwa 40 Millionen Tonnen CO_2 kommen. Die Stillegung von Steinkohlekraftwerken sollen in einem Bieterverfahren mit den Betreibern erfolgen. Eine Zwangsandrohung – wenn zu viel verlangt wird oder man sich nicht einigen kann – soll erst 2022 gesetzlich festgelegt werden

Die Erneuerbaren Energien sollen bis 2030 einen Anteil von 65 % an der Stromproduktion erreichen, wobei die Bundesregierung davon ausgeht, dass die Stromnachfrage bis 2030 u. a. wegen verschiedener Fördermaßnahmen zur Effizienzerhöhung sinken (!) wird. Die bestehende Obergrenze der Förderung der Photovoltaik soll aufgehoben werden und die installierte Leistung jährlich um etwa 4,5 GW steigen. Für Windkraftanlagen soll ein Abstand von 1.000 Metern zur nächsten Siedlung festgelegt werden. Bundesländer und

Kommunen können nach einem bestimmten Verfahren (Opt-out-Regelung) davon abweichen. Die installierte Leistung soll jährlich um etwa 1,5 GW steigen. Die Offshorewindenergie soll jährlich um etwa 1,3 GW steigen, „sofern verbindliche Vereinbarungen mit den betroffenen Küstenländern erzielt werden".

Kommentar: Die angekündigte Verhandlung mit der EU-Kommission für einen europäischen Mindestpreis bei den CO_2-Zertifikaten ist nicht spezifiziert. Wenn der Mindestpreis so niedrig angesetzt werden sollte wie beim nationalen Emissionshandel, ist davon wenig zu halten. Das Ende des Kohleausstiegs ist zu spät angesetzt, und unabhängig davon ist der Kohleausstieg gesetzlich immer noch nicht beschlossen. Die Prognose, dass bis 2030 die Stromnachfrage leicht sinken wird, erscheint gewagt, da im gleichen Zeitraum die Elektromobilität ausgebaut werden soll und elektrisch betriebene Wärmepumpen im Gebäudebereich hinzukommen. Wenn die Stromnachfrage aber höher wird, sind die Ausbauziele für die Erneuerbaren Energien automatisch zu niedrig. Unabhängig davon ist zweifelhaft, ob die Ausbauziele überhaupt erreicht werden. Bei der Windkraft an Land werden durch die unnötige Abstandsregelung (1.000 Meter) bis zu 50 % der in Frage kommenden Flächen ausgeschlossen. Mit der Opt-out-Regelung für Bundesländer und Kommunen werden eine Vielzahl von Ausnahmeregelungen, Auseinandersetzungen und Gerichtsverfahren provoziert. Gesamteinschätzung: Nur auf Basis der Beschlüsse der Bundesregierung werden das Reduktionsziel im Stromsektor und die 65 % bei den Erneuerbaren Energien nicht erreicht werden. Eventuell können die Zertifikatssteigerungen im europäischen Emissionshandel und von der Bundesregierung nicht beeinflussbare Entwicklungen wie günstige Gaspreise und Kostensenkungen bei der Photovoltaik sowie eine weiter zögerlichere Entwicklung bei der Elektromobilität dazu führen, dass das Reduktionsziel im Stromsektor doch erreicht wird.

Beschlüsse zu Landwirtschaft: Die Maßnahmen sind außer dem Zielwert bei der Düngung sehr allgemein formuliert: Einwirken auf die EU-Kommission bei den kommenden Verhandlungen zur Gemeinsamen Agrarpolitik (GAP) mit Ausrichtung der Agrarsubventionen an den klimapolitischen Beschlüssen der EU, konsequenter Vollzug des Dünge-Rechts zusammen mit den Bundesländern, Erreichung eines Zielwerts von (max.) 70 Kilogramm Stickstoff pro Hektar zwischen 2028 und 2032. Darüber hinaus wird eine Vielzahl kleinerer Maßnahmen zu Tierhaltung, Biogas und Ökolandbau angekündigt.

Kommentar: Im Kern beziehen sich die Maßnahmen auf die Reduktion des Düngemitteleinsatzes. Obwohl die Hälfte der Treibhausgasemissionen aus der Tierhaltung stammt, gibt es hierzu keine wesentlichen Maßnahmen. Das Ziel von 20%-Ökoland-

bau bis 2030 wird aufgrund der kleinteiligen Maßnahmen voraussichtlich nicht erreicht. Der Zielwert von max. 70 Kilogramm Stickstoff pro Hektar ist wenig anspruchsvoll, die gesetzte Frist viel zu lang. Auf die notwendige Reduktion des Fleischkonsums und der Tierhaltung wird nicht eingegangen, ebenso nicht auf eine Erhöhung der Mehrwertsteuer für Fleisch. Das vom Landwirtschaftsministerium entwickelte freiwillige Tierwohl-Label wird die Tierhaltung voraussichtlich wenig ändern. Nach den sehr zurückhaltenden Beschlüssen für die Landwirtschaft in Deutschland ist nicht zu erwarten, dass die Bundesregierung bei den EU-Verhandlungen anders auftreten wird.

Gesamteinschätzung: *Die großen Potenziale zur Reduktion der Treibhausgasemissionen aus der Tierhaltung werden nicht ernsthaft angegangen. Gleiches gilt für die Verbesserung der Tierhaltung. Die schon aus Gesundheitsgründen wichtige Reduktion des Fleischverbrauchs wird ebenfalls nicht adressiert. Da das Sektorziel in der Landwirtschaft aber wenig anspruchsvoll ist (bis 2030 nur 12 Millionen Tonnen weniger), könnte es eingehalten werden. Entscheidend dafür sind letztlich die Beschlüsse der EU zur Gemeinsamen Agrarpolitik (GAP) und die Entwicklungen bei Fleischkonsum und im Fleischmarkt.*

Beschlüsse zur Sicherung der Sozialverträglichkeit: Anhebung der Entfernungspauschale für Fernpendler (ab dem 21. Kilometer auf 35 Cent, befristet auf den Zeitraum 2021 bis 2016), gestufte Senkung der EEG-Abgabe beim Strom (ab 2021 um 0,25 Cent pro kWh, 2022 um 0,5 Cent pro kWh und 2023 um 0,625 Cent pro kWh), Erhöhung der Zuschüsse bei der Sanierung von Gebäuden oder alternativ Abzugsmöglichkeit von der zu zahlenden Steuer in Höhe von 20 % der Sanierungskosten, Erhöhung des Wohngeldes um 10 %, Berücksichtigung der höheren Energiekosten bei den Transferleistungen.

Kommentar: *Einfachere Maßnahmen wie etwa die teilweise Rückverteilung der Einnahmen auf die Bürger*innen nach dem Pro-Kopf-Modell der Schweiz oder noch weit stärker wirkende Entlastungsmaßnahmen wurden nicht beschlossen. Nach Berechnung des Deutschen Instituts für Wirtschaftsforschung (DIW) belasten die Maßnahmen des Klimaschutzprogramms die privaten Haushalte im Durchschnitt um 0,7 % des Haushaltsnettoeinkommens, in den unteren Einkommensgruppen um über 1 %, beim oberen Zehntel der Einkommensgruppen nur um 0,4 %. Die Steuerermäßigungen bei der Gebäudesanierung und der Pendlerpauschale begünstigen vor allem gutverdienende Steuerpflichtige. In den Anfangsjahren werden gut verdienende Steuerpflichtige durch die Erhöhung der Pendlerpauschale sogar noch besser gestellt! Wegen der scharfen Kritik denkt die Bundesregierung daran, für geringverdienende Pendler*innen eine „Mobilitätsprämie" in Höhe von 4,9 Cent/km ab dem 21. Kilometer (ein merkwürdi-*

*ges Wort: Fernpendeln wird also prämiert!) einzuführen. Die Senkung der EEG-Umlage ist zu gering, sie wird auch schon dadurch konterkariert, dass sie zuvor im Jahr 2020 marktbedingt um 0,35 % ansteigen wird. Unabhängig davon ist nicht sicher, dass die EU-Kommission der Reduktion beihilferechtlich zustimmen wird. Gut sind dagegen die geplante Erhöhung von Wohngeld (um 10 %) und die Erhöhung von Transferleistungen (etwa für Hartz-IV-Haushalte). **Gesamteinschätzung:** Das Maßnahmenpaket zur Sozialverträglichkeit ist missglückt.*

GESAMTEINSCHÄTZUNG ZUM GESAMTEN KLIMASCHUTZPROGRAMM

Das Klimaschutzprogramm ist insgesamt katastrophal.

- ❖ Die Reduktionsziele sind deutlich zu schwach. Die für Deutschland angemessenen Gesamtemissionen werden bereits 2026 erreicht und danach weit überschritten.
- ❖ Die CO_2-Bepreisung ist viel zu niedrig angelegt und wird über die nächsten Jahre weitgehend wirkungslos bleiben.
- ❖ Die Maßnahmen zur Reduktion des Energieverbrauchs im Gebäudesektor sind wenig anspruchsvoll und weitgehend auf Freiwilligkeit angelegt.
- ❖ Die Maßnahmen im Verkehrssektor stärken eher den Autoverkehr als ihn zu reduzieren. Verstärkt wird das durch Tricksereien bei der Bestimmung der EU-Flottengrenzwerte.
- ❖ Die Ausbauziele bei den Erneuerbaren Energien werden durch die Abstandsregelungen bei der Windenergie an Land torpediert und werden voraussichtlich nicht erreicht.
- ❖ Der Kohleausstieg kommt zu spät, der Anfang 2019 nach langem Ringen gefundene Kohlekompromiss wurde von der Bundesregierung nicht übernommen. Bis 2030 kommt es dadurch zu Mehremissionen von 40 Millionen Tonnen CO_2.

SOZIALVERTRÄGLICHKEIT BEIM KLIMASCHUTZ

Maßnahmen zum Klimaschutz können Haushalte mit niedrigem Einkommen besonders treffen – aber dies kann und muss durch entsprechende Ausgestaltung der Maßnahmen oder Kompensation durch andere Maßnahmen verhindert werden.

Bevor auf mögliche Maßnahmen im engeren Sinn eingegangen wird, sind einige Vorbemerkungen wichtig:

❖ Für die globale Klimaerhitzung und die bisherigen Treibhausgasemissionen sind im Wesentlichen die Industrieländer, darunter Deutschland, verantwortlich. Unter den Folgen leiden besonders die Länder des Südens und dort Milliarden von Menschen mit geringem Einkommen. Das ist überhaupt nicht sozial verträglich.

❖ In Deutschland und vielen anderen Ländern der Welt nimmt seit Jahren die Schere zwischen den Vermögen von Armen und Reichen extrem zu. Das ist nicht sozial verträglich.

❖ Wenn darauf hingewiesen wird, dass sich Arbeitnehmer*innen mit Mindestlohn oder mit geringem Einkommen (wie etwa die vielzitierten Krankenschwestern/-pfleger) Mieterhöhungen in sanierten Wohnungen oder höhere Benzinpreise oder teureres Fleisch nicht leisten können, ist die politische Antwort zuerst einmal die, dass dann deren Einkommen und der Mindestlohn erhöht werden müssen.

❖ Einige notwendige Klimaschutz-Maßnahmen begünstigen die oberen Einkommensgruppen. Die steuerliche Absetzbarkeit oder Förderung zur energetischen Sanierung von Häusern wird den Wert dieser Immobilien steigern und das Vermögen von Mittel- und Oberschicht erhöhen. Die hohen Zuschüsse für den Neukauf von Elektroautos kommen hauptsächlich oberen Einkommensgruppen zugute. Gleiches gilt für das Dienstwagenprivileg.

❖ Bei der Förderung von Erneuerbaren Energien gab es großzügige Ausnahmegenehmigungen für die Großindustrie, Großbäckereien, und sogar Tennishallen – dadurch stieg der Strompreis für alle Haushaltskunden. Geringverdiener wurden dadurch überproportional belastet. Es ist absurd, dass Geringverdiener über ihre Stromrechnung Ausnahmegenehmigungen für die Großindustrie und Gewerbe mitfinanzieren müssen.

❖ Durch Energiewende, Klimaschutz und andere Transformationen wie die Digitalisierung werden Arbeitsplätze vernichtet und andere geschaffen. Wirtschaftspolitisch wird absurderweise mit großem Aufwand darum gekämpft, Arbeitsplätze möglichst lange ausgerechnet in den Bereichen zu erhalten, die keine Zukunft haben (z. B. bei der Kohle und bei Autos mit Verbrennungsmotoren).

Die damit durch eine falsche Wirtschaftspolitik verursachten hohen Arbeitsplatzverluste in den Zukunftsbranchen Photovoltaik und Windenergie werden dagegen achselzuckend hingenommen. Hinzu kommt, dass der Einstieg in die Zukunftsfelder Elektromobilität und Batterieproduktion von der Automobilindustrie und der Wirtschaftspolitik sträflich vernachlässigt wurde.

Durch einige beschlossene oder geforderte und unbedingt notwendige klimapolitische Maßnahmen wie CO_2-Bepreisung, Rücknahme der Steuerbefreiungen im Flugverkehr, Förderung der Erneuerbaren Energien im Strombereich, verpflichtende Gebäudesanierung, Mehrwertsteuererhöhung bei Fleisch wird es zu Preiserhöhungen kommen und – ohne Kompensationsmaßnahmen – zu einer Mehrbelastung von Haushalten mit geringem Einkommen. Allerdings sind die Kompensationsmaßnahmen vergleichsweise leicht umzusetzen und tragen zum Teil sogar noch zusätzlich zum Klimaschutz bei!

❖ Die staatlichen Einnahmen aus der CO_2-Bepreisung können zum großen Teil an die Bürger*innen nach einem Pro-Kopf-Prinzip zurückverteilt werden. Damit werden Geringverdiener und mehrköpfige Familien entlastet, weil sie in der Regel pro Kopf weniger Energie verbrauchen als der Durchschnitt (sie haben nämlich weniger große Wohnungen, kleinere oder keine Autos, weniger Flüge). Dieses Modell wird in der Schweiz seit über zehn Jahren erfolgreich praktiziert!

❖ Von der Subventionierung des Kaufs von Elektroautos mit 6.000 Euro und vom Dienstwagenprivileg profitieren überwiegend Haushalte mit hohem Einkommen. Sozial verträglich wären dagegen Subventionierungen von E-Bikes, großen Elektrorollern, 365-Euro-Jahrestickets im ÖPNV und von energieeffizienten Haushaltsgeräten.

❖ Statt die Elektroautos mit bis zu 6.000 Euro zu subventionieren, sollte es für Geringverdiener kostenlose ÖPNV-Jahrestickets im ÖPNV und hohe Zuschüsse zum Kauf von energieeffizienten Haushaltsgeräten und E-Bikes geben.

❖ Tempolimits von z. B. 120/80/30 km/h auf Autobahnen, Landstraßen und in Kommunen würden nicht nur die Treibhausgasemissionen und die Unfallzahlen senken, sondern für alle Autofahrer*innen den Benzinverbrauch und die Benzinkosten senken und den kostengünstigen Radverkehr fördern.

❖ Die durch die energetischen Sanierungsmaßnahmen steigenden Mieten können durch ein höheres Wohngeld für Geringverdiener und Ausgleich der Mehrkosten der Unterkunft für Grundsicherungsempfänger ausgeglichen werden. Die Mehrkosten durch die CO_2-Bepreisung von Heizöl und Gas sollten von den Hauseigentümern getragen werden, wenn diese nicht sanieren und damit die Heizkosten deutlich senken.

❖ Der Stromverbrauch in Haushalten und der Verbrauch von Heizenergie und damit die entsprechenden Kosten können durch Beratungsprogramme und Installation von Kleingeräten in einem Schritt um 20 bis 30 % gesenkt werden. Hierfür gibt es mit dem „Stromspar-Check" schon ein hervorragend funktionierendes nationales Förderprogramm, das von der Caritas, den Energieagenturen und einzelnen Kommunen umgesetzt wird. Damit wurden bereits über 300.000 Haushalte mit Niedrigeinkommen beraten. Die Haushalte sparten im Schnitt pro Jahr 389 kWh Strom, 11.400 Liter Wasser und 216 kWh Wärmeenergie sowie 150 Euro pro Jahr (S. 72).

❖ Vom Öko-Institut wurde bereits vor Jahren vorgeschlagen, den Stromspar-Check auf weitere Gruppen auszuweiten, durch einen progressiven Stromtarif den Basisstromverbrauch zu verbilligen und die Heizkostenerstattung auf weitere Bevölkerungsgruppen auszuweiten (z. B. auf Rentner*innen mit geringem Einkommen).

DAS LEBEN ÄNDERN

„Die Aufforderung lautet, nun endlich auch erwachsen zu werden,
also selbst zu glauben, was man zu wissen vorgibt, und dann das Notwendige zu tun.
Aufhören, das Setzen von Zielen mit Taten zu verwechseln, aufhören damit,
erst mal die Abschaffung des Kapitalismus, die Befreiung des globalen Südens,
die Beseitigung von Fluchtursachen und ähnlich magische Dinge zu fordern,
bevor man sofort, umstandslos, jetzt Dinge anders zu machen beginnt."

Harald Welzer[6]

DER INDIVIDUELLE BEITRAG ZUR KLIMAERHITZUNG

Man hört es oft in Diskussionen – bei 7,75 Milliarden Menschen ist der eigene Beitrag klein und scheint vernachlässigbar zu sein. Wenn aber alle so denken, passiert eben gar nichts. Und wenn man selbst klimafreundlich lebt, leistet man doch einen eigenen Beitrag und kann als Vorbild überzeugender argumentieren, vor allem weil man dann die Hemmnisse für einen ökologischen Konsum und die gefundenen Alternativen besser kennt. Aber wie hoch ist eigentlich der eigene Beitrag zur Klimaerhitzung, wie hoch sind die eigenen Treibhausgasemissionen, und wie kann man sie schnell und deutlich senken?

Die CO_2-Emissionen pro Kopf kann man auf zwei verschiedene Weisen bestimmen: Entweder bilanziert man alle CO_2-Emissionen entlang des Lebenswegs der einzelnen Produkte (bei Fleisch beispielsweise die Herstellung von Futtermitteln in Brasilien und die Tierhaltung und Schlachtung in Deutschland), oder man bilanziert nur die CO_2-Emissionen, die direkt in Deutschland verursacht werden, wie bei der Bilanzierung nach der UN-Klimarahmenkonvention. Bei dieser Bilanzierung werden dann beispielsweise auch die Emissionen der Braunkohleverstromung in Deutschland mit erfasst, auch wenn der Strom exportiert wird.

---

6 Futur zwei, Magazin für Zukunft und Politik, Nr. 10/2019, S. 13

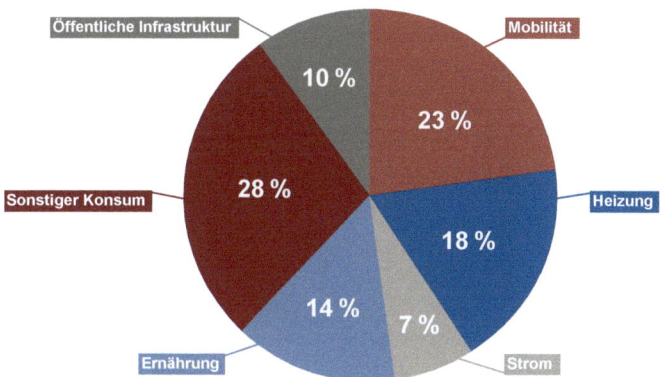

Abbildung: Anteile an Pro-Kopf-Emission2017: rund 11 Tonnen CO_2-Äquivalente
(QUELLE: UBA CO_2-RECHNER UND RATGEBER)

Die CO_2-Werte sind je nach Bilanzierung verschieden, bei einzelnen Produkten wie etwa Lebensmitteln sehr stark, bei Produkten mit einem hohen Energieverbrauch bei der Nutzung eher wenig. Die in Deutschland pro Kopf emittierten CO_2-Emissionen lagen 2017 bei rund 11 Tonnen und 2018 bei rund 10,5 Tonnen CO_2 pro Kopf. Die Aufteilung auf einzelne Verbrauchsbereiche zeigt die Abbildung. Das Ziel ist, die Pro-Kopf-Emissionen bis 2050 auf maximal 1 Tonne zu senken.

Die individuellen Pro-Kopf-Emissionen können sehr unterschiedlich sein, je nachdem ob und wie oft man fliegt, wie groß die Wohnung und der Stromverbrauch sind, ob und wie viel man Auto fährt und wie der Ernährungsstil aussieht. Eine Schnelleinstufung in den verschiedenen Verbrauchsbereichen bekommt man mit den #KlimaChecker-Tabellen (S. 89, 127, 210, 231). Mit dem CO_2-Rechner des Umweltbundesamtes kann man die individuellen Emissionen überschlägig berechnen: https://uba.co2-rechner.de.

Um die eigenen CO_2-Emissionen genau zu berechnen, wäre der Aufwand riesig. Wichtiger ist es, zu wissen, mit welchen Maßnahmen man die eigenen CO_2-Emissionen deutlich senken kann. Nur ein Beispiel: Es ist wichtig, Plastiktüten so weit wie möglich zu vermeiden – vor allem wegen Plastik in den Weltmeeren. Ein Fernflug nach Australien hat aber den gleichen Effekt wie die Herstellung und Verbrennung von 500.000 Plastiktüten (in Worten: fünfhunderttausend). Das spricht überhaupt nicht gegen die Vermeidung von Plastiktüten, aber sehr stark gegen Fernflüge. Als Einzelperson kann man etwa zwei Drittel über Kaufentscheidungen und Verhalten direkt beeinflussen, wenn man die Gewinnung der Rohstoffe und die Herstellung der Produkte einbezieht.

Strategischer Konsum

Für den klimafreundlichen Konsum ist es wichtig, zu wissen, welche Aktivitäten besonders klimarelevant sind. Besonders relevant sind Fliegen, Autofahren, Wohnungsgröße und Energiestandard, Stromverbrauch und der Konsum tierischer Produkte. In diesen Bereichen gibt es auch jeweils Einzelmaßnahmen mit sehr hohen CO_2-Reduktionspotenzialen.

Die meisten Bürger*innen glauben, dass ökologischer oder klimafreundlicher Konsum äußerst aufwendig ist, man andauernd auf sein Verhalten aufpassen muss und das Ganze auch noch mehr Geld kostet. Das ist totaler Quatsch:

❖ Es gibt wenige Einmalentscheidungen, mit denen man jeweils die eigene CO_2-Bilanz über viele Jahre verbessern kann (s.u.): Wahl des Wohnorts, des Studienorts oder des Arbeitsorts, Wahl der Wohnung (Größe, energetischer Standard), energetisches Upgrade einer Wohnung (als Eigentümer*in), kleines energetisches Upgrade einer Wohnung (als Mieter*in), Wohnungsumbau, Kauf oder Verkauf eines Autos, Entscheidung für ein kleineres Auto, einmalige Stromsparaktion, Entscheidung über Fernflüge.

❖ Bei all diesen Maßnahmen spart man auch noch erheblich Geld! Kleinere Wohnung heißt: weniger Miete, weniger Nebenkosten. Kleineres Auto heißt: geringere Kosten beim Kauf, geringere Benzinkosten. Auf einen Fernflug verzichten spart sehr viel Geld. Für eine kleine energetische Sanierung der Wohnung (S. 228) oder eine einmalige Stromsparaktion (S. 92f.) und entsprechende Kleinmaterialien muss man 100 bis 150 Euro vorfinanzieren, die man durch Senkung der Verbrauchskosten schon innerhalb des ersten Jahres wieder reingeholt hat.

❖ Überraschend viel und dauerhaft kann man auch mit kleineren einmaligen Aktivitäten sparen. Beispiele: Man stellt einmal die Kühlschranktemperatur von 5 Grad Celsius (übliche Voreinstellung bei Kauf) auf 7 Grad ein und spart dauerhaft 15 % des Stroms. Man stellt bei der Heizung einmal die gewünschte Raumtemperatur ein Grad tiefer und spart dauerhaft 5 % der teuren Heizenergie. Man installiert bei dem alten DVD-Receiver mit hohem Stand-by-Verbrauch einmal eine Zeitschaltuhr und spart dauerhaft 95 % des Stroms (S. 96).

❖ Bei einer dritten Kategorie muss man sein Verhalten tatsächlich dauerhaft ändern: wenn man mehr Rad statt Auto fährt, wenn man moderater Auto fährt und wenn man seine Ernährung umstellt. Der große Vorteil davon ist: Man lebt viel gesünder! Und wenn man einmal damit angefangen hat, entwickelt man Routinen, findet man schöne Radwege, genießt anderes gutes Essen und merkt, wie entspannend moderates Autofahren ist.

Egal ob man das eigene Leben ändern oder auch noch andere davon überzeugen will: Man sollte mit dem anfangen, was einfach geht und zu den jeweiligen Verhältnissen passt. Wenn man mit drei Kindern und einer kranken Großmutter auf dem Land oben am steilen Berg und fernab von Bus und Bahn wohnt, sollte man sich nicht als Erstes vornehmen, das Auto zu verkaufen. Mit den oben beschriebenen Maßnahmen kann man viel Geld sparen. Aber das ist den meisten Konsument*innen gar nicht so wichtig. Wichtiger ist ihnen, ob die möglichen Alternativen attraktiv, alltagsadäquat bzw. leicht zu realisieren, ob sie mit Zeiteinsparungen verbunden und ob sie mit Anerkennung vonseiten der Gesellschaft und der „Peergroup" verbunden sind (Freund*innen, Bekannte, Nachbar*innen, Kolleg*innen). Richtig erfolgreich im Klimaschutz ist man, wenn man gleich eine ganze Gruppe oder Organisation von einem anderen Verhalten überzeugen kann: wenn wegen einer Schülerinitiative endlich die Schule energetisch saniert wird, wenn bei der Abi-Reise nicht geflogen wird, wenn geschäftliche Besprechungen durch Telefon- oder Videokonferenzen ersetzt werden (s.u.).

DIE GROSSEN EINMAL-ENTSCHEIDUNGEN

HINWEIS Alle Maßnahmen sind in den Einzelkapiteln detailliert beschrieben.

In längeren Abständen trifft man im Leben wichtige Entscheidungen, die — ohne dass man es bedenkt — einen sehr großen Einfluss auf die CO_2-Emission der nächsten Jahre haben werden.

❖ **Wahl des Wohnorts oder des Arbeitsorts/Studienorts:** Beim nächsten Umzug oder Wechsel der Arbeit kann man darauf achten, dass die Entfernungen und der Zeitaufwand kürzer werden. Kleines Beispiel, große Wirkung: Ist der Weg von der Wohnung zur Arbeit nach Umzug „nur" 9 km weniger oder weiter entfernt? Die kleine Differenz von 9 km macht in den nächsten zehn Jahren und bei jeweils 225 Arbeitstagen 40.500 km Unterschied. Einmal um die Welt. Wenn man das mit dem Auto fährt, sind es rund 9.000 kg CO_2. Wenn man einen entfernten Arbeitsort wählt (z. B. 63 km von der Wohnung) und Fernpendler mit dem Auto wird, kommen in den nächsten zehn Jahren dann rund 280.000 km und rund 63.000 kg CO_2 zusammen. Alles nur mit *einer* Entscheidung.

❖ **Wahl der Wohnung:** Je weniger Wohnraum pro Kopf und je besser isoliert, umso besser. Beispiel: Ein Paar zieht in eine wunderschöne große, aber nicht gedämmte Altbauwohnung (128 Quadratmeter, Verbrauch 20 Kubikmeter Gas pro Quadratmeter und Jahr) und bleibt dort 15 Jahre lang wohnen. Die CO_2-Emissionen *pro Kopf* sind dann 46.464 kg. Oder das Paar zieht in eine kleine, gut gedämmte Wohnung (64 Quadratmeter, Verbrauch 9 Kubikmeter Gas pro Quadratmeter und Jahr). *Pro Kopf berechnet* führt das zu 10.454 kg CO_2-Emissionen (minus 77,5 %) – alles nur mit *einer* Entscheidung (siehe auch S. 231).

❖ **Energetisches Upgrade einer Wohnung (als Eigentümer*in):** Wenn man bei einem älteren 120-Quadratmeter-Haus oder Wohnung als Eigentümer*in ein „energetisches Upgrade" macht (Annahme: Verbrauch 3.000 Kubikmeter Gas; nach dem Upgrade 500 Kubikmeter Gas), spart man in den nächsten 20 Jahren 121.000 kg CO_2. Übrigens: Jetzt ist die beste Zeit für ein energetisches Upgrade – die Zinsen sind sensationell günstig, die Energiepreise werden durch CO_2-Bepreisung steigen, das energetische Upgrade wird finanziell gefördert oder kann steuerlich abgesetzt werden.

❖ **Kleines energetisches Upgrade einer Wohnung (als Mieter*in):** Auch als Mieter*in kann man die Wohnung energetisch upgraden. Mit mehreren *einmaligen* Kleinmaßnahmen und einer geringen Investition (100 bis 150 Euro) kann man den Heizenergiebedarf um mindestens 20 % senken. Bei der 120-Quadratmeter-Wohnung spart das in den nächsten 20 Jahren 24.200 kg CO_2 (S. 228).

❖ **Wohnungsumbau:** Wenn man die 120-Quadratmeter-Wohnung allein bewohnt (typisches Szenario: Kinder ausgezogen, Partner*in gestorben) und als Eigentümer*in in zwei Wohnungen umbaut (Annahmen: jährlicher Verbrauch 3.000 Kubikmeter Gas; Umbau in eine 70qm-Wohnung für zwei Personen und eine 50qm-Wohnung für sich selbst); spart man schon ohne Renovierung als Eigentümer*in für sich selbst über die nächsten 20 Jahre 70.600 kg CO_2. Mit einem gleichzeitigen energetischen Update noch viel mehr. Und man hat eine neue Wohnung geschaffen. Und hat Mieteinnahmen (S. 235 ff.). Mit Sanierung spart man natürlich noch mehr CO_2.

❖ **Kauf oder Verkauf eines Autos:** Wenn man sich ein eigenes Auto kauft, wird man es auch lange halten (vier bis zehn Jahre) und häufig fahren, weil es erstens bequemer ist und zweitens Bahnfahren und ÖPNV als teuer erscheint, weil man die Fixkosten für das Auto ja schon gezahlt hat und nur noch die Benzinkosten mit Ticketpreisen vergleicht (S. 180 f.). Umgekehrt fährt man nach dem Verkauf des eigenen Autos und Nutzung von Carsharing deutlich weniger Auto – nach einer Statistik 70 % weniger Auto, stattdessen 40 % mehr Bus und Bahn, 32 % mehr mit dem Fahrrad (S. 152). Wenn man zehn Jahre lang 14.000 km mit dem Auto fährt (durchschnittliche jährliche Fahrleistung), verursacht man rund 31.000 kg CO_2-Emissionen, bei der gleichen Strecke mit

30 % Carsharing, 20 % ÖPNV, 20 % Fernbahn, 30 % Fahrradfahren dagegen nur rund 12.000 kg CO_2 (minus 60 %).

❖ **Kleineres Auto:** Wenn man sich beim Kauf für ein kleineres, spritsparendes Auto entscheidet (Annahme: Minderverbrauch 2 Liter/100 km; Jahresfahrleistung 14.000 km), spart man gegenüber dem größeren Auto in den nächsten zehn Jahren 8.400 kg CO_2. Noch besser ist es, gleich ein kleineres Elektroauto zu kaufen.

❖ **Einmalige Stromsparaktion:** Mit mehreren *einmaligen* Kleinmaßnahmen und einer geringen Investition (100 Euro) kann man den Strombedarf in einem Zweipersonenhaushalt (durchschnittlich 3.500 kWh pro Jahr) um rund 500 kWh senken. Einsparung pro Jahr rund 240 kg CO_2.

❖ **Urlaubsziel:** Je weiter weg, umso höher die CO_2-Emissionen. Wenn man sich *einmal* für eine Ferienreise nach Australien entscheidet, führt das zu 14.840 kg CO_2-Emissionen.

Verhaltensänderungen

❖ **Umstellung der Ernährung:** Die durchschnittliche Ernährung (60 kg Fleisch pro Jahr, konventionelle Lebensmittel, 20 % Lebensmittelabfälle) führt zu rund 1.800 kg CO_2-Emissionen pro Jahr, ein fleischreduzierter Ernährungsstil (nur 15 kg Fleisch, keine Lebensmittelabfälle) nur zu rund 1.150 kg CO_2-Emissionen (minus 36 %) und ein vegetarischer Ernährungsstil (Biolebensmittel, keine Lebensmittelabfälle) sogar nur zu 900 kg CO_2 (minus 50 %).

❖ **Moderat Auto fahren:** Wenn man moderat Auto fährt (S. 169f.), spart man pro 100 km mindestens 1 Liter Kraftstoff und pro Jahr (Annahme 14.000 km Fahrleistung) 420 kg CO_2.

❖ **Ridesharing:** Wenn man im Auto eine weitere Person mitnimmt (Ridesharing, BlaBlaCar, klassische Mitfahrgelegenheit etc.; siehe S. 156f.) oder bei jemandem mitfährt, statt mit dem eigenen Auto zu fahren), spart man als Autofahrer pro 1.000 km Fahrt 110 kg CO_2 (Anmerkung: Das darf sich aber nur der/die Autofahrer*in anrechnen, auf keinen Fall beide – sonst würden rechnerisch gar keine CO_2-Emissionen anfallen :-)).

❖ **Mehr Rad fahren:** Wenn man pro Jahr 1.000 km mit dem Rad statt mit dem Auto fährt (S. 145), spart man rund 300 kg CO_2 (Annahme: höherer Verbrauch 10 Liter auf 100 km wegen Kurzstrecke). Übrigens: 23 % aller Autofahrten sind kürzer als 2 km!

Gruppenaktionen

Besonders erfolgreich ist man, wenn es gelingt, gleich das Verhalten einer Gruppe oder einer Organisation zu verändern. Beispiele sind:

❖ **Energetisches Upgrade einer Schule** durch eine Schülerinitiative (S. 243) – mit einer riesigen CO_2-Vermeidung.

❖ **Schulreisen optimieren:** Wenn beispielsweise 20 Schüler*innen die Schulreise nach Berlin mit der Bahn unternehmen statt zu fliegen, werden dadurch 4.620 kg CO_2 vermieden. Mit jeder vergleichbaren Schulreise einmal mehr.

❖ **Videokonferenz im Unternehmen:** Wenn zwei Kolleg*innen für ein Meeting nicht von Frankfurt nach New York fliegen, sondern eine Videokonferenz durchführen, werden 5.000 kg CO_2 vermieden. Pro Stunde Full-HD-Videokonferenz werden nur 0,29 kg CO_2 verursacht. Mit jeder weiteren Videokonferenz kann weiter CO_2 vermieden werden

#klimAktiv

DER PROTEST DER ELTERN

Fragt doch mal eure Eltern, Großeltern oder Verwandten, ob und wie sie sich gegen die massive Umweltbelastung in der 1970er- bis 1990er-Jahren gewehrt haben.

Ihr werdet leuchtende Augen sehen und Berichte von Demos, Flugblattaktionen und Platzbesetzungen hören. Und von vielen Erfolgen: wieder sauberes Wasser und saubere Luft, gefährliche Chemikalien verboten, viele Atomkraftwerke und die Wiederaufbeitungsanlage Wackersdorf verhindert, die ersten Sonnenkollektoren gebaut, energiesparende Haushaltsgeräte erzwungen, das erste Carsharing gegründet.

Wenn ihr euch das alles geduldig angehört habt – das kann auch interessant sein – kommt Ihr an die Reihe, z.B. mit kniffligen Fragen wie:

❖ Wenn Ihr so tolle Umweltschützer*innen wart – warum habt Ihr jetzt eine zu große und ungedämmte Wohnung, warum ein oder zwei unnötig große Autos, warum esst Ihr so viel Fleisch, warum fliegt Ihr bedenkenlos in der Welt herum?

❖ Was würdet Ihr gegen die massive Klimaerwärmung zu tun, wenn Ihr noch jung wärt? Schulstreiks, Platzbesetzungen ...?

❖ Was macht Ihr, um uns zu unterstützen?

DER „SONSTIGE" KONSUM

Mehr als 60 % der Pro-Kopf-CO_2-Emissionen privater Haushalte stammen aus den Bereichen Wohnen, Strom, Mobilität und Ernährung. Mit den oben beschriebenen Einmal-Maßnahmen und weiteren im Buch im Detail beschriebenen Maßnahmen kann in den vier Bereichen sehr viel CO_2 reduziert werden. 10 % stammen (anteilig) aus staatlichen Infrastrukturmaßnahmen, die man als Konsument*in nicht direkt beeinflussen kann. Die restlichen fast 30 % der Pro-Kopf-CO_2-Emissionen stammen aus mehreren Dutzend verschiedenster Konsumaktivitäten und entsprechenden Produkten, wie zum Beispiel Möbel, Textilien, Papier, Wasch- und Reinigungsmitteln, Verpackungen, Kosmetika, Küchengeräte, Bücher, DVDs, Spielzeuge etc. Bei den meisten dieser Bereiche gibt es im Durchschnitt einen hohen Überflusskonsum, der leicht zu reduzieren ist – wenn man nur will. Drei Beispiele für den hohen Überflusskonsum:

❖ **Textilien:** Wie eine Befragung von Greenpeace zeigte, haben die Bürger*innen 95 Kleidungsstücke (Unterwäsche und Strümpfe sind darin nicht enthalten), Frauen mehr (118 Stück). Männer weniger (73 Stück). Pro Jahr werden pro Kopf 27 Kilo (!) Textilien neu gekauft. 40 % der gekauften Kleidungsstücke werden selten oder gar nie benutzt. Die Tragehäufigkeit ist durchschnittlich zu kurz, d.h., dass die Kleidungsstücke weggeworfen oder in die Textilsammlung gegeben werden, lange bevor sie sie kaputt oder verschlissen sind. Die meisten Textilien kommen aus Niedriglohnländern wie China oder Bangladesch mit durchschnittlich miserablen Bedingungen für die Arbeiter*innen. Bei der Herstellung und Verarbeitung von Baumwolle, Polyester und anderen Materialien sowie bei dem Färben und der Ausrüstung von Textilien gibt es einen großen Energie- und Wasserverbrauch, einen hohen Chemikalieneinsatz und entsprechende Gefährdung der Arbeiter*innen sowie eine hohe Wasserbelastung durch die Chemikalien.

> **Die einfachen Empfehlungen:** *viel weniger Klamotten kaufen, nicht nach jeder Mode gehen, Textilien möglichst nur aus ökologischer und fairer Herstellung oder secondhand kaufen, möglichst lange tragen und bei Bedarf reparieren. Damit reduziert man sicher mindestens 50 % der CO_2-Emissionen und der sonstigen Umwelt- und Gesundheitsbelastungen.*

❖ **Möbel:** Jährlich werden pro Kopf 650 Euro für den Kauf von Möbeln ausgegeben, und etwa sieben Millionen Tonnen Möbel (!) in den Sperrmüll gegeben. Die Produktion der Möbel aus Holz, Spanplatten, Metallen, Kunststoffen, Polstermaterialien,Glas sowie Farben ist aus Umweltsicht aufwendig, schon wegen des hohen Gewichts der

Möbel bzw. der einzusetzenden Werkstoffe. Im Vergleich zu früher werden Möbel deutlich weniger lang genutzt und selten repariert. Die Gründe dafür liegen auf der Hand: die Bürger*innen ziehen öfter um, mit steigendem Einkommen werden Möbel frühzeitig ersetzt, die Möbel-„Moden" wechsel häufig, Billigmöbel werden in den Markt gedrückt, viele Möbel haben schlechte Qualität und sind schlecht reparierbar (z. B. durch Kunststoffbeschichtungen).

Die einfachen Empfehlungen: *in jungen Jahren eher Gebrauchtmöbel kaufen, neue Möbel eher selten und dafür mit hoher Qualität kaufen, möglichst Vollholzmöbel kaufen – die sind zwar teurer, halten aber „ewig" und lassen sich sehr gut reparieren oder abändern und sind weitgehend klimaneutral. Mit diesen Empfehlungen reduziert man sicher mindestens 50 % der CO_2-Emissionen und der sonstigen Umweltbelastungen.*

❖ **Papierprodukte:** EU Deutschland hat den weltweit höchsten Pro-Kopf-Verbrauch an Papier, Pappe und Karton. Er liegt bei 242 Kilo pro Jahr und damit mehr als viermal so hoch wie der weltweite Durchschnitt von 57 Kilo. Obwohl Deutschland ein waldreiches Land ist, ist es der zweitgrößte Papierimporteur und der zweitgrößte Zellstoffimporteur der Welt (!) und verantwortlich für einen unnötig hohen Verbrauch an Holz, Urwaldrodungen und illegalem Holzeinschlag. Die Papierproduktion ist aufwendig und belastet die Umwelt. Für 500 Blatt DIN A4 mit einem Gewicht von 2,3 Kilo werden beispielsweise 7,5 Kilo Holz eingesetzt, 130 l Wasser und 27 kWh Energie. Aus ökobilanzieller Sicht ist eine dicke Papiertüte beispielsweise kein bisschen besser als eine dünne Plastiktüte (wenn beide ordnungsgemäß entsorgt werden).

Die einfachen Empfehlungen: *Den Verbrauch reduzieren: Werbesendungen blocken, Werbekataloge abbestellen, Online-Shopping reduzieren (sehr hoher Verpackungsaufwand), Bücher und Zeitungen online lesen, beim Einkaufen Mehrwegbehälter mitnehmen und im Laden weder Plastiktüten noch Papiertüten mitnehmen, an Schule, Uni und im Betrieb das papierlose oder wenigstens papierarme Büro anstreben (kein unnötiges Ausdrucken, keine unnötigen Broschüren und Versandaktionen, erforderliche Ausdrucke möglichst platzsparend und beidseitig). Verpackungsmaterialien mehrfach verwenden (z. B. bei Päckchen, schwerere Briefe), Altpapier für Skizzen, Entwürfe etc. Verbrauchsmaterialien (Kopierpapier, Küchenrollen, Klopapier etc.) nur als Recyclingpapier und mit dem Umweltzeichen Blauer Engel. Altpapier und Altpappe in die Papiersammlung geben.*

Mit diesen Empfehlungen reduziert man sicher mindestens 50 % der CO_2-Emissionen und der sonstigen Umweltbelastungen aus dem Papierbereich.

Die Beschreibung detaillierter Handlungsoptionen für die vielen Dutzend weiterer Konsumbereiche würde den Rahmen des Buchs sprengen. Wie die obigen Beispiele zeigen, gibt es einfache Prinzipien, mit denen man die Umweltbelastung und die CO_2-Emissionen bei den sonstigen Produkten und Aktivitäten verringern kann:

❖ Überflusskonsum reduzieren,

❖ hohe Nutzungsdauer,

❖ Mehrfachverwendung und Recycling,

❖ reparierbare Produkte kaufen und später bei Notwendigkeit auch reparieren,

❖ neue Produkte aus ökologischer und fairer Herstellung und aus Recycling/Secondhand kaufen.

1 STROM –
IMMER NOCH AUS DER STECKDOSE

1.1 UMWELT-, GESUNDHEITSPROBLEME UND HOHE RISIKEN

Die fossilen Energieträger, zuerst Kohle, später auch Öl und Gas, sind seit dem 19. Jahrhundert die zentralen Energieträger der Industriegesellschaften. In den 1960er-Jahren kam die Atomenergie zur Stromproduktion dazu. Die Erneuerbaren Energien (Windkraft, Photovoltaik und Biomasse) wurden erst seit der Jahrtausendwende gezielt gefördert und haben erst danach größere und steigende Anteile an der Stromproduktion erreicht. Wasserkraftwerke gibt es in Deutschland dagegen schon seit Anfang des 20. Jahrhunderts, das Potenzial ist in Deutschland geografisch bedingt klein, der Anteil an der Stromproduktion liegt derzeit bei rund 4 %.

Die fossilen Energieträger sind die „klassischen Umweltverschmutzer" – nicht nur als Verursacher der Klimaerhitzung, sondern auch durch die Freisetzung von Luftschadstoffen wie Schwefeldioxid, Stickoxiden und Staub sowie aufgrund der großen Probleme beim Rohstoffabbau (beispielsweise der hohe Flächenverbrauch bei der Förderung von Braunkohle). In der Folge kam es in den 1980er-Jahren zu großräumigen Umweltbelastungen durch „sauren Regen" und ein beginnendes Waldsterben. Beides konnte erst durch gesetzliche Vorschriften zu Entschwefelungsanlagen und Katalysatoren bei Kohlekraftwerken und bei Autos eingedämmt werden. Innerhalb der fossilen Energieträger hat besonders die Braunkohle pro produzierte Kilowattstunde Strom hohe Treibhausgasemissionen, Gas deutlich weniger, Steinkohle liegt dazwischen.

Die Atomenergie hat sehr hohe Störfallrisiken, wie die Super-GAUs in Tschernobyl und Fukushima zeigen. Die Gewinnung von Uran ist mit einer hohen lokalen Strahlenbelastung verbunden, die Endlagerung der radioaktiven Abfälle ist nach wie vor ungeklärt.

Der Einsatz von Erneuerbaren Energien ist dagegen nur mit sehr geringen Umweltproblemen verbunden. Aus volkswirtschaftlicher Sicht ist wichtig, dass die Erneuerbaren Energien in Deutschland produziert werden können, während bei Gas und Uran jeweils eine hohe Abhängigkeit von den jeweiligen Förderländern wie z. B. Russland besteht.

Die fossilen Energieträger und Atomkraft/Uran sind noch aus weiteren Gründen hochproblematisch. Die von ihnen ausgehenden Umwelt- und Gesundheitsschäden (durch Schwefeldioxid, Stickoxide und Staub) führen zu hohen externen Kosten, die bislang von der Gesellschaft getragen werden. Die externen Kosten durch die Stromproduktion werden auf 180 Euro pro Tonne beziffert.

Das Störfallrisiko der Atomenergie ist so hoch, dass es nicht ernsthaft versicherbar ist. Bei einer großen Atomkatastrophe im dicht besiedelten Deutschland (z. B. München, Stuttgart oder Hamburg) müssten Hunderttausende ihre Wohnungen für lange Zeit räumen,

Unternehmen müssten ihre Produktion einstellen, Schulen und Krankenhäuser geräumt werden etc. Die Kosten könnten mehrere Hundert Milliarden bis mehrere Tausend Milliarden Euro betragen. Die gesetzlich vorgeschriebene Deckungssumme in Höhe von 2,5 Milliarden, also die Summe, für die Betreiber im Falle eines Unfalls haften müssten, ist angesichts des potenziell hohen Schadenpotenzials geradezu lächerlich.

Die vielen Probleme durch die fossilen Energieträger und die Atomenergie waren der wesentliche Grund für viele Protestaktionen in den 1980er- und 1990er-Jahren und die Proklamation der Energiewende im Jahr 1980.

#klimaFAQ

ATOMKRAFTWERKE FÜR DEN KLIMASCHUTZ?

Die Atomenergie wird immer mal wieder als Klimaschutzlösung ins Spiel gebracht, so etwa von der World Nuclear Association (WNA) oder der Internationalen Energieagentur (IEA). Die Atomenergie ist durch den komplizierten Bau und die aufwendige Förderung und Verarbeitung von Natururan zwar auch mit CO_2-Emissionen verbunden, aber gegen die Atomenergie sprechen hauptsächlich die hohen Störfallrisiken und die nach wie vor nicht gesicherte Endlagerung. Die Atomenergie ist eine Hochrisikotechnologie – wie die Katastrophen in Tschernobyl und Fukushima und mehrere Beinahe-Katastrophen wie im US-amerikanischen Harrisburg oder der noch glimpflich abgelaufene Totalausfall 2006 im schwedischen Atomkraftwerk Forsmark zeigen. Atomkraftwerke stellen zudem bei terroristischen Angriffen und im Kriegsfall (z. B. Ukraine) ein extrem hohes Sicherheitsrisiko dar. Die Nutzung von Uran zur Produktion von Strom lässt sich außerdem über die Brennstoffkette nicht von der potenziellen Nutzung zum Bau von Atombomben trennen – wie die aktuelle Diskussion um das iranische Atomprogramm zeigt. Aber es gibt noch mehr Gründe:

❖ Die Atomenergie ist schlicht zu teuer und wird immer teurer, wohingegen die Erneuerbaren Energien Photovoltaik und Windenergie immer billiger werden. Die „modernen" Neubauten des Typs EPR (European Pressurized Reactor) des französischen Herstellers Framatome in Flamanville in Frankreich und Olkiluoto in Finnland werden mit 11 bzw. 10 Milliarden Euro voraussichtlich dreimal so teuer wie geplant. Beide Anlagen sind auch noch mit erheblichen Qualitäts- und Sicherheitsmängeln verbunden. Die Fertigstellung hat sich bei beiden Anlagen um viele Jahre verzögert. Olkiluoto sollte im Jahr 2009 in Betrieb gehen, Flamanville im Jahr 2012.

❖ Die Atomenergie leistet mit mageren 2 % der nutzbaren Primärenergie nur einen höchst bescheidenen Beitrag zur Deckung des Weltenergiebedarfs. Und selbst ihr

Anteil an der weltweiten Stromerzeugung ist mit 11 % noch geringer als der der Wasserkraft.

❖ Derzeit sind rund 450 Atomkraftwerke in Betrieb. Um den Beitrag der Atomenergie wesentlich zu erhöhen (z. B. um den Faktor 3), müssten 1.350 Atomkraftwerke neu gebaut werden. Schon die heutigen Uranreserven reichen nur noch 50 bis 70 Jahre und wären bei einem solchen Atomenergieausbau nach 20 bis 30 Jahren erschöpft. Eine Wiederaufbereitung abgebrannter Kernbrennstoffe in Wiederaufbereitungsanlagen wie etwa im französischen La Hague ist prinzipiell möglich, aber noch wesentlich riskanter als der Betrieb von AKWs.

❖ Ein Blick auf die Weltkarte zeigt eine Vielzahl von politisch instabilen Ländern, von Krisenregionen und von Erdbebenregionen – das wirft die Frage auf, wo diese 1.350 AKWs gebaut werden sollten? In Afghanistan? Im Nahen Osten? In Pakistan? Im Sudan? Wieder in der Ukraine? Oder einfach 100 in Deutschland, 100 in Frankreich, 50 in der Schweiz, 50 in den Niederlanden, 50 in Dänemark, 100 in Polen etc.?

1.2 STATUS UND PERSPEKTIVEN IM STROMSEKTOR

Mit der Energiewende gibt es nun den Übergang von den fossilen Energieträgern und Atomkraft zu Erneuerbaren Energien. Die fossilen Energien wurden in unterschiedlichen Bereichen und Energieformen eingesetzt – zur Wärmeproduktion für die Industrie und Haushalte, als mechanische Energie zum Betrieb von Autos und Lkws und zur Stromproduktion für unterschiedlichste Zwecke.

Mit der Energiewende wird Strom auf der Basis von Erneuerbaren Energien (nachfolgend kurz: EE-Strom) perspektivisch der einzige „Rundum-Energieträger". Strom ist eine besonders „edle" Energieform, weil Strom für alle möglichen Anwendungen genutzt werden kann. Zunehmend wird Strom auch im Verkehrsbereich (Elektromobilität), im Gebäudebereich (Wärmepumpen, Direktheizung bei hochgedämmten Häusern), als Prozesswärme in Industrie und Gewerbe und sogar zur Produktion von Basischemikalien eingesetzt (in der Chemieindustrie müssen ja auch die fossilen Rohstoffe Öl und Gas ersetzt werden, die bislang in Basischemikalien umgewandelt werden). Die Chemieindustrie schätzt den zusätzlichen Strombedarf bei einem kompletten Umstieg auf EE-Strom bis 2050 auf 628 TWh – fast so hoch wie die heutige Bruttostromproduktion.

Durch die zusätzlichen Stromanwendungen in den Sektoren Verkehr, Industrie und Gebäude gibt es eine neuartige „Sektorkopplung": Eine weitgehend CO_2-freie Stromproduktion wird damit zur entscheidenden Voraussetzung für Klimaschutz auch in den anderen Sektoren. Gleichzeitig steigen durch die Sektorkopplung aber auch der Gesamtstrombedarf und der Bedarf an einem weiteren und schnellen Ausbau von Wind- und Sonnenenergie stark an.

Die Bruttostromerzeugung ist seit 2000 schon gestiegen, bislang allerdings nur durch Stromexporte, und liegt nun bei 649 TWh (zu TWh: siehe Glossar). Der Stromverbrauch liegt dagegen bei nur 520 TWh (2017).

Die Überproduktion und der Export von billigem Kohlestrom sind doppelt ärgerlich. Erstens steigen dadurch die globalen Treibhausgasemissionen real an. Zweitens werden die Emissionen aus der zusätzlichen Produktion Deutschland zugerechnet (nach dem Territorialprinzip des Kyoto-Protokolls werden alle Emissionsquellen innerhalb der Landesgrenzen ermittelt und dem jeweiligen Land zugeordnet).

Die großen Stromverbraucher sind Industrie (232 TWh), Handel/Gewerbe/Dienstleistungen (147 TWh) und Haushalte (129 TWh). Der Verkehr hat bislang nur einen Verbrauch von 12 TWh (hauptsächlich für die Bahn und den ÖPNV). Durch die Elektromobilität wird dieser Verbrauch jedoch stark steigen, ab den 2030er-Jahren auch für die Produktion von Basischemikalien.

Im Kabinettsbeschluss vom 9.Oktober 2019 geht die Bundesregierung allerdings davon aus (S. 32), dass der Bruttostromverbrauch bis 2030 sogar geringfügig sinken (!) würde – wegen paralleler Maßnahmen zur Energieeffizienz. Das ist wohl eine dramatische Fehleinschätzung!

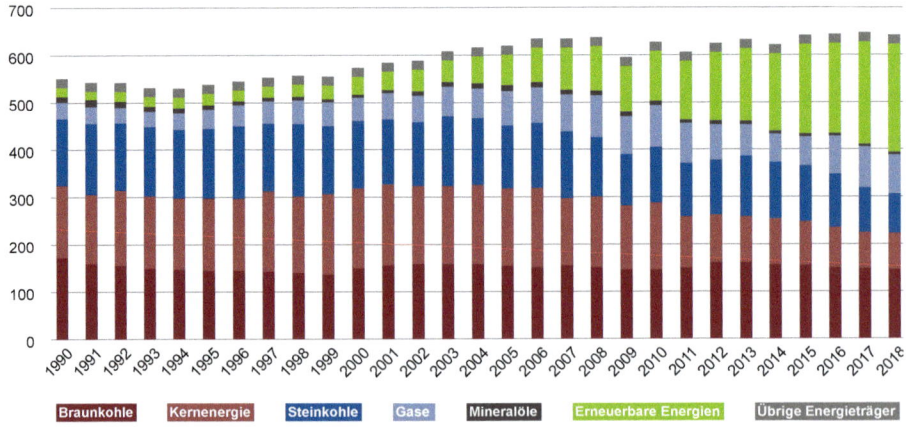

Abbildung: Bruttostromerzeugung nach Energieträgern(in TWh), QUELLE: Umweltbundesamt 2019

Der Stromverbrauch der Haushalte ist von 1990 (117 TWh) bis 2017 um 10% gestiegen und bleibt auf dem hohen Niveau – trotz der Effizienzfortschritte bei den Elektrogeräten.

Die Anteile der verschiedenen Energieträger an der Bruttostromproduktion in Deutschland sind in der Abbildung auf S. 64 wiedergegeben (nach Abzug des Eigenbedarfs der Kraftwerke und der Übertragungs- bzw. Netzverluste ergibt sich daraus der Nettostromverbrauch.

1.2.1 DER ATOMAUSSTIEG

Der politisch lange umstrittene Ausstieg aus der Atomenergie erfolgt in Etappen. Die Atomkraft war wegen ihrer hohen Störfallrisiken von Beginn an umstritten. Gegen den Bau von Atomkraftwerken wurde mit Großdemonstrationen und Platzbesetzungen heftig protestiert. In der Regel am Wochenende (Weekends for Future ...). Spätestens nach der atomaren Katastrophe in Tschernobyl (1986) war die Mehrheit der Bevölkerung gegen Atomkraft eingestellt. Aber erst mit dem Start der rot-grünen Bundesregierung (1998) wurde der Atomausstieg eingeleitet.

Im Jahr 2000 wurde mit der Energiewirtschaft der sogenannte „Atomkonsens" zu einem stufenweisen Ausstieg aus der Atomenergie vereinbart und 2002 in einer Änderung des Atomgesetzes gesetzlich festgelegt. Die ersten AKWs wurden abgeschaltet (Obrigheim, Stade). Nach dem Regierungswechsel 2009 ließ aber die konservative Regierung (CDU/CSU/FDP) den Atomkonsens platzen und schob den Atomausstieg mit einem Gesetz zu „Laufzeitverlängerungen" um bis zu 14 Betriebsjahre auf die lange Bank. Das Gesetz wurde am 28. Oktober 2010 beschlossen. Wenige Monate später – am 11. März 2011– kam es zur atomaren Katastrophe in Fukushima mit der Kernschmelze in gleich drei Reaktorblöcken.

Mit einer kompletten Kehrtwende wurden daraufhin acht ältere AKWs sofort abgeschaltet und die Laufzeitverlängerungen zurückgenommen. Der zweite deutsche Atomausstieg wurde dann im Juni 2010 im Bundestag mit großer Mehrheit (513 Stimmen) beschlossen.

Die Atomstromproduktion ist seit ihrem Höhepunkt von 171 TWh im Jahr 2001 auf 76 TWh im Jahr 2018 gesunken. Bis Ende 2022 werden die sechs noch in Betrieb befindlichen AKWs sukzessive geschlossen: Gundremmingen C, Grohnde und Brokdorf (jeweils 2021) und Neckarwestheim 2, Emsland und Isar 2 (jeweils 2022). Auch wenn viele Bürger*innen das Gefühl haben, dass Deutschland schon aus der Atomenergie ausgestiegen sei – ein massiver Störfall ist auch hier nach wie vor möglich!

1.2.2 DER KOHLEAUSSTIEG

Nach dem Atomausstieg muss und wird der Kohleausstieg kommen. Aus Braunkohle und Steinkohle werden noch 35 % des Stroms produziert (zusammen 229 TWh), aber rund 80 % der strombedingten CO_2-Emissionen verursacht! Der Einsatz der besonders klimaschädlichen Braunkohle ist seit dem Jahr 2000 (148 TWh) mit kleineren Schwankungen in etwa gleich geblieben und lag 2018 bei 146 TWh. Trotz des Aufbaus der Erneuerbaren Energien im gleichen Zeitraum wurde die besonders das Klima belastende Braunkohleverstromung parallel nicht zurückgefahren. Die wesentlichen Gründe dafür sind, dass Braunkohlestrom immer noch billig produziert werden kann und auch noch exportiert wird. Erst seit 2016 und verstärkt seit Ende 2018 deutet sich hier wegen steigender Zertifkatspreise im Emissionshandel ein langsamer Wandel an.

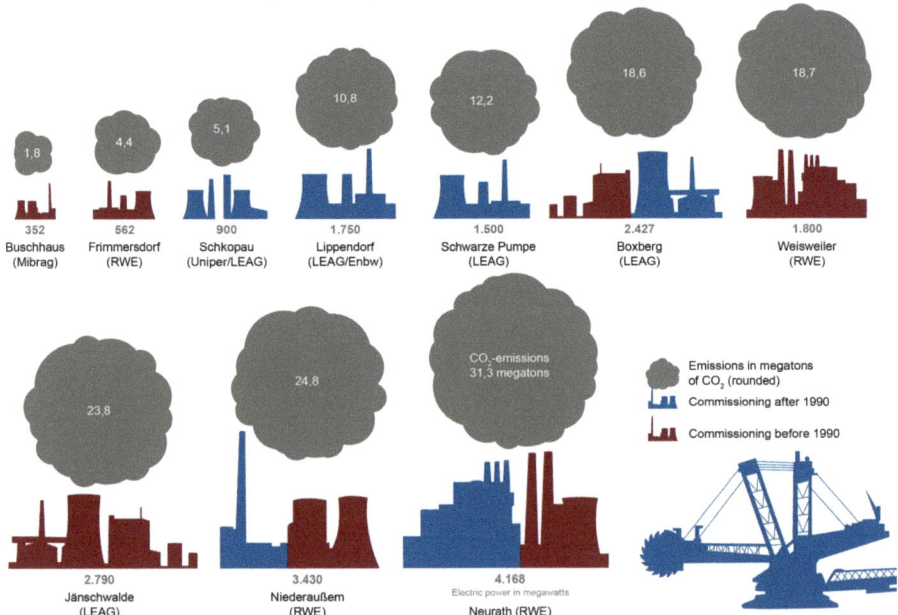

Abbildung: Top 10 Braunkohlekraftwerke mit den höchsten Treibhausgasemissionen in Deutschland. Alte Kohlekraftwerke treiben die Treibhausgasemissionen in die Höhe (Quelle: Öko-Institut e.V. 2017)

Für den Klimaschutz ist ein möglichst schneller Kohleausstieg erforderlich. Wegen ihrer hohen Gesamtemissionen und ihrer hohen CO_2-Emissionen pro erzeugte Kilowattstunde müssen Kohlekraftwerke vorrangig stillgelegt werden. Noch sind viele ältere Kohlekraftwerke aus den 1960er- bis 1980er-Jahren in Betrieb, die vergleichsweise geringe Wirkungsgrade und damit spezifisch hohe CO_2-Emissionen pro Kilowattstunde haben. Von den zehn Kraftwerken in Europa, die die höchsten CO_2-Emissionen haben, stehen sieben in Deutschland.

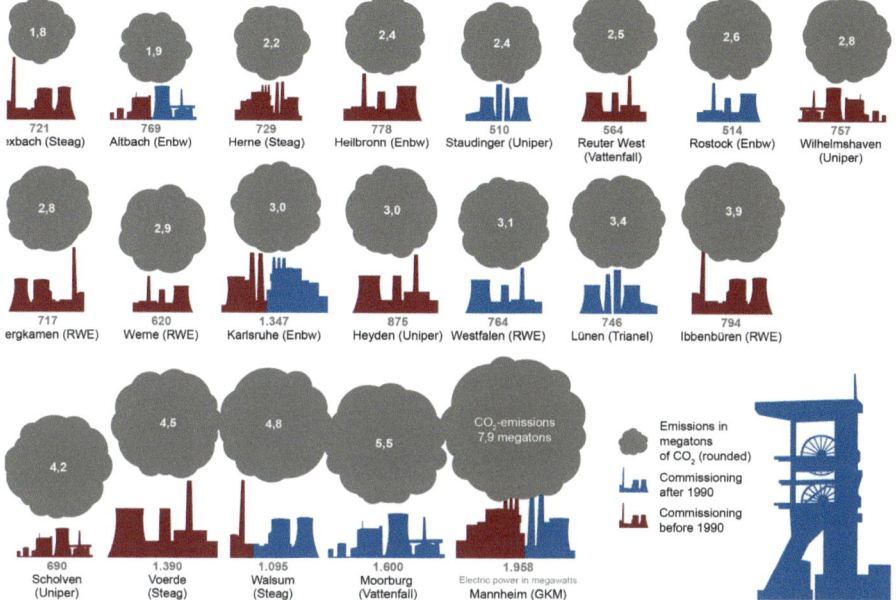

Abbildung: Top 20 Steinkohlekraftwerke mit den höchsten Treibhausgasemissionen in Deutschland. Alte Kohlekraftwerke treiben die Treibhausgasemissionen in die Höhe (Quelle: Öko-Institut e.V. 2017)

Nach langen und harten Verhandlungen wurde im Januar 2019 von der „Kohlekommission" ein Plan für einen stufenweisen Kohleausstieg bis 2038 vorgeschlagen. Wie der offizielle Name der Kommission („Wachstum, Strukturwandel und Beschäftigung") schon andeutet, ist der Ausstiegsplan ein hart umkämpfter und umstrittener Kompromiss zwischen Klimaschutz einerseits und Sorge um Arbeitsplätze in den Braunkohleregionen andererseits. Der Plan würde im Vergleich zu den ansonsten zu erwartenden CO_2-Emissionen (Business-as-usual-Szenario) zu Emissionsminderungen in Höhe von 350 Millionen Tonnen CO_2 bis 2030 und von etwa 1 Milliarde Tonnen CO_2 bis 2038 führen, wobei diese stufenweise erfolgen sollen. Die Kapazität der Kohlekraftwerke (derzeit 40,3 GW) soll bis zum Jahr 2022 auf 30 GW, bis 2030 auf 17 GW und bis 2038 auf null gesenkt werden. Im Jahr 2023 sollen die ersten Braunkohlekraftwerke stillgelegt werden. Damit die frei werdenden CO_2-Zertifikate nicht im EU-Emissionshandel an andere Anlagenbetreiber verkauft werden können, sollen die Zertifikate gelöscht werden. Parallel zum Kohleausstieg soll der Anteil der Erneuerbaren Energien wie geplant bis 2030 auf 65 % des Bruttostromverbrauchs erhöht werden.

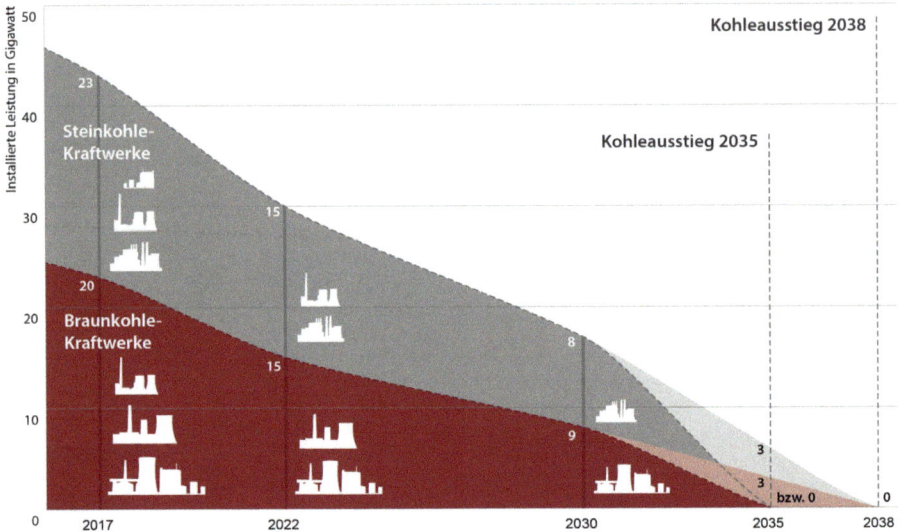

Abbildung: Der geplante Kohleausstieg bis 2038. (Quelle: Öko-Institut e.V. 2019)

Der von der Kommission im Januar 2019 vorgeschlagene Kohleausstieg wurde von der Bundesregierung im Januar 2020 erheblich abgeschwächt. Der Kohleausstieg soll nun nicht stetig, sondern spät und in zwei Stufen erfolgen. Dadurch kommt es bis 2030 zu Mehremissionen in Höhe von 40 Millionen Tonnen CO_2. Für die späte Stilllegung werden den Betreibern auch noch zu hohe Prämien gezahlt (zusammen 4,33 Milliarden Euro). Für die Strukturhilfen werden den betroffenen Bundesländern 40 Milliarden Euro zur Verfügung gestellt. Spätere Überprüfungen des Kohleausstiegs sind vorgesehen.

Ohne eine Umsetzung des Kohlekompromisses würden die CO_2-Emissionen der Kohlekraftwerke nur langsam sinken. Allerdings reicht der Kohlekompromiss für sich allein nicht aus, um das deutsche Klimaschutzziel für 2030 zu erreichen. Dazu sind zusätzliche Maßnahmen vor allem im Industrie-, Gebäude- und Verkehrssektor erforderlich (siehe dazu: Beschlüsse der Bundesregierung vom 9. Oktober 2019). Der Kohlekompromiss ist vor allem wegen des langen Zeitraums bis zum Ausstieg 2038 aus Klimasicht falsch. Die Kohlekommission selbst hat zwar auch 2035 als mögliche frühere Ausstiegsoption benannt sowie Überprüfungen im Dreijahresabstand (2023, 2026, 2029 und 2032) vorgesehen, sodass bei einer Verschärfung der Klimakrise weitere Reduktionsmaßnahmen beschlossen werden können. Aber das steht eben nur auf dem Papier.

1.2.3 DIE ERNEUERBAREN ENERGIEN

Die Erneuerbaren Energien haben durch die gezielte Förderung mit dem Erneuerbare-Energien-Gesetz (kurz: EEG) stark zugenommen. Die spezifischen Kosten für die Produktion sind in den letzten Jahrzehnten um über 90 % gesunken! Die Stromproduktion aus Erneuerbaren Energien ist von 20 TWh im Jahr 1990 auf 229 TWh im Jahr 2018 gestiegen und war damit erstmals gleich hoch wie die Stromproduktion aus Kohle. Im ersten Halbjahr 2019 lag der Anteil Erneuerbarer Energien am Stromverbrauch schon bei 44 % – so hoch wie noch nie. Der CO_2-Ausstoß pro Kilowattstunde ist durch den wachsenden Anteil Erneuerbarer Energien am Strommix deutlich zurückgegangen – von 764 Gramm CO_2 pro kWh im Jahr 1990 auf 474 Gramm im Jahr 2018.

Der weitere Ausbau der Erneuerbaren Energien ist allerdings stark gefährdet. Nach dem Klimaschutzplan der Bundesregierung soll der Anteil Erneuerbarer Energien bis 2030 bei 65 % des Bruttostromverbrauchs liegen, bis 2050 bei über 95 %. Allerdings gibt es hier erhebliche Zweifel. Denn bei der bisherigen Planung sind der Ausbau der Elektromobilität und damit die deutliche Steigerung des Gesamtstromverbrauchs nicht wirklich berücksichtigt. Da in den nächsten Jahren bis 2022 zudem die restlichen AKWs stillgelegt werden und der Kohleausstieg stufenweise beginnt, müssen die Erneuerbaren Energien massiv ausgebaut werden. Aber das ist nicht der Fall, und auch nach den Beschlüssen der Bundesregierung vom 9. Oktober 2019 äußerst zweifelhaft, vor allem bei der Windkraft an Land. Damit wird aber auch der Kohleausstieg infrage gestellt.

#klimaKlartext

AUSBAU DER ERNEUERBAREN ENERGIEN

Im Kabinettsbeschluss vom 9.Oktober 2019 geht die Bundesregierung davon aus, dass der Stromverbrauch bis 2030 leicht sinken wird, obwohl sie von deutlichen Stromsteigerungen bei der Elektromobilität (bis zu 10 Millionen Elektroautos bis 2030) und auch im Gebäudebereich ausgeht. Die parallel geplanten Stromeffizienzprogramme werden diesen Anstieg kaum kompensieren können. Schon der von der Bundesregierung für einen gleich hohen Stromverbrauch geplante Zuwachs der Erneuerbaren Energien ist aber äußerst optimistisch, weil im Kabinettsbeschluss der Bundesregierung die Nutzung der Windkraft an Land durch die 1.000-Meter-Abstand-Regel zur nächsten Siedlung (ab fünf zusammenstehenden Häusern) erheblich erschwert wird.

Zusammengefasst: Das 65 %-Ziel wird ziemlich sicher verfehlt. Denn einerseits wird der Stromverbrauch deutlich höher werden, andererseits werden bis 2030 noch sieben AKWs stillgelegt, soll der Kohleausstieg beginnen und wird Windkraft an Land massiv erschwert.

1.3 DIE ENERGIEWENDE IM STROMSEKTOR ALS GEZIELTE TRANSFORMATION

Nachfolgend wird die Energiewende im Stromsektor mit der „Transformationsmatrix" analysiert. Dabei werden Erfolge, Widerstände und Hemmnisse sowie Notwendigkeit neuer und schärferer Klimaschutzgesetze schnell deutlich. Bei der Analyse des Stromverbrauchs wird nur der Haushaltsstrom dargestellt – die gleichzeitige Analyse von Stromspartechnologien und -maßnahmen in Industrie und Gewerbe würde den Rahmen des Buchs sprengen.

Werte und Leitbilder	Leitbild Stromsparen hat sich nicht durchgesetzt Leitbilder AKW? Nein Danke" und „Energiewende" haben sich durchgesetzt, Wertewandel durch Fridays for Future-Initiative: Leitbild Stromsparen propagieren
Verhalten und Lebensstile	Große Diskrepanz zwischen Bewusstsein und Verhalten. Wenig Interesse an Stromsparen Initiativen: Stromsparaktionen zu Hause, an der Schule, Uni, im Betrieb
Soziale und zeitliche Strukturen	Zunahme Stromverbrauch durch kleinere Haushalte und höheren Pro-Kopf-Konsum. Zeitknappheit oft wichtiger als Kosten. Diskrepanz zwischen EE-Stromproduktion und Stromnachfrage Initiative: Überflusskonsum reduzieren. Weniger und kleinere Geräte.
Forschung Bildung Wissenschaft	Vielzahl von Informationen. 2/3 kennen Stromverbrauch nicht. Betriebskosten beim Gerätekauf nicht ausgewiesen Initiativen: Stromverbrauch analysieren. Neukauf von Elektrogeräten nur mit bestem Energielabel
Märkte und Finanzsysteme	Preisverzerrung durch hohe externe Kosten Starke Kostensenkung bei PV und Windkraft. Eigene PV-Anlage bauen oder Mieterstrommodell propagieren. Geldanlagen in Solar- und Windfonds
Technologien Produkte Dienstleistungen	Hohe Effizienzsteigerung bei Windkraft und Photovoltaik sowie bei Elektrogeräten, aber Effizienz durch höheren Konsum kompensiert Neubau von Windkraftanlagen unterstützen
Materielle Infrastrukturen	Anteil EE bei 44 Prozent, aber Widerstand gegen Windkraft an Land und gegen Netzausbau Netzausbau und Bau von Windkraftanlagen unterstützen
Politikinstrumente und Institutionen	Politik: Hohe CO_2-Steuern. Emissionshandel verschärfen. Ausbau Erneuerbare Energien vorantreiben, Strosparinitiativen fördern. Ausweisung Betriebskosten vorschreiben

1.4 LEITBILDER UND SLOGANS MIT DURCHSCHLAGSKRAFT

Werte und Leitbilder

Im Strombereich gibt es zwei Leitbilder, die eine große mobilisierende Wirkung und Einfluss auf den Wertewandel in der Gesellschaft und der Politik hatten.

„Atomkraft? – Nein danke" steht seit den 1970er-Jahren für Atomausstieg und für die Sonnenenergie als Alternative und ist eines der weltweit bekanntesten Logos.

Die zündende Idee dazu hatte die damals 22-jährige dänische Studentin Anne Lund. Gemeinsam mit einer Gruppe von jungen Aktivist*innen der dänischen Anti-Atom-Organisation OOA wurde das Logo entwickelt und bei der 1.- Mai-Kundgebung 1975 in Aarhus als Button getragen.

Das Leitbild der „Energiewende" wurde bereits 1980 in der wegweisenden Studie des Öko-Instituts entwickelt (siehe S. 23ff.). Die Leitbilder und Ziele „AKW-Ausstieg" und „Energiewende" haben sich in der Folgezeit durchgesetzt, das Leitbild Energiewende aber nur mit Fokus auf „Erneuerbare Energien". Zu „Energieeffizienz" und „ Energiesparen/Stromsparen" haben sich keine Leitbilder entwickelt oder durchsetzen können.

Als Konsequenz daraus werden Energieeffizienz und Energiesparen sträflich vernachlässigt – sowohl politisch als auch beim Verhalten der Konsument*innen. Der Bezug von Ökostrom und die gut sichtbare Photovoltaikanlage auf dem Dach sind schick, im Haus wummern aber die alten Elektrogeräte. Der Stromverbrauch der privaten Haushalte ist im Schnitt dreimal höher, als er bei gleichem Komfort (!) sein müsste.

1.5 SOZIALE UND ZEITLICHE STRUKTUREN

Soziale und zeitliche Strukturen

Der Stromverbrauch ist eng mit sozialen Strukturen verknüpft. In Häusern und Eigentümerhaushalten wird mehr Strom verbraucht als in den Wohnungen in Mehrfamilienhäusern und in Mietwohnungen. Natürlich steigt der Stromverbrauch mit der Anzahl der Personen im Haushalt. Umgekehrt hat der Trend zu kleineren Haushalten (mittlerweile sind 75 % der Haushalte Ein- und Zweipersonenhaushalte) zu dem hohen Stromverbrauch beigetragen. Der wesentliche Grund ist aber auch hier der höhere Konsum.

Die jährlichen Stromkosten eines Dreipersonenmusterhaushalts mit einem Stromverbrauch von 3.500 kWh haben sich von 488 Euro im Jahr 2000 auf 1.058 Euro im Jahr 2019 mehr als verdoppelt. Pro Kilowattstunde liegen sie nun bei rund 30 Cent. Grund für die Preissteigerungen war neben allgemeinen Preissteigerungen die EEG-Umlage für die Förderung der Erneuerbaren Energien. Die EEG-Umlage lag im Jahr 2018 bei 6,88 Cent pro Kilowattstunde, wobei sie allerdings nur deswegen so hoch war, weil Industrie und Gewerbe viele und hohe Ausnahmegenehmigungen bekommen hatten. Dadurch stiegen die Stromkosten für die privaten Haushalte.

Der Anteil der Stromkosten am Einkommen liegt bei wohlhabenderen Haushalten um die 1,5 %, bei Haushalten mit niedrigem Einkommen bei bis zu 5 %. Die hohe Steigerung der Stromkosten in den letzten Jahren stellt für die ärmeren Haushalte eine zusätzliche und empfindliche Belastung dar. Im Jahr 2017 wurde 334.000 Haushalten der Strom wegen nicht bezahlter Rechnungen abgestellt (die höheren Stromkosten waren hier ein wesent-

#klimAktiv

DER STROMSPAR-CHECK

Der Stromspar-Check (https://www.stromspar-check.de) ist eine Fördermaßnahme des Bundes, bei dem Hartz-IV-Haushalte und weitere Haushalte mit geringem Einkommen sich über Strom- und auch Wärmesparen beraten lassen können. Die Beratung erfolgt direkt im Haushalt. Bei Bedarf werden kostenlos strom- und/oder wassersparende Kleingeräte wie etwa LED-Lampen, Steckerleisten, Zeitschaltuhren, Sparduschköpfe etc. eingesetzt. Wenn in den Haushalten alte Kühl- oder Gefriergeräte mit sehr hohem Stromverbrauch stehen, kann ein Neukauf mit 150 Euro bezuschusst werden. Der Stromspar-Check wird mit sehr großem Erfolg umgesetzt in Kooperation mit der Caritas (soziales Interesse), mit Kommunen (ökonomisches Interesse durch geringere Zahlungen bei den Nebenkosten der Hartz-IV-Haushalte) und mit Qualifikation von Hartz-IV-Empfängern zu Energieberaterinnen und -beratern (Eigeninteresse der Qualifizierten, arbeitsmarktpolitisches Interesse). Im Zeitraum von 2009 bis 2018 wurden über 300.000 Haushalte beraten und über 500.000 Tonnen CO_2 vermieden. Die einzelnen Haushalte sparten im Schnitt pro Jahr 389 kWh Strom, 11.400 Liter Wasser und 216 kWh Wärmeenergie sowie 150 Euro pro Jahr.

Der Stromspar-Check zeigt zudem, welche Sparpotenziale erst recht in Haushalten mit durchschnittlichem oder höherem Einkommen liegen. Die Einsparpotenziale liegen hier deutlich höher, da die Wohnungen in der Regel auch größer sind, mehr Geräte genutzt werden und der Stromverbrauch deutlich höher ist. Das grundsätzliche Vorgehen und die Infopakete können in allen Haushalten, aber auch in Schulen und Uni-Gebäuden genutzt werden (Video: https://vimeo.com/273268794).

licher, aber natürlich nicht der alleinige Grund). Viele Bürger*innen klagen zwar über hohe Stromkosten, sind aber offensichtlich davon nicht wirklich berührt. Zwei Drittel der befragten Bürger*innen hatten keine Ahnung, wie hoch ihr Stromverbrauch und ihre Stromkosten waren. Die hohen Einsparpotenziale bei Stromverbrauch und Stromkosten werden nur von wenigen Prozent der Haushalte realisiert.

Einbindung der fluktuierenden Erneuerbaren Energien

Durch die Energiewende und die zunehmende Produktion mit Windenergie und vor allem Photovoltaik hat sich der „zeitliche Verlauf"von Stromproduktion und Stromnachfrage bzw. Stromverbrauch geändert. Über viele Jahrzehnte war die Stromproduktion von Großkraftwerken (Atomkraftwerke und Braunkohlekraftwerke) dominiert, die zur Sicherung der sogenannten Grundlast kontinuierlich in Betrieb waren. Da die Stromnachfrage nachts deutlich geringer war als tagsüber, wurde der Strompreis für die Industrie nachts deutlich günstiger. Bei den Haushalten wurde deshalb für elektrisch betriebene Nachtspeicherheizungen geworben.

Windenergie und Photovoltaik haben dagegen je nach Wetter eine unregelmäßige, „fluktuierende" Produktion. Aufgrund der heutzutage viel präziseren Wettervorhersagen ist die Stromproduktion aber gut vorhersehbar. Windenergie und Photovoltaik ergänzen sich. In Deutschland und Westeuropa produzieren Windenergieanlagen im Durchschnitt tagsüber höhere Werte als nachts und im Winter doppelt so hohe Werte wie im Sommer – die Produktion folgt damit dem durchschnittlich benötigten Strombedarf.

Die Stromproduktion aus Photovoltaikanlagen ist dagegen im Sommer und jeweils am Mittag am höchsten. Zur Angleichung von Produktion und Nachfrage gibt es mehrere Möglichkeiten:

- ❖ Ausgleich über das deutsche und europäische Stromnetz – die Wetterverhältnisse sind regional oft verschieden.
- ❖ Demand-Side-Management: Industrielle und gewerbliche Prozesse können ihre Produktion und Aktivitäten je nach Stromproduktion hochfahren oder reduzieren. Das Paradebeispiel sind große Kühlanlagen. Weitere Beispiele: Bei Zementwerken können die Rohstoffe auf Vorrat gemahlen werden, bei Aluminiumwerken kann die Produktion durch Modularisierung gesteuert werden.
- ❖ Nutzung von Speichern, wie etwa Pumpwasserspeichern, Batteriespeichern oder Wasserstoffspeichern (mit Produktion des Wasserstoffs durch Elektrolyse von Wasser, Speicherung und Rückverstromung des Wasserstoffs bei Bedarf).

#klimaFAQ

GEHT DEMAND-SIDE-MANAGEMENT AUCH IM PRIVATHAUSHALT?

In Haushalten kann man bei geringer Stromproduktion durch Erneuerbare Energien die Tiefkühltruhe stundenweise abschalten oder in Zeiten hoher Stromproduktion den Geschirrspüler, den Wäschetrockner oder die Waschmaschine laufen lassen und den Warmwasserspeicher laden (wenn er elektrisch betrieben wird). Das machen zum Teil schon die Haushalte selbst, die eine eigene Photovoltaikanlage haben und die Möglichkeit des kostengünstigen Eigenverbrauchs nutzen wollen. Nach dem Einbau „intelligenter" Stromzähler und einer „Smarthome"-Steuerung kann das perspektivisch auch automatisch oder fremdgesteuert erfolgen. Dazu muss aber noch der Datenschutz geklärt und für einheitliche Anschlüsse und Steuerbarkeit der Elektrogeräte gesorgt werden. Einige Geräte wird man im eigenen Haushalt nicht anschließen wollen – der „Tatort" im Fernsehen soll natürlich nicht unterbrochen werden, und die frisch gewaschene Wäsche soll auch nicht mehrere Stunden in der Wäschetrommel vor sich hin knittern. Mit dem Einsatz von Batteriespeichern ist Demand-Side-Management leichter möglich.

❖ In den nächsten 15 bis 20 Jahren sind auch noch ausreichend Gaskraftwerke in Betrieb, und einzelne Kohlekraftwerke können als Back-up-Kraftwerke genutzt werden, die bei Bedarf angeschaltet werden können. Derzeit ist noch unklar, ob ab 2035/2040 über Wasserstoff hinaus noch Großspeicher benötigt werden. Die wesentliche Herausforderung sind die sogenannten „Dunkelflauten", wenn beispielsweise im Dezember mehrere Tage kein Wind weht und die Sonne nicht scheint.

1.6 MATERIELLE INFRASTRUKTUREN

Materielle Infrastrukturen

Der Umbau der Stromproduktion und der Stromversorgung ist die größte laufende und zielgerichtete Transformation und besonders im Bereich der Infrastruktur offensichtlich. Über viele Jahrzehnte wurde Strom hauptsächlich in wenigen Hundert Kohlekraftwerken und Atomkraftwerken produziert. Große Industriewerke siedelten sich da an, wo Energie günstig bereitstand (in der Nähe von Steinkohle- und Braunkohleförderung oder bei großen Flusswasserkraftwerken). Und umgekehrt wurden Großkraftwerke (vor allem Atomkraftwerke) möglichst dort platziert, wo die Stromnachfrage aus anderen Gründen groß geworden war. Auf diese Verteilung waren auch das Übertragungsnetz und die Verteilernetze für Strom ausgerichtet.

Der Anteil Erneuerbarer Energien (Wasserkraft, Windenergie, Biomasse, biogener Anteil des Abfalls, Photovoltaik, Geothermie) hat sich seit 1990 mehr als verzehnfacht. 2018 lag der Anteil der Windkraft an der Stromerzeugung aus Erneuerbaren Energien bei rund 50 %, bei der Photovoltaik und Biomasse jeweils bei rund 20 %, bei der Wasserkraft bei rund 7 %. Mit dem Wechsel der Stromproduktion auf die Erneuerbaren Energien gibt es nun bereits rund 30.000 Windkraftanlagen und 1,6 Millionen Photovoltaikanlagen (sowie 9.400 Biogasanlagen und etwa 7.600 überwiegend kleine Wasserkraftanlagen). Anders als bei den Großkraftwerken richtet sich die Verteilung der Erneuerbare-Energieanlagen stark an geografischen und meteorologischen Gegebenheiten aus. Dementsprechend dominieren die Windkraftanlagen (onshore und natürlich offshore) im Norden und Osten Deutschlands und die Photovoltaikanlagen im sonnenreicheren Süden Deutschlands. Rund 40 % aller Photovoltaikanlagen stehen in Bayern und Baden-Württemberg. Mit dieser größtenteils naturräumig vorgegebenen Entwicklung fallen aber zunehmend die Zentren der Stromproduktion und die der Stromnachfrage auseinander! Dementsprechend müssen auch die Übertragungsnetze ausgebaut werden, soweit dies nicht durch Demand-Side-Management und Speicher abgefedert werden kann.

Wie auch bei Kohle- und Atomkraftwerken werden für die Herstellung der Anlagen (Sonnenzellen, Sonnenkollektoren und Windkraftanlagen) Ressourcen und Energie benötigt. Die oft erhobene Behauptung, dass die Erneuerbare-Energie-Träger mehr Energie zur Herstellung benötigen, als sie später produzieren, ist schlicht falsch. Windkraftanlagen haben die Energie für ihre Produktion – je nach Lage – nach drei bis sechs Monaten eingespielt, Sonnenkollektoren nach sechs bis zwölf Monaten, und Solarzellen nach zwei bis drei Jahren.

Änderung des Stromsystems durch die Erneuerbaren Energien

Die Erneuerbaren Energien haben im Jahr 2018 bei der Stromproduktion einen Anteil von rund 40 % erreicht. Die Transformation des Stromsektors begann mit einer „Vorphase" (bis etwa 2005/2010). Diese war gekennzeichnet durch die EEG-Förderung, Innovationen, Sammeln von Erfahrungen und vergleichsweise noch geringe Anteile von Erneuerbaren Energien. Danach kamen die Erneuerbaren Energien in die „Aufbauphase", gekennzeichnet durch höhere Anteile von Erneuerbaren Energien, beginnende System- und Marktintegration und einen Übergang von Förderungen zum Marktdesign. Ab etwa 2020 wird die „Durchbruchphase" beginnen. Die Erneuerbaren Energien werden das Stromsystem zunehmend bestimmen (geplanter Anteil im Jahr 2030 ist 65 %). Damit werden die Stromproduktion und das Stromsystem grundsätzlich geändert. Die Integration der Erneuerbaren Energien stellt aufgrund der fluktuierenden Erzeugung von Strom technisch andere Anforderungen als die länger oder kontinuierlich laufenden Atom- und Kohlekraftwerke.

Und auch das Marktdesign ändert sich – die Börsenpreise für den Verkauf von Strom sinken, und die Netzentgelte und Einspeisebedingungen für Strom müssen in den nächsten Jahren geändert werden. Spätestens nach dem Kohleausstieg und den Jahren 2030/2035 werden die Erneuerbaren Energien das Stromsystem dominieren. Dann werden Ausgleichsoptionen zwischen Stromangebot und Stromnachfrage (Demand-Side-Management) sowie neue Speicher wesentlicher Teil der Infrastruktur und des Stromsystems.

1.6.1 PHOTOVOLTAIK

Photovoltaikanlagen auf Dächern haben eine sehr hohe Akzeptanz. Freiland-Photovoltaikanlagen auf landwirtschaftlich nicht oder schlecht nutzbaren Flächen sind dagegen teilweise umstritten. Eine neue Entwicklung sind Agro-Photovoltaikanlagen, bei denen eine parallele landwirtschaftliche Nutzung unter den Photovoltaikanlagen möglich ist. Im Gegensatz zu den anderen Erneuerbare-Energie-Tägern kann man Photovoltaikanlagen auch auf dem eigenen (oder gepachteten) Dach betreiben und ggf. mit Batteriespeichern kombinieren.

Ende 2018 waren in Deutschland Photovoltaikanlagen mit einer Nennleistung von zusammen 45,9 GW installiert; damit wurden zusammen 46 TWh produziert.

Nach dem Kabinettsbeschluss vom 9. Oktober 2019 soll die bis dahin bestehende Obergrenze der Förderung beim Ausbau für Solarenergie (52 GW) aufgehoben werden. Bis 2030 soll die Gesamtleistung auf 98 GW steigen (pro Jahr also etwa 4,5 GW) und Strom in Höhe von 90 TWh produziert werden.

1.6.2 BIOGASANLAGEN

Biogasanlagen sind umstritten, weil die dafür eingesetzte Biomasse (wie etwa Mais) auf Ackerflächen gewonnen wird (im Gegensatz zu Biogas aus landwirtschaftlichen Abfällen oder Kläranlagen). In den letzten Jahren haben die Anbauflächen mit meist großen Monokulturen stark zugenommen. In Deutschland werden 2,65 Millionen Hektar für die Energieerzeugung genutzt. Mittlerweile deutet sich eine Stagnation an – weil die landwirtschaftlichen Flächen begrenzt und die Pachtpreise stark gestiegen sind.

Der Vorteil der Verstromung von Biomasse ist, dass die Anlagen kontinuierlich arbeiten können oder bei Bedarf zeitlich steuerbar sind und sie wie ein Speicher eingesetzt werden könnten (das ist derzeit und bei den aktuellen Förderbedingungen aber ökonomisch unattraktiv).

1.6.3 WINDKRAFT

Windenergie und Photovoltaik ergänzen sich gegenseitig und sind die wichtigsten Alternativen zu fossilen Energieträgern und Mittel gegen die Klimaerhitzung. „Windkraftanlagen" haben in Umfragen eine hohe Akzeptanz. Vor Ort ist der Bau neuer Anlagen aber oft heftig umstritten. Die Stromproduktion kann aber keinesfalls nur mit Photovoltaik oder auch überwiegend Photovoltaik erfolgen, weil sich die jeweils fluktuierenden Produktionszeiten von Windenergie und Photovoltaik gut ergänzen. Theoretisch könnte durch die Windenergie in Deutschland das Fünf- bis Sechsfache des derzeitigen Strombedarfs produziert werden. Aufgrund verschiedener Einschränkungen (Abstände zu Siedlungen, Naturschutz, Wirtschaftlichkeit) ist das tatsächlich realisierbare Potenzial aber erheblich kleiner.

Die Windenergie wird an Land (onshore) und auf See (offshore) genutzt. Abhängig von der Lage und ihrer Größe erreichen Windkraftanlagen an Land etwa 1.400 bis 1.800 Volllaststunden pro Jahr und offshore bis zu 5.000 Volllaststunden. Windkraftanlagen verursachen nur sehr geringe CO_2-Emissionen pro Kilowattstunde — etwa hundertmal weniger als Braunkohlekraftwerke (die den Windkraftanlagen zugeordneten CO_2-Emissionen stammen ausschließlich aus der Produktion der Anlagen).

Bei sehr starker und hoher Windkraftproduktion müssen Windkraftanlagen manchmal „abgeregelt" werden, weil Atom- und Kohlekraftwerke nicht schnell genug ihre Leistung senken können. Die Anlagen werden dann aus dem Wind gedreht, sodass sie keinen Strom mehr produzieren. Die Abregelung wird oft als Argument gegen die Windkraft vorgebracht, stellt aber kein wirkliches Problem dar. Im Jahr 2017 betrug die Abregelung 3,5 % der Windstromproduktion, sie sinkt darüber hinaus mit zunehmendem Ausbau des Stromnetzes.

Umweltprobleme bei der Windkraft gibt es vor allem durch die Gefährdung von Greifvogelarten (z. B. Rotmilane oder Mäusebussarde) und bestimmten Fledermausarten. Der Flächenverbrauch der Windkraftanlagen ist im Vergleich zu anderen Energienutzungen wie etwa Braunkohle oder Biomasse geringer; zudem können nach der Bauphase etwa 99 % der beanspruchten Fläche für die ursprünglichen Zwecke genutzt werden.

Durch die Drehung der Rotoren werden sowohl im hörbaren Frequenzbereich als auch im nicht hörbaren Infraschallbereich (Frequenzen unter 20 Hertz) Geräusche bzw. Emissionen erzeugt. Beide nehmen mit dem Abstand ab. Zur Beschränkung der Lärmemissionen müssen Windkraftanlagen Lärmgrenzwerte einhalten (55 Dezibel tagsüber und 40 Dezibel nachts). Zur Einordnung als Vergleich: Flüstern verursacht etwa 30 Dezibel, leise Radiomusik 50, ein Haartrockner 70 und eine Kreissäge 100 Dezibel. Die Weltgesundheitsorganisation (WHO) hat einen Bericht zur Lärmbelastung durch Windkraftanlagen vorgelegt und als Obergrenze 45 Dezibel empfohlen. Für die durchschnittliche Lärmbelastung durch Straßenverkehr empfiehlt die WHO die Einhaltung von 53 Dezibel (tagsüber) und 45 Dezibel (nachts) und für Schienenverkehr 54 Dezibel (tagsüber) und 44 Dezibel (nachts). Die Werte weichen voneinander ab, weil unterschiedlicher Lärm unterschiedliche gesundheitliche Folgen hat.

Windkraftgegner beklagen neben dem Lärm auch Gesundheitsgefährdungen durch Infraschall. Bei den üblichen Abständen zwischen Energieanlagen und Wohnbebauung wird die Wahrnehmungsschwelle im Infraschallbereich allerdings gar nicht erreicht, wie Geräuschimmissionsmessungen an Energieanlagen in Bayern und Baden-Württemberg zeigen. Die Windkraftanlagen sind im Übrigen nur eine von vielen Infraschallquellen. Andere Quellen sind beispielsweise Heizungs- und Klimaanlagen, Pumpen oder Verkehr oder natürliche Quellen wie Meeresbrandung oder starke Winde. Nach Bewertung des Umweltbundesamts gibt es keinen Nachweis, dass es durch Infraschallemissionen von Windkraftanlagen zu Gesundheitsbelastungen kommt.[1]

Der dringend notwendige Ausbau der Windenergie ist leider ins Stocken geraten. Gründe dafür sind Widerstände vor Ort, Landesregelungen, die große Abstände zwischen Windkraftanlagen und Wohnbebauung (vor allem in Bayern und Nordrhein-Westfalen) vorschreiben, komplizierte und lange Genehmigungsverfahren sowie eine zunehmend restriktive Förderpolitik. Die neue geplante Bundesregelung (Kabinettsbeschluss der Bundesregierung vom 9. Oktober 2019) mit einer zuerst einmal bundesweit geltenden Abstandsregelung von 1.000 Metern ist für die Windkraft an Land ein Desaster.

Dabei gab es Anfang September 2019 durch ein gemeinsames Positionspapier von acht Umwelt-, Naturschutz- und Industrieverbänden „frischen Wind" für den Ausbau der Windenergie. Die Umwelt- und Naturschutzorganisationen Deutsche Umwelthilfe (DUH), Germanwatch, Greenpeace und WWF, der Verband kommunaler Unternehmen (VKU), der Bundesverband der Energie- und Wasserwirtschaft (BDEW), der Verband Deutscher Maschinen- und Anlagenbau (VDMA) und der Bundesverband Windenergie (BWE) hatten ein geradezu sensationelles gemeinsames 10-Punkte-Positionspapier für den Ausbau der Windenergie veröffentlicht. In dem Papier fordern die Verbände einen „forcierten Ausbau" der Windenergie und der Photovoltaik zur Erreichung des klimapolitisch gesetzten Ziels von 65 % an Erneuerbaren Energien bei der Stromproduktion bis 2030. Sie fordern einen

---

1   https://www.umweltbundesamt.de/publikationen/moegliche-gesundheitliche-effekte-von

Abbau der Hemmnisse für den Windausbau an Land und eine Erhöhung der Ausweisung von Flächen für den Ausbau der Windenergie.

Zur „Erhöhung der Flächenverfügbarkeit" fordern sie 1. eine Bund-Länder-Strategie und Festlegungen in der Flächenplanung, 2. die Unterstützung von Repowering an bestehenden Standorten (Ersatz von alten Anlagen durch neue größere Anlagen), 3. den Verzicht auf pauschale Abstandsregelungen (Anm.: wie in Bayern oder Nordrhein-Westfalen), weil diese das Flächenangebot drastisch einschränken, sowie 4. die Anpassung der Regelungen zur Flugsicherung (Abstand 10 km statt bisher 15 km). Die bestehenden Vorgaben im Genehmigungsprozess (Bundesimmissionsschutzgesetz, Technische Anleitung Lärm, Rücksichtsnahmegebot) seien bereits in umfassender Weise dazu geeignet, den Gesundheitsschutz der Anwohner*innen und optische Anforderungen zu garantieren.

Für den „Naturschutz" fordern die Verbände 5. die Standardisierung naturschutzrechtlicher Vorgaben (Anm.: statt vielfacher Einzelfestlegungen), 6. die Einrichtung eines Online-Artenschutzportals zur systematischen Erfassung von Vorkommen und Bestand geschützter Arten, verbunden mit einer Entlastung der Vorhabenträger im Genehmigungsverfahren und der Ermöglichung einer zügigeren Entscheidungsfindung der zuständigen Behörden, sowie 7. die „Möglichkeit von Ausnahmeregelungen" nach §45 Abs. 7 des Bundesnaturschutzgesetzes. Diese auch von den Umwelt- und Naturschutzverbänden getragene Forderung ist von besonderer Wichtigkeit. Im Gesetz soll festgelegt werden, dass „am Ausbau von Windenergieanlagen ein überwiegendes Interesse besteht, welches Ausnahmen vom Artenschutz unter klar definierten Voraussetzungen rechtfertigt". Für die Prüfung dieser Voraussetzungen (Alternativenprüfung, Erhaltungszustand der Population) müssen natürlich Maßstäbe entwickelt und planungsrechtlich abgesichert werden, damit die Windenergie in den ihr durch die Raumordnungsplanung zugewiesenen Gebieten auch tatsächlich Vorrang genießt. Als Ausgleich für die damit möglichen Einschränkungen des Naturschutzes sollen „sensible Arten [...] ausgewiesene Rückzugsräume erhalten", und ihr „Bestand sollte dort durch bspw. geeignete öffentliche Artenhilfsprogramme gestützt und durch ein staatliches Monitoring begleitet werden".

Für die „Verbesserung der Genehmigungsverfahren vor Ort" soll 8. eine wirtschaftliche Beteiligung betroffener Kommunen eingeführt werden (finanziert als Abgabe bei neu errichteten Anlagen). Weiter sollen 9. Servicestellen auf Landesebene eingerichtet und 10. die beteiligten Behörden modernisiert und personell gestärkt werden. Damit soll die „Zielstellung einer stringenten Bearbeitung von Windenergievorhaben in der gesamten Verwaltungshierarchie ausdrücklich" verankert werden.

#klimaKlartext

BOYKOTT DER WINDKRAFT

Von Windkraftgegnern werden Windkraft (nebenbei auch die Photovoltaik) und das Förderinstrument EEG geradezu verteufelt[2]. Die Windkraft habe keinen Nutzen für den Klimaschutz und sei einfach nur Geschäftemacherei. Als Lösungen werden diffus und allenfalls in Stichworten Forschung, Technologieoffenheit sowie wenig erprobte oder wenig erfolgreiche Alternativen aufgeführt (wie etwa Strömungskraftwerke, Osmosekraftwerke oder Geothermie). Ein direkter Vergleich mit Atomkraftwerken und Kohlekraftwerken wird vorsichtshalber nicht gezogen, denn dann würde ja jeder sehen, wie gut die Windkraft und wie katastrophal die fossilen Energieträger und die Atomkraft abschneiden. Die fossilen Energieträger sind die Hauptverursacher der Klimaerhitzung mit all ihren Folgen. Unabhängig davon gibt es schon massive Probleme bei der Rohstoffförderung (Beispiel Ölförderung, Braunkohletagebau, Uranabbau), beim Transport (zahlreiche Katastrophen mit Öltankern, die Meeresverschmutzung mit Fisch- und Artensterben verursachen), Gesundheitsprobleme durch Schadstoffemissionen und massive Störfallrisiken bei der Atomenergie.

Beim tatsächlichen Problem der Windenergie, der Gefährdung von Raubvögeln und Fledermäusen, wird das durchaus traurige Sterben von etwa 10.000 bis 100.000 Vögeln pro Jahr durch Windräder (etwa fünf pro Windkraftanlage!) von den Windkraftgegnern zum riesigen Artensterben hochstilisiert. Kein Wort zu und kein Vergleich mit Intensivlandwirtschaft, Flurbereinigung und massivem Pestizideinsatz – den Hauptverursachern des Artensterbens. Kein Vergleich mit der industriell betriebenen Fischerei mit ihren Stellnetzen und Reusen, an denen allein in Ost- und Nordsee zwischen 100.000 und 200.000 Seevögel pro Jahr sterben. Kein Vergleich mit Glasscheiben an Gebäuden, an denen etwa 18 Millionen Vögel pro Jahr sterben. Kein Vergleich mit dem Straßenverkehr, durch den pro Jahr etwa 220.000 große Wildtieren getötet werden und – geschätzt – Dutzende Millionen Vögel. Und erst recht kein Vergleich mit der Klimaerhitzung, die ohne Wind- und Sonnenergie ungehindert fortschreiten wird und durch die nicht einzelne Tiere, sondern viele Tierarten aussterben werden.

Ende 2018 waren in Deutschland EU 29.113 Onshoreanlagen mit einer Kapazität von 53 GW installiert. Im Offshorebereich waren im Juni 2019 1.351 Anlagen mit einer Kapazität von 6,7 GW installiert. Die Offshoreproduktion lag 2018 bei knapp 21 TWh, die gesamte Windenergieproduktion bei 113 TWh. Durch die oben aufgeführten „Gegenwind"-Aktivitäten ist die Windkraft bereits ins Stocken geraten, vor allem bei den Anlagen an Land. Im ersten Halbjahr 2019 wurden hier 82 % (!) weniger als im Vorjahreszeitraum installiert – das war die niedrigste Neubaurate seit dem Jahr 2000.

---

2   siehe etwa www.vernunftkraft.de

Im Kabinettsbeschluss der Bundesregierung vom 9. Oktober 2019 wurden zur Windkraft zum Teil gegensätzliche Beschlüsse gefasst. Zwar wurden einige Vorschläge aus dem Positionspapier der zehn Verbände (s. o.) aufgegriffen, wie z. B. die Beschleunigung von Genehmigungen, die Erweiterung der Ausnahmegründe beim Naturschutz, die Reduktion des Abstands zum Flugverkehr und die finanzielle Beteiligung von Kommunen. Im völligen Gegensatz dazu wurde der Abstand für Windkraftanlagen zu Siedlungen bundeseinheitlich auf mindestens 1.000 Meter festgelegt, und als Siedlungen wurden fünf zusammenstehende Häuser definiert.

Die in Bayern bestehende Abstandsregelung von 10 H (zehnmal die Höhe der Windkraftanlage) bleibt bestehen. Bundesländer und Kommunen sollen zwar die Möglichkeit haben, einen geringeren Abstand zu beschließen („Opt-out-Regelung"), müssen dann aber gegen die Bundesregelung argumentieren. Die hohe Abstandsregelung führt nach Einschätzung des Umweltbundesamtes dazu, dass bis zu 50 % der möglichen Flächen für Windkraftanlagen nicht mehr genutzt werden können.

Die installierte Onshoreleistung soll bis 2030 von derzeit 53 GW auf bescheidene 67 bis 71 GW gesteigert werden und 140 bis 145 TWh produzieren. Die Windenergie auf See soll bis 2030 von derzeit 6,7 GW auf 20 GW angehoben werden und 79 bis 84 TWh produzieren (das auch noch mit der Einschränkung: „... sofern verbindliche Vereinbarungen mit den betroffenen Küstenländern erzielt werden").

1.6.4 STROMSPEICHER

Große Stromspeicher gibt es bislang nur als Pumpspeicherkraftwerke. In Deutschland haben die zehn größten Pumpspeicherkraftwerke zusammen eine maximal nutzbare Leistung von nur rund 5.000 MW – nicht ganz drei Prozent der maximalen Leistung aller Kraftwerke (die im Jahr 2014 bei 183.600 MW lag). Die Bedeutung der Pumpspeicherkraftwerke wird meist weit überschätzt. Sie sind in Deutschland im Wesentlichen für den Ausgleich der Tag-und-Nacht-Schwankungen von Stromangebot und Stromnachfrage angelegt.

Bei Volllast können sie meist nur einige Stunden oder einen Tag Strom für den regionalen Bedarf liefern – dann muss das Speicherbecken wieder aufgefüllt werden. Die künftige Bedeutung bzw. die erforderliche Kapazität von großen Batteriespeichern oder Wasserstoffspeichern ist noch nicht klar. Nach den Beschlüssen der Bundesregierung vom 10. Oktober 2019 sollen Energiespeicher von Umlagen befreit werden und den sogenannten Letztverbraucherstatus erhalten.

1.6.5 NETZAUSBAU

Der Ausbau der Stromnetze für die Energiewende, im Besonderen der Hochspannungs-trassen, ist heiß umstritten. Von der Bundesnetzagentur sind für den Zeitraum bis 2030 rund 4.000 km neue Stromtrassen geplant. Anwohner, die sich gegen die neuen Leitun-gen wehren, argumentieren, dass man mit einem dezentralen Stromsystem und mehr Windkraft in Süddeutschland sowie Speichern auf den Netzausbau verzichten könnte. Das Öko-Institut kam in einer großen Studie aber zu folgenden Ergebnissen: Der bis 2030 geplante Netzausbau ist selbst dann notwendig, wenn alle Speicher und Flexibilitätsop-tionen zur Verfügung stehen. Da die Potenziale für die Erzeugung von Wind- und Solar-strom in Deutschland ungleich verteilt sind und in der Nähe der großen Verbrauchs-zentren oft nicht ausreichen, ist eine sichere Stromversorgung nur auf Basis dezentraler Systeme und ohne Netzausbau nicht möglich. Dies gilt erst recht, weil der Ausbau der Windenergie an Land ausgebremst wird und der Strombedarf durch die Elektromobilität weiter steigen wird.

1.7 MÄRKTE UND FINANZSYSTEME

1.7.1 DIE KOSTENSTRUKTUR BEI STROM

> **Märkte und Finanzsysteme**

Zu den Stromkosten kann man die unterschiedlichsten Zahlen fin-den. Schon die Endverbraucherpreise sind sehr unterschiedlich. Für private Haushalte kostet Strom etwa 30 Cent pro Kilowattstunde, für Großverbraucher in der Industrie lag der Strompreis 2017 ohne Steuern/Abgaben bei 7,6 Cent/kWh, mit Steuern und Abgaben bei 17,1 Cent/kWh. Durch die Erneuerbaren Energien ist für die Industrie der Strompreis ohne Steuern/Abgaben seit 2009 um 22 % gesunken! Die Börsenpreise für Strom werden an der Strombörse zwischen Angebot und Nachfrage ausgehandelt. Die Börsenpreise sind stark abhängig von Jahres- und Tageszei-ten sowie dem fluktuierenden Angebot von Photovoltaik- und Windenergiestrom und lagen 2018 bei etwa 4 Cent/kWh. Bei sehr hohem Angebot von Erneuerbaren Energi-en kann der Börsenwert gegen null gehen, in seltenen Fällen kurzfristig sogar ins Minus (wenn Großkraftwerke nicht rechtzeitig abgeschaltet werden können). Die Produktions-kosten bzw. „Gestehungskosten" von Strom sind je nach Energieträger unterschiedlich (siehe unten).

Zwischen den Gestehungskosten oder dem Börsenpreis und den Endverbraucherpreisen gibt es eine große Differenz. Die Endverbraucherpreise setzen sich zum größten Teil aus dem Netzentgelt (für die Nutzung des Stromnetzes), der Beschaffung bzw. dem Einkauf von Strom, dem Vertrieb bzw. Verkauf von Strom an die Endkunden, der EEG-Umlage und Steuern zusammen. Die Steuern und Abgaben sind bei Strom insgesamt höher als bei Heizöl und Benzin/Diesel.

Komponente	Anteil in Prozent	Anteil in Cent/kWh
Stromsteuer	7,0 %	2,06
Konzessionsabgabe	5,7 %	1,68
KWK-Umlage	1,4 %	0,41
EEG-Umlage	23,6 %	6,95
§ 19 Umlage	1,4 %	0,41
Umsatzsteuer	16,0 %	4,71
Erzeugung/Vertrieb	19,3 %	5,68
Netzentgelte, Messung, Abrechnung	25,6 %	7,53
Summe	**100,0 %**	**29,43**

Tabelle: Zusammensetzung des Strompreises (2018)

Im Kabinettsbeschluss vom 9. Oktober 2019 hat die Bundesregierung angekündigt, dass die EEG-Umlage zur Sicherung der Sozialverträglichkeit schrittweise aus den Einnahmen der CO_2-Bepreisung gesenkt werden soll – ab 2021 um 0,25 Cent/kWh, ab 2022 um 0,5 Cent/kWh und ab 2023 um 0,625 Cent/kWh, in den Folgejahren ggf. noch weiter. Allerdings wird die EEG-Umlage 2020 noch einmal um 0,35 Cent je Kilowattstunde steigen.

1.7.2 EXTERNE KOSTEN DER STROMERZEUGUNG

Nach der marktwirtschaftlichen Theorie müssen die Verursacher von Umwelt- und Gesundheitsschäden komplett für die entsprechenden Kosten aufkommen. Dies ist in Deutschland bislang nicht der Fall, die Kosten müssen stattdessen von der Gesellschaft getragen werden (als sogenannte externe Kosten). Die externen Kosten der Stromerzeugung durch Luftverschmutzung/Gesundheitsschäden und durch die Klimaerhitzung sind für die verschiedenen Energieerzeugungsarten deutlich unterschiedlich. Sie betragen für die Stromgewinnung aus Braunkohle 20,81 Cent/kWh, für die aus Steinkohle 18,79 Cent/kWh, für Photovoltaik 1,64 Cent/kWh und für Windenergie 0,28 Cent/kWh. Die externen Kosten pro emittierte Tonne Kohlendioxid werden dabei auf 180 Euro pro Tonne CO_2 geschätzt.[3] Die externen Kosten von Photovoltaik und Windenergie kommen nicht aus dem Betrieb dieser Anlagen, sondern aus ihrer Herstellung. Bei den externen Kosten von

---

3 Umweltbundesamt, Methodenkonvention 3.0 zur Ermittlung von Umweltkosten – Kostensätze, Stand 02/2019

Atomstrom gibt es deutlich unterschiedliche Schätzungen, schon weil die Kosten und die Wahrscheinlichkeit einer atomaren Katastrophe wie in Tschernobyl oder Fukushima unterschiedlich eingeschätzt werden. Die Kosten eines GAUs werden auf mehrere Hundert bis mehrere Tausend (!) Milliarden Euro geschätzt.

Der Kohleausstieg und der Atomausstieg sind über Umweltschutz und Gesundheitsschutz hinaus schon wegen der jeweils hohen externen Kosten mehr als begründet. Dies gilt auch für die erforderliche Einstellung von Subventionen für fossile Energien. Umgekehrt ist die seit dem Jahr 2000 erfolgte Förderung der Erneuerbaren Energien umweltpolitisch und volkswirtschaftlich weiterhin höchst sinnvoll.

1.7.3 FÖRDERUNG DER ERNEUERBAREN ENERGIEN

Mit dem Erneuerbare-Energien-Gesetz (EEG) wird seit dem Jahr 2000 der Aufbau der Erneuerbaren Energien gefördert. Den Betreibern der Anlagen werden feste Einspeisevergütungen über einen Zeitraum von 20 Jahren garantiert, differenziert nach Technologien und Standorten. Der festgelegte Satz sinkt jährlich um einen bestimmten Prozentsatz (der die zu erwartende Kostensenkung bei den Technologien berücksichtigt). Die Förderung soll so lange erfolgen, wie die Kosten der Stromproduktion aus Erneuerbaren Energien über dem Börsenpreis am Markt liegen. Beim EEG gab es mehrere Novellierungen. Die vorgeschriebene Förderung nach dem EEG erfolgt nicht – wie viele meinen – als staatliche Subvention, sondern wird als EEG-Umlage auf den Strompreis bzw. die Stromverbraucher und damit auch private Haushalte umgelegt. Durch die EEG-Umlage ist der Strom teurer geworden. Im Jahr 2019 lag die EEG-Umlage bei 6,405 Cent/kWh, mit der anteiligen Mehrwertsteuer von 19 % bei 7,62 Cent/kWh. Im Jahr 2020 wird sie auf 6,756 Cent/kWh steigen, mit Mehrwertsteuer auf 8,04 Cent/kWh. Die Höhe der EEG-Umlage ist aus zwei Gründen umstritten. Erstens bekamen ausgerechnet industrielle und gewerbliche Großverbraucher großzügige Ausnahmegenehmigungen – letztlich mitfinanziert von privaten Haushalten. Zweitens wird die Höhe der EEG-Umlage aus der Differenz zwischen der Einspeisevergütung pro Kilowattstunde und dem Börsenpreis pro Kilowattstunde berechnet. Durch den Ausbau der Erneuerbaren Energien sank aber der Börsenpreis überraschend stark, was dazu führte, dass die über die Differenz berechnete EEG-Umlage höher ausfiel als zuvor gedacht

Für den seit dem Jahr 2000 geförderten Ausbau der Erneuerbaren Energien gab es keinen langfristigen Plan, sondern nur stufenweise Entscheidungen über die Höhe und den Umfang der jeweiligen Förderung. Politischer Stillstand vor Wahlen und während der folgenden Koalitionsverhandlungen verzögerte die Entscheidungen mehrfach. Bei den

Anbietern von Photovoltaikanlagen und Windkraftanlagen führten diese Wechselbäder zu erheblichen Belastungen. Seit einigen Jahren werden die Fördersätze bzw. Förderungen bei großen Anlagen über Ausschreibungen ermittelt.

1.7.4 GROSSE KOSTENSENKUNG BEI DEN ERNEUERBAREN ENERGIEN

Durch das EEG kam es zu einer sehr großen Absenkung der Investitionskosten von Photovoltaik- und Windenergieanlagen. Im Jahr 2000 lagen die Gesamtkosten bei Photovoltaik in Deutschland bei etwa 80 Cent/kWh, heute liegen sie bei rund 10 Cent/kWh bei kleinen Dachanlagen und um die 5 Cent/kWh bei Freilandanlagen. Auch in den letzten Jahren war die Kostensenkung noch beträchtlich. Die Kosten einer Dachanlage zwischen 10 und 100 kWp sanken im Zeitraum 2006 bis 2018 von rund 4.700 Euro pro kWp auf rund 1.000 Euro pro kWp. Die Preise für Wechselrichter und Installation sind dabei nur wenig gesunken, die der Photovoltaikmodule überproportional. In Ländern mit hoher Sonneneinstrahlung sind die Kosten pro Kilowattstunde natürlich noch deutlich niedriger. Bei Windkraft sanken die Kosten im gleichen Zeitraum von ca. 14 Cent/kWh (offshore) auf

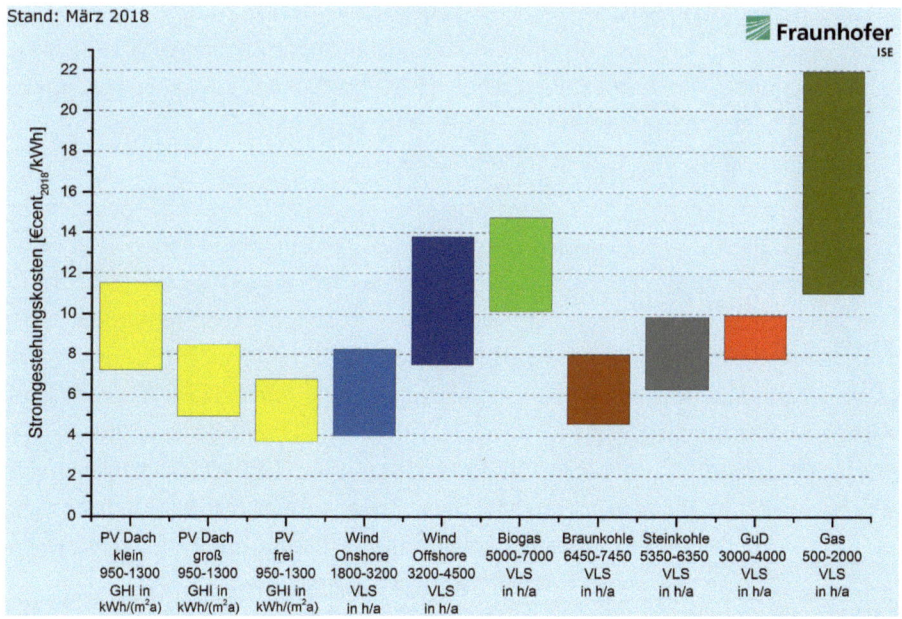

Abbildung: Stromentstehungskosten in Euro Cent/7kWh
Quelle: Frauenhofer ISE; Deutschland März 2018

ca. 11 Cent/kWh, bei Windkraft an Land von ca. 11 Cent/kWh auf ca. 6 Cent/kWh. Damit lagen die Kosten bereits 2018 in der gleichen Größenordnung wie bei der Verstromung von Kohle und Erdgas. Wenn Kohlekraftwerke die externen Kosten an Klima- und Gesundheitsschäden zahlen müssten (z. B. über eine CO_2-Steuer in Höhe von 180 Euro pro Tonne CO_2), wären sie sofort unwirtschaftlich.

Nach Prognosen werden die Kosten der Photovoltaik ab 2030 bei Dachanlagen auf unter 4,7 Cent /kWh und bei Freiflächenanlagen auf 2,41 Cent/kWh fallen. Sogar kleine Dachanlagen werden Strom dann günstiger erzeugen als neu errichtete Steinkohle- oder Gas- und-Dampf-Kraftwerke. Die frühe und starke Förderung der Erneuerbaren Energien in Deutschland hat viele Milliarden gekostet. Aber sie hat zu einer beispiellosen weltweiten Kostensenkung geführt und war somit ein Riesengeschenk für die ganze Welt.

1.7.5 DEZENTRALISIERUNG DER STROMERZEUGUNG UND NEUE EIGENTÜMER

Der Strommarkt wurde über lange Jahre zu etwa 80 % von den vier großen Energieversorgungsunternehmen EnBW, E.ON, RWE und Vattenfall dominiert, die Produktion erfolgte in wenigen Hundert Großkraftwerken. Die von der Umweltbewegung in den 1980er- und 1990er-Jahren geforderte Demokratisierung und „Rekommunalisierung der Energiewende" und der Aufbau der Erneuerbaren Energien hatte bis zum Jahr 2000 wenig Erfolg. Die vier großen Energieversorgungsunternehmen setzten auf Kohle- und Atomstrom und wollten die Erneuerbaren Energien in der Nische halten.

Im Jahr 1993 schalteten die deutschen Energieversorger großflächige Anzeigen, auf denen es hieß: „Regenerative Energien wie Sonne, Wasser oder Wind können auch langfristig nicht mehr als 4 % unseres Strombedarfs decken" (Manager Magazin 05.03.2014). Zwei Jahre später lag der Anteil Erneuerbarer Energien aber bei knapp 5 %, zwölf Jahre später bei 10 %, 20 Jahre später bei knapp 25 % und im ersten Halbjahr 2019 bei 44 %! Und der damalige RWE-Chef Jürgen Großmann sagte noch 2012: „Photovoltaik in Deutschland macht ökonomisch so viel Sinn wie Ananas züchten in Alaska" (Handelsblatt 05.02.2019). Im Jahr 2018 gab es 1,6 Millionen Photovoltaikanlagen und 30.000 Windkraftanlagen. Privatpersonen haben an der installierten PV-Leistung einen Anteil von 33 % und sind zum Teil auch an Fonds beteiligt, die einen Anteil von 11 % haben. Landwirte haben einen Anteil von 16 %. Die vier großen Energieversorgungsunternehmen sind dagegen nur mit 0,2 % beteiligt – sie haben offensichtlich verschlafen und wurden zu spät von der Sonne geweckt.

1.7.6 BLIND FÜR BETRIEBSKOSTEN?

Wenn man sich die Produktlinie (Herstellung, Nutzung, Entsorgung) von Häusern, Autos und Elektrogeräten näher anschaut, sieht man schnell, dass die meiste Energie in der Nutzungsphase verbraucht wird und dort auch die meisten CO_2-Emissionen entstehen (Größenordnung 80 bis 90 % der gesamten CO_2-Emissionen entlang der Produktlinie). Die meisten Konsument*innen haben das aber nicht im Blick – weder den Energieverbrauch und die Energiekosten in der Nutzungsphase und schon gar nicht das Verhältnis des Energieverbrauchs in der Produktion zu dem in der Nutzungsphase. Eine Ausnahme bilden die Benzinpreise, denn die werden ja an den Tankstellen auf großen Tafeln ausgehängt. Sie sind oft im Zusammenhang mit Ölpreisänderungen ein Gesprächsthema und rattern den Autofahrer*innen beim Tanken ja sozusagen entgegen. Der Anteil der Benzinkosten an den Gesamtkosten eines Autos wird deshalb deutlich überschätzt, er liegt nur bei 15 bis 20 %.

Die Kosten für Heizenergie und Strom nehmen Verbraucher*innen meist nur einmal im Jahr wahr – wenn die meist kombinierte Jahresabrechnung vom Energieversorger über Gas oder Fernwärme und Strom kommt. Manchmal mit höheren Kosten als im Vorjahr (wegen Preissteigerungen, höherem Stromverbrauch oder kälterem Winter), manchmal mit geringeren Kosten (wegen günstigeren Gaspreisen, wärmerem Winter und selten wegen niedrigerem Stromverbrauch). Zwischenzeitlich gibt es monatliche Abschlagszahlungen, die bei den meisten Haushalten nicht so ins Gewicht fallen. Daher kümmern sich die meisten Verbraucher*innen nicht um den Verbrauch von Heizenergie oder Strom. Aber natürlich ist man für Klimaschutz …

Bei Elektrogroßgeräten können die Stromkosten in der Nutzungsphase bis zu dreimal höher als der Kaufpreis sein (z. B. bei Wäschetrocknern) und bei 1.000 bis 2.000 Euro liegen. Beim Kauf von Elektrogeräten hat die Nichtbeachtung des Stromverbrauchs und der Stromkosten in der Nutzungsphase die Folge, dass man nicht die Gesamtkosten aus Preis und Kosten in der Nutzungsphase kalkuliert und so das billigere, aber weniger stromsparende Gerät kauft. In der Regel ein böser Fehler – fast immer sind die Gesamtkosten der besonders energieeffizienten Geräte geringer als die der weniger energieeffizienten. Aber selbst wer das Einmaleins beherrscht und viel Zeit hat, hat im Ladengeschäft nicht den Nerv, aus Kaufpreisen und Angaben zum jährlichen Stromverbrauch, der Abschätzung der Lebensdauer der Geräte und der Kenntnis der Stromkosten pro kWh den Gesamtkostenvergleich mehrerer Geräte vorzunehmen. Notwendig wäre deshalb eine Ausweisung der Betriebskosten über die durchschnittliche Lebensdauer der Geräte direkt auf dem Preisschild (siehe S. 122f. „Politikinstrumente"). Dann wäre die eine Voraussetzung für Marktwirtschaft erfüllt, dass die Marktteilnehmer die volle Kenntnis über die tatsächlichen Kosten haben sollen. Und Umwelt und Klima würden gewinnen.

1.8 VERHALTEN UND LEBENSSTILE

> **Verhalten und Lebensstile**

Der Stromverbrauch der privaten Haushalte liegt bei rund 25 % des Gesamtstromverbrauchs in Deutschland. Im Jahr 2017 waren das 129 TWh von 520 TWh; pro Person 1.550 kWh, pro Haushalt 3.100 kWh. Perspektivisch werden vor allem Elektroautos, aber auch elektrisch betriebene Wärmepumpen wesentliche Anteile am Stromverbrauch haben.

Der Stromverbrauch einzelner Haushalte ist sehr unterschiedlich. Er hängt von der Anzahl der Personen im Haushalt ab, von dem Gebäudetyp (Ein- oder Mehrfamilienhaus), von der Art der Warmwassererzeugung (elektrisch oder über Zentralheizung/Gas-Durchlauferhitzer) und natürlich vom jeweiligen Konsum (Anzahl der Geräte und Art der Nutzung).

Aber auch innerhalb vergleichbarer Haushaltstypen ist der Stromverbrauch extrem unterschiedlich, Vielverbraucher*innen können drei- bis viermal so viel verbrauchen wie sparsame Haushalte. Die meisten Haushalte haben die Möglichkeit, viel Strom und CO_2 – und auch Geld – zu sparen. Aber sie kümmern sich nicht darum. Zwei Drittel der Konsument*innen kennen ihren Stromverbrauch und ihre Stromkosten nicht!

Am meisten Strom brauchen Kühl- und Gefriergeräte, Fernsehgeräte, Waschmaschinen und Trockner, Herd und Spülmaschine sowie das Licht (sowie je nach Haushalt die elektrische Warmwassererzeugung). Die digitalen Geräte (Router, Computer, Monitore, Spielkonsolen) sind zusammen neue Großverbraucher. Viele der Elektro- und Elektronikgeräte haben Stand-by- oder Betriebs-Stand-by-Regelungen – die insgesamt zu einem Stromverbrauch von mehreren Hundert kWh führen.

Beim Stromverbrauch ist die Diskrepanz zwischen Bewusstsein und Verhalten besonders groß. Auch ohne Komforteinbuße könnten die meisten Haushalte ihren Stromverbrauch mindestens halbieren und würden dabei noch viel Geld sparen. Die typischen Gründe, warum kein Strom gespart wird, sind:

❖ Stromsparen ist mit wenig Prestige verbunden. Der Strom ist ein quasi unsichtbares Produkt, er „kommt aus der Steckdose". Man kann damit nicht so schön angeben wie mit dem neuen Wagen, dem neuen iPhone oder dem Wochenendtrip nach Barcelona. Allenfalls hat man irgendwann mal zu einem Ökostromanbieter gewechselt – aber auch dann sollte man Strom sparen.

#klimaChecker

Frage doch mal deine Eltern und Personen in deinem näheren Umfeld, wie hoch der Stromverbrauch des Haushalts ist und ob sie Strom sparen wollen. Mit dem Stromspiegel 2019 kannst du den Stromverbrauch einordnen und das mögliche Einsparpotenzial ermitteln. Meistens kennen die Befragten den Stromverbrauch und die Stromkosten gar nicht. Klimaschutz wird nicht wirklich ernst genommen. Die Angaben findet man auf der letzten Stromrechnung des Energieversorgers. Notfalls kannst du bei dem Energieversorger eine Kopie der Rechnung anfordern. Deine Eltern müssen dafür nur kurz unterschreiben …

Stromspiegel für Deutschland 2019

Ist Ihr Stromverbrauch sehr hoch oder gering?

Gebäudetyp	Warmwasser	Personen im Haushalt	Verbrauch in Kilowattstunden (kWh) pro Jahr						
			gering						sehr hoch
			A	B	C	D	E	F	G
Haus	ohne Strom	👤	bis 1.300	bis 1.700	bis 2.000	bis 2.500	bis 3.000	bis 4.000	über 4.000
		👥	bis 2.000	bis 2.500	bis 2.800	bis 3.100	bis 3.600	bis 4.400	über 4.400
		👥👤	bis 2.500	bis 3.000	bis 3.500	bis 3.800	bis 4.300	bis 5.300	über 5.300
		👥👥	bis 2.900	bis 3.500	bis 4.000	bis 4.300	bis 5.000	bis 6.000	über 6.000
		👥👥👤+	bis 3.500	bis 4.100	bis 4.800	bis 5.500	bis 6.300	bis 8.000	über 8.000
	mit Strom	👤	bis 1.500	bis 2.000	bis 2.400	bis 2.900	bis 3.500	bis 5.000	über 5.000
		👥	bis 2.500	bis 3.000	bis 3.500	bis 4.000	bis 4.500	bis 6.000	über 6.000
		👥👤	bis 3.000	bis 3.600	bis 4.200	bis 4.900	bis 5.800	bis 7.500	über 7.500
		👥👥	bis 3.500	bis 4.200	bis 5.000	bis 6.000	bis 6.500	bis 8.100	über 8.100
		👥👥👤+	bis 4.200	bis 5.000	bis 6.000	bis 7.000	bis 8.400	bis 11.000	über 11.000
Wohnung	ohne Strom	👤	bis 800	bis 1.000	bis 1.300	bis 1.500	bis 1.800	bis 2.200	über 2.200
		👥	bis 1.300	bis 1.600	bis 2.000	bis 2.400	bis 2.600	bis 3.000	über 3.000
		👥👤	bis 1.600	bis 2.000	bis 2.500	bis 2.900	bis 3.400	bis 4.000	über 4.000
		👥👥	bis 1.900	bis 2.300	bis 2.800	bis 3.200	bis 3.900	bis 4.500	über 4.500
		👥👥👤+	bis 2.000	bis 2.700	bis 3.300	bis 4.000	bis 5.000	bis 6.000	über 6.000
	mit Strom	👤	bis 1.200	bis 1.500	bis 1.800	bis 2.000	bis 2.300	bis 3.000	über 3.000
		👥	bis 2.000	bis 2.500	bis 2.800	bis 3.100	bis 3.500	bis 4.100	über 4.100
		👥👤	bis 2.500	bis 3.100	bis 3.600	bis 4.000	bis 4.600	bis 5.700	über 5.700
		👥👥	bis 2.800	bis 3.600	bis 4.000	bis 4.800	bis 5.400	bis 6.800	über 6.800
		👥👥👤+	bis 3.000	bis 4.500	bis 5.200	bis 6.000	bis 7.000	bis 9.000	über 9.000

Die Spannbreite des Stromverbrauchs ist groß – je nach Geräteausstattung und Nutzung. Sie erfordert eine detaillierte Differenzierung der Verbrauchsdaten. Die Klassen A bis G bilden jeweils 14,3 Prozent der Haushalte ab. Grundlage für die Vergleichswerte sind 226.000 Verbrauchsdaten und aktuelle Studien der Projektpartner.

Abbildung: klimaChecker Stromspiegel (Quelle: co2online.de)

❖ Man hat „keine Zeit", sich damit zu beschäftigen, und geht davon aus, dass Stromsparen unglaublich viel Zeit erfordert. Aus demselben Grund nimmt man ungern Veränderungen im Alltag vor.

❖ Man kennt den Stromverbrauch nicht wirklich und bekommt auch keine direkten Rückmeldungen zu den Kosten. Meist werden die Beträge zusammen mit den Kosten für Gas und/oder Wasser in einer monatlichen Pauschale abgebucht. Irgendwann wird dann mit der Jahresrechnung zeitversetzt etwas abgebucht oder zurückgezahlt. Vielleicht ändert sich das mit der Elektromobilität – denn mit klugem Stromsparen kann man um die 10.000 Kilometer „umsonst" fahren.

❖ Bereits vorgenommene Einsparungen (man hatte doch ein paar Energiesparlampen und abschaltbare Steckerleisten installiert und sogar ein energieeffizientes Kühl-Gefrier-Gerät gekauft) wurden durch neue Geräte kompensiert oder überkompensiert, z. B. Espressomaschine, digitaler Bilderrahmen, WLAN-Router, Spielekonsolen (Xbox, PlayStation, Wii, Nintendo DS etc.), Gamer-Computer, doppelte oder mehrfache Geräte (zwei bis drei Fernsehgeräte, jeder im Haushalt hat einen Computer) und größere Geräte (größerer Fernseher, größerer Kühlschrank, größerer Gamer-Computer etc.).

❖ Nicht zuletzt gibt es diverse Fehleinschätzungen. Viele Konsument*innen glauben, dass Stromsparen sehr teuer ist, weil man dazu teure Geräte kaufen muss (genau das Gegenteil stimmt – man kann durch effiziente Geräte und effiziente Nutzung mehrere Hundert Euro pro Jahr sparen), und dass es mit hohem Komfortverlust verbunden ist (ist es nicht – ein effizienter Haushalt verbraucht auch mit Spülmaschine, Wäschetrockner, Espressomaschine, Blu-ray-Disc-Rekorder etc. weniger als die Hälfte eines Durchschnittshaushalts, wenn er nur energieeffiziente Geräte verwendet; siehe www.ecotopten.de).

Trotz alledem wissen die Konsument*innen irgendwie schon, dass es besser ist, energieeffiziente Geräte zu kaufen und Strom zu sparen. Interessanterweise gibt es im Strombereich nicht die Ausrede, dass „die Rahmenbedingungen nicht stimmen" (wie etwa beim Verkehrsbereich mit schlechtem ÖPNV und teuren Bahnpreisen). Im Strombereich sind die Rahmenbedingungen zum Stromsparen extrem günstig. Auf dem Markt gibt es sehr gute und energieeffiziente Geräte, die Gesamtkosten sind günstiger als bei weniger effizienten Geräten, und mit der Installation einiger weniger Kleingeräte kann man sogar richtig Geld sparen – und das alles ohne Komfortverzicht! Aber man ist halt faul und verzichtet lieber auf ein gutes Klima.

#klimaFAQ

KANN MAN MIT ÖKOSTROM AUF DAS STROMSPAREN VERZICHTEN?

Etwas kurios: Man sollte als Haushalt auf jeden Fall einen Ökostromtarif wählen, aber man darf sich deswegen klimaschutzmäßig keineswegs zurücklehnen und schon gar nicht meinen, dass man jetzt keinen Strom mehr sparen müsste. Aber der Reihe nach.

Die Bezeichnung „Ökostrom" ist nicht definiert. Natürlich ist Ökostrom definitiv kein AKW- oder Kohlestrom, sondern Strom aus Erneuerbaren Quellen wie Wasserkraft, Wind- und Sonnenenergie (bei manchen Anbietern zählen auch gasbetriebene effiziente Kraft-Wärme-Kopplungsanlagen dazu). Am Anfang wurde dabei oft geschummelt. Stromanbieter teilten ihren produzierten Strom rechnerisch auf – einerseits in AKW- und Kohlestrom und andererseits in „Ökostrom" aus alten Wasserkraftwerken. Die einen Kund*innen konnten dann rechnerisch Ökostrom beziehen, die anderen bekamen (ohne dass sie sich dessen bewusst wurden) rechnerisch nur noch AKW- und Kohlestrom. Für den Klimaschutz änderte sich dadurch: NICHTS. Andere Anbieter verkauften Strom, der schon durch die Fördersysteme im jeweiligen Land ausreichend gefördert wurde (bei der Stromerzeugung von Erneuerbaren Energien in Deutschland ist dies für EEG-geförderten Strom gesetzlich verboten). Da der bereits installiert und finanziell gefördert wurde, änderte sich durch den Einbezug in einen Ökostromtarif für den Klimaschutz ebenfalls: NICHTS. Und das heißt: Echte Ökostromtarife sind nur solche, bei denen ein Beitrag zur Energiewende geleistet wird, beispielsweise indem neue Anlagen aus Erneuerbaren Energien gefördert werden, die nicht schon nach dem EEG oder einem entsprechenden Fördersystem im jeweiligen Erzeugerland gefördert wurden. Im Jahr 2017 stammten 90 % des in Deutschland verkauften Ökostroms aus norwegischen Wasserkraftwerken.

Zum Erkennen und zur Zertifizierung der „echten" Ökostromanbieter wurde das ok-power-Label gegründet. Typische Anbieter sind die EWS Elektrizitätswerke Schönau, Greenpeace Energy, Lichtblick und eine Reihe von Stadtwerken. Eine Liste der Anbieter, die Bewertungskriterien im Detail und Tarifvergleiche finden sich unter https://www.ok-power.de. Das ok-power-Label ist garantiert frei von unternehmerischen Interessen oder Provisionszahlungen der Stromanbieter.

Mit dem Bezug von echtem Ökostrom trägt man dazu bei, dass die Erneuerbaren Energien schneller ausgebaut oder besser in das Stromsystem integriert werden. Und das ist bitter notwendig, zumal der Ausbau immer wieder ins Stocken gerät.

Strom aus Photovoltaik- und Windkraftanlagen ist aus Umwelt- und Klimasicht um Größenordnungen besser als Strom aus Atomkraftwerken und Kohlekraftwerken. Aber man bekommt ihn keineswegs ohne Umweltauswirkungen.

Bei beiden Anlagen gibt es einen größeren Materialaufwand, und nach 25 bis 30 Jahren die Notwendigkeit des Recyclings und der Entsorgung. Vor allem bei der Windkraft gibt es in eng besiedelten Ländern wie Deutschland Grenzen für die Zahl der Anlagen – wegen Flächenverbrauch, Abstandsgeboten und möglichen Auswirkungen auf seltene Arten.

Bei beiden Anlagentypen gibt es Treibhausgasemissionen, bedingt durch den Materialaufwand bei der Produktion und späteres Recycling. Diese sind mit 6 g CO_2/kWh bei Windkraft offshore, 11 g CO_2/kWh Windkraft onshore und 67 g CO_2/kWh[4] bei Photovoltaik zwar viel geringer als etwa bei Braunkohlekraftwerken (ca. 1.100 g CO_2/kWh), aber eben nicht vernachlässigbar, vor allem nicht bei der Photovoltaik.

Wie bei allen Kraftwerken ist der Neubau teuer und mit hohen gesellschaftlichen Kosten verbunden. Hinzu kommt, dass der Gesamtstromverbrauch durch die Elektromobilität und Wärmepumpen im Gebäudebereich perspektivisch stark ansteigen wird. Da ist es umso wichtiger, Strom zu sparen. Sonst müsste man beispielsweise Ökostrom aus Afrika oder von der Arabischen Halbinsel importieren und würde damit in neue Energieabhängigkeiten geraten. Und außerdem brauchen auch diese Länder den Ökostrom!

Die ökologisch beste Kilowattstunde ist deswegen immer die eingesparte Kilowattstunde!

#klimAktiv

STROMSPAREN IN STUFEN

Zur Vorbereitung leihst Du Dir 100 Euro und kaufst diverse LED-Lampen (die zu den bisher genutzen Glühlampen und Halogenlampen passen), Steckerleisten, Zeitschaltuhren, Wasserdurchflussbegrenzer, einen Sparduschkopf und ein Strommessgerät (das kann man auch beim Energieversorger oder bei der Verbraucherberatung ausleihen).

1. In der ersten Stufe ersetzt du dann Glühlampen und Halogenlampen durch LEDs, installierst bei allen Geräten mit hohen Stand-by-Werten eine abschaltbare Steckerleiste oder Zeitschaltuhren. Dann stellst du im Kühlschrank (oder Kühlteil) die Temperatur auf +7° C ein (meistens sind vom Hersteller aus +5° C voreingestellt). Den Warmwasserbedarf kannst du mit Wasserdurchflussbegrenzern und Sparduschkopf reduzieren (bei elektrischer Warmwassererzeugung spart das viel Strom, bei Warmwassererzeugung über die Zentralheizung oder bei einem gasbetriebenen Durchlauferhitzer wird der Verbrauch von fossiler Energie und damit auch CO_2 reduziert. In beiden Fällen spart man auch enorm viel Wasser). Das geht alles an einem Tag und kann schon zu Einsparungen von mehreren Hundert kWh pro Jahr und etwa 100 bis 150 Euro führen. Alles ohne Komforteinbuße und mit reduzierten Gesamtkosten. Hilfreich ist dazu ein Strommessgerät. Und: Wenn im Keller eine wenig oder gar ungenutzte Gefriertruhe oder ein Altkühlschrank mit ein paar Flaschen steht, sollte man die (nach vorheriger Leerung) abschalten. Das spart mächtig Strom.

---

4   Umweltbundesamt Emissionsbilanz erneuerbarer Energieträger, 2018, Werte für 2017

2. In einer zweiten Stufe könnten Du und Deine Familie oder kann Deine WG die Nutzung der einzelnen Geräte ändern: niedrigere Waschtemperaturen, Waschmaschinentrommel und Spülmaschinen gut befüllen, Stromsparfunktionen bei Computer und Fernseher nutzen, ggf. Leistung der Heizungspumpe und Warmwasserpumpe reduzieren; bei den einzelnen Geräten). In einer Sonderaktion kann man vom Handwerker die Heizungspumpe erneuern lassen (dazu gibt es auch Fördermittel. Und man kann ein altes Kühl- und Gefriergerät vorzeitig ersetzen, wenn der Verbrauch sehr hoch ist. Beides führt zu sehr hohen Einsparungen an Strom und ist in der Gesamtbilanz ökologisch.

3. Im Laufe der nächsten Jahre ersetzt man dann bei einem notwendigen Neukauf die alten Geräte durch Bestgeräte mit niedrigem Stromverbrauch.[5] Bei der Gelegenheit solltest Du und Deine Familie oder Deine WG darauf achten, keine unnötig großen Geräte zu kaufen – denn die brauchen viel mehr Strom als kleinere Geräte. Also keinen riesigen Gamer-Computer, kein Side-by-Side-Kühl- und -Gefrier-Gerät und keinen Fernseher mit Kinoausmaßen. Obwohl man damit die klimabedingte Gletscherschmelze im Naturfilm ganz toll sieht.

1.9 TECHNOLOGIEN, PRODUKTE UND DIENSTLEISTUNGEN

Technologien Produkte Dienstleistungen

Nachfolgend werden die wichtigsten stromverbrauchenden Produkte in Haushalten vorgestellt: Informations- und Kommunikationsprodukte (Router, Computer, Spielekonsolen etc.), Lampen bzw. Leuchtmittel, Fernsehgeräte, Waschmaschinen und Wäschetrockner, Kühl- und Gefriergeräte, Herde und Wasserkocher, Spülmaschinen sowie Heizungspumpe und Wärmepumpe.

In den 1980er-Jahren kritisierten Umwelt- und Verbraucherverbände den hohen Stromverbrauch von Elektrogeräten. Als Reaktion darauf und später noch verstärkt durch die gesetzlichen Vorschriften der europäischen Ökodesign-Richtlinie gab es bei den Elektrogeräten hohe Effizienzsteigerungen – nebenbei bemerkt ein großer Erfolg der Umweltbewegung. Die heutigen marktbesten Geräte verbrauchen etwa 60 bis 90 % (!) weniger Strom als die damaligen Geräte.

Seit Langem können hocheffiziente Geräte gekauft werden, die auch noch geringere Gesamtkosten (aus Kaufpreis und Stromkosten) haben – aber diese werden nur von wenigen Prozent der Konsument*innen gekauft. Der Stromverbrauch der Haushalte ist in den letzten Jahrzehnten sogar noch leicht gestiegen – von 122 TWh im Jahr 1991 auf 129 TWh im Jahr 2017. Denn leider wurden die Effizienzfortschritte weitgehend kompensiert (s.o.).

---

5   Aktuelle Übersichten findet man bei www.ecotopten.de

In den letzten drei Jahrzehnten sind beispielsweise folgende Produkte neu auf den Markt und in die Haushalte gekommen: Computer mit externen Bildschirmen und Lautsprechern, Notebooks, Drucker, Multifunktionsgeräte, Spielekonsolen, Modems, Router, Digitalkameras, Computer-Röhrenmonitore oder -Flachbildschirme, CD-Player, DVD-Player, DVD-Rekorder, Digitalkameras, Handys, Smartphones, Fotodrucker, Beamer, tragbare CD-Player, DVD-Player, iPods, Digitalradio, Digitalfernseher, Digital-Set-Top-Boxen, Navis, Espressomaschinen, Raumklimageräte.

Unsichtbar für die Konsument*innen sind Millionen großer Server in Büros, Unternehmen und Handel und riesige Datenzentren bei den Telekommunikationsgesellschaften, Banken und Versicherungen, bei Google, Amazon, Streamingdiensten etc. dazugekommen. Nachfolgend werden nicht die einzelnen stromverbrauchenden Geräte vorgestellt, aber die verschiedenen Stand-by-Funktionen sowie Strommessgeräte.

#klimAktiv

ECOTOPTEN

Beim Kauf neuer Produkte durch Dich, Deine Eltern oder andere aus Deinem näheren Umfeld lohnt es sich auf jeden Fall, vorher die Produktplattform www.ecotopten.de des Öko-Instituts anzuschauen. Die gemeinnützig betriebene Plattform wird durch öffentliche Mittel finanziert, ist herstellerunabhängig, und läuft ohne Werbung und Werbeeinnahmen. Auf EcoTopTen werden für die wichtigsten Produktgruppen die besonders stromsparenden Produkte vorgestellt, die auch noch geringere Gesamtkosten (aus Kaufpreis und Betriebskosten) haben als weniger effiziente Geräte. Für jedes Gerät werden die einzelnen Funktionen dargestellt, der Kaufpreis, der Stromverbrauch, die Stromkosten, die jährlichen Gesamtkosten und die CO_2-Emissionen sowie je nach Gerät auch Wasserverbrauch, Wasserkosten, Lärmwerte etc. Für jede Produktgruppe werden die Kriterien aufgeführt und Kauf- und Spartipps zur Nutzung gegeben.

Bei einigen Produktgruppen kann aufgrund der Vielfalt der Geräte keine sinnvolle Marktübersicht gegeben werden, hier werden dann aber Entscheidungskriterien für Kauf und Nutzung vorgestellt. Zu folgenden Produktgruppen werden Infos gegeben: LEDs, große Haushaltsgeräte (Waschmaschinen und Wäschetrockner, Geschirrspülmaschinen, Kühl- und Gefriergeräte, Herde, Backöfen, Dunstabzugshauben), kleine Haushaltsgeräte (Kaffeemaschinen, Staubsauger, Mikrowellen, Wasserkocher, Haartrockner, Toaster), Fernseher, IT-Geräte (Computer, Monitore, Drucker, Beamer, E-Book-Reader, Mobiltelefone), Mobilitätsprodukte (Elektroautos, Carsharing, Autos, Elektrofahrräder, Fahrräder), Heizenergiegeräte (Holzpelletheizungen, Holzpelletöfen, Gas-Brennwertheizung, Heizungsthermostate, Heizungspumpen, Sonnenkollektoren, Warmwasserspeicher).

1.9.1 STAND-BY

Die Stand-by-Funktion wird zum Stromsparen genutzt, indem die Geräte in einen Wartezustand versetzt werden, aus dem sie im Gegensatz zum richtigen Ausschalten jederzeit schnell und bequem wieder aktiviert werden können. Bei manchen Geräten (z. B. bei der Heizungsanlage oder bei Telefonanlagen) ist der Stand-by-Modus auch notwendig, damit gespeicherte Funktionen erhalten bleiben.

Bei vielen Kleingeräten haben die Hersteller mit der Stand-by-Funktion aber nur Herstellungskosten eingespart, weil die Stand-by-Funktion billiger einzubauen ist als ein Netzschalter. Typische Beispiele für Geräte mit Stand-by-Funktion sind Fernseher, Computer oder DVD-Player. Bei älteren Geräten wurde im eigentlich stromsparenden Stand-by-Betrieb trotzdem ziemlich viel Strom verbraucht.

Ältere Fernseher oder DVD-Player können z. B. eine Stand-by-Leistung von 20 Watt haben. Bei 20 Stunden Stand-by-Betrieb pro Tag (unter der Annahme, dass die anderen vier Stunden das Gerät genutzt wird) brauchen die Geräte dann rund 150 kWh – etwa so viel wie ein Kühlschrank!

Erst in der Ökodesign-Richtlinie (S. 121f.) wurde im Jahr 2009 gesetzlich festgelegt, dass neue Geräte wie etwa Fernseher nur eine Stand-by-Leistung von 1 Watt, ab 2014 je nach Gerätetyp sogar nur von 0,3 Watt haben dürfen. Viele Konsument*innen dachten, dass damit das Problem von hohen Stand-by-Verbräuchen erledigt sei.

Aber weit gefehlt! Erstens stehen in den meisten Haushalten diverse alte Geräte mit hohen Stand-by-Leistungen, z. B. der alte Festplattenrekorder mit 30 Watt, die Lieblingsstereoanlage der Eltern mit 20 Watt, das sowieso nicht mehr genutzte Faxgerät mit 15 Watt, der Tintenstrahldrucker mit 10 Watt usw.

Zweitens stehen in den Haushalten Geräte, die bestimmungsgemäß in einem Netzwerk funktionieren und einen sogenannten Network-Stand-by von 6 Watt haben (dürfen), bei Geräten mit hoher Netzwerkverfügbarkeit (z. B. Router, VoIP-Telefon oder Videotelefon) sogar 12 Watt.

Aus diesem Grund haben die meisten Haushalte nach wie vor einen hohen Stand-by-Verbrauch mit jährlich etwa 400 bis 500 kWh. Hier gibt es besonders hohe Einsparpotenziale.

#klimAktiv

DEM STAND-BY AUF DER SCHLICHE

Eine 10-Watt-Stand-by-Leistung führt bei 20 Stunden Nutzung pro Tag zu einem Jahresverbrauch von 73 kWh. Bei allen Geräten solltest Du die Stand-by-Leistung mit einem Strommessgerät messen und checken, ob und wie Du sie reduzieren kannst. Beispiele:

Die alte Stereoanlage der Eltern könnte eine Stand-by-Leistungsaufnahme von 30 Watt haben, und es gibt gar keinen Schalter, um das Stand-by auszuschalten. Einfach eine abschaltbare Steckerleiste dazwischenschalten: spart pro Jahr 263 kWh.

Im Zimmer Deines Bruders ist immer noch die alte Steuerkonsole, mit der er früher am Bildschirm Autorennen spielen konnte. Das macht er schon lange nicht mehr. Stand-by-Leistung: 15 Watt und die über 24 Stunden am Tag. Total abgefahren. Du ziehst einfach den Stecker und sparst jährlich 131 kWh.

Der alte DVD-Festplattenrekorder hat eine Stand-by-Leistung von 25 Watt. Eigentlich wird er nur noch selten genutzt. Wenn man ihn ein paar Tage vom Netz nimmt, sind aber alle gespeicherten Funktionen weg, weil der interne Akku das nur ein paar Tage speichern kann. Lösung: Du baust eine Zeitschaltuhr ein und schaltest ihn damit 23 Stunden pro Tag aus. In der einen Stunde mit Stand-by-Betrieb pro Tag wird der interne Akku im Gerät dann wieder ausreichend geladen. Du sparst damit jährlich 210 kWh.

1.9.2 STROMMESSGERÄTE

Strommessgeräte können in der Regel beim örtlichen Energieversorger oder der Energieberatung geliehen werden. Sie kosten aber auch nicht viel (um die 10 Euro) – und wenn man sie nicht mehr braucht, kann man sie sinnvoll weiterverschenken. Wichtig ist, dass sie schon Stand-by-Leistungen ab 0,5 Watt präzise messen können. In der Regel kann man die aktuelle Leistungsaufnahme (in Watt) ablesen und den Stromverbrauch eines Geräts über einen bestimmten Zeitraum in Wattstunden bestimmen. Beim Kühlschrank reicht es, den Stromverbrauch über 24 Stunden zu messen und dann auf ein Jahr hochzurechnen (Hinweis: 1.000 Wh sind eine kWh!).

1.9.3 DIGITALE PRODUKTE UND DIENSTLEISTUNGEN

Nicht nur die Erwachsenen legen sich die Welt gerne so zurecht, dass sie gut dastehen – das machen auch die jungen Leute gern. Ganz vorne steht dieser coole Mythos, dass das Smartphone, Internet, Youtube, Netflix, Spotify usw. eigentlich weitgehend virtuell sind und mit nur wenig Umweltbelastung verbunden sind. Schön wär's!

In Deutschland werden durch den Betrieb des Internets und internetfähiger Geräte etwa 33 Millionen Tonnen CO_2-Emissionen im Jahr verursacht – mit rasch steigender Tendenz. Weltweit lag der entsprechende Stromverbrauch im Jahr 2016 bei ca. 2.200 GWh und damit mehr als halb so hoch wie der gesamte Stromverbrauch der USA (3.911 GWh) – mit rasch steigender Tendenz. Bei der Produktion der elektronischen Geräte werden viele Rohstoffe, Konfliktmaterialien und Seltene Erden eingesetzt (z. B. 60 % des Weltbedarfs an Tantal und 36 % des Weltbedarfs an Wolfram). Weltweit fallen etwa 50 Millionen Tonnen Elektronikschrott an, die nur zu einem kleinen Teil sachgemäß entsorgt werden. Die Arbeitsbedingungen bei Produktion und Entsorgung sind schlecht bis katastrophal. Alles brutal real und kein bisschen virtuell.

Die hohe Umweltbelastung lässt sich schnell erklären. Erstens werden viele digitale Geräte genutzt: Computer mit Bildschirm und Lautsprechern, Notebooks, Smartphones, Spielkonsolen, Router, Drucker, Scanner, AirPods, Digitalkameras usw. Zweitens werden Dienstleistungen genutzt wie Google und andere Suchmaschinen, Mails, SMS, WhatsApp, Snapchat, Instagram, Facebook, Games, Streamingdienste wie Youtube, Netflix, Amazon Prime, Spotify sowie digitale Bezahlsysteme wie PayPal, Apple Pay oder Mobile Wallet. Und damit das Ganze schön funktioniert, werden drittens Übertragungsnetze und riesige Serverkapazitäten benötigt. Vor allem das Streamen von Musik und Filmen ist wesentlicher Treiber des global steigenden Datenverkehrs. Etwa zwei Drittel des weltweiten „data traffic" werden durch Internetvideos verursacht!

Der Grund für den hohen Verbrauch bei Internetvideos ist, dass für jede/n Nutzer*in die entsprechenden Daten einzeln übertragen werden – anders als beim klassischen Fernsehen. Die Deutschen verbringen im Schnitt sieben Stunden pro Tag mit Medien, bei den 14- bis 29-Jährigen sind es knapp sechs Stunden. Größten Anteil an der Mediennutzung haben Videos und klassisches Fernsehen mit 202 Minuten und Audio-Inhalte mit 186 Minuten – reiner Text dagegen nur noch mit 54 Minuten.

1.9.4 GERÄTE UND DIENSTLEISTUNGEN

Aufgrund der Vielfalt der Computer mit sehr unterschiedlichen Ansprüchen an Prozessor, Grafikkarte, Arbeitsspeicher, Festplatte, externe Lautsprecher und wegen der schnellen Modellwechsel ist es kaum möglich, eine aktuelle Übersicht zu geben. Das Öko-Institut gibt unter www.ecotopten.de/computer-buero Entscheidungshilfen für Kauf und Nutzung. Es gibt Multifunktionsgeräte und Telefone (DECT, IPO, Voice-over-IP, Telefonanlagen und Schnurlos-telefone), die mit dem Umweltzeichen Blauer Engel ausgezeichnet sind. Die sollte man vorrangig kaufen. Generell ist die Nutzung kleinerer Geräte und kleinerer

Bildschirme besser, weil sie weniger Strom brauchen. Der Datenverkehr bzw. die Datenmenge und die Ablage von Daten in der Cloud sollten möglichst klein gehalten werden, denn dafür müssen im Hintergrund große Server mit einem hohen Stromverbrauch und hohen CO_2-Emissionen laufen. Möglichkeiten dazu sind:

- ❖ Einfach nicht jeden Quatsch anschauen, stundenlang im Netz hängen und sich dauernd ablenken lassen. 88 Mal täglich schauen Benutzer*innen im Durchschnitt auf ihr Smartphone, 53 Mal gefolgt von einer Aktion.
- ❖ Portale mit günstigem Strommix nutzen.[6] Bei Musikportalen schneidet beispielsweise iTunes (Note A) wesentlich besser ab als Spotify (Note D) oder Soundcloud (Note F).
- ❖ Videos bewusst auswählen. Bei Youtube, Facebook u. a. sollte man den Autoplay-Modus ausstellen, bei dem gleich das nächste Video startet, um die Nutzer*innen zu binden.
- ❖ Recherchen zeitlich kurz halten und nicht ewig im Portal bleiben.
- ❖ Text ist besser als Bild, Audio besser als Musikvideos.
- ❖ Möglichst keine 3-D-Videos anschauen (die haben ein 20-fach höheres Datenvolumen im Vergleich zu herkömmlichen Videos).
- ❖ Nicht jedes Video oder Foto reflexhaft in die Cloud stellen.
- ❖ Keine hochauflösenden Bilder oder Videos verschicken – auf der Plattform wird das sowieso nur in Miniversion angezeigt.

1.9.5 SMARTPHONE

Jährlich werden etwa 1,5 Milliarden Handys und Smartphones verkauft. Über die damit verbundenen ökologischen und sozialen Probleme wurde schon so oft berichtet, dass es hier kurz gehalten werden kann (ansonsten kann man das mit dem Smartphone ja schnell recherchieren, z. B. bei Germanwatch: „MakeITfair"[7].

Für die Produktion werden etwa 60 Stoffe eingesetzt, darunter 30 verschiedene Metalle, z. B. Seltene Erden und Konfliktrohstoffe wie Tantal aus dem Kongo, aus dessen Verkauf (Bürger-)Kriege finanziert werden. Die Produktion ist zudem umweltbelastend, und die Arbeitsbedingungen verstoßen überwiegend gegen grundsätzliche Menschenrechte. Kaputte Geräte lassen sich nur schwer reparieren. Illegal exportierte Smartphones werden

---

6 Siehe die Greenpeace-Studie „Clicking green, 2017": https://www.greenpeace.de/presse/publikationen/gruner-klicken

7 Kampagne für faire und grüne Elektronik mit Hintergrundinformationen: https://germanwatch.org/de/stichwort/makeitfair

zum Teil unter gesundheitsgefährdenden und unmenschlichen Bedingungen auseinandergenommen. Auf Kosten von Umwelt und Arbeiter*innen werden hohe Gewinne gemacht. Die durchschnittliche Nutzungsdauer von Smartphones ist mit nur 20 Monaten viel zu kurz. So startete Vodafone 2014 seine neue Strategie zur Kundenbindung mit dem schamlosen Slogan: „Jedes Jahr ein neues Smartphone."

Ende 2013 wurde mittels einer Crowdfunding-Kampagne von einem kleinen niederländischen Hersteller das „Fairphone 1" entwickelt, das möglichst umweltfreundlich, sozial verträglich und ressourcenschonend hergestellt wird. Fairphone bezieht keine Rohstoffe aus Konfliktgebieten, die Arbeiter*innen werden bei der Produktion finanziell bessergestellt. Pro verkauftes Gerät fließen 2 Euro in einen Sozialfonds für die Arbeiter*innen.

Das Smartphone ist modular aufgebaut. Akkus, Displays, Kameras und andere Teile können vom Nutzer bei Reparaturen leicht ausgetauscht werden. Die Informationen über die Finanzierung und Herkunft der Bestandteile eines Fairphones werden vom Hersteller online gestellt.

Trotz dieses Aufwands sagt der Hersteller selbst, dass sein Smartphone nicht hundertprozentig fair ist, aber deutlich anders und fairer als die normalen Smartphones. Als kleiner Hersteller mit wenigen Zehntausend verkauften Smartphones kann man in einem Milliardenmarkt nicht alles durchsetzen – aber ein großes Vorbild für den Milliardenmarkt sein.

2013 startete man mit dem Fairphone 1, im Herbst 2019 ist das Fairphone 3 auf den Markt gekommen. Die Qualität der Funktionen ist mit der eines Smartphones der Mittelklasse vergleichbar, aber das Fairphone ist teurer. Auf dem Markt ist die Nicht-Nachhaltigkeit eben noch billiger, solange die externen Kosten nicht internalisiert werden!

Grüne mobile Apps

Grüne „mobile" Apps wurden spezifisch für die Anwendung auf mobilen Endgeräten entworfen. Informationssuche und Bewertung werden zumeist von gemeinwohlorientierten Drittanbietern angeboten. Die Apps sollten idealerweise unabhängig von Herstellern und nicht auf Werbeeinnahmen angewiesen sein. Sie geben unabhängige und gut strukturierte Informationen über ökologische oder nachhaltige Produkte, die Nutzer*innen sonst nur mit hohem Aufwand zusammenstellen könnten. Zum Beispiel Tox-Fox: Nach Einscannen des Barcodes von Kosmetikartikeln erhält man sofort Informationen über möglicherweise enthaltene umwelt- und gesundheitsbelastende Inhaltsstoffe. Die Konsument*innen haben darüber hinaus die Möglichkeit, vorformulierte Protestmails an Hersteller zu verschicken. Die App GoodGuide informiert ebenfalls über gesundheits-belastende Inhaltsstoffe und über die gesundheitlichen Aspekte von Nahrungsmitteln, Haushaltsartikeln und Babybedarf. Weitere Beispiele sind: Der Nachhaltige Warenkorb, Such-Dich-Grün, WWF-Fischratgeber, NABU Siegel-Check, iVeg, Fair Fashion?, Giftfrei ein-kaufen, LED-Navi, CO_2-Rechner, VES CO_2 Tool, Energiecheck, Ecogator, Label-online, die Suchmaschine www.ecosia.org und der E-Mail-Anbieter posteo.de.

Andere Apps sind direkt Plattformen des „grünen Konsums" für den Austausch oder Ko-operationen unter Konsument*innen. Beispiele: Mit der Mobility-App flinc kann man spontan und unkompliziert Mitfahrgelegenheiten organisieren (für weitere Apps siehe S. 141ff.), mit Kleiderkreisel lässt sich Kleidung tauschen oder weiterverkaufen, mit Olio können überflüssige Nahrungsmittel verschenkt werden.

1.9.6 ONLINESHOPPING

Die größten Umsätze gibt es beim Onlineshopping bei Bekleidung (ca. 30 %), Elektronik-artikeln und Computer/Software sowie Büchern/E-Books. Bei Dienstleistungen dominie-ren mobilitätsbezogene Buchungen (Pauschalreisen, Übernachtungen, Tickets für Flüge, Bahnen, Busse und Mietwagen) sowie Tickets für Konzerte, Sportveranstaltungen, Kino etc. Beim Onlineshopping werden im Durchschnitt weniger CO_2-Emissionen freigesetzt als beim Einkauf im Einzelhandel, vor allem wenn man mit dem Auto dorthin fährt. Ärger-lich sind mittlerweile allerdings die vielen Kleinlaster, die zur Auslieferung wild auf Geh-steigen, Fahrradwegen oder in zweiter Reihe parken (weil die Fahrer schlecht bezahlt sind und unter einem hohen Zeitdruck stehen). Ärgerlich ist auch, dass Elektronikhändler für „online bestellen und im Laden abholen" Rabatte einräumen, der Systemvorteil gebün-delter Warenlieferung fällt dann weg.

Um beim Onlineshopping möglichst wenige CO_2-Emissionen zu verursachen, sollte man Retouren möglichst vermeiden (bei Textilien gibt es im Schnitt etwa 50 % Retouren, also erneuten Transport). Zudem wird sogar ein Teil der ja schon einmal ausgepackten und kurz getragenen Textilien nach Rücksendung vernichtet! Im Jahr 2011 gab es in bzw. aus Deutschland 250 Millionen Rücksendungen.

Auf keinen Fall sollte man frische oder gar gekühlte Lebensmittel bestellen, die besonders aufwendig verpackt sind und umgehend ausgeliefert werden müssen. Ebenso sollte man auf die sofortige Lieferung oder Lieferung am gleichen Tag (Instant Delivery) verzichten – auch das führt zu einem Anstieg der Transporte, weil die Bündelung von Paketen zur Auslieferung erschwert oder verunmöglicht wird.

Bei einem Vergleich von online Shopping mit traditionellem Einkauf müssen die unterschiedlichen Lieferketten betrachtet werden. Beim traditionellen Einkauf werden die Produkte von den einzelnen Fabriken per Lkw oder Flugzeug in ein Umschlagzentrum geliefert und von dort mit dem Lkw in die einzelnen Handelsgeschäfte.

Die Handelsgeschäfte haben einen vergleichbar großen Energieverbrauch – weil sie viel Strom und Heizenergie verbrauchen. Die Kunden kommen zum Einkauf einzeln in das Handelsgeschäft – entweder zu Fuß oder mit dem Fahrrad, mit dem ÖPNV oder mit dem Auto. Die Rückgabequoten sind in der Regel geringer als beim online Shopping, vor allem bei Textilien.

Beim online – shopping werden die Produkte ebenfalls von den einzelnen Fabriken per Lkw oder Flugzeug in ein Umschlagzentrum geliefert. Von dort werden sie mit Lkw direkt an die Kunden nach Hause ausgeliefert. Da der Lkw gleich mehrere Dutzend Kunden beliefert, ist der Transportaufwand geringer als beim traditionellen Einkauf mit ÖPNV oder gar dem Auto. Vor allem beim Einkauf mit dem Auto schneidet das traditionelle Einkaufen sehr schlecht ab. Das online Shopping sieht dagegen schlecht aus, wenn es zu Retouren kommt und zu einer erneuten Auslieferung. Dann kann das traditionelle Einkaufen mit Fahrrad besser abschneiden.

#klimaFAQ

WELCHES ENERGIELABEL IST BESSER: A ODER A$^+$?

Blöde Frage – möchte man meinen. Aber die Antwort heißt: kommt drauf an!

Die meisten großen Elektrogeräte müssen mit einer Energieeffizienzkennzeichnung bzw. einem Energielabel ausgezeichnet werden – das Label gibt Auskunft über die Energieeffizienz (mit Angaben wie A^{+++}, A^{++}, A$^+$, A, B, C, D, E, F) und über weitere Eigenschaften der Geräte (wie etwa Stromverbrauch, Wasserverbrauch, Kühlvolumen, Lichtausbeute oder Lärmwerte). Die verpflichtende Energieeffizienzkennzeichnung wurde im Jahr 1994 eingeführt.

Die Geräte mit der höchsten Energieeffizienz wurden einheitlich mit A gelabelt, die zweitbesten mit B usw. Leider hatte niemand so recht mit dem schnellen technischen Fortschritt gerechnet. Einige Jahre später wurden bereits Kühlschränke und Waschmaschinen auf den Markt gebracht, die bei der Energieeffizienz und dem Stromverbrauch noch deutlich besser waren als die A-Geräte. Die Hersteller bewarben sie dann einfach mit A$^+$. Das war zwar nicht erlaubt, aber als dann noch bessere Geräte auf den Markt kamen und mit A^{++} beworben wurden, reagierte die EU-Kommission und ließ je nach Produktgruppe unterschiedliche Energieeffizienzklassen zu. Bei Kühl- und Gefriergeräten und anderen Elektrogeräten gibt es derzeit (September 2019) die Klassen A^{+++}, A^{++}, A$^+$, A, B usw.; bei Dunstabzugshauben gibt es dagegen nur die Klassen A, B, C usw. Und das heißt: Ein Kühl- und Gefriergerät mit dem Energielabel A$^+$ ist „drittklassig" und hat eine vergleichsweise schlechte Energieeffizienz (diese Geräte sollte man auf keinen Fall mehr neu kaufen). Wohingegen eine Dunstabzugshaube mit dem Energielabel A die höchste Energieeffizienz hat!

Das ist mittlerweile natürlich verwirrend und deshalb wurde beschlossen, das Ganze wieder rückgängig zu machen. Ab dem Jahr 2020 wird die alte Skala (A, B. C usw.) wieder eingeführt, allerdings nicht gleichzeitig für alle Produktgruppen. Im Übergangszeitraum wird es voraussichtlich leider verwirrend. Im Zweifelsfall sollte man bei www.ecotopten.de nachschauen, da werden jeweils die aktuellen Labels aufgeführt.

Bei der Energieeffizienzkennzeichnung gibt es ein weiteres grundsätzliches Problem: Die Energieeffizienz wird immer auf eine bestimmte Größe bzw. Funktion des Geräts bezogen, beispielsweise bei Kühlschränken auf das Kühlvolumen. Ein großer Kühlschrank mit dem Energielabel A^{+++} ist zwar der beste innerhalb der gleich großen Kühlschränke, hat aber einen höheren Stromverbrauch als ein kleiner Kühlschrank mit dem Energielabel A^{+++}. Es kann sogar sein, dass ein großer A^{+++}-Kühlschrank mehr Strom verbraucht als ein kleiner A^{++}-Kühlschrank. Beim Kauf eines neuen Geräts sollte man deshalb ein möglichst kleines Gerät mit der höchsten Energieeffizienzklasse kaufen!

1.9.7 E-BOOK-READER

E-Books und längere PDF-Dokumente kann man auf verschiedenen Ausgabegeräten lesen: Laptop, Tablet, Smartphone oder E-Book-Reader. Das Letztere ist am komfortabelsten, hat eine angenehme Bildschirmgröße und ist besonders leicht und vor allem blendungsfrei zu lesen – auch im Garten oder am Strand. Der Stromverbrauch zur Nutzung bzw. Ladung von E-Book-Readern ist gering, relevant ist hier der Herstellungsaufwand. Die CO_2-Emissionen zur Herstellung sind etwa so groß wie die der Herstellung von 35 gedruckten Büchern mit jeweils 350 Seiten. Wenn man sich das „Extra-Bibliothek-Zimmer" in großen Single-Wohnungen mit entsprechend hohem Wohnraumverbrauch und Heizenergieverbrauch anschaut, ist der E-Book-Reader nicht zu schlagen. Wichtig: den Reader nach dem Download der Textinhalte offline stellen (WLAN ausschalten), dann braucht er weniger Strom und muss seltener geladen werden. Ein Nachteil ist, dass man das ausgelesene E-Book nicht einfach an Freund*innen weitergeben kann. Ein kleiner Trick: für den Freundeskreis einen zweiten E-Book-Reader kaufen – auf den kann man das gekaufte E-Book kostenlos herunterladen und dann den E-Book-Reader mit diversen E-Books drauf verleihen oder austauschen.

Videokonferenz statt Hin- und Rückflug zur Konferenz

Telefonkonferenzen sollte man nur dann durch Videokonferenzen (mit ihrem zwangsläufig hohen Datentransfer) ersetzen, wenn Bilder wirklich nötig sind (S. 174).

1.9.8 FERNSEHGERÄTE

In den 1970er-Jahren hatte ein typischer Haushalt mit vier Personen „einen" Fernseher. Heute besteht ein Durchschnittshaushalt aus zwei Personen und besitzt statistisch etwa 1,5 Fernsehgeräte. 30 % der Haushalte besitzen ein Zweitgerät (2008 waren es nur 9 %). Und 2,3 Millionen Personen leben sogar in Haushalten mit vier oder mehr Fernsehgeräten! Und das, obwohl mittlerweile viele den Computer als Fernsehersatz nehmen. Die durchschnittliche Fernsehlaufzeit lag 2018 pro Tag bei fast vier Stunden (217 Minuten).

Der Markt der Fernsehgeräte ist unübersichtlich geworden. Selbst das Verkaufspersonal in Elektronikmärkten hat Mühe, die Vor- und Nachteile der verschiedenen Technologien und Features zu erklären: LCD-, OLED- und Plasmafernseher, Internetfähigkeit, Streamingdienste, hochauflösendes Fernsehen (HDTV; HD-ready), ultrahohe Auflösung (UHD), Bildverbesserung mit HDR (High Dynamic Range), Bewegtbildoptimierung, elektronische Programmzeitschriften, Doppelbildanzeige, verschiedene Soundsysteme, Extra-Lautsprecher u.a.m.

Der Stromverbrauch eines Fernsehers liegt bei vier Stunden täglicher Nutzung zwischen 20 kWh (kleine Fernseher) bis mehrere Hundert kWh (sehr große Fernsehgeräte und Heimkinogeräte). In den letzten Jahren hat die Bildschirmgröße stark zugenommen. Im Jahr 2003 hatten 97 % der verkauften Fernsehgeräte eine Größe von max. 30 Zoll. Nur drei Jahre später, waren es nur noch 20 %, 80 % waren deutlich größer.

Ausgelöst wurde die Verschiebung zu deutlich größeren Fernsehgeräten nicht durch vielfach geäußerte Wünsche der Konsument*innen, sondern durch die neue Technik der flachen LCD-Fernseher, die die alten Röhrengeräte mit großer Raumtiefe ersetzten. Die großen Fernsehgeräte haben die bisherigen Stromfresser – die Kühl- und Gefriergeräte oder die Wäschetrockner – längst hinter sich gelassen. Dafür kann man die Flutkatastrophen jetzt ganz groß anschauen.

Der Stromverbrauch hängt hauptsächlich von der Bildschirmgröße ab, in zweiter Linie von den Funktionen (ultrahohe Auflösung braucht beispielsweise mehr Strom) und den Einstellungen (z. B. Programmzeitschrift oder Helligkeitsregelung). Bei den Fernsehgeräten ist auch der Ressourcenaufwand zur Produktion hoch. Von daher sollte man Fernsehgeräte möglichst lange nutzen. Vorsicht: OLED-Fernseher sollte man nicht mit schaltbaren Steckdosenleisten vom Netz trennen. Sie müssen ihr Display nach jeder Nutzung regenerieren. Wenn die Geräte vom Strom getrennt werden, erfolgt keine Regeneration, und die Geräte gehen kaputt.

#klimAktiv

EINSTELLUNGEN BEI FERNSEHGERÄTEN

Den Kauf eines neuen Fernsehgeräts sollte man möglichst lange hinauszögern. Wenn deine Eltern beim Fernseher Internetzugang wollen, kannst du ihnen zeigen, wie man den Computer an den Fernseher anschließen kann. Zum Teil können Streamingdienste wie etwa Netflix auch über die Provider genutzt werden (Telekom Entertain, Vodafone TV, Kabelnetzbetreiber Unitymedia u. a.).

Ein neuer Fernseher sollte ansonsten möglichst klein sein und eine hohe Energieeffizienz haben. Bestgeräte tragen das Label A^{+++}.[8] Beim neuen Fernseher kann der Stromverbrauch gegenüber der Voreinstellung des Herstellers durch stromsparende Einstellungen deutlich verringert werden (Verzicht auf Online-Programmübersicht, niedrigere Helligkeit, Stand-by-Einstellungen). Auch da brauchen die Eltern meistens Hilfe.

1.9.9 LICHT UND LAMPEN

Die 68er-Generation musste echt leiden. Kratzige Strickpullis, Birkenstocklatschen, dicke Bücher zum richtigen Verhalten, scharf gerösteter Nicaragua-Solidaritätskaffee und dann noch diese ersten fahlblau blendenden Energiesparlampen, die in keinen Lampenschirm passten und die anfänglichen missglückten Kochversuche mit dem Öko-Burger grell ausleuchteten. Erst Jahre später gab es dann gute Energiesparlampen mit gutem Licht und für alle Lampenschirme.

Mittlerweile gibt es eine noch bessere technologische Entwicklung, die LED-Lampen, die noch weniger Strom verbrauchen und mit denen man auch die meisten Halogenlampen ersetzen kann.

Ein Zweipersonenhaushalt hat meist zehn bis 20 Lampenschirme mit zum Teil mehreren Leuchtmitteln (umgangssprachlich werden die Leuchtmittel als Lampen bezeichnet). Da kann man also jede Menge LEDs einschrauben. Der Stromverbrauch für Leuchtmittel im Haushalt liegt meist in der Größenordnung von 300 bis 500 kWh pro Jahr. Wenn die bis-

---

8 Eine Übersicht findet man unter https://www.ecotopten.de/fernseher/fernsehgeraete/kauftipps-fuer-fernsehgeraete

herigen Lichtquellen alle noch Glühlampen und Halogenlampen sind, sollte man diese sofort und vorzeitig durch LEDs ersetzen. Man kann damit auf einen Schlag 85 bis 90 % des Stroms sparen.

Die Kosten für die LEDs amortisieren sich in wenigen Monaten! Gute LEDs gibt es für alle Fassungen, in unterschiedlichen Formen und für verschiedene Lichtspektren. Sie halten im Dauertest etwa 30.000 Betriebsstunden (bei drei Stunden Nutzung am Tag also 27 Jahre), geben verzögerungsfrei Licht und sind quecksilberfrei.

Die Leuchtkraft (genauer: der Lichtstrom) wird in Lumen gemessen. Eine Glühbirne hatte pro Watt eine Leuchtkraft von etwa 10 bis 12 Lumen, eine LED hat pro Watt eine Leuchtkraft von etwa 100 bis 120 Lumen. Statt einer Glühbirne von 75 Watt nimmt man beispielsweise eine LED mit 9 Watt.

Bei einer herkömmlichen 75-Watt-Glühlampe und täglicher Nutzung von drei Stunden ist der Stromverbrauch pro Jahr bei 82 kWh, die Stromkosten betragen 24,64 Euro. Wenn man eine Glühbirne durch eine LED mit 9 Watt ersetzt, ist der Stromverbrauch 10 kWh, die Stromkosten liegen bei nur noch 2,96 Euro. Pro Jahr spart man mit der LED damit 21,68 Euro – ein Mehrfaches des Neupreises der LED.

#klimAktiv

ES WERDE LICHT

Im Haushalt deiner Eltern oder deiner WG solltest du möglichst alle Glühbirnen und Halogenlampen auf einen Schlag ersetzen. Die Kosten betragen etwa 70 bis 100 Euro und amortisieren sich innerhalb weniger Monate.

Du kannst das auch vorrechnen: die Wattzahl aller Lampen im Haus zusammenzählen und mit 3 (Stunden) und 365 (Tagen) multiplizieren, dann durch 1.000 teilen (um von Wh auf kWh zu kommen). Die Kosten pro kWh sind rund 0,30 Euro.

Die Lampen ersetzt Du am besten in zwei Schritten: Zuerst kaufst du einige Lampen mit verschiedenen Fassungen, Leuchtstärken und Lichtspektren. Die probierst du zusammen mit deinen Eltern zu Hause aus (Vorsicht: beim Lampenwechsel immer vorher die Sicherung herausdrehen). Und wenn das Licht okay ist, im zweiten Schritt den Rest der Lampen kaufen.

Zur Info kannst Du die sehr gute App lednavi nutzen (Link: www.lednavi.de). Da werden auch die verschiedenen Fassungen erklärt (E27, E14, GU10, G9 etc.) und eine Anleitung über die passenden LEDs gegeben.

#klimAktiv

FÜR GANZ HELLE

Die alte Frage: Was bringt man zur Party oder zur Geburtstagsfeier von Verwandten mit? Blumen bringen auch die anderen, die Bücher sind meist kein Volltreffer (natürlich mit Ausnahme des Buchs #klimaretten), Wein ist auch nicht mehr so originell. Schenke doch einfach eine 15-Watt-LED, einsetzbar z.B. für eine 75-Watt- oder 100-Watt-Glühlampe), Preis etwa 15 Euro. Das legst Du mit Understatement auf den Tisch und sagst: „Damit spart ihr in den nächsten zehn Jahren 650 kWh Strom und 200 Euro." Dann hebst Du das Glas und trinkst auf das Wohl der Gastgeber*innen.

1.9.10 WASCHMASCHINEN

In den 1970er-Jahren kritisierten Umweltschützer*innen den hohen Strom- und Wasserverbrauch von Waschmaschinen. Bei der Kochwäsche (90 Grad) verbrauchten die Waschmaschinen 3 bis 4 kWh Strom. Über viele Jahre wurden die Waschmaschinen verbessert und der Stromverbrauch auf etwa 1,5 bis 1,8 kWh bei 90 Grad mehr als halbiert. Gleichzeitig wurden die Waschmittel und der Waschprozess verbessert, sodass für „Kochwäsche" eine Temperatur von 60 Grad ausreicht. Da liegt der Stromverbrauch bei modernen Maschinen nur noch bei etwa 0,8 kWh und bei 40 Grad bei 0,45 kWh.

Aber auch die Textilien und vor allem das Trage- und das Waschverhalten änderten sich – heute hat man fast doppelt so viel Wäsche wie früher. Zudem wird die Wäschetrommel nicht richtig befüllt. Mit dem überraschenden Resultat, dass immer noch viel Strom fürs Waschen verbraucht wird. Da kommt die Umwelt ins Schleudern.

Der jährliche Wäscheberg eines durchschnittlichen Haushalts stieg von 277 kg Wäsche in den 1960er-Jahren auf 572 kg im Jahr 2014 – mehr als eine Verdoppelung. Mit Sauberkeit hat das wenig zu tun, sondern mit viel Gedankenlosigkeit und weniger Vorsorge gegen das Verschmutzen der Kleidung – es gibt ja die tollen, arbeitssparenden Waschmaschinen und Wäschetrockner ...

Die Wäschetrommel wird in den meisten Haushalten nicht mehr voll befüllt. Die Haushalte sind kleiner geworden, und die Lieblingsklamotten will man gleich wieder am nächsten Tag anziehen können. Durch die geringere Befüllung steigt der Stromverbrauch pro Kilo gewaschener Wäsche, durch die neuen Waschmaschinen mit 6-kg- oder gar 7-kg-Trommel wird dieser Trend noch verstärkt. Dabei haben die vielen Ein- und Zweipersonenhaushalte schon Schwierigkeiten, eine 5-kg-Trommel zu füllen. Waschmaschinen sollten deshalb auf jeden Fall eine Mengenautomatik haben, die den Strom- und Wasserverbrauch bei Teilbefüllung wenigstens etwas reduziert. Viel besser ist natürlich, die Trommel voll zu befüllen.

Im Gegensatz zu den anderen Haushaltsgeräten benötigt die Waschmaschine nicht nur Strom, sondern auch Wasser und Waschmittel. Da beides ebenfalls teuer ist, kann man mit richtigem Waschen ordentlich Geld sparen. Ein Zweipersonenhaushalt zahlt in 15 Jahren (so lange hält eine gute Maschine) durchschnittlich rund 2.400 Euro für Strom- und Wasserverbrauch und Waschmittel!

Der jährliche Stromverbrauch liegt bei neuen guten Maschinen je nach Trommelgröße und Modell bei 100 bis 150 kWh, der Wasserverbrauch bei etwa 9.000 Litern aufwärts. Die Menge der gewässerbelastenden Waschmittel und Waschhilfsmittel (wie Weichspüler) lag 2014 bei über 900.000 Tonnen – rund 11 Kilo pro Person.

Die Berechnung des Stromverbrauchs basiert auf durchschnittlich 220 Wäschezyklen und anteilig volle und halbe Beladung (2 x 60 °C voll-; 2 x 60 °C halb-; 3 x 40 °C halbbeladen). Waschmaschinen müssen nach der Energieeffizienzklassifizierung gekennzeichnet sein.

Beim Kauf einer neuen Waschmaschine sollte man nur eine mit dem Energielabel A+++ kaufen. Bei der Schleuderzahl reichen 1.400 Umdrehungen aus. Es gibt auch Maschinen mit bis zu 1.800 Umdrehungen. Davon sollte man sich nicht schwindlig machen lassen, die kosten einfach nur mehr Geld. Einen Überblick über gute Waschmaschinen findet man unter https://www.ecotopten.de/grosse-haushaltsgeraete/waschmaschinen.

#klimAktiv

SAUBER BLEIBEN

Waschmaschinen haben schon seit zwei Jahrzehnten vergleichsweise niedrige Verbrauchswerte. Von daher sollte man Waschmaschinen möglichst lange nutzen. Wenn man weniger wäscht, immer mit voller Trommel und niedrigeren Waschtemperaturen, kann man gut 50 % Strom, Wasser, Waschmittel und Geld sparen.

Den Wäscheberg kannst du beispielsweise verringern, indem du beim Fahrradreparieren oder Plakatmalen für die „Fridays for Future"-Demo alte Klamotten als Schutz anziehst.

Und: Kaufe keine neuen Klamotten, auf deren Etikett steht, dass sie getrennt gewaschen werden müssen oder gar nicht farbecht sind. Das erhöht den Waschaufwand und belastet die Gewässer. Beschwere dich am besten gleich im Laden, dass die so einen umweltschädlichen Schrott verkaufen.

1.9.11 WÄSCHETROCKNER

Bestgeräte mit Energielabel A^{+++} haben einen Jahresstromverbrauch von rund 150 kWh. Wäschetrockner des alten Typs sind Stromfresser. Man sollte auf keinen Fall einen Wäschetrockner mit Energieeffizienzklasse B kaufen.

Am häufigsten verkauft werden aber Wäschetrockner mit dem Energielabel B und einem Jahresstromverbrauch von rund 500 kWh – der gehört aber eher in die Schreckenskammer im Museum (siehe Abb. unten bei Kühlschränken).

Bei durchschnittlicher Lebensdauer von zwölf Jahren verbraucht der B-Klasse-Trockner also 4.200 kWh (!) mehr Strom und hat 1.260 Euro höhere Stromkosten. Beim Kauf ist er halt 200 bis 300 Euro billiger als der A^{+++}-Trockner, aber nur mit dem bringt man die Schäfchen wirklich ins Trockene.[9]

#klimaFAQ

WIE TROCKNET MAN AM UMWELTFREUNDLICHSTEN?

Sonne, Wind und eine Wäscheleine im Garten oder auf dem Balkon sind natürlich die umweltfreundlichste und preiswerteste Möglichkeit, um Wäsche zu trocknen. Auch für die Textilien ist das am schonendsten. Ohne Garten oder Balkon kann man die Wäsche auch in unbeheizten Räumen trocknen, die zu den geheizten Wohnräumen isoliert sind, z. B. auf dem Speicher oder im Heizkeller. In Mehrfamilienhäusern gibt es manchmal sogar eigene Trockenräume.

Wenn man generell oder nur im Herbst/Winter in beheizten Räumen trocknet (der Klassiker ist Wäschetrocknen mit gekipptem Fenster im beheizten Bad), heizt man mehr Energie zum Fenster hinaus, als ein energieeffizienter Wäschetrockner an Energie benötigt. Und es droht Schimmelbildung!

Wenn man einen Wäschetrockner benutzt, sollte man die Wäsche in der Waschmaschine gut schleudern (dann muss im Trockner nicht mehr so viel Wasser entfernt werden). Natürlich sollte man den Wäschetrockner auch möglichst gut befüllen.

Ah ja: Und je weniger man wäscht, umso weniger muss man trocknen ...

Wenn man einen elektrisch betriebenen Ablufttrockner nutzt – erkennbar an dem Abluftschlauch, der die Feuchtigkeit aus der Wäsche ins Freie leitet –, lohnt es sich fast immer, ihn vorzeitig durch ein effizientes Neugerät zu ersetzen.

---

9 Einen Überblick über empfehlenswerte Wäschetrockner gibt es unter https://www.ecotopten.de/grosse- haushaltsgeraete/waeschetrockner

1.9.12 KÜHL- UND GEFRIERGERÄTE

Die Kühl- und Gefriergeräte sind die Schwerarbeiter unter den Haushaltsgeräten. Die Waschmaschine wird nur einige Male im Monat angestellt, das Fernsehgerät läuft nur ein paar Stunden am Tag – nur die Kühl- und Gefriergeräte müssen rund um die Uhr arbeiten und das auch noch 365 Tage im Jahr. Daher sind sie richtige Stromfresser, die alten Geräte brauchten mehrere Hundert kWh pro Jahr. Ihr Anteil am Stromverbrauch eines Zweipersonenhaushalts lag früher zwischen 20 und 25 %.

Seit Langem gibt es viel bessere und effizientere Geräte – aber sie werden viel zu wenig gekauft. Eine neue Kühl-Gefrier-Kombination mit 170 Liter Kühl- und 100 Liter Gefriervolumen und Energielabel A^{+++} braucht nur 125 kWh.

Die Größe ist für einen Durchschnittshaushalt mehr als ausreichend. Größere Geräte brauchen natürlich mehr Strom, auch beim gleichen Energielabel. Beispiel: 300 Liter Kühlvolumen, 100 Liter Gefriervolumen, A^{+++}: 200 kWh. Leider sind die Energielabelangaben bei Kühl- und Gefriergeräten völlig irreführend.

Das Energielabel A$^+$ hört sich gut an, kennzeichnet aber nur echte Stromfresser. Die A$^+$-Geräte verbrauchen bei gleicher Größe mehr als doppelt so viel Strom wie A^{+++}-Geräte– die A$^+$-Geräte sind schon beim Kauf völlig veraltet!

Kühl- und Gefriergeräte halten lange. Beim Kauf eines Geräts entscheidet man damit über den Stromverbrauch der nächsten zwölf bis 15 Jahre. Daher sollte man möglichst nur ein Gerät kaufen (besser eine Kühl-Gefrier-Kombi als ein Kühlschrank mit Gefrierfach und ein zusätzliches Gefriergerät), kein zu großes Gerät (keine „amerikanischen" Ausmaße, kein Side-by-Side-Gerät), kein unnötig stromverbrauchender Schnickschnack wie etwa ein Eis-Cruncher oder ein eingebauter Fernseher. Gut sind dagegen Energiesparfunktionen wie etwa Abtau-Automatik oder Warnsignale bei schlecht oder nicht geschlossener Tür.

Die Auswahl der „richtigen" Geräte oder Geräte-Kombination ist eine kleine Philosophie und hängt von Haushaltsgröße und Gewohnheit ab. Wenn man einen großen Garten mit viel Obst und Gemüse hat, auf dem Land und fern vom nächsten Laden wohnt und am Wochenende auf die Jagd geht, braucht man wahrscheinlich eine große Gefriertruhe.

In Stadtwohnungen werden die großen Gefriertruhen meist nur für ein paar Pizzas und Eis benutzt. Dafür ist aber schon eine Kühl-Gefrier-Kombination oder ein Kühlschrank mit einem großen Gefrierfach ausreichend.

#klimAktiv

EISKALT KALKULIEREN

In vielen Haushalten steht im Keller oder auf dem Flur noch eine alte Gefriertruhe oder ein alter Gefrierschrank, von Oma geerbt oder aus der Zeit, als die Kinder im Haushalt waren. Meist ist das Gefriergerät viel zu groß: Unten lagert schwer identifizierbares, längst abgelaufenes Gefriergut, vielleicht sogar ohne Jahresangabe. Nur das Eis und die Pizza-Packungen ganz oben gehen regelmäßig weg.

In der Regel sind solche Geräte die größten Stromschleudern im Haushalt mit einem Stromverbrauch von 500 oder mehr kWh. Oft enthalten die alten Geräte noch die besonders klimaschädlichen FCKW im Kühlkreislauf, der irgendwann auch undicht wird. Raus mit dem unnützen alten Gerät!

In vielen Haushalten stehen auch in der Küche alte, aber noch funktionierende Geräte. Bei Geräten, die älter als zehn bis zwölf Jahre sind, lohnt sich aus Umweltsicht ein vorzeitiger Ersatz – weil, wenn der Stromverbrauch sehr hoch ist, das Recycling vergleichsweise gut und die Neuproduktion wenig aufwendig ist.

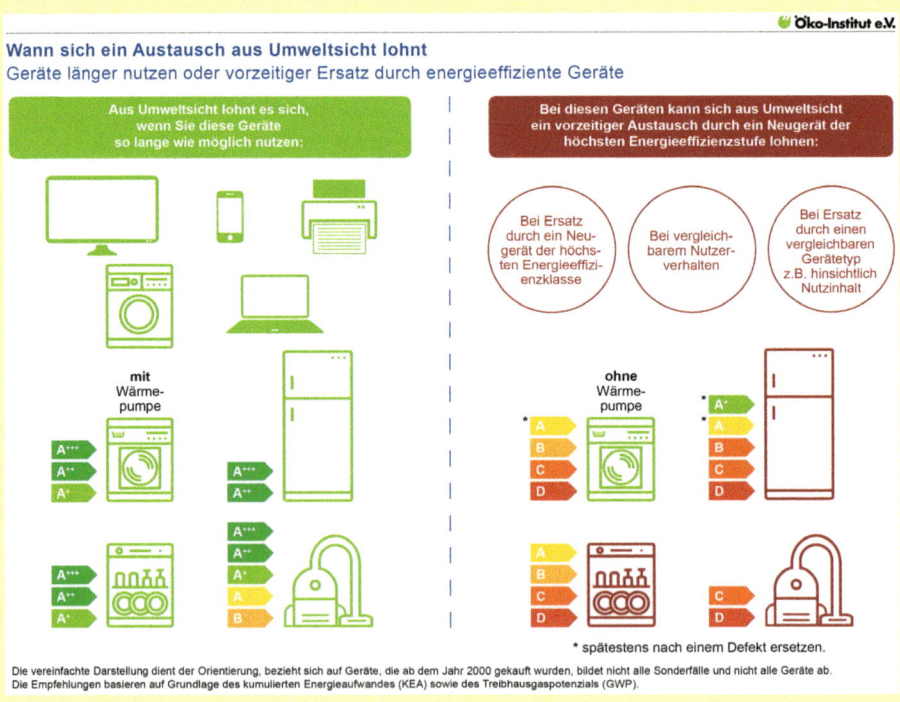

Abbildung: Wann sollte man Geräte austauschen? (Quelle: Öko-Institut e.V. 2018)

Am besten bestimmst du den Verbrauch mit dem Strommessgerät oder recherchierst die Angaben des Herstellers unter www.co2online.de. Der tatsächliche Verbrauch nach vielen Betriebsjahren liegt allerdings noch höher als in der Betriebsanleitung bzw. bei den damals fabrikneuen Geräten angegeben.

Übrigens lohnt sich auch der Austausch eines alten Wäschetrockners mit hohem Stromverbrauch (Trockner mit Effizienzklasse B, siehe S. 108).

Auch beim Normalbetrieb von Kühl- und Gefriergeräten kann man Strom sparen. Etwa 15 % allein dadurch, dass man die Kühltemperatur auf 7 °C einstellt (meist sind vom Hersteller 5 °C voreingestellt. Und natürlich sollte das Gerät nicht neben dem Herd oder der Heizung stehen und die Luft an der Rückseite gut zirkulieren können.[10]

#klimaStory

WENN DER KÜHLSCHRANK ZWEIMAL KLINGELT

Ein Billigangebot lockt mit einer Kühl-Gefrier-Kombi, Kühlvolumen 160 Liter, Gefriervolumen 60 Liter, Energielabel A+, Stromverbrauch 219 kWh, Kaufpreis: 199 Euro. Liest sich gut. Aber nur, bis die Kasse zum zweiten Mal klingelt – bei den Stromkosten. Da lesen wir nämlich, was dieser Kühlschrank am Ende seines Lebens nach 15 Jahren durchschnittlich an Strom gekostet haben wird: 986 Euro – bei den heutigen Strompreisen (30 Cent/kWh). Kalt überläuft es uns, weil wir doch wissen, dass die Strompreise noch weiter steigen werden.

Gerade wollen wir aus dem Geschäft fliehen, da fällt der Blick auf einen gleich großen Kühlschrank daneben. Den hatten wir eigentlich nicht ins Auge gefasst, er war zwar als Öko-Kühlschrank mit A+++ und einem Stromverbrauch von 128 kWh gekennzeichnet, aber mit 299 Euro eben doch 100 Euro teurer als das Sonderangebot. Und mit gesparten 100 Euro könnte man ja einmal nach Malle fliegen.

Aber gespart hat man gar nichts. Die durchschnittlichen Stromkosten des A+++-Geräts sind: 576 Euro. Der teurere Kühlschrank wäre also ein echtes Schnäppchen – wir würden beim Kauf zwar 100 Euro mehr zahlen, aber im Laufe der Jahre 410 Euro geringere Stromkosten haben.

Mit dem Ökogerät würden wir also insgesamt 310 Euro sparen! Aber leider klingelt die Kasse nur einmal – beim Kauf des Geräts und nicht bei der Stromrechnung. Denn auf der Stromrechnung stehen nur der Gesamtverbrauch aller Elektrogeräte im Haushalt und die Stromkosten eines Jahres. Gut wäre es, wenn Gesamtstromkosten und die Gesamtkosten aus Kaufpreis und Stromkosten direkt in den Läden auf den Geräten ausgewiesen würden.

---

10 Weitere Tipps und eine Auswahl der Bestgeräte unter https://www.ecotopten.de/grosse-haushaltsgeraete/kuehl-und-gefriergeraete

1.9.13 HERDE UND WASSERKOCHER

Der Herd ist die mystische Feuerstelle des Urmenschen, und da lässt man sich nicht gern reinreden. Nur bei wenigen Produkten gibt es so große Preisunterschiede, die von 300 Euro beim einfachen Gasherd bis zu mehreren Tausend Euro für den Designer-Induktionsherd reichen. Merkwürdig nur, wenn dann darauf das Gammelfleisch brutzelt, weil kein Geld mehr für gute Lebensmittel da ist.

Bei Herden gibt es eine große und leicht verwirrende Vielfalt: Herde mit und ohne Backöfen, mit getrennten Einbaubacköfen, verschiedenen „Erwärmungs"-Technologien (mit Gas oder klassisch elektrisch, mit Infrarotstrahlung, mit Halogenstrahler und mit Induktion) und mit verschiedenen Oberflächen (die klassischen Kochfelder bzw. Kochplatten und die leichter zu reinigenden Kochzonen). Bei den Herden mit Backöfen können zudem verschiedene Technologien eingesetzt werden, z. B. Gas- oder/und Elektrobacköfen, zusätzlich mit Grillfunktion, Dampfgarer o.ä.

In Deutschland haben etwa 80 % der Haushalte einen Elektroherd und 20 % einen Gasherd (obwohl mittlerweile die Hälfte der Haushalte einen Gasanschluss hat). Elektroherde mit Kochplatten verbrauchen etwa 400 kWh Strom pro Jahr. Der Stand-by-Verbrauch kann erheblich sein. Gasherde sind umweltfreundlicher als Elektroherde und verursachen etwa 30 % weniger Treibhausgase (allerdings schwindet der Unterschied mit zunehmenden Anteilen von Erneuerbaren Energien bei der Stromproduktion).

Gas ist beim Kochen energiesparender, beim Backofen sind gas- oder elektrisch beheizte Backöfen etwa gleich gut. Gasherde sind auch billiger. Spitzenköche schwören schon aus Qualitätsgründen beim Kochen auf Gas! Eine gute Kombination sind Herde mit Gasflammen zum Kochen und Elektro-Backofen. Vielfach werden Kochfelder und Backöfen als voneinander getrennte Geräte verkauft, die sich unabhängig voneinander in Küchenfronten und Arbeitsplatten integrieren lassen.

Kochfelder mit Gasbrenner oder aus Glaskeramik („Ceran-Kochfelder") sind energiesparender als gusseiserne Kochplatten. Bei den Kochplatten muss jedes Mal die gesamte Masse der gusseisernen Kochplatte miterhitzt werden. Bei den elektrischen Herden verbrauchen die Induktionskochzonen am wenigsten Strom. Sie haben weitere Vorteile (schnelles Ankochen, leichte Wärmeregulierung, geringe Gefahr des Anbrennens, große Sicherheit), aber auch Nachteile (sehr teuer, erfordern spezielles Kochgeschirr, beim Kochen entsteht elektromagnetische Strahlung).

#klimAktiv

WASSERKOCHER

Beim Kochen von Wasser auf dem Herd geht vergleichsweise viel Energie verloren, weil die Herdplatte oder die Kochzone mit aufgeheizt wird, weil im zu großen Topf auch noch zu viel Wasser eingefüllt oder das kochende Wasser nicht rechtzeitig abgeschaltet wird. 92 % der Haushalte haben deshalb einen Wasserkocher.

Ideal ist ein kabelloser Wasserkocher mit Wasserstandsanzeiger, Temperaturwahl und Abschaltautomatik. Der Wasserkocher braucht für das Erhitzen eines Liters Wasser etwa 0,1 kWh Strom, der Elektroherd hingegen mindestens zweimal so viel. Beim Erhitzen von 2,5 Liter Wasser am Tag spart man mit dem Wasserkocher im Jahr etwa 90 kWh Strom und fast 30 Euro – damit hat sich der Wasserkocher bald amortisiert. Am besten kauft man einen Wasserkocher, der das Umweltzeichen Blauer Engel trägt.[11]

Normierte Verbrauchswerte und entsprechende Energieeffizienzklassen gibt es nicht für Gasherde und nicht für Kochplatten und Kochzonen, sondern nur für Elektroherde und -backöfen. Seit dem 1. Januar 2015 gilt für Elektrobacköfen ein neues EU-Energielabel – nur die effizientesten Geräte werden mit der Energieeffizienzklasse A^{+++} gekennzeichnet.[12]

Der Energieverbrauch bei Herden und Backöfen ist außerdem stark vom individuellen Verbraucherverhalten abhängig. Das Vorheizen des Backofens kann etwa 20 % mehr Energie kosten, ebenso wie ein gewölbter Topfboden, das Wasserkochen ohne Deckel etwa 200 % mehr.

1.9.14 SPÜLMASCHINEN

Über schmutzige Sachen spricht man ja nicht so gern, aber jetzt muss es einmal gesagt werden: Noch immer glauben viele, es sei günstiger, von Hand zu spülen. Das stimmt schon längst nicht mehr: Eine moderne Maschine spült das Geschirr nicht nur bequemer, sondern in der Regel auch umweltfreundlicher und kostengünstiger.

Beim Spülen von Hand wird in der Regel deutlich mehr (heißes) Wasser verbraucht als in der Spülmaschine. Etwa 60 % der Haushalte haben eine Spülmaschine, vor allem um Zeit zu sparen und auch um weniger Ärger zu haben, weil keiner spülen will. Jetzt streitet man halt darum, wer die Spülmaschine ausräumt oder wer einzelne Teile mal wieder nicht richtig eingeräumt hat …

---

11 https://www.blauer-engel.de/de/produktwelt/elektrogeraete/wasserkocher
12 Zur Übersicht siehe: https://www.ecotopten.de/grosse-haushaltsgeraete/herde-und-backoefen

#klimAktiv

SPÜLEND ENERGIE SPAREN

Infos über gute Spülmaschinen und Vergleiche der Preise und Gesamtkosten findest du unter https://www.ecotopten.de/grosse-haushaltsgeraete/geschirrspuelmaschinen. Auch nach dem Kauf einer energieeffizienten Spülmaschine kann man weiter Strom sparen:

❖ Wenn die Maschine immer gut beladen wird, kann man gegenüber der Standardberechnung mit 280 Spülgängen vielleicht 70 oder gar 140 Spülgänge pro Jahr einsparen und den Verbrauch von Strom, Wasser und Spülmittel entsprechend um 25 oder 50 % reduzieren.

❖ Wenn das Geschirr nicht total fettig ist, kann man auch bei niedrigeren Temperaturen spülen lassen (z. B. 45 °C; Spar- oder Eco-Programm) und dann noch einmal gegenüber dem Standardprogramm etwa 15 bis 20 % Strom sparen.

So kann man den Durchschnittsverbrauch selbst einer sehr guten Spülmaschine (200 kWh) durch halb so viel Spülgänge und Sparprogramm noch um 60 % auf rund 80 kWh senken.

Man kann aber auch lange darüber streiten, ob die Spülmaschine wirklich weniger Wasser benötigt als das Spülen von Hand. Das hängt natürlich sehr von der konkreten Situation ab. Wenn man die Spülmaschine nie richtig befüllt, unnötigerweise immer den 70-Grad-Intensivgang wählt und dann die Töpfe auch noch separat von Hand spült (weil sie nicht reinpassen) und auch das schöne alte Geschirr von Oma und die Kristallgläser getrennt spült (weil sie nicht spülmaschinenfest sind), sollte man besser gleich alles von Hand spülen. Und wer andererseits gerne von Hand unter fließendem warmem Wasser vorspült, viele Teile einzeln behandelt und dann auch noch versucht, angekrustete Speisereste mit dem heißen Wasserstrahl wegzukriegen, sollte besser auf eine Spülmaschine umsteigen. Modernen Spülmaschinen mit Energielabel A+++ verbrauchen etwa 0,5 kWh Strom im Standardspülgang und 8 Liter Wasser. Bei 280 Spülgängen pro Jahr (Standardannahme beim Energielabel) verbraucht eine A+++-Spülmaschine etwa 200 bis 230 kWh und 2.000 Liter Wasser.

1.9.15 (WARM-)WASSER VERBRAUCHENDE GERÄTE

Wasser verbrauchende Geräte sind nicht nur wegen des Wasserverbrauchs, sondern auch wegen des Energieverbrauchs bzw. Stromverbrauchs für die Warmwasserzubereitung wichtig. Warmwasser trägt mit 14 % wesentlich zum Energieverbrauch im Privathaushalt bei. Strom ist in rund 20 % der Wohnungen die überwiegend verwendete Energieart der Warmwasserversorgung. Sinnvoll ist die Einsparung von (Warm-)Wasser natürlich auch bei der Warmwassererzeugung mit Gas oder Öl, im Übrigen wird auch da Strom verbraucht, z. B. durch die Zirkulationspumpe.

#klimAktiv

WARMWASSER SPAREN

Der Großteil des warmen Wassers wird für Duschen, Baden und die Körperpflege verwendet. Zum Wassersparen sollte man besser duschen als baden, und das möglichst kurz.

Mit kleinen Geräten, die man selbst einbauen kann, lässt sich enorm viel Warmwasser sparen: z. B. durch den Einbau eines Sparduschkopfs in der Dusche und von Durchlaufbegrenzern bei den Wasserhähnen.

Die elektrischen Kleinspeicher und die Zirkulationspumpe kann man mit Zeitschaltuhren steuern – die sollte man aber von Fachleuten einbauen lassen. Vor allem bei Etagenheizungen kann man die Wassertemperatur tiefer stellen als üblich (z. B. auf 50 oder 55 °C – dann sollte man aber einmal im Monat auf 60 °C erhitzen, um einem Legionellenbefall vorzubeugen (Legionellen sind Bakterien, die eine gefährliche Lungenentzündung auslösen können. Sie können sich bei Temperaturen unter 60 °C und ungünstigen Bedingungen wie etwa lange stehendem Wasser stark vermehren).

1.9.16 HEIZUNGSPUMPE/WARMWASSER-ZIRKULATIONSPUMPE

Die Heizungspumpe (auch Umwälzpumpe genannt) befördert das warme Heizungswasser vom Kessel zu den Heizkörpern und wieder zurück. Die Warmwasser-Zirkulationspumpe transportiert das Warmwasser, das zur Nutzung von Dusche & Co. gebraucht wird. In vielen Häusern sind immer noch veraltete, ungeregelte Pumpen am Werk, die jährlich ca. 500 bis 800 kWh Strom (!) verbrauchen. Moderne Hocheffizienzpumpen verbrauchen dagegen nur 50 bis 100 kWh.

Daher sollte man eine alte Heizungspumpe schnellstmöglich von einem Handwerker austauschen lassen. Bei der Gelegenheit kann man auch zeitgesteuerte Thermostatventile installieren und das Heizungssystem optimal einstellen lassen (sogenannter hydraulischer Abgleich). Man spart damit enorm viel Strom und Geld, die Investition amortisiert sich in wenigen Jahren.

#klimAktiv

PUMPENAUSTAUSCH

Der Austausch geht besonders leicht, wenn die Eltern Eigentümer des Hauses sind. Ansonsten kannst Du (oder Deine Eltern) auch den/die Vermieter*in ansprechen und darum bitten. Der wird vielleicht kurz nach Luft schnappen, aber es gibt ja Zuschüsse. In der Regel bezahlen die Mieter*innen die Stromkosten für Heizung & Co. über die Nebenkostenrechnung. Du kannst damit argumentieren, dass es für den Austausch der Heizungspumpe eine staatliche Förderung, in manchen Kommunen auch eine weitere bzw. höhere Förderung gibt, 30 % der Kosten werden erstattet.[13]

1.9.17 PHOTOVOLTAIKANLAGEN

Für den weiteren Ausbau der Erneuerbaren Energien werden noch viele Photovoltaikanlagen gebraucht. Die Besitzer*innen von Eigenheimen können dies durch Photovoltaikanlagen auf dem Dach oder auf Nebengebäuden (z. B. Garagen oder Schuppen) fördern. Auch für den Einbezug von Mieter*innen gibt es mit dem sogenannten „Mieterstrommodell" Möglichkeiten. Mieter*innen können (mit Zustimmung des/der Eigentümer*in) mittlerweile selbst eine kleine flexible PV-Kleinanlage (sogenannte Guerilla-Module mit integriertem Wechselrichter) auf Balkon oder Terrasse aufstellen oder an die Hausfassade montieren und über eine spezielle Steckdose anschließen. Dies ist mittlerweile gesetzlich erlaubt, wenn die Leistung des Guerilla-Moduls 600 Watt nicht übersteigt. Mit einem solchen Modul können pro Jahr ein paar Hundert kWh erzeugt werden. Man erhält keine Einspeisevergütung und sollte versuchen, so viel wie möglich des Haushaltsstroms zu ersetzen. Bei einem erforderlichen Umzug in eine andere Wohnung kann man das Balkonmodul einfach mitnehmen oder verkaufen.[14]

Der Bau von größeren Photovoltaikanlagen auf dem Hausdach oder den Nebengebäuden wird nach dem EEG gefördert. Über die nächsten 20 Jahre bekommt man eine feste Einspeisevergütung. Diese liegt derzeit (Oktober 2019) bei 10,18 Cent/kWh (zum Vergleich: der Bezug von Haushaltsstrom kostet um die 30 Cent pro kWh).

Ideal ist es, wenn man Strom zur gleichen Zeit verbraucht, in der die Anlage Strom produziert. Für die produzierten und selbst verbrauchten Kilowattstunden bekommt man

---

13 www.bafa.de/DE/Energie/Energieeffizienz/Heizungsoptimierung/heizungsoptimierung_node. html

14 https://machdeinenstrom.de/mini-solar-ranking/

natürlich keine Einspeisevergütung, spart aber um die 30 Cent Stromkosten. Mit einem Batteriespeicher kann man die Eigenverbrauchsquote steigern, allerdings ist das nur in bestimmten Fällen sinnvoll (siehe unten). Wenn man eine Photovoltaikanlage installiert, sollte man – wenn man das Geld hat – möglichst die ganze Dachfläche nutzen, um möglichst viel Photovoltaikstrom zu produzieren.

Mittlerweile sind die Photovoltaikmodule so billig geworden, dass sich auch Anlagen mit geringerem Wirkungsgrad lohnen – also auch mit Ost- oder Westausrichtung oder flach aufgebrachte Module. Die Rendite der Photovoltaikanlagen liegt je nach Umgebung und Art bei 3 bis 5 %.

1.9.18 BATTERIESPEICHER

Mittlerweile gibt es einen Boom an privaten Batteriespeichern, mit denen man den selbst produzierten Strom zwischenspeichern und zu anderen Tageszeiten verwenden kann. Für den Boom gibt es drei Gründe: Ab dem Jahr 2020 laufen die ersten 20-Jahres-Förderungen aus, die Anlagen produzieren aber meist noch einige weitere Jahre Strom. Mit Auslaufen der Förderung bekommt man keine garantierte Einspeisevergütung mehr, sondern nur noch eine Vergütung in Höhe des jeweiligen Börsenpreises (einige wenige Cent pro kWh).

Mit einem Batteriespeicher kann man wenigstens den Verbrauch und Bezug von teurem Haushaltsstrom (mit 0,30 Euro pro Kilowattstunde) verringern. Ein zweiter Grund ist für viele private Haushalte, dass sie eine möglichst hohe Unabhängigkeit von der öffentlichen Stromversorgung bis hin zur Autonomie erreichen wollen (wobei die Autonomie nur bei einem sehr großen und teuren Batteriesystem oder einem sehr kleinen Stromverbrauch erreicht wird). Der dritte Grund ist, dass Batteriespeicher auch finanziell gefördert werden.

Eine Installation der teuren Batteriespeicher ist aber oft nicht rentabel. Erst wenn der Haushalt zusätzlich in den Austausch ineffizienter Geräte investiert und so seinen Stromverbrauch deutlich senkt, ergeben sich deutliche finanzielle Vorteile. Logisch – je kleiner der eigene Stromverbrauch ist, umso weniger braucht man einen Batteriespeicher, um einen höheren Eigenversorgungsgrad zu erreichen. Das gilt erst recht, weil Batteriespeicher (noch) recht teuer sind und man andererseits beim Stromsparen sogar noch Kosten spart! Stromsparen macht wegen seiner hohen ökonomischen Vorteile immer Sinn, egal ob eine Photovoltaikanlage bereits installiert ist, neu installiert wird oder durch einen Batteriespeicher ergänzt werden soll. Kurioserweise wird das vielen Bürger*innen erst dann deutlich, wenn sie wegen des Batteriespeichers eine Investitionsrechnung machen.

#klimAktiv

DOPPELTER KLIMASCHUTZ

Obwohl man mit Stromsparen nicht nur die CO_2-Emissionen deutlich verringern, sondern auch viel Geld sparen kann, sind die meisten Konsument*innen daran nicht interessiert und schwer zu motivieren. Ein guter Trick ist es, Stromsparen mit Photovoltaik zu verbinden. Und das geht so:

Du überzeugst deine Eltern oder dein näheres Umfeld, in einer Aktion einmalig 100 Euro auszugeben und dann nach Installation stromsparender Geräte Strom zu sparen. Ein durchschnittlicher Haushalt kann damit etwa 500 kWh pro Jahr und damit etwa 150 Euro an Stromkosten einsparen. Über die nächsten vier Jahre werden damit 600 Euro Stromkosten gespart.

Nach der jährlichen Abrechnung der Stromkosten werden die gesparten Stromkosten (etwa 4 x 150 Euro) beiseitegelegt und abschließend abzüglich der investierten 100 Euro für den Kauf eines Guerilla-Photovoltaikmoduls verwendet. Wenn der Stromverbrauch wie geplant reduziert wurde, stehen rund 500 Euro zur Verfügung – das reicht! Im Idealfall bleiben die Stromkosten natürlich auch in den nächsten Jahren weiter niedrig. Natürlich kann man die 500 Euro auch leihen und sofort ein Guerilla-Modul kaufen und sukzessive abbezahlen. Mit den damit produzierten Kilowattstunden kann man die Stromkosten weiter senken, die Erlöse reichen auf jeden Fall aus, um die Zinsen für das Darlehen zu begleichen. Man kann das Geld auch als Teilfinanzierung für eine große Photovoltaikanlage auf dem Dach nehmen.

Die ganze Aktion geht natürlich auch im Wettbewerb mit Freund*innen und Verwandten. Wer spart am meisten? Wer kann sich das größte PV-Modul kaufen?

Das Öko-Institut stellt als Entscheidungshilfe einen „Stromspar-Speicher-Rechner" zur Verfügung.[15] Das neue digitale Beratungstool kombiniert erstmals die Investitionen für den Kauf eines Batteriespeichers mit den geringen Investitionen für Stromsparmaßnahmen im Haushalt. Eine Beispielrechnung: Wenn ein Zweipersonenhaushalt mit einem jährlichen Stromverbrauch von 4.000 kWh eine neue 6-Kilowatt-Peak-Photovoltaikanlage in Kombination mit einem Batteriespeicher mit einer Kapazität von 4 kWh installiert, ergibt sich über einen Zeitraum von 20 Jahren ein wirtschaftliches Plus von rund 4.000 Euro. Investiert der Haushalt parallel in effizientere Geräte und reduziert seinen Stromverbrauch um 1.000 kWh, so verdoppelt sich der wirtschaftliche Vorteil. Wird der Stromverbrauch sogar um die Hälfte reduziert, erhöht sich der Vorteil auf über 10.000 Euro. Stromsparen first!

---

15 https://www.ecotopten.de/strom/tipps-fuer-solar-batteriespeicher

1.9.19 MOBILE RAUMKLIMAANLAGEN

Durch Klimaerhitzung wird es immer wärmer. Viele kaufen sich deshalb mobile Klimageräte mit hohem Stromverbrauch, die das Klima weiter anheizen. Bevor man die kauft, sollte man aber zuerst versuchen, die Räume mit klassischen Maßnahmen vor einer Erwärmung zu schützen:

- ❖ durch Anbringen von Außenjalousien,
- ❖ durch Abschalten von Wärmequellen in den Räumen (Fernseher, Computer etc.),
- ❖ durch konsequentes Schließen von Fenstern und Türen während der heißen Tageszeit und Kühlung der Räume in der Nacht – durch geöffnete Fenster, wenn möglich mit Querlüftung.

So kann man in den meisten Fällen den Betrieb von mobilen Raumklimaanlagen vermeiden (diese sind meist auch noch ziemlich laut). Fest installierte Split-Geräte sind besser. Wenn man dennoch mobile Raumklimaanlagen kaufen will, sollte man nur welche mit dem Energielabel A^{+++} kaufen, wenn möglich mit dem Umweltzeichen Blauer Engel: Link: https://www.blauer-engel.de/de/produktwelt/elektrogeraete/klimageraete

1.10 POLITIKINSTRUMENTE

| Politikinstrumente und Institutionen |

Zentrale Gesetze zum Stromsektor regeln den Atomausstieg (S. 65), den Kohleausstieg (dieser wurde im Januar 2020 beschlossen), die Förderung der Erneuerbaren Energien (das Erneuerbare-Energien-Gesetz, S. 84ff.) und die CO_2-Reduktion von Kraftwerken (der europäische Emissionshandel, nachfolgend). Konsument*innen sind direkter durch die Ökoeffizienzrichtlinie (siehe unten) und die Energieeffizienzkennzeichnung (S. 121f.) tangiert. Sinnvoll wäre ein weiteres Gesetz, nach dem die Betriebskosten und Gesamtkosten von Energieverbrauchgeräten beim Kauf im Laden und im Internet ausgewiesen werden müssen.

1.10.1 EU-EMISSIONSHANDEL

Der Emissionshandel (European Union Emissions Trading System, EU ETS) wurde 2005 als ein zentrales Instrument der EU-Klimapolitik eingeführt – allerdings war er wegen „Konstruktionsfehlern" bisher nur beschränkt wirksam. Das wird sich aber ändern. Die grundsätzliche Idee war und ist, eine begrenzte Anzahl an CO_2-Emissionsrechten auszugeben und die zulässige Menge jährlich zu senken (bis 2020 um 1,74 %, ab 2021 um 2,2 %). Die Betreiber von Anlagen (große Kraftwerke zur Stromproduktion, aber auch große Industrieanlagen wie z.B. Chemieanlagen oder Zementwerke) müssen ihre CO_2-Emissionen entsprechend senken.

Private Haushalte, Dienstleistungen, die Landwirtschaft und der Transportsektor sind mit Ausnahme des Luftverkehrs (und hier nur Flüge innerhalb von Europa) nicht in den europäischen Emissionshandel einbezogen. Hier soll nach dem Kabinettsbeschluss der Bundesregierung vom 9. Oktober 2019 aber ein nationales Emissionssystem für die Bereiche Mobilität und Wärme eingeführt werden (S. 43f.).

Wenn die Anlagenbetreiber im EU-Emissionshandel ihre CO_2-Emissionen technisch und ökonomisch günstiger machen können und mehr CO_2 reduzieren als vorgeschrieben, können sie die Differenz in Form von CO_2-Emissionszertifikaten an andere Anlagenbetreiber verkaufen – bei denen eine CO_2-Reduktion teurer wäre oder die ihre Anlage vielleicht bald stilllegen und vorher nicht mehr sanieren wollen. Auf diese Weise soll die Reduktion der CO_2-Emissionen mit möglichst geringen volkswirtschaftlichen Kosten erfolgen. Zulässig ist auch der Kauf von Zertifikaten für Emissionsminderungsmaßnahmen außerhalb des EU-Raumes (Clean Development Mechanism sowie sogenannte Joint-Implementation-Projekte). Der EU-Emissionshandel umfasst derzeit etwa 11.000 Anlagen in 31 europäischen Ländern und etwa 45% der in der EU entstehenden CO_2-Emissionen. Die zulässige Menge an CO_2-Zertifikaten („Cap") wird gestuft in sogenannten Handelsperioden festgelegt (derzeit 2013 bis 2020).

Der Emissionshandel war bisher wenig wirksam, weil beim Start des Emissionshandels die Zertifikate für die Anlagenbetreiber kostenlos abgegeben wurden und manche Anlagen sowieso bald danach stillgelegt wurden. Abhängig von Angebot und Nachfrage bildet sich am Markt ein Zertifikatspreis. Dementsprechend gab es lange Zeit einen Überschuss an Zertifikaten und einen Zertifikatspreis von teilweise unter 5 Euro pro Tonne CO_2.

Damit war es für die Betreiber ökonomisch viel günstiger, Zertifikate zu kaufen, als ihre Anlagen zu sanieren oder in CO_2-sparende Technologien zu investieren. Mittlerweile ist der Zertifikatspreis allerdings deutlich gestiegen, im Oktober 2019 lag er um die 25 Euro. Damit der Emissionshandel richtig wirkt, müsste der Zertifikatspreis noch deutlich höher liegen.

Bei der kommenden Handelsperiode (2021 bis 2030) wurde die jährliche Reduktion auf 2,2% festlegt. Im Gesetz ist festgelegt, dass dies 2024 geändert werden kann. Zudem gibt es die Möglichkeit der sogenannten „Marktstabilitätsreserve", mit der eine große Menge überschüssiger Zertifikate (900 Millionen) vorübergehend oder dauerhaft vom Markt genommen wird. Wenn der Emissionshandel so wie geplant funktioniert hätte, wäre ein spezielles Gesetz zum Kohleausstieg vermutlich überflüssig geworden.

❖ Damit der EU-Emissionshandel stärker wirkt, müsste er in drei Punkten geändert werden: Die bestehende Emissionsobergrenze müsste auf das reale Emissionsniveau gesenkt werden und schneller als bisher abgesenkt werden, indem der jährliche Reduktionsfaktor erhöht wird.

❖ Die Markstabilitätsreserve (siehe oben) müsste ausgeweitet werden, damit sie auch in Zukunft ausreichende Zertifikatsmengen aufnehmen kann. Zudem sollten bei der Stilllegung von Kraftwerken die entsprechenden Zertifikate gelöscht werden.

❖ Außerdem sollte ein CO_2-Mindestpreis eingeführt werden – entweder durch einen Mindestpreis bei Auktionen (dafür müsste die EU-Gesetzgebung angepasst werden) oder durch eine zusätzliche CO_2-Abgabe (wie das Großbritannien gemacht hat).

Im Kabinettsbeschluss vom 9. Oktober 2019 hat die Bundesregierung angekündigt, dass sie sich in enger Zusammenarbeit mit der EU-Kommission dafür einsetzen will, erstens beim europäischen Emissionshandel einen „moderaten europäischen Mindestpreis" einzuführen und zweitens einen europaweiten übergreifenden Zertifikatehandel „für alle Sektoren" einzuführen.

1.10.2 ÖKODESIGN-RICHTLINIE

Die Ökodesign-Richtlinie (2009/125/EG) ist eine europarechtliche Richtlinie, mit der die Umweltwirkungen von energieverbrauchsrelevanten Produkten geregelt werden, wobei der gesamte Lebensweg der Produkte (Produktion, Nutzung und Recycling/Entsorgung) berücksichtigt wird. In der ersten Fassung aus dem Jahr 2005 wurden nur Energieverbrauch und Produkte geregelt, seit 2009 auch Produkte wie Fenster oder Dämmstoffe, die Einfluss auf den Energieverbrauch und die CO_2-Emissionen haben. Es werden mehrere Dutzend Produktgruppen aus verschiedenen Bereichen geregelt, aber keine Mobilitätsprodukte (z.B. keine Autos). Für die einzelnen Produktgruppen werden sogenannte Durchführungsmaßnahmen bzw. Verordnungen erlassen mit Anforderungen an den Energieverbrauch, Wasserverbrauch, die Lärmwerte und an Funktionen. Geregelt werden beispielsweise IT-Produkte (PCs, Monitore etc.), Haushaltsgeräte (Kühlschränke, Waschmaschinen, Wäschetrockner etc.), Fernsehgeräte, Leuchten, gewerbliche Geräte (z.B. Elektromotoren oder gewerbliche Geschirrspülmaschinen, Waschmaschinen und Trockner), Geräte für die Heizung, Fenster, Dämmstoffe sowie Querschnittsfunktionen wie etwa Stand-by oder Netzwerk-Stand-by. Beim Energie- und Stromverbrauch werden zulässige

Höchstwerte festgelegt. Die Ökodesign-Richtlinie ist die Basis für die Festlegung der Energieeffizienzkennzeichnung und das Energielabel. Ende 2016 wurde von der europäischen Kommission der Arbeitsplan bis 2019 veröffentlicht. Bis 2016 gab es bereits Verordnungen zu 28 Produktgruppen, bis 2019 sollen weitere zwölf Produktgruppen folgen.

Am 1. Oktober 2019 haben sich die EU-Kommission und die EU-Mitgliedsstaaten auf neue bzw. aktualisierte Ökodesign-Anforderungen für Haushaltsgeräte (z. B. Kühlgeräte, Waschmaschinen, Geschirrspüler, elektronische Displays, Netzteile und Elektromotoren) geeinigt.

Die neuen Standards umfassen neben Anforderungen an den Energieverbrauch erstmals auch Vorgaben zur längeren Lebensdauer, zum Ressourcenschutz, zur Reparierbarkeit mit herkömmlichen Werkzeugen, zur Verfügbarkeit von Ersatzteilen, zu längerer Nutzbarkeit und besseren Möglichkeiten zum Recyceln. Das neue Energielabel soll hier ab 2021 gelten.

Beispielsweise sollen LED-Leuchtmittel in Zukunft nicht mehr fest verbaut werden, damit bei einer kaputten LED nicht gleich die ganze Leuchte entsorgt werden muss.

Die Wirkung der Ökodesign-Richtlinie könnte durch zusätzliche Maßnahmen erheblich gesteigert werden:

- ❖ Einführung einer CO_2-Besteuerung als Ergänzung (aber nicht als Ersatz der Ökodesign-Richtlinie)
- ❖ Die Durchsetzung hocheffizienter Produkte am Markt könnte durch gezielte Förderprogramme unterstützt werden, wie derzeit bei Heizungspumpen (oder im Verkehrsbereich bei den Elektroautos); die Kosten pro vermiedener Tonne CO_2 wären dabei viel niedriger als bei Elektroautos.
- ❖ Bei Geräten mit hohem Energieverbrauch und starken Unterschieden am Markt sollte die verbindliche Ausweisung der Betriebskosten vorgeschrieben werden (z. B. für Wäschetrockner).
- ❖ Anforderungen an den Höchstverbrauch von Energie und Strom sollten bei einzelnen Produkten verschärft werden.

1.10.3 VERPFLICHTENDE ANGABE DER STROMKOSTEN IM BETRIEB

Die traditionelle Information beim Kauf von Produkten sind Informationen zu Funktionen und Qualität des Produkts und natürlich der Kaufpreis. Bei Elektrogeräten ist die Angabe des Kaufpreises überhaupt nicht ausreichend, denn die Stromkosten im Betrieb der Geräte können deutlich über dem Kaufpreis liegen, z. B. bei Kühl- und Gefriergeräten oder bei Wäschetrocknern (S. 87f.).

Die Stromkosten sind zudem zwischen Produktionen mit gleichen Funktionen, aber unterschiedlicher Energieeffizienz deutlich unterschiedlich. Meist sind Produkte mit hoher Energieeffizienz teurer als solche mit niedriger Energieeffizienz, haben aber über die Lebensdauer deutlich geringere Stromkosten und niedrigere Gesamtkosten (siehe das Beispiel der Kühl-Gefrier-Kombinationen auf S. 111).

Aus diesem Grund sollten bei Elektrogeräten mit hohem Stromverbrauch die Stromkosten über die durchschnittliche Lebensdauer der Geräte, mindestens aber 10 Jahre, „verpflichtend" ausgewiesen werden – sowohl in den Handelsgeschäften als auch beim Onlineshopping.

Es kann angenommen werden, dass Konsument*innen bei Kenntnisnahme der hohen Stromkosten (im Beispiel auf S. 111 beim billigeren Gerät 986 Euro, beim energieeffizienten Gerät 576 Euro) eher das energieeffizienten Gerät kaufen oder vielleicht sogar ein kleineres Gerät mit noch geringeren Stromkosten kaufen.

2 GEISTERFAHRER IM UMWELTSCHUTZ

2.1 DIE AUTOKALYPSE

Die großen Probleme des Verkehrs sind nicht nur die sehr hohen CO_2-Emissionen, sondern auch die sehr hohe Zahl von Unfällen, Verletzten und Todesopfer. Tatsächlich ist die Zahl der Todesopfer (jährlich über 3.000 Unfalltote) so hoch, dass die Gesellschaft dies in keinem anderen Bereich akzeptieren würde. Hinzu kommen in den Städten die schlechte Luft, giftige Schadstoffe und Lärm. Diese hohen, so genannten externen Kosten des Straßenverkehrs, werden auf jährlich über 80 Milliarden Euro geschätzt[1] und müssen bisher von der Allgemeinheit getragen werden.

Im Gegensatz zu der Entwicklung in anderen Sektoren sind die CO_2-Emissionen des Verkehrs Deutschlands seit 1990 gestiegen (um 3,8 %). Im Jahr 2017 lagen die CO_2-Emissionen bei 169 Millionen t. Nach dem Kabinettsbeschluss vom 9. Oktober 2019 muss der Verkehrssektor seine Emissionen auf 95 Millionen t CO_2 im Jahr 2030 mindern. Hinzu kommt der Deutschland zuzurechnende internationale Anteil an Fernflügen und Seeverkehr mit hoher Treibhausgaswirkung – dieser wird in Deutschland nicht erfasst.

Ohne eine Verkehrswende geht die Klimaerhitzung also mit Vollgas weiter.

Neben den klimatischen Folgeschäden ist der Verkehrssektor aber auch in anderen Bereichen eine Belastung für Gesundheit und Umwelt: Der Anteil des Verkehrs an den Stickoxiden lag 2016 bei rund 40 %, besonders Ballungsräume sind zu stark mit Stickstoffdioxid und mit Feinstaub belastet.

Die Verkehrsfläche nimmt mittlerweile rund 5 % der Bodenfläche Deutschlands ein. In den Städten ist der öffentliche Raum zugeparkt. 2017 gab es 2,65 Millionen Verkehrsunfälle, 390.000 Unfälle mit Verletzten, 67.000 Schwerletzte und 3.180 Unfalltote[2]. Im selben Jahr lebten in Deutschland bundesweit 30.900 Personen, die aufgrund eines Verkehrsunfalls als schwerbehindert anerkannt waren![3]

Die Bundesanstalt für Straßenwesen bezifferte die volkswirtschaftlichen Schäden im Jahr 2017 auf 34,23 Milliarden Euro (13,19 Milliarden für Personenschäden und 21,04 Milliarden Euro für Sachschäden). Die Bundesregierung hat sich übrigens international verpflichtet, zum Ziel 3.6 der Agenda 2030 beizutragen (globale Halbierung der Zahl der Unfalltoten und Verletzten bis 2020). Der Verkehrslärm ist rund um die Hauptstraßen, Großflughäfen und in Ballungsräumen besonders hoch. Im Jahr 2017 mussten 3,4 Millionen Bürger*in-

---

1 Bundeszentrale für politische Bildung: http://www.bpb.de/themen/T9DLQN,0,Externe_Kosten_des_Verkehrs_in_Deutschland.html

2 https://www.runtervomgas.de/unfallursachen/artikel/die-haeufigsten-unfallursachen.html

3 https://www.bast.de/BASt_2017/DE/.../Unfaelle/volkswirtschaftliche_kosten.html

nen ganztägig eine sehr hohe Lärmbelastung von mehr als 65 dB(A) ertragen (zum Vergleich: Flüstern verursacht ca. 30 Dezibel, leise Radiomusik 50, ein Haartrockner 70 und eine Kreissäge 100 Dezibel).

15 % aller Bundesbürger*innen fühlen sich durch Straßenverkehrslärm stark oder äußerst stark belästigt. Mögliche Langzeitfolgen chronischer Lärmbelastung sind Gehörschäden, aber auch Bluthochdruck und Herz-Kreislauf Erkrankungen. Sogar während des Schlafes ist der Lärm ein Stressfaktor. Der Körper schüttet vermehrt Stresshormone aus mit Konsequenzen für den Stoffwechsel. Durch den Straßenverkehr sterben auch Millionen von Tieren, das sind jährlich mehr als 220.000 der großen Wildtiere wie Rehe, Hirsche oder Wildschweine, und unzählige kleinere Tiere wie etwa Katzen, Igel oder Kröten.

Der Verkehr bei uns wird von Autos dominiert. Bedenklich ist allerdings auch der von Jahr zu Jahr deutlich ansteigende Anteil des Flugverkehrs (siehe S. 171ff.). Der Autobestand lag Ende 2018 bei 47 Millionen Pkw und damit noch höher als die Zahl der Haushalte (41,3 Millionen). Im Durchschnitt wurden Autos rund 14.000 km pro Jahr gefahren, der durchschnittliche Verbrauch lag 2017 bei 7,4 l/100 km. Der immer noch peinlich hohe Verbrauch zeigt, dass die Automobilindustrie und Autofahrer*innen kein Interesse an Niedrigverbrauchsautos haben: Die Automobilindustrie drückt immer größere, höher motorisierte und teurere Autos in den Markt, und die Autofahrer*innen folgen willig.

VERKEHR IN ZAHLEN

Die jährlich zurückgelegte Gesamtstrecke mit dem Auto oder LKW (die sogenannte „Fahrleistung") steigt im Straßenverkehr von Jahr zu Jahr, im Zeitraum 1991 bis 2016 um 34 %. Beim Personenverkehr nahm die Fahrleistung dabei um 31 % zu, beim Güterverkehr sogar um 71 %! Den größten Anteil an der Fahrleistung haben die Pkw mit 86 % (2017); die durchschnittliche Fahrleistung pro Auto lag bei 13.922 km[5].

Wenn man verschiedene Verkehrsmittel miteinander vergleichen will, muss man natürlich die Zahl der jeweils beförderten Personen einbeziehen. Wird die Fahrleistung mit der Zahl der beförderten Personen multipliziert, ergibt das den „Verkehrsaufwand" – der in Personenkilometern (Pkm) angegeben wird. Im sogenannten „Modal Split" werden die Anteile der einzelnen Verkehrsmittel am gesamten Verkehrsaufwand angegeben (siehe Tabelle). Im Jahr 2015 legten die Bundesbürger insgesamt 1,251 Billionen Personenkilometer im motorisierten Verkehr zurück. Im Durchschnitt werden rund 15.200 km pro Person, 11.508 km im PKW (zum Teil als Mitfahrer*in), 1.116 km in der Eisenbahn, 747 km im Flugzeug, 995 km im öffentlichen Straßenverkehr, 436 Kilometer auf dem Fahrrad und 426 km zu Fuß. Der motorisierte Individualverkehr hatte daran einen Anteil von 75,6 %; die Eisenbahn nur 7,3 %.

---

4   www.kba.de/DE/Statistik/Kraftverkehr/VerkehrKilometer/verkehr_in_kilometern_node.html

#klimaChecker

MOBILITÄT

Die meisten Deutschen haben das Gefühl, dass sie sich umweltmäßig gar nicht so schlecht verhalten. Leider ist das oft nur Selbstbetrug oder sogar gezieltes Ablenken vom eigenen Verhalten. Mit der nachfolgenden Klimachecker-Grafik kann man sich schnell einordnen. In der zweiten Spalte sind typische Konstellationen aufgeführt. Wenn man es genau wissen will, kann man die durch die eigene Mobilität verursachten Treibhausgase genau berechnen (siehe Werte unterhalb der Grafik).

Die Werte für das Auto beziehen sich auf eine Person. Wenn regelmäßig zwei Personen im Auto fahren, sind die Werte pro Person halb so groß. Das gilt auch sinngemäß für Mitfahrgelegenheiten.

Die Werte für Flugzeug, Bahn, ÖPNV gelten für jeweils eine Person bei durchschnittlicher Auslastung der jeweiligen Verkehrsmittel. Geschäftsreisen werden nicht mitgerechnet (die werden dem Unternehmen zugerechnet; trotzdem sollte man versuchen, auch Geschäftsreisen zu reduzieren und z. B. durch Video-Konferenzen zu ersetzen).

Klimachecker Mobilität

A	500 kg CO_2/Jahr	2.250 km Auto (1 Person) oder 4.500 km ÖPNV und 6.000 km Bahn (Fernverkehr)
B	1.000 kg CO_2/Jahr	4.500 km Auto (1 Person) oder 2.250 km Carsharing (1 Person); 4.500 km ÖPNV; 5.500 km Bahn (Fernverkehr)
C	1.500 kg CO_2/Jahr	4.250 km Auto (1 Person) und 2 Flüge Frankfurt-Berlin (Hin- und Rückflug)
D	2.000 kg CO_2/Jahr	9.000 km Auto (1 Person)
E	3.000 kg CO_2/Jahr	13.500 km Auto (1 Person)
F	4.000 kg CO_2/Jahr	13.000 km Auto (1 Person) und 4 Flüge Frankfurt-Berlin (Hin- und Rückflug)
G	14.840 kg CO_2/Jahr	1 Langstreckenflug nach Australien (Hin- und Rückflug)

Tabelle: Angaben mit Durchschnittswerten; mit den genauen Werten im Glossar können andere bzw. eigene Optionen berechnet werden.

Niedrigverbrauchsautos wie der bereits 1999 produzierte VW Lupo 3l TDI (Kleinwagen) oder der Audi A2 1,2 TDI (Kompaktwagen) mit einem Verbrauch von jeweils nur 3l/100 km blieben Exoten.

Die Durchschnittsleistung hat sich von 32 PS (1960) bei den Neuzulassungen auf heute 152 PS fast verfünffacht, bei den SUVs liegt sie sogar bei 170 PS. Die 2018 in Deutschland neu zugelassenen PKW hatten eine durchschnittliche Höchstgeschwindigkeitsleistung von 201 km/h.

Etwa zwei Drittel aller Autofahrten sind kürzer als 10 km und 23 % aller Autofahrten sogar kürzer als 2 km! Daher ist Autofahren in vielen Fällen deutlich leichter zu ersetzen als gemeinhin angenommen wird.

Güterverkehr

In diesem Buch liegt der Fokus auf der Mobilität beim Personenverkehr. Dennoch darf der Güterverkehr aus drei Gründen nicht vernachlässigt werden:

❖ Der Güterverkehr ist für rund ein Drittel der CO_2-Emissionen des Verkehrssektors verantwortlich.

❖ Der Güterverkehr wächst stark – von 350 Milliarden Tonnenkilometern im Jahr 1990 auf bei 653 MilliardenTonnenkilometern im Jahr 2014. Im gleichen Zeitraum sind entsprechend die CO_2-Emissionen deutlich gestiegen – von 37 Millionen t auf 59 Mio. t. Nach einer Prognose des Bundesverkehrsministeriums wird der Güterverkehr bis 2030 weiter steigen – gegenüber 2010 um 38 %.

❖ Während der Gütertransport auf der Schiene in den letzten Jahrzehnten gleich geblieben ist, ist der Gütertransport mit Lkw auf der Straße etwa um den Faktor 2,5 gestiegen und ist etwa dreimal so hoch wie der Transport auf der Schiene. Das ist für den Klimaschutz besonders schlecht, weil die CO_2-Emissionen beim Straßentransport mit rund 100 g pro Tonnenkilometer viermal so hoch sind wie der Transport auf der Schiene.

2.2 DIE VERKEHRSWENDE

Mobil sein ist Grundbedürfnis und Notwendigkeit. Sie muss aber nicht immer mit Verkehr realisiert werden, schon gar nicht mit Autoverkehr. Man will etwas essen und geht dazu einkaufen, in die Mensa oder Kantine. Man will zur Schule, zur Uni oder zur Arbeit, in ein Konzert, Kino, oder Freunde treffen. Das klassische Mittel dazu ist der Straßen-, Schienen- und Luft-Verkehr. Die Digitalisierung verändert dieses Verständnis von Mobilität allerdings rapide.

Man kann heute mit weniger Verkehr genauso mobil sein. Mit Freunden und Verwandten kann man auch über Skype, WhatsApp oder Instagram kommunizieren. Der Weg zur Arbeit oder zu geschäftlichen Terminen kann oft durch Homeoffice oder Videokonferenzen ersetzt werden. Statt Kino kann man auch „netflixen". Statt traditionell einzukaufen kann man online shoppen (da entsteht allerdings auch Verkehr!). Trotzdem: Ohne Mobilität ist man im Leben aufgeschmissen. Ohne Auto ist man dagegen meist nur dann aufgeschmissen, wenn man auf dem Land wohnt. In der Stadt ist das Auto zunehmend nervig und leicht zu ersetzen.

Wie in jedem Sektor gibt es auch beim Verkehr ein „vorherrschendes System", das sich über viele Jahrzehnte entwickelt hat, und nur schwer zu ändern ist, außer durch eine gezielte Transformation und Systemänderungen auf mehreren Ebenen (siehe Abbildung Transformationsmatrix).

Werte und Leitbilder	Alte Leitbilder „Autogerechte Stadt", „Freie Fahrt für freie Bürger" dominieren die Debatte Initiativen: Neue Leitbilder entwickeln. „Stadt der kurzen Wege", „Free2move". Gruppeninitiativen wie: Schulreisen ohne zu fliegen
Verhalten und Lebensstile	Verkehrssystem und Städte aufs Auto ausgerichtet. Flugverkehr nimmt stark zu Initiativen: Möglichst wenig fliegen. Autoorientierte Lebensstile ändern. Möglichst viel radeln, Sharing statt eigenes Auto Wenn Auto, dann kleines Elektroauto
Soziale und zeitliche Strukturen	Das gesellschaftliche Leben, das Wohnen, die Wahl des Arbeitsorts sind autoorientiert Initiativen: Zeitvorteile für Fahrrad und ÖPNV schaffen. Tempo 30 in der Stadt. Deutschlandtakt für die Bahn
Forschung Bildung Wissenschaft	Auf klassische Verkehrs- und Autothemen ausgerichtet Initiativen: Curricula in Lehre und Schule ändern SUV-Bevorzugung beim Pkw-Label streichen
Märkte und Finanzsysteme	Hohe externe Kosten des Autoverkehrs Politik: hohe CO_2-Steuer. Kaufzuschüsse für E-Bikes, große Elektroroller und 365-Euro-ÖPNV-Jahresticket
Technologien Produkte Dienstleistungen	Einseitige Förderung von Individualmobilität und Elektroautos Initiativen: Multimodale Mobilität, (Ride-)Sharing unterstützen. Leichte Elektromobile weiterentwickeln. Deutschlandweites Generalabo für Bahn&Co. 365-Euro-ÖPNV-Ticket
Materielle Infrastrukturen	Straßennetz, Städte und Tankstellennetz sind auf Autos und Verbrennungsmotoren ausgerichtet Politik: Ausbau der Bahn (Verdopplung bis 2030), des ÖPNV, der Radverkehrsinfrastruktur. Parkraumbewirtschaftung. Elektroladestationen
Politikinstrumente und Institutionen	Gesetze und Subventionen bevorzugen Pkw-Verkehr und Flugverkehr Hohe CO_2-Steuer. Subventionen im Flugverkehr streichen. Dienstwagenprivileg ändern. Tempolimits 120/80/30. Volksbegehren Radverkehr. Autofixierung des Straßenverkehrsrechts ändern

Eine Maßnahme allein reicht nicht aus. Erst wenn es mehrere Änderungen auf mehreren Ebene gibt, kommen Klimaschutz und Umweltschutz voran. Das heißt aber umgekehrt nicht, dass man als Einzelne*r oder Initiative alles gleichzeitig machen muss. Jede einzelne Maßnahme muss für sich alleine so gut wie möglich sein, und andere Initiativen (zum Beispiel von „Fridays for Future") kämpfen für andere Maßnahmen. Ein Baustein fügt sich zum anderen.

Verschiedene Teile des (Verkehrs-)Systems greifen ineinander, verstärken sich und stabilisieren es (siehe Abbildung). Äußere, oft auch globale Entwicklungen wie etwa die Klimaerhitzung, steigende Energiepreise oder die Entwicklung der Elektromobilität in China können das System allerdings ins Wanken bringen. Das kann auch oder sogar zusätzlich durch wachsende innere Probleme (z.B. Luftbelastung, Dieselskandal) und gesellschaftliche und technologische Entwicklungen (wie z.B. Carsharing, Boom der Elektrofahrräder, autonomes Auto) passieren.

Meistens können die Systeme diese „Störfaktoren" abfedern oder integrieren, denn schon eine Änderung einzelner Systemteile ist schwierig. Beispielsweise muss für die Umstellung auf Elektromobilität das traditionelle Tankstellennetz erst durch ein Netz von Elektroladestationen ergänzt und ersetzt werden. Erschwerend kommt dazu: Gegen ernsthafte Änderungen im System wehren sich natürlich die Träger*innen und Nutznießer*innen des Systems – die Automobilhersteller und Zulieferer, die Arbeitnehmer*innen in der Automobilindustrie, die Gewerkschaften, die Ölkonzerne, die Tankstellenbesitzer, konservative Automobilverbände wie der ADAC, Teile der Politik – und vor allem 56 Millionen Autofahrer*innen bzw. Inhaber*innen eines Führerscheins! Vor allem diese muss man für eine Verkehrswende und andere Mobilitätsstile gewinnen – denn 90 % aller Wähler*innen haben auch einen Führerschein.

Zu einer grundsätzlichen Änderung des Verkehrssystems kommt es durch eine gezielte Transformation bzw. eine Mobilitätswende. Nachfolgend wird beschrieben, wie die derzeitige Lage auf den einzelnen Ebenen des Verkehrssystems ist und welche Initiativen und Aktivitäten erfolgen müssen, um eine Verkehrswende herbeizuführen.

Für die Verkehrswende gibt es mehrere wichtige Ziele:

- ❖ Reduktion des gesamten Verkehraufkommens,
- ❖ drastische Einschränkung der Emission von Treibhausgasen und Schadstoffen,
- ❖ Minimierung des Verkehrslärms,
- ❖ Begrenzung des Flächenfraßes durch Straßenbau,
- ❖ Verhinderung von Unfalltoten (Vision Zero).

Das 2030er-Ziel der Bundesregierung für den Verkehr (Reduktion von derzeit 171 Millionen t CO_2 [2017] auf 95 Millionen t CO_2) wird nach derzeitigem Stand NICHT erreicht.

2.3 DER KAMPF DER LEITBILDER UND PAROLEN

Der Wertekanon einer Gesellschaft ist eng verknüpft mit politischen, sozialen und wirtschaftlichen Strukturen und Entwicklungen. Nach dem Zweiten Weltkrieg dominierten materialistische Werte. Mit dem wirtschaftlichen Aufschwung der 1960er-Jahre wurde in Deutschland alles auf das Auto ausgerichtet. Das Leitbild hieß: „Freie Fahrt für freie Bürger." Auf einem großen Kongress der Stadtplaner*innen wurde das Leitbild der „autogerechten Stadt" proklamiert.

Werte und Leitbilder

Die Städte wurden für den schnellen ungestörten Autoverkehr umgebaut, Fuß- und Radverkehr zurückgedrängt, der öffentliche Nahverkehr vernachlässigt, öffentlicher Raum wurde in Parkplätze umgewidmet. Die gesamte Verkehrsplanung und die Straßenverkehrsordnung wurden auf das Auto ausgerichtet – die Straßen ausgebaut, die Kurvenradien der Landstraßen und Autobahnen großzügig geplant, die Ampelregelungen mit langer Schaltung für die Autos und sehr kurzen Zeiten für die Fußgänger eingerichtet. Im Baurecht wird bei Neubauten der Bau von Garagen oder Tiefgaragenplätzen vorgeschrieben.

Und natürlich wurden die Autos immer schneller und sind auf der Autobahn durch kein Tempolimit eingeschränkt. Das Auto prägte auch lange Zeit die sozialen Strukturen und das individuelle Selbstverständnis. Ohne Auto hatte man keinen Status, alle Jugendlichen wollten mit 18 den Führerschein machen, in wohlhabenderen Familien wurde dem Nachwuchs zur abgeschlossenen Lehre oder zum Abi ein Auto geschenkt.

Man zog in neue Eigenheimsiedlungen am Stadtrand, in Vororten oder gleich aufs Land und in die „unberührte" Natur, weil man ja ein Auto hatte – oder als Familie dann gleich zwei oder drei Autos. Der Arbeitsplatz durfte weit entfernt liegen und war durch „Fernpendeln" erreichbar. Die großen Einkaufsmärkte zogen auf die „Grüne Wiese" – zumindest hat sich dieser überraschende Begriff für die großen Flachbauten am Rande der Industriegebiete und mit riesigen grauen Parkplatzflächen eingebürgert.

Die Bürger*innen und Konsument*innen machten das alles bereitwillig mit. Das Auto wurde zum hochemotional besetzten Produkt, über das man seinen Selbstwert definierte und sein Sozialprestige zeigte. Die Zahl der Autos verzehnfachte sich zwischen 1960 und 2016 (von 4,5 auf 45 Millionen), die Autos wurden größer, schwerer und leistungsstärker.

Auch das Gewicht nahm zu: Der Golf V wiegt mit 1,4 t fast doppelt so viel wie der „Ur-Golf", die Geländewagen bzw. SUV (Sport Utility Vehicles) bringen zwei bis drei t auf die Waage – also etwa so viel wie 200 Fahrräder. Obwohl es immer weniger Bauern und Förster gibt, die einen vierradgetriebenen Geländewagen in unwegsamem Gelände wirklich brauchen, nimmt die Zahl der SUVs rapide zu. Anfang 2019 lag ihr Marktanteil bei knapp 30 %.

Mit Sport haben die Sport Utility Vehicles allerdings so wenig zu tun wie mit Klimaschutz. Als wesentlicher Grund für die SUVs (auch als „Hausfrauenpanzer" bezeichnet) wird die Erhöhung der eigenen Sicherheit genannt. Bei Unfällen sind durch das hohe Gewicht die anderen Unfallbeteiligten die Leidtragenden.

Geschwindigkeitsübertretungen, Vordrängeln, Auffahren, Falschparken gelten als „Kavaliersdelikte". Obwohl über 70 % der deutschen Haushalte Ein- oder Zweipersonenhaushalte sind und die durchschnittliche Belegung eines Autos heutzutage bei 1,46 Personen liegt, scheint der Trend zu immer größeren, schwereren und PS-stärkeren Autos unaufhaltsam. Selbst Singles glauben, ein großes Auto zu benötigen, „weil da das Mountainbike oder die Ski reinpassen", weil sie mit „Freund*innen in die Ferien" fahren wollen, weil „das Auto beim Umzug oder Möbeltransport" so praktisch sei oder weil sie sich in einem SUV sicherer fühlen.

Viele Paare haben zwei Autos – ein Großes für die vorgenannten Gründe, und „ein kleines Auto für die Stadt", meist einen Kompaktwagen, der sich im Spritverbrauch aber nur unwesentlich von einem Familienwagen unterscheidet. Die drei- oder vierköpfigen Familien wiederum kaufen keinen Familienwagen, sondern einen Minivan – „allein schon wegen der Urlaubsreise".

Schon kleinere Benzinpreiserhöhungen führten zu Proteststürmen. Als „Die Grünen" vor der Bundestagswahl 1998 aus ökologischen Gründen eine schrittweise Erhöhung des Benzinpreises auf fünf DM/l vorschlugen, gab es ein verheerendes öffentliches Echo, eine Kampagne der CDU („Lass Dich nicht anzapfen"), und ein sehr schlechtes Wahlergebnis für die Partei.

Heute gibt es 47 Millionen Pkws, 56 Millionen Pkw-Führerscheininhaber*innen und 62 Millionen Wahlberechtigte. Keine gute Aussicht für die Mobilitätswende? Nun – glücklicherweise hat sich schon vieles geändert, aber eine Verkehrswende wird es nur geben, wenn sich die Lebensstile ändern und die Mehrheit der Bürger*innen (und die Mehrheit der heutigen Autofahrer*innen!) eine andere Verkehrspolitik unterstützt.

Die große Aufgabe für „Fridays for Future" und alle Klimaschützer*innen heißt auf jeden Fall: „Verhalten ändern " (nicht nur das eigene – auch das der Eltern, Geschwister, Verwandten, Freund*innen und Kolleg*innen), und „Verhältnisse bzw. Politik ändern" (z. B. Förderung der Bahn, des ÖPNV, des Fahrradverkehrs) – das eine geht nicht ohne das andere!

In vielen Bereichen und Situationen, vor allem in den Städten, hat das Auto seinen Zeitvorteil verloren. Der Erfolg des Autos und die Vervielfachung des Autobestands wurden zugleich zur Schwäche. Man steht im Stau, muss irgendwelche Einbahnstraßenringe fahren, findet schwer einen Parkplatz. Mit dem Fahrrad ist man oft schneller, mit dem E-Bike erst recht.

Durch den überbordenden Autoverkehr und die damit verbundene hohe Luftbelastung, den Lärm und die vielen Unfälle wurde die Lebensqualität in den Städten massiv verschlechtert. Mit autofreien Innenstädten, verkehrsberuhigten Zonen, Tempo 30-Regelungen, Bewohner*innen-Parkregelungen u.v.a.m. haben die meisten Städte darauf reagiert.

Sharingkonzepte wie Carsharing, Car-to-go oder Blablacar erleichtern in den Städten den Verzicht auf das eigene Auto, sind flexibler und deutlich billiger. Durch die Digitalisierung und Apps sind die Alternativen viel benutzer*innenfreundlicher geworden, der Umstieg zwischen einzelnen Verkehrsmitteln wurde erleichtert. Vor allem bei der Generation der unter 30-Jährigen in den Städten hat das Auto seinen emotionalen Stellenwert verloren – man nutzt es, wenn es praktisch ist, und nimmt ansonsten Fahrrad, Bus, Bahn oder Roller.

Die Werte und Leitbilder in der Gesellschaft verändern sich durch viele einzelne technologische, gesellschaftliche und kulturelle Entwicklungen, und natürlich durch die Jugend. Das verläuft aber keineswegs so reibungslos wie es klingt: Wenn es um konkrete Veränderungen und Gesetze wie CO_2-Steuer, Tempolimit oder Dienstwagenprivileg geht, propagieren die Lobbyverbände in den Massenmedien und im Internet die alten Leitbilder und Slogans wie „Freie Fahrt für freie Bürger" oder „Lass Dich nicht anzapfen", Ausbeutung der Bürger*innen, Klimaschutz gehe zulasten der Familien mit geringem Einkommen, die Pendler könnten nicht reagieren, hohe Arbeitsplatzverluste, der Wohlstand Deutschlands hänge vom Auto ab …

#klimaStory

DIE STADT DER KURZEN WEGE

Wie angenehm. Die täglichen Wege sind kurz und entspannend. Das Leben findet wieder auf der Straße, auf Plätzen und in Cafés mit großen Außenbereichen statt. Die Läden für den täglichen Bedarf sind in Fuß- oder Fahrradnähe. Für größere Einkäufe gibt es einen Lieferdienst, alle Hundert Meter eine Paketstation. In der Stadt ist durch den Wegfall vieler Autoparkplätze mehr Platz für Gemeinschaftsflächen.

Für den Weg zur Arbeit, zur Schule oder zur Uni steht ein flexibles System unterschiedlicher Verkehrsmittel zur Verfügung: Fahrräder, Elektrofahrräder, Tretroller, Elektroroller, ein perfekt funktionierender öffentlicher Nahverkehr, Carsharing und Privatautos.

Das Buchen und das Bezahlen von öffentlichen Verkehrsmitteln und Carsharing-Autos/-Rollern/-Fahrrädern sind so einfach wie das Aufdrehen des Wasserhahns. Die lästige Suche in fremden Städten (wo und in welcher Tarifzone ist die Erika-Mustermann-Straße?) ist dank einer App, die alles umfasst, vorbei.

Gebucht und bezahlt wird über das Smartphone oder ein bundesweit nutzbares Generalticket. In den Städten sind nur noch Fahrzeuge ohne Verbrennungsmotor zugelassen. Bis auf wenige Durchgangsstraßen gilt Tempo 30. Die engen Fahrradwege sind längst aufgelöst, alle fahren wieder auf der Straße, auf breiten Fahrradwegen, Fahrradschnellwegen (ohne Kreuzungen und Brücken) oder auf der temporeduzierten Straße.

Wie angenehm: es stinkt nicht mehr nach Abgasen, der Verkehr läuft leise, man hört die Vögel singen, der Verkehr ist sehr sicher geworden. Geschwindigkeitsüberschreitungen sind durch „digitale Bremser" nicht mehr möglich, Autos werden durch Signalübertragung automatisch heruntergebremst. Man hat mehr Zeit, steht nicht mehr mit dem Auto im Stau, muss die Kinder nicht mit dem Auto zur Schule, zum Sport oder Musikunterricht bringen.

Auch das Fitnessstudio kann man sich sparen, weil man sich selbst mehr bewegt, und nicht das Auto. Viele Unternehmen haben ihre Arbeitsplätze in die Stadt zurück verlagert, man muss weniger pendeln, umgekehrt ist das Homeoffice viel attraktiver und häufiger geworden.

Man arbeitet aber nicht alleine zu Hause, sondern in Gemeinschaftsbüros, zum Essen gibt es viele Kantinen und auch Gemeinschaftsküchen in der Nachbarschaft. Für weitere Entfernungen ist die Bahn besser ausgebaut worden und fährt im Halbstundentakt.

Wie angenehm: Auch das Leben auf dem Land ist einfacher geworden. Man kauft verstärkt über Onlinebestellungen ein, auch den täglichen Einkauf stellt man sich per Klick zusammen und lässt ihn sich direkt oder an die nahegelegene Paketstation liefern. Wenigstens das Zweitauto kann man sich sparen, durch autonom fahrende Kleinbusse funktioniert der öffentliche Verkehr besser und billiger, für Arztbesuche ordert man sich ein autonomes Auto.

Damit beginnt der Kampf der Slogans. Diese sind kurz, eingängig und oft wirkungsvoller als einzelne Argumente. Da gilt es dagegen zu halten, mit positiven Visionen (siehe Kasten) und überzeugenden Slogans: „There is no planet B", „Nur das Fahrrad ist automobil", „Keine Försterautos in der Stadt", „Frei von Schadstoffen", „Free2move", „Vorfahrt für Fahrradfahrer*innen", „Stadt der kurzen Wege", „Vision Zero – keine Unfalltote", „Die Stadt gehört uns".

2.4 AUTOS IM SCHNITT NUR 20 KM/H?

<table>
<tr><td>

Soziale und zeitliche Strukturen

</td><td>

Die Veränderungen der sozialen Einstellungen durch den Siegeszug des Autos wurden bereits oben beschrieben.

</td></tr>
</table>

Die *sozialen Strukturen* folgten der Entwicklung. Neue Siedlungen und Einfamilienhäuser entstanden in Vororten und im ländlichen Bereich, weil man ja mit dem Auto in die Stadt fahren konnte. Weil der Verkehr durch die vielen Autos so gefährlich ist, werden die Kinder mit dem „Elterntaxi" zur Schule, zum Sport oder Musikunterricht gefahren, zum Großeinkauf auf der „Grünen Wiese" wird auch noch ein Auto genutzt – sodass man als Familie dann gleich mal zwei Autos hat. Bei der Arbeitsplatzwahl wurden zunehmend auch weit entfernte Arbeitsplätze akzeptiert, da man mit dem Auto in überschaubarer Zeit dahin „pendeln" konnte. Regionale Bahnstrecken und Buslinien wurden zunehmend eingestellt. Auf dem Land wurde das Auto obligatorisch.

Zeitaspekte

Trotz hoher Unfallzahlen werden in den Kommunen und auf Landstraßen zu hohe Maximalgeschwindigkeiten akzeptiert, auf den deutschen Autobahnen gibt es außer auf Teilstrecken kein Tempolimit. Der Geschwindigkeitsrausch geht so weit, dass mittlerweile die Höchstgeschwindigkeit der verkauften Neuwagen bei durchschnittlich 200 km/h liegt. Trotz der Dominanz des Autos wird es zeitlich jedoch vergleichsweise wenig genutzt: Die mittlere Betriebszeit pro Pkw-Tag liegt bei nur ca. 45 Minuten pro Tag. Gut 40 % der PKW werden an einem durchschnittlichen Tag gar nicht genutzt. Wenn man die durchschnittlichen Kosten eines Autos in Arbeitsstunden umrechnet und mit den Stunden der Fahrzeit zusammenrechnet, kommt man auf eine Durchschnittsgeschwindigkeit von etwa 16 bis 23 km/h

Wer es nachrechnen will: die tägliche Fahrtzeit von Autos liegt im Schnitt bei 0,75 Stunden bzw. 274 Stunden im Jahr. Die jährlichen Kosten eines Autos liegen zwischen 4.500 und 8.500 Euro. Der monatliche Nettoverdienst lag 2018 im Schnitt bei 1.945 Euro. Bei durchschnittlich 140 Stunden Arbeit im Monat (Ferien schon abgezogen) muss man also 324 bis 612 Stunden arbeiten, um die Kosten des Autos bezahlen zu können. Der Gesamtaufwand für das Auto (Fahrtzeit plus Arbeitszeit) liegt dann bei 598 bis 886 Stunden. Und bei durchschnittlich pro Jahr gefahrenen 14.000 km ergibt das eine Durchschnittsgeschwindigkeit von 16 bis 23 km/h. Man kann die Rechnung noch beliebig komplizieren – einerseits die spätere Rente berücksichtigen, andererseits die Zeit für Staus, TÜV, Reparaturen, Wagenwäsche –, aber man bleibt in der Größenordnung.

Auch ohne Einbezug der Kosten in Arbeitsstunden sinkt der reale Zeitvorteil von Autos seit Jahrzehnten. Grund dafür ist ausgerechnet der Siegeszug der Autos. Mittlerweile gibt es schlicht zu viele Autos. In den Städten sind Staus in den Stoßzeiten Alltag, und auch bei den Überlandfahrten gibt es zu den typischen Fahrzeiten der Pendler*innen lange

#klimAktiv

EINE WETTFAHRT

Wer ist schneller? Zwei oder drei typische innerstädtische Wege (von Haustür zu Haustür, inklusive Parken) werden ausgewählt, und dann zu den üblichen Zeiten (das sind meist Stoßzeiten …) gefahren. Eine Person mit dem Auto, eine mit dem Fahrrad, eine mit dem E-Bike, eine mit dem ÖPNV. Und natürlich müssen die Verkehrsregeln eingehalten werden (Ampeln, Geschwindigkeitsbegrenzung, etc.). Das Ganze ist eine Wettfahrt und kein Wettrennen! Die Wettfahrt ist auch eine schöne „Schulaufgabe", geht auch in der Familie, und eignet sich gut für Berichte in der örtlichen Zeitung.

#klimAktiv

VERKEHRSREDUKTION

Den Verkehr kann man vermeiden bzw. reduzieren durch weniger weit entfernte Urlaubsziele (z.B. Südfrankreich statt Kalifornien), andere Ziele für den Schulaustausch, die Abi-Reise oder den Wochenendtrip (z.B. Paris oder Berlin statt Barcelona; oder mal gar keinen), Einkaufsfahrten zusammenlegen, automatisch kürzere Wege durch Radtouren oder Wandern, geschäftlich durch mehr Telefon- und Videokonferenzen. Das ist oft entspannter, und spart Zeit und Geld.

Beim nächsten Umzug oder Arbeitsplatzwechsel kann man darauf achten, dass die Entfernungen und der Zeitaufwand kürzer werden. Kleines Beispiel, große Wirkung: Ist der Weg von der Wohnung zur Arbeit nach Umzug „nur" 9 km weniger oder weiter entfernt? Macht in den nächsten zehn Jahren und bei jeweils 220 Arbeitstagen 9 x 2 x 220 x 10 = 40.500 km Unterschied. Einmal um die Welt.

Kürzere Ziele bei Gruppenreisen und die Umstellung auf Telefon- und Videokonferenzen sind besonders gut, weil die Einsparungen mit der Zahl der Teilnehmer*innen wachsen.

Staus an Freitagen, Feiertagen, Wochenenden und Ferienzeiten für alle. Innerstädtisch musste auf die Autoflut mit autofreien Innenstädten, Einbahnringen, Tempo-30-Zonen etc. reagiert werden. Für die Parkplatzsuche oder die oft weiten Wege von den Parkplätzen zum eigentlichen Ziel geht noch einmal extra Zeit drauf. In vielen Städten ist man mit dem öffentlichen Nahverkehr, mit Fahrrädern oder erst recht E-Bikes mittlerweile schneller am Ziel als mit dem Auto. Vor allem dort wird das eigene Auto zu Recht unattraktiv. Wenn man es doch braucht, sind Carsharing oder Ridesharing nutzen eine gute Alternative.

Die sozialen Strukturen haben auch großen Einfluss auf die Entscheidungen über einzelne Wege bzw. Fahrten oder Flüge. Die Wahl von Wohnort und Arbeitsort bestimmt über viele Jahre die täglich zurückgelegten Entfernungen. Und die Entscheidung für oder gegen ein eigenes Auto beeinflusst grundsätzlich das eigene Mobilitätsverhalten.

2.5 DAS LEBEN ÄNDERN

| Verhalten und Lebensstile |

Die für eine Mobilität der Zukunft vorgeschlagenen Politikinstrumente (CO_2-Bepreisung, Rücknahme der Steuerbefreiungen beim Flugverkehr, Tempolimits 120/80/30 und die Änderung des Dienstwagenprivilegs) sind mit dem Verhalten und den Lebensstilen von Konsument*innen extrem eng verknüpft. Im Kabinettsbeschluss der Bundesregierung vom 9.10.2019 wurden gerade zur Mobilität nur halbherzige Beschlüsse gefasst: geringe CO_2-Bepreisung und damit geringe Erhöhung der Benzinpreise, minimale Verteuerung des Flugverkehrs und keine Tempolimits 120/80/30. Neben der offensichtlichen Beeinflussung durch Lobbyverbände und der allgemeinen Mutlosigkeit der Politik hatte die Regierungskoalition die Befürchtung, dass es zu massiven Protesten der Autofahrer*innen kommen könnte, ähnlich wie in Frankreich mit der „Gelbwesten"-Bewegung. Und natürlich werden viele der über 40 Millionen Autobesitzer*innen gegen Verschärfungen im Mobilitätsbereich sein. Die Verkehrswende wird es aber nur geben, wenn die Mehrheit der Bürger*innen (und die Mehrheit der heutigen Autofahrer*innen!) eine andere Verkehrspolitik unterstützt und ihr Leben ändern will.

Verhalten und Verhältnisse ändern – das eine geht nicht ohne das andere!

Eine Änderung des eigenen Verhaltens fällt leichter, wenn sie durch geeignete Rahmenbedingungen wie eine bessere Infrastruktur für Bahn, ÖPNV und Fahrrad und im Vergleich zu Auto und Flugzeug günstigere Preise unterstützt werden. Allerdings können die Gesetze zwar klimaschädliches Verhalten verteuern, aber keineswegs in dem Ausmaß, dass ein solches Verhalten nicht mehr möglich ist. Viele Haushalte werden auch höheren Preise bezahlen können, und womöglich argumentieren, dass die Alternativen (bessere Bundesbahn, besserer ÖPNV, bessere Radinfrastruktur) erst in den nächsten Jahren ausgebaut werden. Für die Reduktion der Treibhausgasemissionen sind auch Verhaltensänderungen hochwichtig.

#klimAktiv

BETTER FUTURE WÄHLEN

Fragt doch mal ganz direkt eure Eltern, Nachbar*innen, Verwandte und Freund*innen (und natürlich Euch selbst):

❖ Unterstützt Ihr eine schärfere CO_2-Bepreisung – auch wenn die Benzinpreise dadurch steigen? Seid Ihr für eine Rücknahme der Steuerbefreiungen beim Flugverkehr – auch wenn die Flugpreise dadurch steigen? Unterstützt Ihr Tempolimits 120/80/30? Vertretet Ihr das auch aktiv in Diskussionen? Wählt Ihr auch die Parteien, die das unterstützen?

❖ Werdet Ihr nicht mehr oder weniger fliegen? Werdet Ihr das Auto verkaufen oder beim nächsten Mal ein kleineres Elektroauto kaufen? Auch im Falle eines Dienstwagens, der so schön günstig ist? Werdet Ihr deutlich weniger Auto fahren und z. B. mehr radeln?

Scharfe Gesetze allein reichen nicht aus:

❖ Eine CO_2-Steuer in Höhe von 180 Euro pro t CO_2 – also rund sieben Mal höher als der beschlossene Startpreis von 10 Euro pro t CO_2 – würde Benzin und Diesel um etwa 54 ct/l verteuern. Allerdings schwankten die Treibstoffpreise bereits in der Vergangenheit öfter in dieser Größenordnung, ohne dass sich der Verkehr reduziert hätte. Bei Superbenzin lag die Differenz zwischen 1998 (81,2 ct) und 2008 (139,9 ct) bei 50,7 ct; und zwischen 2012 (164,6 ct) und 2016 (129,6 ct) bei 35,0 ct. Bei Diesel lag die Differenz zwischen September 2012 (152,4 ct) und Januar 2016 (99,1 ct) bei 53,3 ct. Und wer 31.130 Euro für ein Neuauto zahlen kann (Durchschnittspreis 2018) oder 45.700 Euro für einen neuen BMW (Durchschnittspreis 2018 für BMWs) wird auch 50 Euro mehr im Monat zahlen können.

❖ Auch bei Tempolimits 120/80/30 ist die Befolgung nicht durchgängig sichergestellt – schon heute wird häufig schneller gefahren als erlaubt.

❖ Beim Dienstwagenprivileg gibt es eine große Spannbreite bei der potenziellen Wirkung, weil die Auswahl der Dienstwagen und die Nutzung auch bei einer schärferen Regelung wesentlich von den Unternehmen und Arbeitnehmer*innen abhängen. Und wenn der Arbeitgeber sowieso die gesamten Benzinkosten zahlt, stört auch der höhere Benzinpreis nicht.

❖ Durch die Rücknahme der Steuerbefreiung beim Flugverkehr würden Flugtickets zwar teurer, aber keineswegs prohibitiv teuer. Es wird geschätzt, dass selbst bei einer deutlichen Preiserhöhung nur 10 bis 15 % weniger geflogen würde. Bürger*innen aus höheren Einkommensgruppen flogen 2013 elfmal so häufig wie Bürger*innen aus den niedrigsten Einkommensgruppen. Bei höheren Preisen dann vielleicht „nur" noch neunmal so viel?

Heißt zusammengefasst: scharfe Gesetze allein reichen nicht aus. Wer wirklich Klimaschutz will, muss auch sein Leben ändern. Und das der anderen. Beides ist nicht so einfach. Die vermeintlichen oder behaupteten, aber *selten tatsächlichen* Hemmnisse für deutliche Verhaltensänderungen sind: unattraktive Alternativen, zu kompliziert für den Alltag, höhere Kosten, höherer Zeitaufwand, Unwissenheit, Verweise auf geringe Relevanz („bringt doch nichts"), Verweise auf überfällige Politikmaßnahmen, mangelnde Erfolgs-Rückmeldungen. Interessanterweise werden mögliche Vorteile wie „sicherer", ökologischer, „besser für die Gesundheit" oder Entspannung meist nicht genannt.

Wenn man erfolgreich sein eigenes Leben ändern und auch andere dazu motivieren will, braucht man eine gute Strategie, gute Argumente und gute „Erzählungen", die attraktive Visionen und Alternativen beschreiben und Orientierung und Zuversicht vermitteln.

Wenn man andere überzeugen will, ist es wichtig, selbst ein Vorbild zu sein. Und genauso wichtig ist es, die individuelle Situation der anderen zu kennen und bei der Beschreibung von Alternativen darauf einzugehen. Wenn jemand auf dem Land wohnt oder weit zur Arbeit pendeln muss, und die Bahnverbindungen oder der ÖPNV schlecht sind, sollte man nicht als Erstes den Verzicht auf ein eigenes Auto vorschlagen. Aber natürlich kann man kritisch nachfragen, warum die betreffende Person ein zu großes und übermotorisiertes Auto hat, warum sie kein Ridesharing anbietet, und warum sie dreimal im Jahr in Urlaub fliegt, wo sie doch schon so schön auf dem Land wohnt. Und bei Interesse könnte man natürlich gleich zu BlablaCar, Drivy o.ä. raten.

Besonders wirksam sind Gruppenprozesse: wenn die ganze Schulklasse oder die Belegschaft beim Betriebsausflug nicht fliegt, ist das natürlich viel wirksamer als wenn man das nur für sich allein entscheidet. Und Veränderungen sind auch einfacher, wenn man sie gemeinsam mit Freund*innen oder Arbeitskolleg*innen angeht. Die wesentlichen zehn Verhaltensoptionen in der Mobilität sind in der Grafik dargestellt und werden im nachfolgenden Kapitel einzeln behandelt. Eine besonders hohe Reduktion der CO_2-Emissionen (und von Lärm, Schadstoffen, Unfallrisiken) erreicht man durch die Reduktion von Verkehr, möglichst wenig fliegen, möglichst oft radeln, und Verzicht auf ein eigenes Auto. Aber auch durch ein sparsames Auto und moderates Fahren kann man ordentlich CO_2-Emissionen reduzieren.

	Möglicher Beginn	Aufwand	Zeitersparnis	Geringere Kosten	CO_2-Reduktion	Lärmreduktion	gesundheits-fördernd
weniger oft unterwegs, weniger weit unterwegs	sofort	gering	+++	+++	+++	+++	0
bis 5/10 km radeln	sofort	gering	0 / +	+++	+++	+++	+++
Fahrrad/E-Bike statt Auto	sofort	gering	++	+++	++	+++	++
öffentliche Verkehrsmittel	sofort	gering	0 / -	+	+	+	0
Ridesharing statt eigenes Auto	sofort	gering	+ / 0 / -	++	+	0	0
Carsharing statt eigenes Auto	sofort	gering	0 / -	++	+	0	0
Verzicht auf Zweitauto	bald	mittel	0	+++	+	0	0
sparsames Auto I Elektroauto	mittelfristig	mittel	0	+	+	0	0
moderat fahren	sofort	gering	0	+	+	++	+
wenig Fernflüge, keine Fernflüge	sofort	abhängig	+++	+++	+++++	+++	+

Tabelle: Zehn Verhaltensoptionen bei der Mobilität

2.6 VOM AUTO ZUR MULTIMODALEN MOBILITÄT

| Technologien |
| Produkte |
| Dienstleistungen |

Die technischen Entwicklungen der letzten Jahrzehnte waren auf Autos ausgerichtet. Die vielen Veröffentlichungen zu Elektroautos, Wasserstoff-Brennstoffzellen-Autos und autonom fahrenden Autos scheinen nahezulegen, dass es ungebremst in Richtung Autos weitergeht. Noch immer glauben viele, dass man nur die Autos mit Verbrennungsmotoren durch Elektroautos ersetzen müsste, um die Klimaerhitzung zu stoppen.

Aber durch Elektromobilität und Digitalisierung findet auch eine schnelle Entwicklung zur multimodalen Mobilität statt. Das Auto ist dabei nur noch eine von mehreren Optionen, für die man sich flexibel entscheidet. Mit Mobilitätsplattformen und komfortablen Apps kann man sich entscheiden, welches Verkehrsmittel oder welche Kombination von Verkehrsmitteln gerade am günstigsten und schnellsten ist: S-Bahn, Bahn, Busse, autonom fahrende Kleinbusse, Carsharing, Car-to-Go, Ridesharing, Uber, Bla-Bla-Car, Fahrrad, Leihfahrrad, Elektroroller, E-Bike, E-Lastenfahrrad, E-Scooter.

Natürlich werden viele noch das eigene Auto wollen (vor allem auf dem Land). Auch optimistische Annahmen gehen davon aus, dass es im Jahr 2050 noch 12 bis 15 Millionen Autos gibt (heute: 47 Millionen). Daher ist es auch weiterhin wichtig, Umweltschutzanforderungen an Autos zu stellen.

2.6.1 MULTIMODALE MOBILITÄT

Die Herausforderungen für das multimodale System (siehe Glossar) liegen neben der Integration von autonomen Fahrzeugen vor allem im Ausbau der Infrastrukturen und in der Organisation des Gesamtsystems, der Dienstleistungen, Geschäftsmodelle und Bezahlsysteme. Das ist alles andere als ein Selbstläufer.

Nur bei den E-Bikes gibt es bereits einen Boom, obwohl diese – anders als die Elektroautos – staatlich nicht gefördert werden. Voraussichtlich wird es auch bei Elektrorollern, E-Scootern und neuen Elektroleichtfahrzeugen eine starke Zunahme geben. Die Zukunft des öffentlichen Nahverkehrs ist dagegen schwer einzuschätzen.

Einerseits kann er durch die Digitalisierung (bundesweit einheitliches Chipticket, Apps) leichter planbar und erreichbarer werden, und kann durch Elektrobusse und autonom fahrende Kleinbusse (gerade auf dem Land) deutlich an Komfort und Bedeutung gewinnen. Andererseits kann er durch die Konkurrenz von Elektrofahrrädern, Sharing Systemen, Uber und in Zukunft durch autonom fahrende Privatautos erheblich an Bedeutung verlieren.

Wie auch immer: die multimodale Mobilität wird in der Kommune entschieden und geplant. Bundesstaatliche Gesetze zu CO_2-Bepreisung, Tempolimits und Fördergelder sind für die multimodale Mobilität wichtig, aber keineswegs ausreichend. Gerade innerstädtisch muss das Auto zugunsten des umweltfreundlichen Verkehrs zurückgedrängt werden. Dazu muss das *Verkehrsrecht* grundsätzlich geändert und die Bevorzugung des Autoverkehrs beseitigt werden. *„Das Verkehrsrecht von heute entspringt den Visionen der autogerechten Stadt der 1950er-Jahre"* (Prof. Stefan Klinski[5]). *„Es ist konsequent darauf ausgerichtet, auf den Straßen möglichst viel Autoverkehr zu ermöglichen."* Statt einzelner kleiner Änderungen müssen grundlegende Veränderungen im gesamten Verkehrsrecht erfolgen:

- Einführung einer zusätzlichen **Zweckbestimmung**: Gesundheitsschutz, Umwelt- und Klimaschutz sowie städtebaulichen Entwicklung
- **Mitgestaltungsmöglichkeiten der Kommunen** bei Entscheidungen über Verkehrsanordnungen, insbesondere bei der Parkraumbewirtschaftung, bei Vorrangregelungen für den ÖPNV und bei Zonenregelungen
- Ermöglichung von **neuen Zonenverkehrsregelungen**: „besondere Verkehrssicherheitszonen" mit Beschränkungen für Geschwindigkeit, Fahrzeuggewichte und Vorgaben für Abbiegeassistenten, „Vorrangzonen für den ÖPNV und umweltfreundlichen Verkehr
- Streichung des **§ 45 Abs. 9 Satz 3 StVO**, der in verfassungsrechtlich bedenklicher Weise die Flüssigkeit des Verkehrs vor die Verkehrssicherheitsinteressen stellt.

Aber nun zu den einzelnen Verkehrsmitteln.

Und der Superstar ist … das Fahrrad

Der Fahrradanteil an den täglichen Wegen lag in den 1990er-Jahren noch bei unter 5 %, bis 2002 stieg er auf 9 % und bis 2017 auf 11 % an. Aber das ist noch viel zu wenig.

In Deutschland gibt es 76 Millionen Fahrräder (also deutlich mehr als die 47 Millionen Autos), und es werden damit jährlich 30 Milliarden Kilometer geradelt. Sensationell. Das muss man sich mal vorstellen! 30 Milliarden km mit dem Fahrrad!! Wir strampeln, wir strampeln … Das muss man doch mal pro Bürger*in ausrechnen. 30 Milliarden km geteilt durch 82 Millionen Einwohner*innen gibt 365 km pro Jahr … und …oh … 1 Kilometer pro Tag! Tja, so kann man Statistiken aufsitzen. Mit dem Auto werden pro Tag 38 km zurückgelegt.

---

5   Studie „Rechtliche Hemmnisse und Innovationen für eine nachhaltige Mobilität – untersucht an Beispielen des Straßenverkehrs und des öffentlichen Personennahverkehrs in Räumen schwacher Nachfrage" von Öko-Institut und Prof. Dr. Stefan Klinski

Allerdings führt auch diese Zahl etwas in die Irre, denn: 50 % aller mit dem Auto zurückgelegten Wege sind kürzer als 5 km, und 23 % sogar kürzer als 2 km. Hier bietet sich das Fahrrad oder das E-Bike als Ersatz an. In der Stadt ist Radeln meistens schneller als Auto oder ÖPNV, erst recht, wenn man die Parkplatzsuche oder den Weg vom Parkplatz zum Zielort mit einberechnet, oder eben gar ein E-Bike fährt. Würde in Deutschland die Hälfte der Autofahrten unter 5 km zum Fahrrad oder Fußgängerverkehr verlagert, könnten 5,8 Millionen t CO_2 gespart werden[6].

Die E-Bikes boomen: Im Zeitraum 2009 bis 2018 wurden 4,8 Millionen E-Bikes verkauft – und das ohne staatliche Unterstützung wie bei den Elektroautos. Zum Vergleich: Während der Bestand an Elektroautos Ende 2018 bei 83.000 lag, lag er bei den E-Bikes bereits 58 Mal höher – bei 4,8 Millionen E-Bikes.

Neben der Vermeidung von Schadstoffemissionen gibt es gleich vier weitere große Vorteile des Fahrradfahrens: es ist billig, es braucht wenig Platz, es macht keinen Lärm, und vor allem ist es sehr gesund: gut fürs Herz, mehr Ausdauer und Kraft, besseres Körpergefühl, Beweglichkeit und Reaktionsfähigkeit. Der ideale Ausgleich zu meist bewegungsarmen Arbeit, Schule oder Studium.

Auf dem Weg zur Arbeit, Ausbildung, Einkauf oder Freizeit macht man automatisch Sport. Selbst im Winter kann man einige km zur Arbeit radeln – das beugt auch Erkältungen vor. Bis die anderen ihre Autos enteist oder aufgewärmt haben, sitzt man schon am Schreibtisch. Auf dem Heimweg kann man abschalten oder sich auspowern, statt sich im Stau zu ärgern, dass es nicht vorangeht.

Fahrräder und E-Bikes haben ein riesiges Potenzial und können das „eigene Auto" zumindest als Hauptverkehrsmittel ablösen, erst recht in Kombination mit öffentlichen Verkehrsmitteln und Carsharing.

In den letzten 20 Jahren hat sich beim Fahrradverkehr zwar schon viel getan: Fahrradfahren ist wieder gesellschaftsfähig, es gibt mehr Radwege, bessere und komfortablere Fahrräder und E-Bikes, exzellente Fahrradkleidung und viel mehr Freizeitradler*innen und Mountainbikefreaks, aber trotz dieser Fortschritte wird immer noch überraschend wenig Fahrrad gefahren. Noch immer dominiert gerade auch innerorts das Auto, noch immer *„wehen die Abgase der Vergangenheit durch die Straßen"*[7]. Die wesentlichen Gründe hierfür ist die nach wie vor vorherrschende Ausrichtung von Infrastruktur und Verkehrsregeln auf das Auto und die hohe Gefährdung von Fahrradfahrer*innen durch den Autoverkehr.

---

6   UBA. Leitfaden Klimaschutz im Stadtverkehr, Berlin 2010
7   Zitat: Deutsche Umwelthilfe, 8.5.2019

#klimAktiv

DER GROSSE RADSCHLAG

Infos zu den Volksentscheiden, Fahrrad-Initiativen und tollen Einzelaktionen findest Du unter: https://volksentscheid-fahrrad.de, https://www.radentscheidmuenchen.de/ und fahrrad-initiativen.de

Was läuft in Deiner Stadt?

Wenn man das ändern will, muss man sich Städte wie Kopenhagen oder Amsterdam anschauen, oder – mit weiten Abstrichen – deutsche Städte wie Bremen, Münster oder Freiburg. Für eine gute Fahrradförderung braucht es den politischen Willen, eine gute Planung und ausreichend Geld. Zum Vergleich: Nach einer Erhebung von Greenpeace lagen die jährlichen Ausgaben pro Einwohner*in bei den sechs großen Städten Stuttgart, München, Frankfurt, Köln Hamburg und München im Schnitt bei nur 3,70 Euro. In Kopenhagen mit 35,60 Euro zehnmal so hoch.

Aber einige Städte schalten ab sofort ein paar Gänge hoch. In Berlin wurde im Juni 2016 mit 105.000 Unterschriften ein Volksbegehren eingereicht. In Verhandlungen mit der später gewählten neuen Landesregierung wurde erreicht, dass die wesentlichen Forderungen in einem Mobilitätsgesetz festgelegt wurden. In München wurde mit 160.000 Stimmen ein Volksbegehren für eine deutlich verbesserte Radinfrastruktur eingereicht (für den Antrag hätten schon 30.000 Stimmen ausgereicht).

Wesentliche Elemente einer auf Fahrradfahren ausgerichteten Kommune/Region sind[8]:

❖ Flächendeckende Einführung von Tempo 30 in Städten mit Ausnahme der Durchgangsstraßen (eine entsprechende Gesetzesänderung kann nur auf Bundesebene erlassen werden),

❖ ein stadtweites, lückenloses und engmaschiges Radverkehrsnetz, direkte Wegeführung ohne Umwege, Radschnellwege ohne Kreuzungen und Brücken, gut beschilderte Fahrradrouten,

❖ sichere, breite und komfortable Radwege, sichere, komfortable und stressfreie Kreuzungen und Einmündungen,

❖ sichere und ausreichend breite Radwege (*Mischverkehr* nur in Tempo-30-Zonen mit wenig Autoverkehr; bei hohem Verkehrsaufkommen auf *Radfahrstreifen*, bei höheren

---

8 adfc – allgemeiner Deutscher Fahrrad-Club," so geht Verkehrswende-Infrastrukturelemente für den Radverkehr", Berlin 2018

Geschwindigkeiten und / oder hohem Verkehr auf *baulich getrennten Radwegen*, am besten mit Trennelementen wie Pollern oder Blumenkübeln),

❖ Radwege prioritär freihalten (bei Baustellen, Umleitungen, im Winter beim Schnee-räumen …),

❖ Bevorzugung bei Ampelschaltungen („Schwimmen auf der grünen Welle") und siche-re Führung an Kreuzungen,

❖ geeignete Anbindung und Schnittstellen mit öffentlichen Verkehrsmitteln, Mitnah-memöglichkeit für Fahrräder,

❖ ausreichende diebstahlsichere und witterungsgeschützte Radabstellanlagen (auf ei-nen stillgelegten Pkw-Stellplatz passen fünf Räder …).

Weil sich seit den 1900er-Jahren bis heute der Radverkehr mehr als verdoppelt hat und die E-Bikes meist mit höheren Geschwindigkeiten gefahren werden, kommt es zuneh-mend zu gefährlichen Überholsituationen auf oft zu engen Radwegen. Da die Entwick-lung weitergehen wird und auch noch Lastenräder und E-Skooter dazu kommen, wird es vielfach nur eine Lösung geben: Einführung von Tempo 30 (möglichst flächendeckend) und Nutzung der Straße.

Und sowieso ist Radeln ökologisch: keine Treibhausgasemissionen, keine Schadstoffe, kein Lärm. Und selbst wenn man ein eigenes Auto hat, darf man es auch stehen lassen: Jeder nicht gefahrene Autokilometer entlastet die Umwelt.

#klimAktiv

GEGEN FAULE AUSREDEN

1.000 km weniger Stadtfahrten mit dem Auto im Jahr sparen rund 300 kg CO_2. Fahrradfah-ren ist also erste Wahl im Klimaschutz. Eltern oder Nachbar*innen haben aber meist meh-rere Gründe oder Ausreden, warum sie nicht Fahrrad fahren wollen.

❖ **Das Fahrrad ist nicht in Ordnung – platt, die Bremsen und Licht schlecht, vor al-lem bei Regen.** Dann bietest Du an, das Fahrrad zur Reparatur zu bringen oder beim Neukauf eines guten Fahrrads zu helfen.

❖ **Gute Fahrräder werden doch gleich geklaut.** Wenn Fahrräder wirklich mit zwei gu-ten Schlössern an einem Abstellplatz fest angeschlossen sind, werden sie sehr selten geklaut. Und wenn doch, zahlt in der Regel die Hausratsversicherung.

❖ **Der Weg ist zu lang, zu anstrengend, bei Regen schwitzt man unter der Regen-kleidung.** Dann ist ein E-Bike gut. Kann man in jeder Stadt leihen und Probefahren. Mit dem E-Bike ist man fast immer schneller als mit dem Auto oder dem ÖPNV. Auch das

Einkaufen oder Besorgungen nebenher gehen zügiger, und bei der Eisdiele kann man direkt anhalten.

❖ **Die typischen Wege zur Arbeit, Einkaufen o. ä. sind zu gefährlich, oder es gibt zu viele Abgase aus stinkenden Autos.** Das ist zuerst einmal ein schönes Argument gegen Autofahren! Ansonsten gibt es in vielen Orten gut befahrbare Fahrradwege und Nebenstraßen, oft lohnt ein kleiner Umweg durch einen Park oder eine ruhigere Gegend. Probiere es einfach mal aus und zeige es deinen Eltern.

❖ **Im Winter ist es zu kalt.** Bis die anderen ihr Auto enteist oder angewärmt haben, ist man schon längst angekommen. Und wenn es saukalt ist, kann man ja ausnahmsweise mit dem ÖPNV fahren.

❖ **Wohne auf dem Land, am Berg, es regnet, ich muss zwei Kinder mitnehmen und einen Großeinkauf machen.** Nicht schlecht. Dagegen kann man kaum argumentieren. Nur trifft dieses Argument selten zu.

#klimaStory

BRIEF IN DIE HEIMAT

Der chinesische Austauschstudent Wan Mung an seinen Bruder in China

Lieber Li,

gestern bin ich ein bisschen durch die Gegend geradelt, es war schönes Wetter – fast wie bei uns. Oben am Berg, auf dem 1.200 Meter hohen Schauinsland, habe ich meinen Nachbarn, Herrn Scheuer getroffen. Am Wochenende fährt er immer zwei Stunden mit seinem Mountainbike, „um abzunehmen", wie er sagt. Die Mountainbikes sind sehr stabile Fahrräder, die wir gut gebrauchen könnten. Scheuer zieht immer eine enganliegende, topmoderne Radler-Kluft an – grellgrün mit orangen Streifen. Er sieht darin aus wie ein Urwaldkäfer, aber so wird sein Alltag wenigstens etwas farbig. Scheuer hatte, als ich ihn gestern traf, einen knallroten Kopf und war völlig durchgeschwitzt – kein Wunder bei seinem dicken Bauch. Dabei radelt er nur auf der Hochebene, das Fahrrad lädt er vorher auf sein Auto und fährt damit auf den Schauinsland hoch. Am Wochenende steht er bei der Rückfahrt meistens im Stau, jedes dritte Auto in der langen Blechschlange hat zwei Fahrräder auf dem Dach. Letzte Woche habe ich einen Autoreisezug nach Italien gesehen. Auf einem Waggon war ein Wohnmobil geladen mit zwei Fahrrädern auf dem Dach, an die Hintertür war ein Moped geschnallt, zwei Surfbretter waren auch noch auf das Dach geladen. So bleiben die Leute hier mobil.

Scheuer schwört auf sein Mountainbike und seine Radler-Kluft. Er sei damit mindestens eine Viertelstunde schneller. Er hat den Lenker ganz tief gestellt – um den Luftwiderstand zu verringern. Dafür sieht er nichts von der schönen Gegend. Das Einzige, wofür er den Blick hebt, sind Gasthäuser. Wenn er zwei Stunden geradelt ist, haut er sich die Wampe voll. Aber nicht einmal das Essen kann er genießen, sein Arzt hat ihn gewarnt. „Herr Scheuer, bei

Ihrem Übergewicht kann das nächste Schnitzel das Letzte sein." Deswegen fährt er auch so verzweifelt mit seinem Rad durch die Gegend.

Was ich gar nicht verstehe, ist, dass er unter der Woche immer mit dem Auto zur Arbeit fährt. Zwanzig Minuten braucht er für einen Weg, wovon er zehn Minuten im Stau steht. Mit dem Fahrrad wäre er in 15 Minuten dort. „Zeit ist Geld", sagt er, wenn ich frage, warum er nicht mit dem Fahrrad zur Arbeit fährt. Dann hätte er bis zum Wochenende doch schon sein Sportpensum absolviert. „Das verstehen Sie nicht, Herr Mung", hat er gesagt. Ich verstehe es wirklich nicht ...

2.6.2 NICHT ZU VERGESSEN: EINFACH LAUFEN

Vor lauter technischen Produkten und kostenpflichtigen Dienstleistungen sollte man nicht vergessen, dass man kleinere Strecken auch laufen kann. Ein Plädoyer für „Zu Fuß laufen" – oder wie es amtlich so schön heißt „Fußverkehr" – ist ja etwas kurios, denn schließlich ist Laufen das ursprünglichste aller „Fortbewegungsmittel". Einige haben sich erst daran erinnert, als dafür Fitness-Apps angeboten wurden. Leider hält die Stadtplanung *„die Menschen in einem Zustand permanenter Bewegungslosigkeit"* (Jan Gehl).

Dabei ist Laufen gesund und beugt Herz-Kreislauf-Erkrankungen, Diabetes oder Depressionen vor. Laufen ist natürlich umweltfreundlich – fast jeder zehnte mit dem Auto zurückgelegte Weg in Deutschland ist kürzer als ein Kilometer und könnte leicht durch Laufen ersetzt werden. Gerade auf Kurzstrecken ist der Benzinverbrauch sehr hoch (um die 10 Liter und mehr), die CO_2-Emissionen liegen bei rund 300 g pro km.

Menschen, die mehr gehen, sollen Studien zufolge sogar glücklicher und zufriedener sein[9]. Aber Laufen in der Stadt oder Gemeinde macht nur Spaß, wenn die Umgebung dafür ausgelegt ist. Bei engen und oft auch noch zugeparkten Gehwegen, lautem und stinkendem Autoverkehr, dunklen Unterführungen, unnötigen Umwegen und Ampeln mit langen Wartezeiten kann man schon die Lust verlieren. Auch deswegen müssen die Städte umgestaltet werden. Nach § 23 (3) der Straßenverkehrsverordnung sollen Fußgänger*innen den fließenden Verkehr, sprich die Autos, so wenig wie möglich behindern. Dafür wartet man dann als Fußgänger*in an Ampeln eine Ewigkeit.

Damit das nicht ewig so bleibt, muss man für den Vorrang der Fußgänger*innen kämpfen! Zwei Beispiele von vielen: Fußgängerampeln, die sofort auf Grün springen, wenn ein*e

---

9   Thayer et al. „Amount of daily walking predicts energy, mood, personality, and health." Posterbeitrag. 113. Jahreskonferenz der American Psychological Association. 15. Dezember 2015. Washington D.C.

Fußgänger*in kommt. Oder die diagonale Kreuzungsquerung, sodass Fußgänger*innen nicht zweimal warten müssen.

Der Fachverband Fußverkehr Deutschland (FUSS e.V.) und das Umweltbundesamt haben für die Förderung des Fußverkehrs Konzepte erarbeitet[10]. Einige Städte haben bereits Fußverkehrsbeauftragte ernannt (z.B. Berlin, Freiburg, Leipzig, Heilbronn). Klingt kurios, aber wenn sich niemand darum kümmert, passiert nichts.

2.6.3 DER ÖFFENTLICHE PERSONENNAHVERKEHR (ÖPNV)

Die Bedeutung des Öffentlichen Personennahverkehrs (ÖPNV) wird meist unterschätzt. Dabei nutzen täglich mehr als 30 Millionen Fahrgäste den ÖPNV: S-Bahn, Straßenbahnen, Busse, manchmal auch Ruf-Taxis, Nachtbusse etc.

Aus ökologischer Sicht hat der ÖPNV klare Vorteile gegenüber dem Auto: deutlich geringerer Energieverbrauch und Schadstoffemissionen pro Fahrgast. Bundesweit gibt es rund 75 Verkehrsverbünde und mehrere Hundert ÖPNV-Unternehmen. Die Einnahmen aus dem Fahrkartenverkauf reichen nicht aus, der ÖPNV wird aus Mitteln von Kommunen, Bundesland und Bund querfinanziert, und steht unter einem hohen Kostendruck.

Die Qualität ist unterschiedlich, typische Probleme sind überfüllte Fahrzeuge zu Stoßzeiten, schlechte Verbindungen in Außenbereichen der Kommunen und auf dem Land sowie in den Abendstunden. Die große Vielfalt der kommunalen Unternehmen erschwert einheitliche technische Lösungen und ein bundesweites Einheitsticket für Bahn und ÖPNV. Die neuen Sharingkonzepte unterstützen und gefährden gleichermaßen den ÖPNV. Einerseits ziehen sie Fahrgäste ab, andererseits können sie zusammen mit dem ÖPNV Autofahrer*innen zum Umstieg in den Mobilitätsverbund bewegen.

Niedrige Fahrkartenpreise können Autofahrer*innen zum Umstieg locken. Die Forderung nach einem kostenlosen ÖPNV geht aber zu weit und könnte als Flatrate zu einer unnötigen Steigerung des Verkehrs führen. Die Einnahmen würden erheblich sinken und für eine Verbesserung des Nahverkehrs fehlen. Dafür müssten dann deutlich mehr Mittel aus Steuergeldern zur Verfügung gestellt werden. Sinnvoll wäre dagegen ein 365-Euro-Ticket. In Wien wurde beispielsweise im Jahr 2012 ein 365-Euro-Jahresticket für den ÖPNV beschlossen, das im Umkreis von 100 km um Wien gilt.

---

10 Handlungsleitfaden" Schritte zur Einführung einer kommunalen Fußverkehrsstrategie: www.fussverkehrsstrategie.de; Nationale Fußverkehrsstrategie: www.umweltbundesamt.de/publikationen/geht-doch

#klimAktiv

ELTERN ZUM ÖPNV BRINGEN

Für den ÖPNV kann man meist nur erfolgreich werben, wenn der ÖPNV für die Eltern bzw. die jeweilige Person und den Ort einigermaßen passt. Typische Gegenargumente sind:

❖ **Es ist zu weit zur Haltestelle und/oder von der Haltestelle zum Zielort.** Den möglicherweise langen Weg zur nächsten Haltestelle kann man mit dem Fahrrad oder mit dem E-Scooter verkürzen. Oder ein Klappfahrrad mitnehmen. Einfach mal ausprobieren, Zeit messen, den Eltern zeigen, einmal mitfahren. Beim Fahren gewinnt man im Vergleich zu Auto oder Rad im Übrigen wieder Zeit zurück, weil man am Smartphone daddeln, lesen oder dösen kann. Oder nachdenkt. Oder einfach mal nichts tut.

❖ **Habe es versucht. Musste 12 Minuten warten.** Da musst Du den Eltern schnell die App vom örtlichen ÖPNV installieren. Und/oder den Plan der nächsten Haltestelle ausdrucken und im Flur aufhängen. Das ist auch bei Mehrparteienhäusern hilfreich.

❖ **In den Stoßzeiten ist der ÖPNV überfüllt.** Wenn man in Gleitzeit arbeitet oder die Zeit frei wählen kann, kann man die Hauptstoßzeit vermeiden.

❖ **In späten Abend- oder Nachtstunden fühle ich mich unsicher.** Da kann man sich bei Bedarf ein Taxi leisten. Ist immer noch billiger als nur deswegen ein eigenes Auto zu besitzen. Denn das ist sehr teuer.

❖ **Ist zu teuer und ich habe ja schon ein Auto.** Manchmal macht der ÖPNV tatsächlich nur dann Sinn, wenn man das Auto abschafft, ein Jahresticket für den ÖPV kauft und dem Carsharing beitritt. Sollte man aber vorher ausprobieren, beispielsweise mit einem Monatsticket.

Die Zahl der Abonnent*innen verdoppelte sich dadurch auf fast 800.000 und lag damit höher als die Zahl der Autofahrer*innen. Der wesentliche Grund war aber, dass in den Jahren zuvor das ÖPNV-Angebot ausgebaut und das Parkraummanagement massiv ausgeweitet wurde.

Vor Kurzem hat auch Wiesbaden ein 365-Euro-Jahresticket beschlossen. Vielfach wird auch die Einführung eines kostenlosen Nahverkehrs gefordert. Doch schon ein 365-Euro-Ticket führt zu erheblichen Verlusten. Das Verkehrsunternehmen in Freiburg (VAG) beziffert den voraussichtlichen Verlust bei Einführung eines Jahrestickets zum Preis von 365 Euro (bisher 620 Euro) auf 10 bis 12 Millionen Euro. Zudem müsste der ÖPNV ausgebaut werden, weil er schon jetzt in Engpasszeiten überfüllt ist.

2.6.4 BAHN FREI FÜR DAS KLIMA

Gerne wird über die Bahn gelästert. Schon wieder Verspätung. Der Anschlusszug vor der Nase weg gefahren. Schlechte Informationen, und, und, und. Stimmt leider. Das ist vor allem deswegen ärgerlich, weil man gerade von der Bahn Pünktlichkeit erwartet. Beim Flugverkehr ist es allerdings auch nicht besser. Hier gibt es seit Jahren und verstärkt seit 2018 massive Verspätungen und komplette Streichungen von Flügen. Und beim Autofahren plant man ja gar nicht ernsthaft, nach ein paar Hundert Kilometer Fahrt pünktlich anzukommen, schon gar nicht zu Stoßzeiten, langen Wochenenden, Feiertagen oder Urlaubsbeginn.

Der große Unterschied liegt bei der Fahrtzeit: Bei Fahrten mit der Bahn kann man – vorausgesetzt man hat einen Sitzplatz – die eigentliche Fahrtzeit für alles Mögliche nutzen (lesen, arbeiten, schlafen, essen …), während man sich beim Autofahren konzentrieren und anstrengen muss. Und beim Fliegen sind die diversen Zeitabschnitte völlig verhackstückt.

Die Bahn ist zudem ökologischer als Auto fahren oder Fliegen – nicht nur bei den Treibhausgasemissionen. Zudem gibt es viel weniger Unfälle.

Verkehrs-mittel	Pkw	Eisenbahn-Fernverkehr	Reisebus	Flugzeug	Eisenbahn-Nahverkehr	Linien-bus	Straßenbahn, U-Bahn
Durch-schnittliche Auslastung	1,5 Personen (Durchschnitt)	56 %	60 %	82 %	27 %	21 %	19 %
g CO_2/km	139	36	32	201	60	75	64
Emission bei Pkw mit nur einer Person: 208,5 g CO_2/km							

Tabelle: Vergleich der CO_2-Emissionen unterschiedlicher Verkehrsmittel (2017), (Quelle: Umweltbundesamt, modifiziert)

Bei der Bahnfahrt Berlin-München werden beispielsweise pro Person rund 33 kg CO_2 freigesetzt, mit dem Auto die dreifache Menge, mit dem Flugzeug die fünffache Menge. Nur in Ausnahmefällen – bei einem voll besetzten Auto und schlecht ausgelastetem Zug kann das Auto gleichziehen. Trotzdem hat die Bahn leider nur einen Anteil von 8,6 % an der landgebundenen Personenverkehrsleistung.

Die meisten entscheiden sich für das Auto, weil sie sowieso eines besizen, und die Fahrt vermeintlich billiger ist. Der Bahnkilometer kostet mit Nutzung einer BahnCard 50 rund 20 ct/km. Der Autokilometer kostet rund 50 ct/km – allerdings sind davon 40 ct fixe Kosten (Wertverlust Auto, Versicherungen etc.) und 10 ct/km die variablen Kosten. Nur gefühlt ist das Auto also billiger.

Die vor ein paar Jahren eingeführten Fernbusse (Flixbus & Co.) sind aus Klimasicht gleichwertig, haben allerdings höhere Schadstoffemissionen. In der Regel sind sie auch billiger als die Bahn, weil sie sich auf gut ausgelastete Hauptstrecken konzentrieren, und oft mit Direktverbindungen quer übers Land fahren, bei denen man im Gegensatz zur Bahn nicht umsteigen muss. Die Bahn muss dagegen auch die Kosten der teuren Nebenstrecken tragen – da fährt dann natürlich kein Flixbus.

Neben Preis, Reisezeit, Sicherheit, Verlässlichkeit und Ökologie sind für die meisten Reisenden die Einfachheit und Flexibilität von Bedeutung. Bei eng verstandener Flexibilität punktet das Auto. Wenn man zur Flexibilität auch die Freiheit dazu zählt, während des Fahrens flexibel seinen Interessen nachgehen zu können, zieht die Bahn mindestens gleich.

Einen großen Rückstand hat sie aber bei der Einfachheit der Planung. Aus diesem Grund und zur Erhöhung der Pünktlichkeit ist die (geplante) Einführung eines „Deutschlandtakts" wichtig – die Züge müssen jeweils im Stundentakt oder Halbstundentakt fahren und „automatisch" mit kurzer Umsteigezeit Anschluss haben (so wie es beispielsweise in der Schweiz klappt).

Wichtige bahnpolitische Weichenstellungen[11] sind deshalb:

❖ Verdopplung des Schienenverkehrs bis 2030
❖ Schrittweise Einführung des Deutschlandtakts
❖ Zügiger Ausbau der Schieneninfrastruktur
❖ Komplette Elektrifizierung der Schienenstrecken (in der Schweiz sind 99,7 % der Schienenstrecken elektrifiziert, in Deutschland nur 59 %, der Rest wird noch mit klimaschädlichem Diesel betrieben)
❖ Deutlich verbesserte Digitalisierung des Gesamtsystems
❖ Senkung der Trassenpreise (Übernahme der Fixkosten durch den Bund)
❖ Reduktion der Mehrwertsteuer im überregionalen Verkehr auf 7 %
❖ Höhere finanzielle Unterstützung der Bahn
❖ Einführung eines bundesweiten Einheitstickets für Bahn und ÖPNV

---

11 Agora Verkehrswende," Railmap 2030 – Bahnpolitische Weichenstellungen für die Verkehrswende", Berlin 2019

#klimAktiv

ELTERN AUF DIE RICHTIGE BAHN BRINGEN

Wenn man kein Auto besitzt, sind Bahn oder Fernbusse durchaus verlockend. Wenn die Eltern ein eigenes Auto haben, sind sie schwer zu überzeugen. Die typischen Argumente gegen Bahn & Busse sind:

❖ **Das braucht zu viel Zeit.** Die reine Fahrtzeit, gerechnet von Tür zu Tür, ist mit dem Auto auf mittleren Strecken tatsächlich meistens kürzer, auf längeren Strecken eher nicht. Aber den vermeintlichen Zeitverlust holt man bei Bahn und Bussen meistens locker wieder herein, denn da kann man – anders als im Auto – eben lesen, am Smartphone hängen, dösen, Kaffee trinken oder essen gehen etc.

❖ **Ich muss für den Ticketkauf ewig am Bahnhof anstehen.** Da musst Du den Eltern ganz ganz vorsichtig beibringen, dass wir schon im nächsten Jahrtausend leben. Lade Deinen Eltern einfach die Apps von Bahn, Flixbus&Co. herunter und zeige ihnen, wie man Verbindungen recherchiert, und sich Tickets ausdruckt oder noch besser auf das Smartphone lädt. Und wenn die Oma aus der nächsten Stadt zu Besuch kommt, kannst Du ihr vorher die Fahrkarte ausdrucken und mit der Post zuschicken.

❖ **Die Bahn ist doch viel teurer.** Wenn man ein eigenes Auto hat, und alle Fixkosten schon bezahlt hat bzw. nur die Benzinkosten rechnet, ist die Bahn tatsächlich teurer. Wenn man die echten Gesamtkosten rechnet, ist Bahnfahren billiger. Mit dem Argument kannst Du Eltern, Verwandte oder Nachbar*innen wahrscheinlich nur überzeugen, wenn sie nur wenig mit dem Auto fahren (müssen). Aber dann sind Bahn, Bus und Carsharing billiger, erst recht mit Bahncard 50 oder 25.

2.6.5 SHARING

Mittlerweile gibt es viele Sharingmodelle für alle möglichen Fahrzeuge: Autos (stationsgebundenes Carsharing oder „free floating" wie Car2Go oder DriveNow), (große) Elektroroller, Fahrräder, E-Bikes, E-Lastenräder, E-Scooter. In mehreren Großstädten gibt es schon „Super-Apps", mit der man alle Angebote mit einer App, einem Bezahlsystem und einmaligem Anmelden nutzen kann, z. B. Free2Move in Berlin. Das ist einfach und man kann man sich das eigene Auto wirklich sparen, wenn man in der Stadt wohnt.

In den meisten Städten und Regionen gibt es zum Automieten das **„stationsgebundene Carsharing"**. 2019 gab es bundesweit bereits 5.700 Stationen (mit jeweils mehreren Fahrzeugen) und 650.000 Fahrberechtigte bzw. Nutzer*innen.

Die Gründe dafür sind unterschiedlich: man will kein eigenes Auto mehr, weil es unökologisch ist, weil man es zu wenig nutzt oder weil es zu teuer ist. Oder man will als Haushalt kein zweites Auto, weil das erst recht teuer und unnötig ist.

Im Durchschnitt werden private Autos nur 45 Minuten am Tag genutzt. 23 Stunden stehen sie ungenutzt am Straßenrand oder in der Garage. Ein CarSharing-Fahrzeug ersetzt bis zu 20 private Pkw. Dadurch wird erstens die ökologisch aufwendige Produktion von 19 Pkw gespart, zweitens fährt man bisherigen Erfahrungen zufolge im Schnitt weniger oft, als wenn man ein eigenes Auto hätte. 19 % der Carsharingkunden nutzen öfter Bus und Bahn, 14 % steigen häufiger aufs Fahrrad. Noch größer sind die Veränderungen in Haushalten, die dank Carsharing ihr eigenes Auto abschaffen konnten: Hier fahren 70 % weniger Auto, 40 % fahren mehr Bus und Bahn und 32 % fahren öfter Rad[12].

#klimAktiv

CARSHARING

Wenn man ab und zu ein Auto braucht, bietet sich stationsgebundenes Carsharing an (free floating gibt es bislang nur in wenigen Großstädten). Carsharing ist DIE ALTERNATIVE für Leute, die ihr Auto nicht täglich brauchen. Wenn Du Deine Eltern, Verwandten oder Nachbar*innen vom Carsharing überzeugen willst, gibt es sehr gute Argumente.

❖ Man spart sich den ganzen Dauernerv mit dem eigenen Auto: Extragarage oder Parkplatzsuche, Inspektionen, Reparaturen, TÜV, Versicherungen, Winterreifen rauf, Winterreifen runter.

❖ Je nach Bedarf kann man verschiedene Autos wählen – einen Kleinwagen, einen größeren für eine längere Fahrt mit Freund*innen, einen Van oder einen Kleintransporter für den Möbeleinkauf.

❖ Einmal angemeldet, einmal ausprobiert – ab dann läuft alles wie von selbst.

❖ Außer bei Vielfahrern ist Carsharing billiger.

❖ Vor allem Familien und Paare können auf ihr Zweitauto verzichten.

❖ Carsharing ist ökologischer als ein eigenes Auto. Der ökologische Aufwand bei der Produktion verteilt sich auf viel mehr gefahrene Kilometer (Carsharingautos haben eine sehr hohe Auslastung). Noch entscheidender ist aber, dass man im Vergleich zum eigenen Auto das Autofahren automatisch reduziert. Jetzt sind plötzlich ÖPNV, Bahn und Fernbusse oder Mitfahrgelegenheiten billiger, und man merkt, dass man innerorts mit dem Rad sowieso schneller ist.

Wer sich zum Carsharing entschließt, punktet richtig – für den Klimaschutz. Außerdem: Je mehr Carsharingautos es in der Stadt gibt, umso näher haben es alle zum nächsten Auto.

---

12 Studie des Bundesverbands Carsharing, zitiert nach www.carsharing.de

Die Nutzung von Carsharing ist unkompliziert und bequem: Man meldet sich einmalig mit Ausweis und Führerschein bei einer lokalen oder überregionalen Carsharingorganisation an, überweist eine Kaution und zahlt eine kleine monatliche oder jährliche Teilnahmegebühr. Man erhält eine elektronische Zugangskarte und eine Übersicht, wo in der Umgebung der eigenen Wohnung und überall in der Stadt Autos stehen. Wenn man fahren will, bucht man per Telefon oder Internet rund um die Uhr das Auto, das man will (anders als beim Mietwagen ohne weitere Formalitäten), geht oder radelt zum Auto, hält die Smartcard ans Fenster, die Tür springt auf und man nimmt den Autoschlüssel aus einem Fach. Und schon kann man losfahren. Nach Beendigung parkt man wieder an der Ausgangsstation, schiebt den Schlüssel ins Fach und verschließt das Auto mit der Zugangskarte. Wenn man zwei-, dreimal gefahren ist, geht das wie am Schnürchen. Tanken muss man übrigens – anders als beim klassischen Mietwagen – nur, wenn die Tankfüllung sich dem Ende zuneigt. Das Carsharing ist

❖ besonders geeignet für Ein- und Zweipersonenhaushalte (das sind 75 % aller Haushalte) und viel besser als ein Zweitauto für Mehrpersonenhaushalte,

❖ besonders problemlos in Städten (weil es dort viele Standorte gibt) und besonders geeignet für all die Autofahrer*innen, die nicht regelmäßig und nicht sehr viel fahren (müssen),

❖ viel billiger als ein eigenes Auto, wenn man nur einige Tausend km pro Jahr fährt. Im Gegensatz zum klassischen Mietwagen kann man das Carsharingauto auch nur für wenige Stunden mieten. Das ist in der Regel deutlich billiger als ein klassischer Mietwagen, und erst recht als ein eigener Wagen. Die Kosten zum Ausleihen liegen je nach Automodell bei etwa zwei Euro pro Stunde, die Kilometerpauschale in der Größenordnung von 0,20–0,25 Euro; die Kosten für den Treibstoff sind darin enthalten. In der Regel ist Carsharing weit über 5.000 km Jahresverkehrsleistung billiger als ein eigenes Auto.

Auf dem Land dagegen ist Carsharing bislang meist schwierig bis unmöglich – da bieten sich eher Mitnahmegelegenheiten, privates Carsharing (z. B. vermittelt über Drivy) oder Ridesharing an.

Die spannende Frage ist: Was hat das mit Klimaschutz zu tun? Ganz einfach: Wer ein eigenes Auto hat, fährt auch viel damit. Als Autobesitzer*in hat man hohe Fixkosten (ca. 70 % durch Kaufpreis bzw. jährlichen Wertverlust, jährliche Steuer und Versicherungen, Garage etc.), aber nur geringe Kilometerkosten für Benzin (ca. 15 %). Die Kosten für Werkstatt, Reifen und Reparatur (ebenfalls 15 %) rechnet man meist nicht auf die Kilometerkosten um, sodass die variablen Kosten einer Fahrt nur noch bei ungefähr 9 bis 10 ct pro km liegen. Als Nicht-Autobesitzer*in und Carsharingnutzer*in hat man immer die Wahl zwischen Fahrrad, ÖPNV, Bahn und Carsharing. Man kann bei jeder Fahrt das günstigste oder bequemste Verkehrsmittel wählen und fährt dadurch in der Regel erheblich weniger mit dem Auto. Die CO_2-Emissionen sinken dadurch deutlich.

Das Ausleihen für eine Stunde und wenige Kilometer Fahrt (z. B. jemand vom Bahnhof abholen) kostet weniger als 5 Euro. Ein Möbeltransport (Ausleihzeit 4 Stunden, 10 bis 20 km Fahrt) kostet um die 20 Euro.[13]

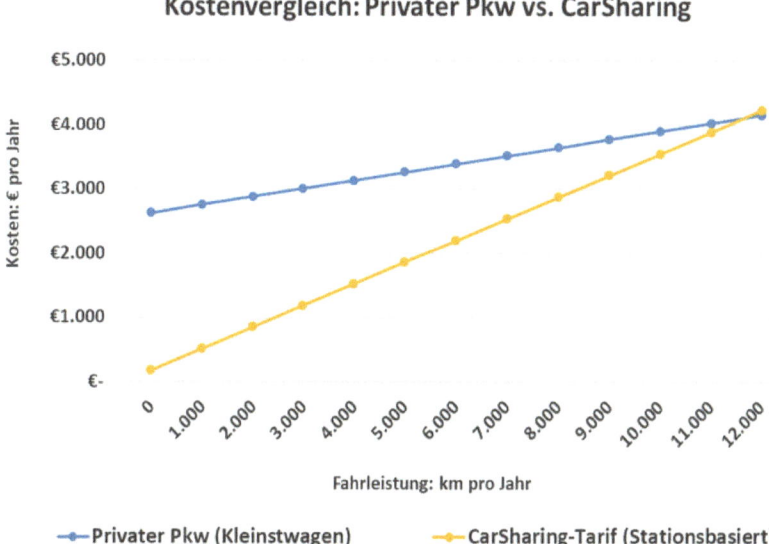

Der Vergleichs-Pkw ist einer der zehn günstigsten Kleinstwagen in Deutschland laut ADAC-Autokostenrechnung. Die monatlichen Kosten wurden anhand ADAC-Autokostenrechner ermittelt. Der CarSharing Tarif ist ein Normaltarif eines stationsbasierten Anbieters ohne Rabatte. Die einmalige Anmeldegebühr und ein Sicherheitspaket zur Reduzierung der Selbstbeteiligung im Schadensfall wurden eingerechnet. Treibstoff ist im CarSharing-Tarif enthalten. Kosten-Erhebung im März 2019.

Abbildung: Kostenvergleich privater Pkw und Carsharing
(Quelle: Bundesverband Carsharing)

Privates Carsharing

Daneben gibt es auch die Möglichkeit, Autos von Privatpersonen zu mieten. Vermittelt wird das beispielsweise über Drivy („Carsharing von nebenan"). Die Kosten werden dabei individuell festgesetzt. Das Auto wird per Smartphone-Code geöffnet. Die Fahrten sind versichert und beinhalten auch einen 24/7–Pannendienst.

13 Bundesweit gibt es rund 180 Anbieter von stationsgebundenem Carsharing

Ridesharing wie BlaBlaCar, Flixcar oder Uber

Bei den Großeltern hieß das – für die damaligen Verhältnisse – ganz cool: „MFG gegen BKB" (Mitfahrgelegenheiten gegen Benzinkostenbeteiligung), aber Ridesharing klingt natürlich noch cooler. Praktisch heißt das, dass der Fahrer eines Autos ein oder mehrere weitere Personen mitnimmt – unentgeltlich (meist Freund*innen, Bekannte oder Arbeitskolleg*innen) oder gegen Zahlung einer Gebühr. Zur Vermittlung gibt es stationäre Mitfahrzentralen oder Online-Mitfahrzentralen. Durch Ridesharing werden eine höhere Auslastung von Fahrzeugen erreicht und die Emissionen verringert. Für die Mitfahrer*innen ist es eine einfachere und günstigere Alternative zum Reisen mit öffentlichen Verkehrsmitteln, für die Fahrer*innen eine Teilung der Fahrtkosten. Über https://curlie.org/World/Deutsch/Regional/Europa/Deutschland/Verkehr/Mitfahrzentralen/ findet man alle möglichen Varianten von Mitfahrzentralen – mit und ohne Bonitätsprüfung von Fahrer*innen/Mitfahrer*innen und sogar auch für Gütertransporte bzw. das Mitnehmen von Gegenständen: Mitfahren. de; ÜberBringer, Mitgreenfahrt, Hitchhikers, Blabla car, Drive2day, Pendlernetz.de, Flinc. org, Mitfahrzentrale.org, Shareload, Fahrgemeinschaft.de, Abgefahren e.V., Bessermitfahren.de; TwoGo; pendlerportal, FahrFreund, MiFaZ und Citynetz. Neu ist Flixcar – das Startup sammelte 500 Millionen Euro Risikokapital und startete im Sommer 2019.

#klimAktiv

ELTERN ZUM RIDESHARING AUFSATTELN

Wenn Du die diversen Mitfahrgelegenheiten nutzt und schätzt, wirst Du Dir vielleicht nie ein Auto kaufen. Wenn Deine Eltern ein Auto haben und es nicht aufgeben wollen, motiviere sie, Mitfahrgelegenheiten anzubieten. Am einfachsten ist es, wenn Du beim ersten Mal mitfährst. Dann kannst Du alles arrangieren und deinen Eltern die Skepsis nehmen.

https://curlie.org/World/Deutsch/Regional/Europa/Deutschland/Verkehr/Mitfahrzentralen/

Uber

Weltweit bekannt ist Uber. Eine große Plattform, die wenige Eigentümer*innen zu Milliardären machte – auf Kosten der Fahrer*innen und Mitfahrer*innen. Kerngeschäft von Uber ist die Vermittlung von Fahrten, die von Privatleuten angeboten werden. Dadurch wird die Zahl von Autofahrten ausgeweitet, auf Kosten des öffentlichen Nahverkehrs und der traditionellen Taxifahrer*innen. Im Jahr 2018 gab es in den USA bereits 3,2 Milliarden (!) Fahrten mit Fahrdienstvermittlern, wohingegen die Taxifahrten auf 0,7 Milliarden halbiert wurden. Während für Taxifahrer*innen strenge Vorschriften gelten (Arbeits-und Pausen-zeiten, feste Tarife, Verpflichtung zur Beförderung auch auf kurzen Strecken, Eignungsprü-fung), gilt dies nicht für Uber-Fahrer*innen. Diese arbeiten zum Teil professionell bzw. zum richtigen Geldverdienen (also nicht nur gelegentlich), und damit als sozial nicht abgesi-cherte Kleinunternehmer*innen.

Vor dem Börsengang von Uber im Mai 2019 protestierten Zehntausende Uber-Fahrer*in-nen in den USA, Australien und Großbritannien gegen die schlechten Arbeitsbedingun-gen und die niedrige Beteiligung an den Einnahmen. Der Wert von Uber wird auf 90 Mil-liarden geschätzt. In der EU dürfen die Mitgliedsstaaten festlegen, wie Uber gesetzlich behandelt wird. In Deutschland sind Mietwagenfahrten mit „Uber Black" unzulässig, Fahr-ten mit Mietwagen (UberX) dagegen zugelassen.

2.6.6 DIE VERBRENNUNGSMOTOREN IN DER SACKGASSE

Wie oben schon geschrieben: Auch wenn es idealerweise eine deutliche Verschiebung von der Autodominanz zur multimodalen Mobilität gäbe, wären es im Jahr 2050 wohl immer noch 12 bis 15 Millionen Autos. Und in der langen Übergangszeit werden es auf jeden Fall noch deutlich mehr sein. 2018 gab noch 47 Millionen, mit steigender Tendenz. Aus Klimasicht ist es daher neben einer Reduktion der Autozahl sehr wichtig, dass die Neuwagen emissionsarm werden, und die Neuproduktion von Autos mit Verbrennungs-motoren baldmöglichst eingestellt wird. Die Zukunft gehört der Elektromobilität, und den rein batteriebetriebenen Fahrzeugen. Für Langstrecken und Lkws könnten sich was-serstoffbetriebene Brennstoffzellenfahrzeuge und/oder Oberleitungs-Lkws oder klassi-sche Lkws mit strombasierten Flüssigkraftstoffen durchsetzen.

Wie sich die Autos und der Automarkt in den letzten Jahrzehnten verändert haben, ist aus Klimasicht eine Katastrophe. Pkws und Kombis verbrauchten in Deutschland im Jahr 2017 im Schnitt immer noch 7,4 l auf 100 km. Die technischen Fortschritte bei der Fahrzeug-und Motorenentwicklung wurden größtenteils durch die Entwicklung von größeren und übermotorisierten Autos kompensiert. Die Automobilhersteller konnten damit Umsatz und Gewinne steigern. Und die meisten Autofahrer*innen bzw. Autokäufer*innen folgten der Entwicklung unkritisch, verwechselten PS-Stärke mit persönlicher Stärke und unterla-gen dem Rausch der Geschwindigkeit. Zwar hatte die Industrie schon vor 20 Jahren mit „Dreiliterautos" aufblitzen lassen, wie man verbrauchsarme Autos mit geringen CO_2-Emis-sionen bauen könnte. Aber das waren Sonderentwicklungen, die von den Unternehmen in der Werbung nur schwach unterstützt, von den Autokäufer*innen nicht angenommen und bald nicht mehr produziert wurden.

NIEDRIGVERBRAUCHSAUTOS

Der VW Lupo 3l TDI war das erste Serienfahrzeug eines Markenherstellers, das mit 2,99l Diesel weniger als 3 l/100 km verbrauchte und nur 81 g CO_2 pro km emittierte. Ermöglicht wurde dies durch die Wagengröße (Kleinwagen, 4-Sitzer, zweitürig, Heckklappe), konsequente Gewichtsreduzierung mit Leichtbaumaterialien (830 kg Leergewicht; Motorblock aus Aluminium, Magnesium-Heckklappe etc.), ein spezielles Motorenkonzept (TDI-Motor, Dreizylinder, 1,2 l Hubraum, 45 kW bzw. 61 PS und 33 kW beim Sparbetrieb) und eine spezielle Schaltung mit Start-Stop-Automatik, Eco-Sparautomatik, normaler Automatik und Handschaltung.

Der 3-Liter-Lupo wurde 1999 von Volkswagen als High-Tech-Auto präsentiert und hatte eine Höchstgeschwindigkeit von 165 km/h. Volkswagen bewarb den 3-Liter-Lupo nicht als Ökoauto, weil Ökoautos bei den Verbrauchern ein schlechtes Image hatten. Der 3-Liter-Lupo kostete damals 26.900 DM und war rund 8.000 DM teurer als das Lupo-Basismodell. Dafür aber war er für mehr als sechs Jahre von der Kraftfahrzeugsteuer befreit und unterlag danach dem niedrigsten Satz. Der Drei-Liter-Lupo war zu seiner Zeit das mit weitem Abstand ökologisch beste Auto – aber es war nicht erfolgreich. Die meisten Autofahrer*innen – auch die aus den Ein- und Zweipersonenhaushalten (das sind 70 % aller Haushalte!!) – wollten einfach ein großes, und nicht ein kleines Auto kaufen. Jährlich wurden vom Lupo nur 8.000 Autos verkauft (zum Vergleich: Der jährliche Verkauf von Neuwagen lag damals bei rund 3,5 Millionen Pkw). Volkswagen stellte die Produktion nach einigen Jahren wieder ein.

Der Toyota Prius rangiert in der Klasse der Familienwagen und ist größer als der VW Lupo 3l TDI. Er ist ein Hybridauto und verbraucht 4,3 l Superbenzin auf 100 km und emittiert rund 103 g CO_2/km. Werbeslogan: „Die Zukunft atmet auf." Er verursacht etwa 25 % mehr CO_2-Emissionen (103 g pro km) als der 3-Liter-Lupo und kostet mit 23.900 Euro fast doppelt so viel. Innerhalb der Familienwagen ist er zwar auch vergleichsweise teuer, hat aber durch den niedrigeren Spritverbrauch noch vertretbare Gesamtkosten und ist damit als Familienauto tatsächlich empfehlenswert. Die wesentlichen Gründe für seinen Erfolg dürften vor allem darin bestehen, dass er ein größeres Auto ist und klar als High-Tech- und Ökoauto präsentiert wird.

Der Hyundai IONIQ dagegen ist günstiger und kleiner als der Toyota, und ist auch ein Familienauto.

Die CO_2-Emissionen der Autos liegen in Deutschland extrem hoch. Ende 2018 lag der durchschnittliche Emissionswert aller Neuzulassungen in Deutschland bei 131 g CO_2/km, und damit sogar noch rund drei Gramm höher als im Jahr 2017. Ab dem Jahr 2021 gilt in der EU für Neuzulassungen von Pkws ein Flottengrenzwert von 95 g CO_2/km (die Flottenwerte sind hier die durchschnittlichen gewichteten Werte der neu zugelassenen Wagen eines Herstellers oder aller Neuzulassungen in Deutschland).

#klimAktiv

NEUAUTO VERKLEINERN

Also gut (oder schlecht). Deine Eltern brauchen oder wollen definitiv ein eigenes Auto und wollen eines kaufen. Damit werden die CO_2-Emissionen für die nächsten 10 bis 12 Jahre bestimmt. Da lohnt es sich, hart zu diskutieren.

Zuerst einmal: Brauchen Sie wirklich überhaupt noch ein eigenes Auto? Warum nicht zum Carsharing und ÖPNV/Bahn wechseln? Das wäre zu teuer? Dann rechne Ihnen die wirklichen Kosten eines eigenen Autos vor.

Wenn sie doch auf einem eigenen neuen Autos bestehen, kannst Du auf jeden Fall mehr für den Klimaschutz fordern:

❖ Das neue Auto sollte möglichst klein, möglichst verbrauchsarm und nicht übermotorisiert sein. Also: kein Premiumschlitten, kein fetter Spritschlucker, kein Stadtpanzer. Ihr braucht weder 150 PS noch eine Spitzengeschwindigkeit über 200 km/h (beides Durchschnitt bei den aktuellen Neuzulassungen).

❖ Am besten sollte gleich ein Elektroauto gekauft werden. Notfalls kann man den Neukauf ein oder zwei Jahre hinauszögern. Bis dahin gibt es genug Elektroladestationen und die Batterien werden von Jahr zu Jahr besser, die Reichweite größer. Elektroautos sind im Betrieb deutlich billiger als Verbrenner, es gibt viel weniger Reparaturen (brauchen keine Kupplung, keine Motorkühlung, kein Öl/Ölwechsel).

❖ Gegen ein Auto mit Verbrennungsmotoren spricht, dass in den nächsten Jahren weitere Fahrverbote zu erwarten sind, vor allem in Innenstädten, dass das Fahren durch die CO_2-Bepreisung teurer wird und vor allem, dass der Wiederverkaufswert von Autos mit Verbrennungsmotoren drastisch sinken wird.

❖ Eine Übersicht über 61 PKW Modelle, die vergleichsweise wenig CO_2 und Stickoxide ausstoßen, die sparsam sind und auch in den kommenden Jahren noch in jeder deutschen Innenstadt fahren dürfen, hat der VCD in seiner Umweltautoliste 2018/2019 aufgenommen.[14]

❖ Eventuell muss Dein Vater oder Deine Mutter das neue Auto gar nicht selbst kaufen, sondern bekommt es vom Arbeitgeber als Dienstwagen gestellt. Nach dem sogenannten Dienstwagenprivileg wird das steuerlich gefördert. Meistens können aber die Arbeitnehmer*innen entscheiden, welches Auto sie wollen. Falls Dein Vater oder Mutter jetzt argumentiert, dass sie ein großes Auto kaufen müssen, weil sie sonst in der Firma schräg angeschaut werden („Alle in meiner Abteilung haben so ein Auto." Oder: „Ich kann doch als Abteilungsleiter nicht ein kleines Auto fahren."), kommt es zum Schwur: Wollen die Eltern protzen oder Deine Zukunft versauen?

---

14 https://www.vcd.org/themen/auto-umwelt/vcd-auto-umweltliste

Schon jetzt ist klar, dass der 2021er-EU-Grenzwert von den deutschen Herstellern nur mit einem sehr großen Anteil von Elektroautos eingehalten werden kann! Der Grenzwert für 2030 liegt mit 59,4 g CO_2/km noch niedriger und ist für die deutschen Hersteller voraussichtlich noch schwerer erreichbar, allenfalls mit einem sehr hohen Anteil von Elektroautos. Umgerechnet entsprechen 59,4 g CO_2/km einem Verbrauch von etwa 2,6 l Benzin oder 2,3 l Diesel! Die über Jahrzehnte immer weiter optimierten Verbrennungsmotoren und Abgasreinigungssysteme können aber nicht viel weiter optimiert werden. Die meisten Automobilhersteller haben schon zu kriminellen Methoden wie dem vorsätzlichen Betrug gegriffen, um Grenzwerte bei den übermotorisierten schweren Autos einhalten zu können. Die Gesetze der Physik sind eindeutig: Je größer und schwerer die Autos sind und je schneller sie gefahren werden, desto höher sind Energiebedarf und CO_2-Emissionen. Wesentliche Verbesserungen können bei den Verbrennungsmotoren nur durch kleinere, leichtere und weniger stark motorisierte Wagen erreicht werden – aber davon ist der Markt meilenweit entfernt. Im ersten Halbjahr 2019 waren 31,4 % der verkauften Autos SUVs. Die übermotorisierten Autos und speziell SUVs haben im Hinblick auf Spritverbrauch und CO_2-Emissionen zwei Probleme: Bei geringen Geschwindigkeiten sinkt die Effizienz auf bis zu 10 % und führt zu einem höheren Spritverbrauch. Bei hohen Geschwindigkeiten haben die SUVs durch ihre spezielle Form einen hohen Windwiderstand. Bei einem Vergleich eines VW Tiguan und eines VW-Golfs mit dem gleichen Motor verbrauchte der VW Tiguan auf der Autobahn pro 100 km 2,4 l mehr Sprit[15].

Allerdings sind auch Elektroautos kein Wundermittel (siehe S. 165ff.). Aus Umweltsicht sind Fahrräder, E-Bikes, Elektroroller, ÖPNV und Bahn klar besser. Die Batterieproduktion von Elektroautos ist sehr aufwendig und die CO_2-Emissionen beim „getankten" Strom sind nur niedrig, wenn der Anteil erneuerbarer Energien bei der Stromproduktion hoch ist. Klimaschutz in der Mobilität geht NICHT durch den Ersatz von (47 Millionen) Autos mit Verbrennungsmotoren durch ebensoviele Elektroautos. Klimaschutz in der Mobilität geht nur mit weniger Fahrten, multimodaler Mobilität mit Vorrang für Fahrräder, ÖPNV und Bahn und viel weniger Autos – und die dann eben als Elektroautos. Wer aus beruflichen, örtlichen oder persönlichen Gründen ein Auto haben will oder muss, der hat immer noch beträchtliche Möglichkeiten zum Klimaschutz – z. B. mit einem Niedrigverbrauchsauto und spritsparender Fahrweise oder mit dem Angebot von Ridesharing bzw. mit eigenem Anbieten von Mitfahrgelegenheiten, z. B. für Arbeitskolleg*innen. Alles andere ist völlig abgefahren. Bei einem notwendigen Neukauf sollte man zumindest ein möglichst kleines, nicht übermotorisiertes Auto oder ein Elektroauto wählen.

---

15 Spiegel-Video 99029665 zu SUV

#klimaPolitik

TEMPOLIMIT (120/80/30)

Durch die hohen zulässigen Geschwindigkeiten auf Autobahnen (unbegrenzt), Landstraßen (max. 100 km/h) und innerorts (50 km/h) kommt es gleich zu mehreren Problemen: zu hohe Emissionen von Treibhausgasen, Stickoxiden und Feinstaub, zu hoher Lärm, sehr hohe Unfallzahlen und sehr hohe volkswirtschaftliche Kosten. Das muss und kann schnell (!), einfach und ohne wesentliche Kosten geändert werden – durch Tempolimits:

❖ Durch ein Tempolimit von 120 km/h auf Autobahnen würden die Treibhausgas-Emissionen um 3 bis 3,5 Millionen t zurückgehen[16].

❖ Die häufigste Unfallursache mit Todesfolge ist zu hohe Geschwindigkeit (25 %). Für die Reduktion der Unfallzahlen gibt es keine übergreifende Studie, aber mehrere Realmessungen, die einen hohen Rückgang der Unfallzahlen zeigen. Beispielsweise nahmen an zwei Autobahnabschnitten in Brandenburg die Unfallzahlen schon nach Einführung von einem Tempolimit von 130 km/h drastisch ab: 48 % weniger Unfälle und 57 % weniger Verunglückte[17].

Durch eine Geschwindigkeitsbegrenzung käme es zu einem deutlich entspannteren Fahren, einem flüssigeren Verkehr, weniger Staus und durch bessere Ausnutzung der Fahrspuren sogar zu einer Erhöhung der Kapazität der Autobahnen (bzw. weniger erforderlichem Neubau).

Der Zeitverlust durch ein Tempolimit wird üblicherweise völlig überschätzt. In Brandenburg sank die mittlere Geschwindigkeit von 137 km/h nach dem Tempolimit auf 127 km/h. Pro km Fahrtstrecke verlieren Autofahrer*innen dadurch allerdings nur zwei Sekunden Fahrtzeit!

Nach einer unveröffentlichten Studie im Auftrag der Bundesregierung fahren übrigens nur 10 % der Autofahrer*innen im Schnitt schneller als 130 km/h.

Bei den Flächenstaaten haben weltweit nur Afghanistan, Deutschland, Nordkorea und Somalia kein Tempolimit auf Autobahnen. In den anderen europäischen Ländern und selbst im klassischen Autoland USA gibt es dagegen Tempolimits (120 oder 130 km/h).

Bei einem *Tempolimit von 80 km/h auf Landstraßen* (statt 100 km/h) dürften die Emissionen von Treibhausgas- und Schadstoffen leicht zurückgehen, die Unfallzahlen dagegen deutlich.

---

16 Gunnar Gohlisch und Marion Malow, „Umweltauswirkungen von Geschwindigkeitsbegrenzungen", UBA-Texte 40/1999; Agora Verkehrswende (2018): Klimaschutz im Verkehr: Maßnahmen zur Erreichung des Sektorziels 2030, 08.2018. Online verfügbar unter https://www.oeko.de/fileadmin/oekodoc/Klimaschutz-im-Verkehr-Massnahmen-zur-Erreichung-des-Sektorziels-2030.pdf
17 Landesbetrieb Straßenwesen, „Auswirkungen eines allgemeinen Tempolimits auf Autobahnen im Land Brandenburg", Oktober 2007

Tempo 30 in Ortschaften ist die wirkungsvollste Maßnahme, um dort die Verkehrssicherheit zu erhöhen. Bei niedrigen Geschwindigkeiten sinkt das Verletzungsrisiko, vor allem für Fußgänger*innen und Radfahrer*innen. Autofahrer*innen können bei niedrigen Geschwindigkeiten besser auf brenzlige Situationen reagieren. Bei 50 km/h beträgt der Bremsweg eines Autos 25 m, bei 30 km/h mit 9 m deutlich kürzer. Weiter werden die gesundheitsschädlichen Schadstoffe (Stickoxide und Feinstaub) und die Lärmbelastung deutlich reduziert. Bei 30 km/h sind die Lärmemissionen der Fahrzeuge im Mittel um rund 2 bis 3 dB(A) reduziert – das wird wie eine Halbierung der Verkehrsmenge wahrgenommen.

Weil der Zeitvorteil durch Autonutzung deutlich zurückgeht oder je nach örtlichem Umfeld sogar ganz verschwindet, und die Sicherheit für Fahrradfahrer*innen erhöht wird, wäre eine deutliche Verschiebung auf umweltfreundlichere Verkehrsmittel (ÖPNV, E-Bikes, Fahrräder) zu erwarten.

Bislang dürfen Kommunen das Tempolimit von 30 km/h nicht flächendeckend einführen. Es muss für jede Straße bzw. Zone begründet werden (niedrigere Schadstoffemissionen, Lärmschutz, höhere Sicherheit – z.B. bei Kindergärten, Schulen). Auf lokaler Ebene gibt es meist schon viele Tempo 30-Zonen. In München ist Tempo 30 auf mehr als 80% des Straßennetzes die Regel, in Berlin gilt auf etwa 75% des Straßennetzes Tempo 30 oder weniger.

Für Aktionen zu Tempo 30 gibt es Informationsmaterial vom Verkehrs-Club Deutschland (VCD)[18]

---

18 VCD Soforthilfepapier Tempo 30: https://www.vcd.org/.../user.../Tempo_30/Tempo30_ Soforthilfe-Papier_09_2018.pdf

Übergeordnet würde sich aus den Geschwindigkeitsbegrenzungen auch eine Änderung der Fahrzeugentwicklung ergeben. Im Jahr 2017 lag in Deutschland die durchschnittliche (!) Höchstgeschwindigkeit neu zugelassener PKWs bei absurd hohen 200,1 km/h[19]. Weniger hochmotorisierte Pkw haben deutlich geringere Emissionen. Bei Elektrofahrzeugen wäre bei einem Ausschluss von Geschwindigkeiten über 120 km/h nur noch eine kleinere Batterie notwendig oder es würde sich bei gleicher Batteriegröße eine größere Reichweite ergeben.

Nach Festlegung der Höchstgeschwindigkeit auf Autobahnen sollte auch der Einbau von digitalen Systemen zur automatischen Einhaltung der Tempolimits in alle Autos vorgeschrieben werden – mit Ausnahmeregelungen für Polizei, Krankenwagen und Feuerwehr.

Im Kabinettsbeschluss der Bundesregierung vom 9. Oktober 2019 wurden keine Tempolimits beschlossen. Tempolimits wurden nicht einmal erwähnt!

What do we want? Speed limit! When do we want it? Now!

#klimaPolitik

DAS DIENSTWAGENPRIVILEG FÜR SPRITFRESSER[20]

Das Dienstwagenprivileg ist eine Steuervergünstigung, mit dem der gesamte Automarkt in Richtung große Autos mit hohem Verbrauch geschoben wird. Bei der privaten Nutzung von Firmenwagen sparen die Arbeitnehmer*innen eine Menge Geld. Weil das im Prinzip wie ein Lohnbestandteil ist, muss die Dienstwagennutzung versteuert werden – als sogenannter „geldwerter Vorteil" (jährlich mit 1 % des Listenpreises). Rund zwei Drittel (!) der Erstzulassungen von Pkw werden durch Unternehmen vorgenommen. Gekauft werden hauptsächlich große Autos, nach wenigen Jahren als Gebrauchtautos verkauft. Aus ökologischer und sozialer Sicht ist das Dienstwagenprivileg gleich mehrfach negativ:

❖ Durch die Steuererleichterung werden eher große und teure Autos mit hohen CO_2-Werten gekauft. Privatpersonen würden eher kleinere bzw. weniger teure Autos kaufen.

❖ Meistens zahlen die Unternehmen alle Betriebskosten – Tanken, Reparaturen, Reifenwechsel etc. Die Kosten der *privaten Nutzung sind damit praktisch null*. Alle anderen Alternativen, z. B. Bahnfahrten, sind damit völlig unattraktiv.

❖ Die Steuererleichterung ist eine indirekte Subventionierung. Das Forum Ökologisch-Soziale Marktwirtschaft (FÖS) schätzt die jährlichen Steuermindereinnahmen auf

---

19 https://de.statista.com/statistik/daten/studie/12941/umfrage/entwicklung-der-hoechstge-schwindigkeit-von-neuwagen/
20 Agora Verkehrswende, „Klimaschutz im Verkehr: Maßnahmen zur Erreichung des Sektorziels 2030", Berlin 2018; Klaus Jacob et al.; „Verteilungswirkungen umweltpolitischer Maßnahmen und Instrumente", UBA-Texte 73/2016, Berlin; FÖS: http://www.foes.de/themen/verkehr/dienst-und-firmenwagen/

4,6 Milliarden Euro. Das Geld fehlt für dringende Klimaschutzmaßnahmen, z. B. für den Infrastrukturausbau von Bahn, ÖPNV und Radverkehr.

❖ Die Regelung ist zudem sozial ungerecht – weil vom Dienstwagenprivileg vorwiegend Nutzer*innen mit höherem Einkommen profitieren.

Die neu eingeführte zaghafte Übergangsregelung bis 2021 (reduzierter Steuersatz von 0,5 % für Elektrofahrzeuge oder PlugIn-Hybridfahrzeuge) reicht nicht aus. Die Besteuerung muss erstens mit der Höhe der spezifischen CO_2-Emissionen der Autos steigen und zweitens abhängig von der Nutzung (gefahrene km oder Kraftstoffverbrauch) sein. So eine Regelung gibt es schon in Großbritannien. Damit könnten im Jahr 2030 zwischen 1,9 und 5,8 Millionen t CO_2 eingespart werden. Es kann nur einen Spannbreite angegeben werden, weil die Höhe der tatsächlichen CO_2-Reduktion davon abhängt, wie die Unternehmen und die privaten Nutzer*innen reagieren.

Für den Einbezug in das Dienstwagenprivileg sollten nur PKW mit einem Emissionswert von max. 95 g CO_2/km zugelassen werden (dies entspricht dem EU-Flottengrenzwert ab 2021) sowie eine Obergrenze von 30.000 Euro Listenpreis, um große und übermotorisierte PKW (auch Elektroautos!) auszuschließen.

Im Kabinettsbeschluss vom 09.10. 2019 hat die Bundesregierung nur beschlossen, dass die Dienstwagensteuer für batterieelektrische Fahrzeuge bis zu einem Kaufpreis von 40.000 Euro von 0,5 % auf 0,25 % abgesenkt werden soll.

#klimaKlartext

POLITISCHER BETRUG BEI DEN EU-FLOTTENGRENZWERTEN

Die CO_2-Grenzwerte für neue Pkws werden von der EU festgelegt. Sie gelten nicht für einzelne Autos, sondern für die verkaufte Flotte der einzelnen Hersteller, gewichtet nach dem Anteil der unterschiedlichen Autos der Hersteller. Ab 2020 gilt schon bisher ein Grenzwert von 95 g CO_2 pro km. Der Grenzwert sinkt dann bis 2025 um 15 % (auf 80,75 g CO_2/km) und bis 2030 um 37,5 % auf 59,4 g CO_2/km. 95 g CO_2/km entsprechen einem durchschnittlichen Verbrauch von 3,6 l Diesel bzw. 4,1 l Benzin; 59 g CO_2/km entsprechen 2,25 l Diesel bzw. 2,55 l Benzin.

Diese Grenzwerte wurden von der EU gegen den Willen der deutschen Automobilindustrie und damit der deutschen Bundesregierung festgelegt, die für weniger scharfe Grenzwerte plädiert hatten. Tatsächlich lagen die Flottenwerte der deutschen Hersteller im Jahr 2018 bei 131 g CO_2/km.

Aber auch die schärferen Grenzwerte sind aus Klimasicht unbefriedigend:

❖ Der reale CO_2-Ausstoß der Fahrzeuge liegt deutlich höher als der auf einem Rollenprüfstand gemessene Wert. Nach Messungen des ICCT (Internation Council on Clean Transportation) lag der tatsächliche Verbrauch für neue Fahrzeuge des Jahres 2016 im

Schnitt um 42 % (!) höher als von den Herstellern angegeben. Zwar wurde im September 2017 von der EU das realitätsnähere WLTP-Messverfahren eingeführt, aber es ist nach wie vor von real höheren Emissionen auszugehen.

❖ Die CO_2-Zurechnung bei den Pkw-Grenzwerten ist ein politischer Betrug, weil damit eine beschränkte CO_2-Emission vorgegaukelt wird, die real deutlich überschritten wird: Wenn die Hersteller mehr als einen bestimmten Anteil von Elektroautos/Hybridautos verkaufen (in 2025 mehr als 15 %, in 2030 mehr als 35 %), werden die CO_2-Vorgaben heruntergerechnet und abgeschwächt. Beispielsweise werden Elektroautos mit einer Nullemission angesetzt (was real falsch ist), und es gibt abhängig von der Anzahl der Elektroautos eine Gutschrift für Autos mit Verbrennungsmotoren. Real wird also deutlich mehr emittiert. Und leider wird die Klimaerhitzung nicht durch Rechentricks aufgehalten.

❖ Außerdem lassen die Grenzwertregelungen einen Ausweichmechanismus zu. Es ist zulässig, dass Hersteller den Flottengrenzwert weit überschreiten, sie müssen dann nur Strafzahlungen leisten. So wie man sich schon im Mittelalter von Sünden freikaufen konnte!

#klimaFAQ

SIND ELEKTRO-AUTOS BESSER ALS DIESEL-AUTOS?

Elektroautos sind aus Umweltsicht schon heute deutlich besser als Dieselautos oder Benziner, und sie werden mit technischer Optimierung der Batterien und zunehmend höheren Anteilen an erneuerbarem Strom im Strommix noch besser. Gegenüber Dieselautos haben Elektro-Autos zwei Riesenvorteile: Sie sind innerorts lärmarm (bei niedrigen Geschwindigkeiten kaum zu hören) und sie stoßen keine Schadstoffe aus. Auch die CO_2-Emissionen sind niedriger, der Materialaufwand dagegen höher als der von Dieselautos.

Die Ergebnisse des Autovergleichs hängen von mehreren Annahmen ab. Diese müssen fair und gleichgewichtig bestimmt werden, weil man sonst das Ergebnis in eine gewünschte Richtung verschieben kann. Zum Beispiel wird der Diesel günstiger, wenn man sehr hohe Werte für die Batterieproduktion ansetzt, eine geringe Gesamtfahrleistung oder nur den heutigen Strommix zur Berechnung nimmt (und nicht den Durchschnittsmix über die nächsten 12 Jahre Lebenszeit des Fahrzeugs – durch den steigenden Anteil Erneuerbarer Energien wird der Strommix von Jahr zu Jahr besser), oder wenn man annimmt, dass das Elektroauto nur abends/nachts geladen wird (weil da kein Photovoltaik-Strom produziert wird und mehr Kohlekraftwerke laufen müssen). Umgekehrt wird das Elektroauto günstiger, wenn man den Strom nur aus der eigenen Photovoltaikanlage lädt oder einen Strommix mit viel Wasserkraft hat, wie etwa in Norwegen.

Für einen fairen Vergleich muss man natürlich auch gleich große Autos nehmen. Das Öko-Institut hat die CO_2-Emissionen eines E-Golfs mit einem Diesel-Golf verglichen

(Lebensdauer 12 Jahre, Gesamtfahrleistung 180.000 km, und dabei folgende Werte zugrunde gelegt:

❖ **Diesel-Golf:** Verbrauch 5,8 l/100 km (nach einer Studie des ICCT liegen die realen Emissionen von neuen Pkw im Schnitt um 42 % über den von den Herstellern angegebenen Werten). CO_2-Emissionen pro Liter Diesel (inkl. Dieselherstellung): 3,01 kg CO_2/l. Emissionen bei der Produktion des Golfs: 5,67 t CO_2.

❖ **E-Golf:** Verbrauch Strom: 15 kWh / 100 km und zusätzlich 10 % Verluste beim Laden, zusammen also 16,5 kWh/100 km. CO_2-Emissionen pro kWh Strom: 0,480 kg CO_2/kWh. Das sind die Durchschnitts-Emissionen des deutschen Strom-Mix der nächsten 12 Jahre (2017−2028), bei dem gemäß Planung der Bundesregierung der Anteil der Erneuerbaren Energien zunimmt. Emissionen bei der Produktion des Golfs: 5,67 t CO_2 plus 5,012 t CO_2 für die Produktion der Batterie mit einer Batteriekapazität von 35,8 kWh.

Mit diesen Werten betragen die Gesamt-Emissionen nach 180.000 km beim Diesel-Golf rund 37.000 kg CO2 und beim Elektro-Golf rund 25.000 kg CO2.

Bei einer Gesamtfahrleistung von mehr als 180.000 km wird der Elektro-Golf im Vergleich noch besser (weil sich der Aufwand zur Herstellung der Batterie auf mehr Kilometer verteilt). Wird eine Gesamtfahrleistung von nur 53.000 km angenommen, wären die CO_2-Emissionen der beiden Golf gleich hoch.

Für die Batterie-Produktion und Elektromotoren werden spezielle *Rohstoffe* benötigt: Lithium, Kobalt, Nickel und Platin. Hier wird oft behauptet, dass diese nicht ausreichend zur Verfügung stehen, und die Gewinnung hoher Umweltprobleme aufwirft und nicht sozial verträglich ist.

Eine Studie des Öko-Instituts zeigte, dass grundsätzlich ausreichend Rohstoffe vorhanden sind, es aber bei einer sehr schnellen Entwicklung der Elektromobilität vorübergehend zu Verknappungen kommen könnte. Schon deshalb, aber erst recht aus grundsätzlichen Gründen sollten hohe Recyclingraten vorgeschrieben werden. Bei der Rohstoffförderung gibt es tatsächlich große ökologische und soziale Probleme – aber das gilt leider auch für die Gewinnung von Blei für die klassischen Bleibatterien, von Platin für die Auto-Katalysatoren und für viele andere Einsatzbereiche wie etwa für die Produktion von Computern oder Smartphones.

Die Minimierung der Umweltbelastung bei der Rohstoffgewinnung und -verarbeitung und die Vermeidung sozialer Probleme bei der Rohstoffgewinnung sollten deswegen grundsätzlich für alle Sektoren und Produkte vorgeschrieben werden – nicht nur für Elektroautos.

Links: „Faktencheck – Elektromobilität" des Öko-Instituts; Synthesepapier „Strategien für die nachhaltige Rohstoffversorgung der Elektromobilität" des Öko-Instituts für die Agora Verkehrswende.

Dreifach elektromobil?

Bei der Elektromobilität gibt es drei relevante Entwicklungen zur Verwendung des Stroms (der perspektivisch zu 100 % aus Erneuerbaren Energien stammen soll):

1. Direkte Nutzung des Stroms in *batterieelektrischen Fahrzeugen*,

2. Einsatz des Stroms zur Produktion von Wasserstoff und anschließender Rückverstromung in *Brennstoffzellen-Fahrzeugen*,

3. Einsatz des Stroms zur Produktion von Wasserstoff, anschließend gestufte Umsetzung mit CO_2 (z. B. aus Kohlekraftwerken) zu *Flüssigtreibstoffen*, die eine ähnliche Zusammensetzung wie Diesel oder Benzin haben, und vergleichbar in Autos mit Verbrennungsmotoren eingesetzt werden.

Allerdings sind die Wirkungsgrade bezogen auf den Stromeinsatz und gefahrene Kilometer bei der zweiten und dritten Variante sehr schlecht (Wirkungsgrad batterieelektrisch 69 %; Wirkungsgrad Brennstoffzelle 22 bis 26 %; Wirkungsgrad Flüssigtreibstoffe 13 %).

Konkret heißt das, dass bei Autos mit Flüssigkraftstoffen etwa fünfmal so viel Strom eingesetzt werden müsste wie bei batterieelektrischen Fahrzeugen. Insgesamt würde damit ein riesiger Bedarf an Erneuerbaren Strom-Anlagen entstehen. Ein weiterer Nachteil ist, dass das CO_2 aus Kohlekraftwerken perspektivisch nicht mehr zur Verfügung steht, und dass das CO_2 aus Biomasseanlagen oder durch aufwendige Abscheidung aus der Luft gewonnen werden müsste.

Da auch EE-Strom knapp ist, sollten Flüssigkraftstoffe nur in Bereichen eingesetzt werden, bei denen batterieelektrische Anwendungen nicht oder nur schwierig möglich sind: in Flugzeugen, im Schiffsverkehr und ggf. bei schweren Lkws.

#klimAktiv

10.000 KM UMSONST FAHREN

Beim Tanken ärgern sich viele über die hohen Benzinkosten. Ist das Benzin an irgendeiner Tankstelle ein paar Cent billiger, wird kein Aufwand gescheut, dorthin zu fahren. Auch über die hohen Preise von Haushaltsstrom beklagen sich viele, aber sie versuchen nicht ernsthaft, Strom zu sparen. Mit Elektroautos kann sich das schnell ändern. Ein Durchschnittshaushalt verbraucht im Jahr 3.500 kWh Strom. Mit vergleichsweise wenig Aufwand kann er jährlich 1.600 kWh Strom sparen. Mit der eingesparten Menge (1.600 kWh) könnte ein Elektrokompaktwagen (z. B. der E-Golf oder ein Renault Zoe) rund 10.000 km weit fahren!

Bei den PKW werden sich die batterielektrischen Fahrzeuge durchsetzen. Und mit einem genialen Trick kann man hier den „Treibstoff" bzw. den Strom für 10.000 km sparen …

Im Kabinettsbeschluss vom 09.10. 2019 hat die Bundesregierung als Ziel festgelegt, dass bis zum Jahr 2030 *sieben bis zehn Millionen Elektrofahrzeuge zugelassen* sein sollen. Dazu wurden mehrere Maßnahmen angekündigt:

❖ Verlängerung der Kaufprämien für Pkw mit Hybrid-und Wasserstoffantrieb und Erhöhung der Kaufprämie für Fahrzeuge auf bis zu 6.000 Euro.

#KlimaFAQ

BRENNSTOFFZELLENAUTOS STATT ELEKTROAUTOS?

Autos mit Brennstoffzellen haben gegenüber batterieelektrischen Autos eine höhere Funktionalität. Das Tanken geht in etwa drei Minuten schnell, im Wasserstoff-Tank kann bei vergleichbarem Aufwand mehr Energie gespeichert werden als in Batterien. Dementsprechend können Brennstoffzellen-Autos mit einer Tankfüllung weiter fahren (derzeit rund 600 km) und höhere Lasten transportieren, sie eignen sich damit besonders für den Schwerlastverkehr. Der Strom zum Fahren muss in zwei Stufen hergestellt werden. Zuerst wird in einer Elektrolyse-Fabrik der Wasserstoff hergestellt (aus Wasser und mit Strom), dann wird in einer zweiten Stufe der getankte Wasserstoff direkt im Auto in einer Brennstoffzelle wieder zur Strom zurück verwandelt. Dadurch liegt der Wirkungsgrad mit 22 bis 26 % sehr niedrig und deswegen benötigen Brennstoffzellen-Autos pro 100 km etwa dreimal mehr Strom als Batterie getriebene Autos (s. o.).

Nach einer Studie des Fraunhofer-Instituts für Solare Energiesysteme haben (nur) sehr große Brennstoffzellenautos mit großer Reichweite eine etwas bessere Treibhausgasbilanz als sehr große Elektroautos mit großer Reichweite und entsprechend sehr großer Batterie (90 kWh). Zum Vergleich: der Renault Zoe wird mit Batterien von 22 kWh (Basismodell) bis 41 kWh angeboten.

Wegen der aufwendigen Konstruktion sind die Brennstoffzellenautos teurer, sie kosten derzeit 70.000 – 80.000 Euro. Auch die Treibstoffkosten sind deutlich höher als bei batterieelektrischen Fahrzeugen (beim Toyota Mirai ca. sieben Euro/100 km, beim Tesla Model 3 ca. vier Euro/100 km). Anfang 2019 waren in Deutschland nur 392 Brennstoffzellenautos registriert (Marktanteil: 0,0007 %). Bundesweit gab es nur 71 Wasserstoff-Tankstellen! Da die Batterien durch die technologische Entwicklung und Massenproduktion schnell besser werden (billiger, höhere Energiedichte, höhere Reichweiten) und Schnellladestationen entstehen, werden die teuren Brennstoffzellenfahrzeuge *im Pkw-Bereich* voraussichtlich keine große Rolle spielen, zumal der Bedarf an Erneuerbarem Strom viel zu hoch ist. Brennstoffzellenantriebe könnten aber bei *schweren Nutzfahrzeugen* wie Lkw wichtig werden, hier werden sie mit strombasierten Flüssig-Kraftstoffen konkurrieren.

❖ Verlängerung der Befreiung von der Kraftfahrzeugsteuer bis zum Jahr 2025,

❖ Änderungen bei der Dienstwagenregelung: die Dienstwagensteuer soll für batterie-elektrische Fahrzeuge bis zu einem Kaufpreis von 40.000 Euro von 0,5 % auf 0,25 % abgesenkt werden, die Regelung gilt bis 2030,

❖ Änderung des Personenbeförderungsgesetzes dahingehend, dass Länder und Kommunen Emissionsanforderungen für Busse, Taxen und Mietwagen festlegen können.

Spritsparend fahren

Natürlich haben Autos und Motorräder für leider sehr viele auch eine andere Funktion. Man kann damit protzen (groß, schnell, laut), seine Aggressionen ausleben (im wahrsten Sinne des Wortes), oder das Auto als zweites Wohnzimmer nutzen, in dem man endlich mal allein ist, kein Telefonat annehmen muss und laut Musik hören kann. Dazu muss man sich in Zukunft andere Gelegenheiten suchen.

Man darf gespannt sein, wie autonomes Fahren und Elektromobilität das Autofahren verändern werden. Den Elektromotor kann man an der Ampel nicht richtig aufheulen lassen, und ein Elektromotorrad ohne Lärm wird vielen Motorradfahrer*innen den Spaß verderben.

Auch wenn man schon ein Auto hat, das nicht gerade ein Niedrigverbrauchsauto ist (damit ist man in Deutschland in bester bzw. durchschnittlich schlechter Gesellschaft …), lassen sich durch eine moderate Fahrweise Sprit und CO_2 sparen. Bei durchschnittlicher Fahrleistung (14.000 km pro Jahr) sind das etwa 400 bis 500 kg CO_2. Auf jeden Fall sollte man hohe Geschwindigkeiten vermeiden (man muss ja nicht auf ein gesetzliches Tempolimit warten …).

Bei 130 km/h auf der Autobahn verbraucht man gegenüber 100 km/h im Durchschnitt schon zwei Liter mehr, bei 150 km/h sogar vier Liter! Aber auch bei normalen Geschwindigkeiten lässt sich der Verbrauch locker um rund einen Liter auf 100 km reduzieren. Bei den 14.000 km, die im Durchschnitt pro Jahr gefahren werden, sind das immerhin 140 gesparte bzw. reduzierte Liter pro Jahr und entsprechend rund 420 kg CO_2.

❖ Spritschonend fahren heißt: Motor ohne Gaspedalbetätigung starten, frühzeitig – bei 2.000 U/min hochschalten, vorausschauend fahren, jede Bremsung „vernichtet" Energie, bei Stillstand von mehr als 10 Sekunden den Motor abschalten.

❖ Unnötigen Spritverbrauch gibt es durch zu niedrigen Reifendruck, durch Dachgepäck (insbesondere Fahrräder) und durch Ballast bzw. unnötiges Mehrgewicht.

#klimAktiv

SPRITSPAREND FAHREN

Wenn Deine Eltern schon nicht auf das eigene Auto verzichten wollen, sollten sie wenigstens spritsparend fahren. Am meisten sparen sie natürlich, wenn sie das Auto stehen lassen und z. B. radeln. Ansonsten kannst Du mit Deinen Eltern wetten, ob sie es wirklich schaffen, so spritsparend zu fahren, wie sie es behaupten. Bei allen neueren Autos kann man den aktuellen Verbrauch oder den Durchschnittsverbrauch pro 100 km auf dem Display ablesen!

Ah ja – und wenn Ihr zusammen irgendwo hinfahrt: bevor das Tempolimit auf Autobahnen und Landstraßen politisch durchgesetzt wird, könnt Ihr Euch schon freiwillig selbst daran halten :-)

❖ Wenig bekannt ist, dass die vielen kleinen elektrischen Geräte (Gebläse, heizbare Heckscheibe, Sitzheizung, heizbare Außenspiegel, heizbare Waschdüsen, CD-Player, HiFi-Anlage etc.) über die dadurch erforderliche Stromproduktion ebenfalls den Benzinverbrauch deutlich erhöhen können.

Die obigen Tipps gelten übrigens sinngemäß für Elektroautos! Wenn man hier nicht scharf bremsen muss, das Auto an die Ampel rollen lässt oder entspannt den Berg runterfährt, wird sogar die Batterie aufgeladen.

Ausführliche Tipps zum Spritsparen geben die Automobil-Clubs (www.vcd.org und www.adac.de) und das Umweltbundesamt (www.umweltbundesamt.de). Leider kann man sich die vielen Tipps so schlecht merken, aber wenn man das Prima-Klima-Sprit-Spar-Quiz einmal gelöst hat, geht das schon besser.

Güterverkehr

Für die Reduktion des Güterverkehrs und seiner hohen Emissionen gibt es drei Hebel:

❖ Reduktion des Umsatzes und des hohen Konsums,

❖ Verlagerung des Güterverkehrs auf die Schiene – der läßt sich aber nur auf oder über 30% steigern, weil über schwere Massengüter hinaus (z. B. Holzhackschnitzel) immer mehr Konsumgüter mit kleinen Sendungsgrößen verschickt werden, und die Just-in-time-Produktion immer wichtiger wird,

❖ Lkws mit geringen CO_2-Emissionen.

Bei den Lkws ist eine Umstellung auf batterieelektrischen Antrieb vor allem bei leichten Lkws mit nur örtlichem oder regionalem Fahrradius möglich, wie das Beispiel des

Streetscooters der Deutschen Post exzellent zeigt. Bei schweren Lkws sind unterschiedliche Antriebskonzepte und Treibstoffe möglich, auch in Kombination: Brennstoffzellen/Wasserstoff, Gas oder Flüssigkraftstoffe aus Erneuerbaren Quellen, Überleitungs-Lkws auf zentralen Strecken sowie Hybridmodelle, z. B. Oberleitungs-Lkws mit Brennstoffzelles. Bei allen Treibstoffen, die mit Hilfe von Erneuerbarem Strom aus Wasser und CO_2 hergestellt werden, besteht das Problem eines schlechten Wirkungsgrads bzw. eines sehr hohen Bedarfs an EE-Strom.

2.6.7 DAS FLUGZEUG IM STEIGFLUG

Fliegen ist die mit weitem Abstand klimaschädlichste Art der Fortbewegung. Hinzu kommen die hohe Lärmbelastung, die vor allem die Millionen von Anwohnern in der Nähe der Flughäfen und Einflugschneisen aushalten müssen, und ein hoher Flächenverbrauch durch die Flugplätze. In der öffentlichen und politischen Diskussion wird die Bedeutung des Flugverkehrs dramatisch unterschätzt.

Eine wesentliche Rolle spielen dabei diverse statistische Tricks und unklare Abgrenzungen – meist werden nur die Inlandflüge, aber nicht die weiten internationalen und gar interkontinentalen Flüge aufgeführt. Der Anteil des Flugverkehrs an den weltweiten CO_2-Emissionen lag im Jahr 2015 bei 2,69 % (der des weltweiten Straßenverkehrs bei 17,94 %)[21].

Der Treibhauseffekt des Flugverkehrs ist allerdings viel höher als diese Zahlen nahelegen. Denn in großen Höhen führen die weiteren Emissionen neben CO_2 (Stickoxide, Wasserdampf) zu einem zusätzlichen Treibhauseffekt, z. B. Wolkenbildung. Dieser wird mit dem sogenannten RFI-Faktor erfasst (Radiative Forcing Index). Betrachtet man alle Emissionen des Flugverkehrs zusammen, ergibt sich aus dem RFI, dass der Flugverkehr im Durchschnitt eine rund 2,7-mal so große Erwärmungswirkung hat, wie sich aus dem reinen CO_2-Ausstoß ergibt. Das deutsche Umweltbundesamt geht sogar von einem RFI von 3 bis 5 aus, wenn der Effekt der Bildung von Zirruswolken berücksichtigt wird. Die ganz genauen Werte sind wissenschaftlich schwer zu erfassen, weil hier eine Vielzahl von Flügen und Umgebungssituationen erfasst werden müssten.

Die Emissionen aus den internationalen Flügen, die in Deutschland beginnen, sind übrigens NICHT in den nationalen Reduktionszielen der Klimarahmenkonvention berücksichtigt.

---

21 https://de.statista.com/statistik/daten/studie/317683/umfrage/verkehrsttraeger-anteil-co2-emissionen-fossile-brennstoffe/

Ein innerdeutscher Flug von Frankfurt am Main nach Berlin und zurück verursacht 0,282 t CO_2-Äquivalente – etwa fünfmal so viel wie mit der Bahn. Der Ferienflug nach Australien übersteigt mit 12,6 t CO_2-Äquivalenten schon die Pro-Kopf-Emission pro Person und Jahr in Deutschland. Ein Hin- und Rückflug entspricht übrigens der Verbrennung von 500.000 Plastiktüten.

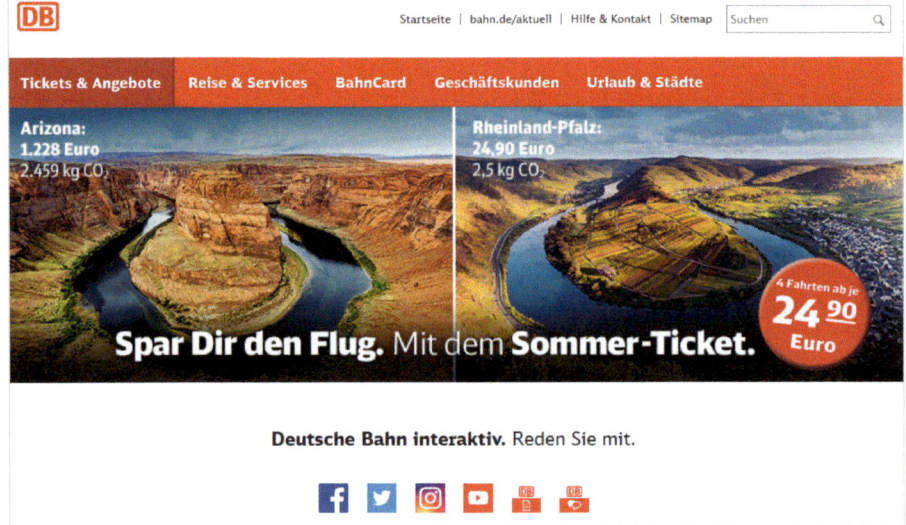

Abbildung: Bahnwerbung (Quelle: Deutsche Bahn 2019). Die CO_2-Werte für den Flug nach Arizona sind übrigens höher als in der Anzeige, nämlich 4.683 kg.

Der Flugverkehr nimmt massiv zu, in Europa mit rund 5 % pro Jahr. Boeing prognostiziert von 2007 (4.562 Milliarden Personenkilometer) bis 2037 (18.972 Milliarden Personenkilometer) mehr als eine Vervierfachung des weltweiten Flugverkehrs[22]. Die Industrieländer sind dabei die Hauptverursacher. Denn 90 % der Weltbevölkerung haben noch nie ein Flugzeug von innen gesehen.

Pro Bundesbürger*in liegt der Schnitt derzeit bei 2,44 Flugreisen. Die Anzahl der privaten Flugreisen (z. B. Städte- und Ferienreisen) liegt dabei fast zehnmal höher (!) als die der beruflich bedingten Reisen. Höhere Einkommensgruppen flogen 2013 elfmal so häufig wie die niedrigsten Einkommensgruppen, von denen etwa die Hälfte überhaupt nicht geflogen ist.

---

22 https://de.statista.com/infografik/18244/weltweiter-personenflugverkehr

Ein wesentlicher, aber nicht der alleinige Grund für die starke Zunahme des Flugverkehrs sind die vergleichsweise billigen, indirekt subventionierten Ticketpreise. Der Flugverkehr ist von der Energiesteuer befreit, die internationalen Flüge auch noch von der Mehrwertsteuer (siehe Kasten). Dem Staat entgehen dadurch Jahr für Jahr rund 12 Milliarden Euro Steuereinnahmen. Umgerechnet sind das pro Bundesbürger*in 145 Euro, die durch andere Steuern aufgebracht werden müssen.

Tatsächlich hat die Befreiung des Flugverkehrs von Steuern zu dessen massiver Zunahme geführt. Aber das ließe sich durch die Rücknahme der Steuerbefreiungen leicht ändern (siehe S. 175f.).

Für eine Besteuerung des Flugverkehrs spricht auch, dass die Emissionen im Gegensatz zu den anderen Verursachern technisch nicht oder nur extrem aufwendig zu reduzieren sind (die Wolkenbildung kann sowieso nicht reduziert werden). Als Treibstoffersatz kommen perspektivisch voraussichtlich nur Flüssigtreibstoffe in Frage, die aus Kohlendioxid und Wasser mithilfe von erneuerbarem Strom hergestellt werden.

Die Herstellung ist allerdings aufwendig, hat insgesamt einen schlechten Wirkungsgrad und erfordert hohe Mengen an Erneuerbarem Strom. Eine freiwillige Lösung durch Verhaltensänderungen der Bürger*innen und Geschäftsreisenden ist nicht in relevantem Umfang zu erwarten, solange die Preise so niedrig sind. Daran dürfte auch die in Schweden initiierte „Flugscham-Bewegung" nichts ändern.

Eine Weitergabe der Steuern an die Fluggäste würde die Tickets verteuern. Bei internationalen Flügen würden die Tickets durch die dann erhobene Mehrsteuer um 19% teurer (die nationalen Flüge unterliegen bereits der Mehrwertsteuer). Die Höhe der Kerosinsteuer hängt von Flugstrecke und Flugzeug ab, sie dürfte bei dem oben genannten Flug Frankfurt am Main -Berlin-Frankfurt am Main beispielsweise bei rund 38 Euro liegen. Das ist auch deutlich höher als die freiwillige Kompensation (die derzeit für die Strecke rund 10 Euro beträgt).

Innerdeutsch sollte man überhaupt nicht fliegen. Der echte Zeitvorteil gegenüber der Bahn ist gering, vor allem wenn man die frei nutzbare Zeit betrachtet. Darüber hinaus gibt es beim Flugverkehr immer mehr Verspätungen und komplette Streichungen von Flügen. Im Jahr 2018 wurden 20.000 Flüge gestrichen (!), bis Anfang August 2019 waren es schon wieder 14.000 Flüge. Am Flughafen Frankfurt am Main waren 18.000 Flüge über 40 Minuten verspätet, am Flughafen München 14.000.[23]

---

23 Spiegel Online 14.08.2019

Fernflüge sollte man möglichst vermeiden – die meisten sind sowieso Urlaubsreisen. Geschäftsreisen zu Meetings sollte man bei Möglichkeit durch Videokonferenzen ersetzen (siehe Kasten). Das hat aus ökologischer Sicht den Vorteil, dass man meist gleich für mehrere Mitarbeiter*innen die Flugreisen spart. Unternehmen können damit auch teure Reise- und Personalkosten sparen. Schulklassen können andere Ziele wählen und/oder mit Bahn und Bus fahren. Auch hier ist der Effekt durch die Vielzahl der Beteiligten groß.

#klimAktiv

VIDEOKONFERENZEN STATT GESCHÄFTSFLÜGEN

Viele Geschäftsreisen und Besprechungen lassen sich durch *Telefon- und Videokonferenzen* ersetzen. Besonders deutlich wurde dies bei internationalen Geschäftsreisen, als im Frühjahr 2010 der isländische Vulkan Eyjafjallajökull ausbrach und der Flugverkehr in Europa längere Zeit eingestellt wurde. Auch aus Kostensicht sollten Unternehmen Geschäftsreisen kritisch prüfen: Erstens sind der Reisezeitaufwand der beteiligten Mitarbeiter*innen und entsprechend die anteiligen Personalkosten sehr hoch, hinzu kommen die eigentlichen Reisekosten und ggf. die Anmietung von Besprechungsräumen.

Nur mal zum Vergleich: Das Öko-Institut (3 Standorte, 160 Mitarbeiter*innen) führte 2015 rund 1.370 Telefon- und Videokonferenzen durch (an denen natürlich jeweils mehrere Mitarbeiter*innen beteiligt waren). Wie sieht es in Deiner Organisation aus?

Eine Umfrage bei den Bundesministerien und ihrer nachgeordneten Behörden im Juli 2019 ergab 229.116 Flüge im Inland, davon viele zwischen Bonn (Sitz mehrerer Ministerien) und Berlin (Sitz des Parlaments). Darauf wurde beschlossen, routinemäßig mehr zu Videokonferenzen überzugehen (und über eine Verlegung der Ministerien nachzudenken …).

Bei innerdeutschen Reisen wird die Zeiteinsparung durch innerdeutsche Flüge meist dramatisch überschätzt. Man ist zwar schneller am Ziel, aber kann die Reisezeit kaum zum Arbeiten nutzen. Denn die Reisezeit ist völlig zerstückelt und nervig: Anfahrt zum außerhalb gelegenen Flughafen mit Auto oder Bus/S-Bahn, Wartezeit, Einchecken, Wartezeit, Start und Landephase nicht nutzbar, dann wieder Bus/S-Bahn etc. Ist der Termin früher fertig, kann man meist nicht früher zurückfliegen weil der nächste (freie) Flug erst zwei oder drei Stunden später geht. Die Bahn fährt in der Regel jede Stunde. Unternehmen und andere Organisationen sollten dementsprechend zur Auflage machen:

❖ Ersatz der Besprechungen durch Telefon- oder Videokonferenz prüfen. Ein Hin- und Rückflug Frankfurt am Main – New York verursacht etwa 2.500 kg CO_2, eine Stunde Full-HD-Videokonferenz dagegen nur 0,29 kg CO_2[24].

❖ bei innerdeutschen Reisen Priorität für Bahnfahrten und Begründungspflicht für Flüge.

24 Beilage movum, Debatten zur Transformation, Heft „Digitalisierung & Nachhaltigkeit", September 2019)

Die Generation EasyJet fliegt mal gerne am Wochenende nach Barcelona oder in eine andere angesagte Stadt. Solche Vorschläge sollte man in Zukunft absagen. Gar nicht mehr zu fliegen ist allerdings schwer – man kann enge Verwandte in Übersee haben, der internationale Austausch über Auslandstudien und Sprachaufenthalte ist auch friedensfördernd. Wenn man schon fliegt, sollte man freiwillig kompensieren (siehe S. 177), auch wenn das nur sehr beschränkt hilft.

#klimaPolitik

DIE BEFREIUNG DES LUFTVERKEHRS VON DER STEUERBEFREIUNG[25]

Obwohl Fliegen die mit Abstand klimaschädlichste Aktivität ist, wird der Flugverkehr mit rund 12 Milliarden Euro massiv subventioniert: durch den Verzicht auf die Besteuerung des Kerosin-Treibstoffs (Steuerausfall im Jahr 2012: 7,083 Milliarden Euro) und durch den Verzicht auf die Erhebung von Mehrwertsteuer auf internationale Flüge bzw. Tickets (Steuerausfall im Jahr 2012: 4,763 Milliarden Euro). Hinzu kommen Subventionen für den Bau von großen Flughäfen und 39 Regionalflughäfen.

Die 2011 als halbherzige Gegenmaßnahme eingeführte Luftverkehrssteuer ist dagegen auf eine Milliarde Euro gedeckelt. Und auch die teilweise Einbeziehung des europäischen Flugverkehrs in den Emissionshandel ist unzureichend.

Durch die Steuerbefreiung sind Flüge oft billiger als Bahnreisen oder (privates) Autofahren. Anders als die Fluggesellschaften muss die Bahn die Mineralölsteuer bzw. Energiesteuer auf Dieseltreibstoff entrichten (oder alternativ die Stromsteuer beim elektrischen Betrieb). Autofahrer*innen zahlen bei einem Benzinpreis von 1,20 Euro/Liter 65,45 Cent Energiesteuer (50 Cent Mineralölsteuer und 15,45 Cent Ökosteuer) und 19 % Mehrwertsteuer.

Die Steuerbefreiung für den Flugverkehr muss und kann in wenigen Monaten zurückgenommen werden. Nach dem Europa- und dem Völkerrecht darf derzeit nur der Treibstoffverbrauch für den inländischen Luftverkehr bzw. erweitert der in Deutschland getankte Treibstoff besteuert werden. Die Mehrwertsteuer könnte dagegen auch für internationale Flüge bzw. Tickets erhoben werden. Am besten wäre eine komplette Rücknahme der Steuerbefreiungen.

Wegen der internationalen Verflechtung des Flugverkehrs und möglichen Abwanderungen an andere europäische Flughäfen wäre eine internationale, mindestens aber europäische Lösung leichter durchsetzbar.

---

25 Umweltbundesamt (Hrsg.), „Umweltschädliche Subventionen in Deutschland, Aktualisierte Ausgabe", Berlin 2016

Im globalen Vergleich wird das Fliegen in Europa besonders wenig besteuert. Selbst in Staaten wie USA oder Brasilien mit geographisch bedingt sehr weiten Entfernungen sind die Steuern auf den Flugverkehr höher, insbesondere bei Inlandsflügen.

In einer Studie für die EU-Kommission wurde als europäische Lösung die Erhebung der Mehrwertsteuer von 19 % und – als Kompromiss – eine Kerosinsteuer in Höhe von 0,33 Euro pro Liter Kerosin vorgeschlagen. Die Kerosinsteuer würde die Treibhausgas-Emissionen um 11 % reduzieren und den EU-Mitgliedsstaaten 27 Milliarden neue Steuereinnahmen bringen.

Die Erhebung der Mehrwertsteuer würde die Treibhausgasemissionen um 19 % reduzieren und 40 Milliarden neue Steuereinnahmen bedeuten.

Im Kabinettsbeschluss der Bundesregierung vom 9. Oktober 2019 wurde leider keine Erhebung der Mehrwertsteuer für internationale Flüge und keine Rücknahme der Kerosinsteuerbefreiung beschlossen, sondern nur eine geringfügige Erhöhung der Luftverkehrssteuer.

Diese wird für Kurzstrecken um 5,53 Euro erhöht (von bislang 7,50 Euro auf 13,03 Euro), für Mittelstrecken um 9.58 Euro (von 23,43 auf 33,01 Euro) und für Langstrecken um 17.25 Euro (von 42,18 auf 59,43 Euro). Diese geringfügige Erhöhung wird wohl kaum jemand vom Fliegen abhalten.

#klimAktiv

KEINE ABI-REISE PER FLUGZEUG

Zum einzelnen Schüleraustausch oder Auslandsstudium nach Übersee geht es nicht ohne Flug. Für das Verständnis anderer Länder und Kulturen und zur Friedenssicherung ist ein Austausch sehr wichtig.

Allerdings folgen daraus oft viele weitere Flüge: Freund*innen und Verwandte kommen zu Besuch, man lernt jemanden kennen und vielleicht lieben, eine internationale Hochzeit mit großer Einladungsliste folgt etc.

Bei Klassenfahrten und Abireisen ist die Situation anders. Das Ziel muss nicht in Übersee liegen und auch nicht gerade im entferntesten Teil Europas. Und das Abi-Fest muss auch nicht in Malle gefeiert werden.

Als eine der ersten Schulen hat das Leonhard-Gymnasium in Basel (Schweiz) beschlossen, Klassenfahrten und Abi-Reisen nicht mehr mit dem Flugzeug durchzuführen, sondern mit Bus oder Bahn. Erleichtert werden solche Beschlüsse, wenn dies schon bei der Festlegung von Partnerschulen für den Schüleraustausch und von Reisezielen für Klassenfahrten berücksichtigt wird.

#klimaFAQ

FLUGREISEN KOMPENSIEREN – DER NEUE ABLASSHANDEL?

Weil Flüge mit hohen Treibhausgasemissionen verbunden sind, werden hier freiwillige Kompensationen angeboten, mit denen andernorts eine vergleichbare Menge an Treibhausgasen verringert wird. Allerdings machen das nur etwa 2 % der Passagiere. Bei einem Hin-und Rückflug Berlin-Frankfurt am Main kostet das etwa zehn Euro. Bringt das wirklich was? Ist das nicht bloße Gewissenberuhigung? Oder gar ein neuer Ablasshandel wie im Mittelalter in der Katholischen Kirche? Da konnte man durch Zahlung einer Buße von eventuellen Sünden und damit vom Fegefeuer (heute Klimaerhitzung?!) befreit werden. Tatsächlich sollte man möglichst nicht oder möglichst wenig fliegen, innerdeutsch schon gar nicht. Aber natürlich gibt es auch gute Gründe für einzelne (nicht gehäufte!) Flugreisen: eine unvermeidbare Geschäftsreise, der Besuch von Verwandten in Übersee oder – in langen Abständen – eine Ferien- oder Kulturreise in ferne Länder. In diesen Fällen macht eine Kompensation Sinn – wenn dabei wichtige Standards eingehalten werden (richtige Berechnung, Kompensationsprojekt würde sonst nicht von alleine zustande kommen, muss hohen entwicklungspolitischen Ansprüchen genügen und durch den sogenannten CDM Gold Standard zertifiziert sein, siehe Glossar) wie etwa bei atmosfair[26].

Unabhängig davon können Kompensationen nur in einem beschränkten Umfang stattfinden. Sonst könnte Deutschland seine 866 Millionen t CO_2-Emissionen ja einfach mit zehn Euro kompensieren und könnte mit weniger als 9 Milliarden Euro/Jahr „klimaneutral" werden.

Die zehn Industrieländer mit den größten Emissionen verursachen zusammen rund 66 % der globalen Emissionen. Wenn die restlichen Länder alle ihre Emissionen (zusammen 34 %) durch Kompensationsprojekte auf null reduzieren würden, könnten sie rechnerisch Emissionen in der gleichen Höhe (34 %) bei den zehn größten Emittenten kompensieren. Real würden die globalen Emissionen dadurch aber nur um 34 % sinken! Die Emissionen bei den zehn Emittenten wären unverändert hoch!

Der finanzielle Betrag der Kompensation ist derzeit (Sommer 2019) im Übrigen sehr niedrig. Am höchsten ist er bei Atmosfair – da wird von einem RFI-Faktor von 3 ausgegangen. Bei MyClimate ist er niedriger (Annahme RFI-Faktor = 2). Am günstigsten, aber wenig zielgerichtet, kann man bei der Lufthansa kompensieren – die gibt zwar zu, dass es einen RFI-Faktor gibt, bezieht ihn aber nicht ein (RFI=0), weil seine genaue Höhe umstritten sei. Man kann also ruhig noch mehr spenden! Wenn man beispielsweise politisch eine CO_2-Steuer von 180 Euro/t fordert und in der Höhe „kompensieren" würde, wäre das ein viel höherer Betrag. Den kann man ja einer Umweltorganisation spenden, damit diese die politischen Forderungen zur Rücknahme der Steuerbefreiung beim Flugverkehr noch besser vertreten kann!

---

26 https://www.atmosfair.de

2.7 DER UMBAU DER INFRASTRUKTUREN

| Materielle Infrastrukturen |

Die Infrastruktur der Mobilität wurde jahrzehntelang auf das Auto und den Ausbau von Straßen ausgerichtet. Der Großteil der in den „Bundesverkehrswegeplänen" genannten Investitionen ging in den Straßenverkehr. Besonders vor Wahlen werden die neu gebauten Straßen oder Brücken öffentlichkeitswirksam von den zuständigen Minister*innen und örtlichen Abgeordneten eröffnet. Der Radverkehr wird erst seit etwa zwei Jahrzehnten zwar stärker, aber mit vergleichsweise niedrigen Investitionen gefördert.

Zur Infrastruktur des Autos gehören neben Straßen und Tankstellen auch Garagen, Parkhäuser und zahllose Parkplätze, die in vielen Städten mittlerweile einen großen Teil des öffentlichen Raums einnehmen. Auf einen Pkw-Stellpatz passen fünf Räder.

Die Elektromobilität erfordert einen deutlichen Umbau der Infrastruktur. Das traditionelle Tankstellennetz muss durch ein Netz von Elektroladestationen ersetzt werden, wobei die Ladestationen nicht nur an den bisherigen Tankstellen, sondern auch bei Betrieben, öffentlichen Gebäuden, öffentlichen Parkplätzen, privaten Garagen und Häusern aufgebaut werden können. Bis 2019 gab es in Deutschland keinen Plan zum Aufbau eines adäquaten Elektroladestationsnetzes – schon deshalb, weil die Elektromobilität für die deutschen Autohersteller keine Priorität hatte. Anfang November 2019 gab es bundesweit nur 33.000 öffentliche Ladestationen.[27]

Im Kabinettsbeschluss vom 9. Oktober 2019 hat die Bundesregierung angekündigt, dass die öffentlich zugängliche Ladestruktur ausgebaut wird. Bis 2022 sollen weitere 50.000 Ladesäulenpunkte und bis 2030 insgesamt 1 Million Ladesäulenpunkte zur Verfügung stehen. Bis Ende 2019 soll ein „Masterplan Ladensäuleninfrastruktur" vorgelegt werden. Der Ausbau der öffentlichen und privaten Ladesäulen soll durch Förderprogramme und Änderung verschiedener gesetzlicher Regelungen gefördert werden.

Weil es eine starke Zunahme von Elektrofahrrädern und perspektivisch Elektrorollern, Elektrotretrollern und Elektrolastenfahrrädern geben wird, müssen voraussichtlich in vielen Städten die bisherigen meist zu schmalen Fahrradwege aufgegeben und der Verkehr wieder zurück auf die Straße verlagert werden. Bei gleichzeitiger Einführung von Tempo 30 als Regelgeschwindigkeit in Kommunen ist das auch sicherer. Die starke Veränderung der städtischen Infrastruktur wird natürlich heftig umstritten sein und von der Autolobby bekämpft werden.

---

27 Lenz et al.; Zukunft der Mobilität –was ist zu tun?", ifo-Schnelldienst 12/2019, Juni 2019

#klimaFAQ

GIBT ES GENUG STROM FÜR DIE ELEKTROMOBILITÄT?

Der Bruttostromverbrauch lag 2018 bei rund 600 TWh (= 600 Milliarden kWh). Wenn es im Jahr 2020 zehn Millionen batterieelektrischer Pkw gäbe, würden die nach genauer Zusammensetzung und Fahrleistung etwa 25 bis 30 TWh benötigen, also etwa 4 bis 5 % des heutigen Verbrauchs. Zum Stromverbrauch der Elektromobilität im Jahr 2050 gibt es verschiedene Schätzungen, abhängig von der Fahrzeugzahl (Pkw und Lkw) und Fahrzeugtyp sowie den Anteilen von batterieelektrischen Fahrzeugen, Brennstoffzellenfahrzeugen und Fahrzeugen mit Verbrennungsmotoren ausgerichtet auf strombasierten Flüssigkraftstoffen. Die Zahlen reichen von rund 200 TWh bis zu mehreren Hundert TWh.

Da der Anstieg nicht über Nacht kommt, hat die Energiewirtschaft ausreichend Zeit, den Übergang zu organisieren. Da der zusätzliche Strom auch auf Erneuerbaren Energien basieren sollte, muss allerdings ein deutlicher Zubau von Windkraft- und Photovoltaikanlagen eingeplant werden. Nebenbei bemerkt: ein gutes Argument, um für weniger Autoverkehr zu werben.

Kniffliger aber doch ohne Weiteres lösbar ist die Situation bei der Stromversorgung der Ladestationen und möglicher Überlastung der Stromnetze. Bei einer gezielten Steuerung der Ladevorgänge pro Haushalt (so dass nicht alle gleichzeitig laden), könnte nach Aussagen von Armin Gaul, Leiter der technischen Produktentwicklung bei Innogy, schon heute bei jedem Haushalt ein Elektroauto geladen werden. Aber die Elektroautos müssen ja auch nicht alle in den Haushalten geladen werden - Ladestationen wird es auch an den Arbeitsplätzen, öffentlichen Parkplätzen und weiteren Orten wie etwa Autobahnraststätten geben. Dorthin müssen dann – so Armin Gaul – Mittelspannungsleitungen mit 10 bis 20 Kilovolt gelegt werden bzw. schon liegen.

2.8 DER AUTOMOBILMARKT FÄHRT AN DIE WAND

Märkte und Finanzsysteme

Nach der marktwirtschaftlichen Theorie tragen die Unternehmen alle mit ihren Produkten verbundenen Kosten, die Konsumenten haben die volle Information über die Produkte, und die Preise werden zwischen den Unternehmen und Konsumenten auf dem Markt ausgehandelt. Die Realität ist ganz anders: Der besonders klimaschädliche Flugverkehr wird mit rund 12 Milliarden Euro subventioniert – durch die Befreiung von der Kerosinsteuer und der inländischen Mehrwertsteuer.

Klimaschädliche Dieselfahrzeuge werden gegenüber benzinbetriebenen Fahrzeugen durch eine Steuervergünstigung in Höhe von 7,4 Milliarden subventioniert. Die private

Nutzung von Dienstwagen wird durch eine Steuererleichterung, das sog. Dienstwagenprivileg finanziert, damit entgehen dem Staat jährlich mehrere Milliarden Euro Steuereinnahmen. Darüber hinaus werden die Kosten durch Umwelt-und Gesundheitsschäden nicht von den Herstellern, sondern von der Allgemeinheit getragen (als sog. externe Kosten). Die externen Kosten des Automobilverkehrs werden auf über 80 Milliarden pro Jahr beziffert, die externen Kosten durch Klimaerhitzung pro t CO_2 auf 180 Euro.

#klimaFAQ

FEHLEINSCHÄTZUNG DER KOSTEN DES EIGENEN AUTOS

Was kostet ein Auto wirklich? Den wenigsten Autofahrer*innen ist bewusst, dass die Gesamtkosten für ihr Auto hoch sind (auch schon ohne externe Kosten). Gelästert wird allenfalls über Benzinpreiserhöhungen, Parkgebühren oder Bahnpreise. Mit dem ADAC-Kosten-Rechner[28] kann man die wahren Werte ermitteln.

Der ADAC erfasst dabei folgende Kosten: jährlicher Wertverlust, jährliche Fahrleistung, aktuelle Benzin/Diesel-Preise, Versicherungen, durchschnittliche Reparaturen und Verschleißteile, weitere Kosten für etwa TÜV, Parkplatzgebühren, Motoröl oder Wagenwäsche. Kosten für Garagen oder Stellplätze werden *nicht* berechnet.

Die realen Kosten liegen je nach Fahrzeug, Haltedauer und jährlicher Fahrleistung in der Größenordnung von 4.500 Euro/Jahr für Kleinwagen und 8.500 Euro/Jahr für Familienwagen, und umgerechnet bei 30 bis 55 ct pro gefahrenem Kilometer. Am meisten schlägt bei den Kosten der Wertverlust des Autos zu Buche, die Kosten für Benzin oder Diesel liegen *bei nur 15 bis 20 % der jährlichen Kosten (!),* bzw. je nach Verbrauch in der Größenordnung von 7 bis 14 ct/km.

Die Benzinpreise sind aber üblicherweise die einzigen Kosten, die die Autofahrer*innen richtig und optisch wahrnehmen, weil die Euros an der Tanksäule sichtbar hochrattern. Deswegen gibt es auch gegen Benzinpreiserhöhungen die meisten Proteste.

Aber wo ist das Problem – könnte man fragen – wenn die Autofahrer*innen die wirklichen Kosten nicht kennen? Das Nicht-Wissen führt leider dazu, dass viele denken, Bahnfahren oder Carsharing sei teurer!

Wenn man schon einmal ein Auto gekauft hat, trägt man ohne weiteres Nachdenken die Fixkosten durch Wertverlust, Steuer und Versicherung, und vergleicht nur noch die Benzinkosten (die Teilkosten) pro Strecke mit den höheren (Gesamt-)Kosten der Bahn oder denen von Carsharing. Und bei diesem reduzierten Vergleich sieht das Auto günstiger aus! Wenn man auf ein eigenes Auto verzichtet, sieht die Rechnung ganz anders aus. Dann kann man sich flexibel für Bahn oder Bus oder Carsharing entscheiden.

---

28 https://www.adac.de/infotestrat/autodatenbank/autokosten/default.aspx)

#klimaStory

WENN DIE KASSE DREIMAL KLINGELT

Was wäre eigentlich, wenn die Kasse dreimal klingelte und auf dem Kassenzettel stünde, was die Spritztour mit dem Auto wirklich kostet? Nehmen wir einmal an, wir haben eine 500 km lange Autofahrt hinter uns und müssen jetzt die Tankstelle ansteuern. Unser Durchschnittsauto hat einen Standardverbrauch von 7,4 l Benzin, in Wirklichkeit natürlich deutlich höher, erst recht auf der Autobahn. Nehmen wir also 10 l/100 km. Beim Tanken nach 500 km Fahrt schluckt das Auto also 50 l Superbenzin, und die Kasse klingelt bei 70 Euro (Superpreis 1,40 Euro; Stand April 2019).

Aber dann klingelt die Kasse zum zweiten Mal: Und berechnet uns für den anteiligen Wertverlust des Wagens, Reparaturen, Steuern, Versicherungen noch einmal rund 35 Cent/km (Nach ADAC-Kostentabelle), also zusätzlich 175 Euro, und alles zusammen 225 Euro.

Und ehe wir es uns versehen, klingelt die Kasse zum dritten Mal, weil auch noch die externen Kosten für die Umwelt- und Gesundheitskosten dazukommen (6,42 ct/km bei Benzin-Pkws), also nochmal 32 Euro. Bei Annahme externer Kosten in Höhe von 180 Euro/t wären die externen Kosten sogar mehr als doppelt so hoch.

Alles zusammen: 257 Euro. Mehr als dreieinhalb Mal so hoch wie die Kosten für das Benzin.

Der Kauf eines privaten Elektroautos wird mit 6.000 Euro bezuschusst. Für den Kauf eines E-Bikes gibt es nichts. Die Subventionen und die externen Kosten werden letztlich von den Steuerzahler*innen getragen. In der Regel weiß ein überzeugter Bahnfahrer aber nicht, dass er über seine Steuerzahlung den Flugverkehr mit subventioniert und die überzeugte Radfahrerin weiß nicht, dass sie die externen Kosten des Automobilverkehrs mit bezahlt.

Statt den Autos sollten die Alternativen bezuschusst werden: der Kauf eines E-Bikes mit 1.000 Euro, der eines Elektrorollers oder eines Elektrolastenrads mit 2.000 Euro. Auch der jährliche Kauf einer Bahncard 25, 50 oder 100 sollte bezuschusst werden.

Die deutsche Automobilindustrie hat die wirtschaftliche und politische Entwicklung der Klimaerhitzung falsch eingeschätzt oder – vielleicht noch schlimmer – sich trotz besserem Wissen für kurzfristige Gewinne und gegen eine durchhaltbare Strategie entschieden (siehe S. 182).

Der Abschied vom Verbrennungsmotor ist nicht mehr aufzuhalten, die deutsche Automobilindustrie fährt der Elektromobilität hinterher und gefährdet dadurch massiv Arbeitsplätze und die Volkswirtschaft.

#klimaKlartext

MIT VOLLGAS IN DIE SACKGASSE

Die ungewöhnlich hohe Subventionierung des Autoverkehrs und die starke Ausrichtung vieler Bereiche auf den Autoverkehr sind wesentlich durch die hohe wirtschaftliche Bedeutung der Automobilindustrie in Deutschland und ihre starke Lobbyarbeit beeinflusst. Die Automobilindustrie hat über 800.000 Beschäftigte, der Umsatz liegt bei über 400 Milliarden Euro. Der Exportanteil liegt mit 75 % bzw. 270 Milliarden Euro extrem hoch. Die meisten Autos werden mittlerweile außerhalb des Europaraums verkauft – an die aufstrebenden Mittelschichten in Südostasien und Lateinamerika.

Die drei großen deutschen Hersteller Daimler, BMW und Volkswagen/Audi/Porsche setzen bei der Produktpalette auf große und übermotorisierte Autos und Verbrennungsmotoren. Dies ist auch der Grund, warum sich die deutsche Automobilindustrie und die deutsche Bundesregierung seit Jahrzehnten gegen schärfere EU-Grenzwerte für CO_2 und Stickoxide gewehrt haben. Wo dies nicht geholfen hat, wurden die Automobilhersteller mit Fälschungen bei den Emissionswerten von Diesel-Fahrzeugen auch noch kriminell, wie der „Dieselskandal" zeigt(e)[29].

Die Entwicklung von Elektroautos, im Besonderen batterieelektrisch betriebenen Autos, entsprach nicht der Produktstrategie der deutschen Hersteller. Deswegen hat sich die deutsche Automobilindustrie auch gegen eine schnelle Einführung der Elektromobilität gewehrt, und hat es trotz vieler Warnungen versäumt, sich frühzeitig darauf einzustellen. Die Gründe dafür:

1. Elektroautos sind deutlich einfacher herzustellen als Autos mit Verbrennungsmotoren (Schaltgetriebe und komplizierte Abgastechnik entfallen) – entsprechend wird die Konkurrenz mit chinesischen Herstellern und Neueinsteigern wie Tesla, Google, DHL u. a. größer.

2. Die Reichweitenbeschränkung von batterieelektrischen Autos, die Entwicklung und das Angebot von kleineren und nicht hochmotorisierten Autos liegen nahe, was aber weniger Umsatz bedeutet. Drittens ist zu erwarten, dass Batterien immer billiger werden und damit mittelfristig auch die Kosten von Elektroautos im Vergleich zu (gleich großen) Autos mit Verbrennungsmotoren geringer werden.

Durch die rasche Entwicklung der Elektromobilität, die Fehleinschätzung des Markts und die klimapolitischen Vorgaben der EU und Chinas könnte die deutsche Automobilindustrie in erhebliche und leider selbstverschuldete Schwierigkeiten geraten – mit hohen Umsatzeinbußen und Arbeitsplatzverlusten. Die von den großen Herstellern abhängigen Zulieferer werden dabei mitgerissen. Das jetzt angekündigte Umsteuern auf Elektromobilität, z. B. von Volkswagen, kommt möglicherweise zu spät.

---

29 VW-Chef Herbert Diess: „Das, was wir gemacht haben, war Betrug." (Handelsblatt 19.06.2019)

2.9 LEHRSTÜHLE ÄNDERN, PKW-LABEL KORRIGIEREN

| Forschung |
| Bildung |
| Wissenschaft |

In Forschung und Lehre sind immer noch viele Lehrstühle an Autoverkehr, Verbrennungsmotoren und Abgastechnik ausgerichtet. Hier sind Verschiebungen in Richtung Radverkehrsplanung, leichte Elektrofahrzeuge, multimodale Mobilität, Elektromotoren und Batterieforschung überfällig. Auch in den Schulen sollten neue Inhalte in den Lehrplänen aufgenommen werden, zum Beispiel

❖ in *Physik/Chemie*: Herstellung von Wasserstoff, Methan und Flüssigkraftstoffen, unterschiedliche Wirkungsgrade bei batterieelektrischen Fahrzeugen, Fahrzeugen mit Brennstoffzellen und Fahrzeugen mit Verbrennungsmotor/strombasierten Flüssigkraftstoffen,

❖ in *Politik/Gemeinschaftskunde:* Berechnung der Durchschnittsgeschwindigkeit von Autos (nach Ivan Illich) unter Einbezug der Fahrtzeit, der notwendigen Arbeitszeit (um die Kosten des Autos tragen zu können), Zeit für Parkplatzsuche, Stauzeiten, TÜV etc.,

❖ in *Mathematik*: Wieviel Zeit verlieren Autofahrer*innen auf 100 gefahrenen Kilometern, wenn sie auf einer Autobahn statt der bisherigen Durchschnittsgeschwindigkeit von 137 km/h ein Tempolimit von 130 km/h einhalten müssen und dann im Durchschnitt nur noch 127 km/h fahren? (Antwort: rund 210 Sekunden),

❖ in *Wirtschaftskunde*: Wie hoch sind die realen Kosten eines Autos pro Kilometer? Welchen Anteil haben daran die Treibstoffkosten?

❖ In *Deutsch*: Interpretiere die Sage von Helios und Phaeton und versuche zu erklären, warum Volkswagen seinen Oberklasse-Luxus-Wagen (Benzinverbrauch 12,1 l/100 km) ausgerechnet „Phaeton" nannte.

> *Helios, der Sonnengott, war seinem Sohn Phaethon einen Wunsch schuldig. Phaethon wünschte sich, einen Tag lang den Sonnenwagen über den Himmel lenken zu dürfen. Vergeblich versuchte Helios, seinen Sohn von diesem Plan abzubringen. Als die Nacht sich ihrem Ende zuneigte, bestieg Phaethon den kostbaren und reich verzierten Sonnenwagen des Vaters. Das Viergespann raste los und geriet bald außer Kontrolle. Phaethon verließ dabei die tägliche Fahrstrecke zwischen Himmel und Erde und löste damit eine globale Katastrophe aus. Ovid berichtete: „Die Erde geht in Flammen auf, die höchsten Gipfel zuerst, tiefe Risse springen auf, und alle Feuchtigkeit versiegt. Die Wiesen brennen zu weißer Asche; die Bäume werden mitsamt ihren Blättern versengt, und das reife Korn nährt selbst die es verzehrende Flamme … Große Städte gehen mitsamt ihren Mauern unter und die ungeheu-*

re Feuersbrunst verwandelt ganze Völker zu Asche." Um der Zerstörung Einhalt zu gebieten, zerschmetterte Zeus, von der schwitzenden Mutter Erde zu Hilfe gerufen, das Gespann mit einem Blitzstrahl, es stürzte brennend in die Tiefe.

Bei Projekttagen könnten Schüler*innen lernen, ihr Fahrrad selbst reparieren zu reparieren. Oder man könnte die typische innerstädtische Fahrtzeit für verschiedene Verkehrsmittel (Auto, ÖPNV, Fahhrad) bestimmen. Oder mit den Eltern/Autofahrer*innen einen Quiz zum Benzinsparen machen.

#klimaFAQ

WIE KANN MAN BEIM AUTOFAHREN BENZINSPAREN?

Wetten, dass die Eltern bei dem Quiz durchfliegen? Beim Fahren sowieso.

	Nr.	A	B	C	Richtige Antwort
Treibstoffverbrauch auf den ersten zwei Kilometern	1	10 l/100 km	20 l/100 km	30 l/100 km	
Verbrauch bei 5 Minuten Stillstand und laufendem Motor	2	ca. 10 ml	ca. 100 ml	ca. 200 ml	
Mehrverbrauch durch Mehrgewicht/ Ballast 100 kg	3	0,1-0,3 l/100 km	0,3-0,5 l/100 km	0,5-0,7 l/100 km	
Mehrverbrauch durch Fahrraddachträger leer	4	ca. 5%	ca. 10%	ca. 15%	
Mehrverbrauch durch Fahrrad-Dachträger mit Fahrrädern bei Geschwindigkeit von 100 km/h	5	1l/100km	2 l/100 km	4 l/100 km	
Mehrverbrauch durch Autoklimaanlage	6	0,1 l/Stunde	0,1-0,3l/Stunde	0,3-0,7l/Stunde	
Mehrverbrauch für Stromerzeugung bei 100 Watt Leistung/100 km (Mittelwert)	7	ca. 0,1 Liter	ca. 0,2 Liter	ca. 0,3 Liter	
Typische Leistung für heizbare Heckscheibe	8	30 W	60 W	120 W	
Sitzheizung	9	30 W	60 W	90 W	
Radio mit CD-Wechsler	10	30 W	60 W	90W	
Hi-Fi-Anlage 4-Kanal-Endstufe	11	30 W	100 W	200 W	

0–75 Punkte: Zurück in die Fahrstunde

75 –95 Punkte: Nicht schlecht für einen Anfänger

95 –100 Punkte: Prima Klima-Sieger

Auflösung: siehe Seite 251.

Für jede richtige Antwort gibt es einen Punkt. Weitere 88 Punkte bekommt man, wenn das jeweilige Ergebnis auch in der Praxis beim Fahren berücksichtigt wird.

WISSEN

Bei den meisten Autofahrer*innen kann man davon ausgehen, dass sie die Gesamtkosten ihres Autos deutlich unterschätzen, dass sie den Anteil der Treibstoffkosten (Benzin, Diesel) und die Zeitersparnis durch höhere Geschwindigkeiten deutlich überschätzen. Bei der Einschätzung der Klimarelevanz von Pkw ist davon auszugehen, dass Autofahrer*innen/Autokäufer*innen dies zumindest diffus einschätzen können. Verwirrend ist allerdings das staatliche Pkw-Label: das Label bewertet die Effizienz innerhalb einer Größen-bzw. Gewichtsklasse. Ein schwerer SUV mit absolut hohem CO_2-Ausstoß, aber geringerem CO_2-Ausstoß als andere SUV kann so ein besseres und „grüneres" Label tragen als ein Kleinwagen mit absolut niedrigem CO_2-Ausstoß, aber höherem CO_2-Ausstoß als andere Kleinwagen. Eine aktuelle Erhebung zeigt, dass die Mehrheit der Kund*innen das Label falsch versteht und davon ausgeht, dass das Pkw-Label eine absolute Effizienz darstellt.

2.10 STRATEGIE UND POLITIK

Politikinstrumente und Institutionen

Die obigen Ausführungen zeigen, dass für einen weitgehend klimaneutralen Verkehr bis 2050 und auch schon für eine deutliche Reduktion der Treibhausgase bis 2030 mehrere Gesetze notwendig sind:

❖ Eine Bepreisung von CO_2, mittelfristig 180 Euro pro t CO_2, und kurzfristig mit einem Einstandspreis von mindestens 60 Euro pro t CO_2,

❖ nicht nur Prämien beim Kauf von Elektrofahrzeugen, sondern gleichzeitig eine hohe Besteuerung von Fahrzeugen ansteigend mit der Höhe ihrer CO_2-Emissionen. Das kann dann auch als Finanzierung für eine Kaufprämie verwendet werden (Bonus-Malus-System),

❖ die Rücknahme der Steuerbefreiungen im Flugverkehr (Befreiung von der Kerosinsteuer sowie von der Mehrwertsteuer bei internationalen Flügen),

❖ die Einführung von Tempolimits auf Autobahnen (120 km/h), Landstrassen (80 km/h) und innerorts (30 km/h),

❖ eine deutliche Änderung der Dienstwagenbesteuerung mit hoher Besteuerung der CO_2-Emissionen,

❖ eine Verbesserung der Infrastrukturen und der Angebote von Bahn, ÖPNV und Radverkehr, Preissenkungen bei Bahn und ÖPNV sowie entsprechende finanzielle Unterstützung, und eine Vielzahl kleiner Regelungen mit durchaus großer Wirkung (z.B. 365-Euro-Jahresticket, bundesweites Einheitsticket für Bahn und ÖPNV, Parkraumbewirtschaftung in Kommunen …),

#klimAktiv

CARGOBIKE RACE

Viele denken, dass Politik von Politiker*innen gemacht wird, und dass man halt alle paar Jahre wählen geht. Und natürlich sollen Politiker*innen die für die Gesellschaft „richtigen" Entscheidungen treffen, entsprechende Gesetze beschließen und dabei den Wählerwillen und gesellschaftliche Entwicklungen berücksichtigen.

Die gesellschaftliche Entwicklung und der Wählerwille werden aber durch viele einzelne Initiativen, Aktivitäten und Konsument*innenentscheidungen beeinflusst.

Am Beispiel von „Fridays for Future" sieht man, wie wichtig Initiativen sind – auf Bundesebene, aber auch in jeder Kommune. Gerade im Mobilitätsbereich gibt es viele Möglichkeiten für Initiativen und Aktionen, wie z. B. „autofreie Tage" im Quartier.

In einem Leitfaden für die europäische Mobilitätswoche sind viele erfolgreiche Initiativen vorgestellt[30]:

❖ Die Stadt Würzburg veranstaltete 2018 das erste Würzburger *Cargobike Race* – in bester Lage auf dem Würzburger Marktplatz. Ein Parcours mit engen Kurven, Schikanen und drei Packstationen und Bierfässern als Transportgut. Das Publikum war begeistert.

❖ In einer Aktionswoche in Leipzig wurde der geplante *Umbau eines zentralen Platzes* (Lindauer Markt) vorweggenommen. Bislang sind auf dem zentralen Platz mehr als 70 % der Nutzer*innen zu Fuß unterwegs, aber mehr als 70 % der Fläche wird vom Autoverkehr beansprucht. In der Aktionswoche wurde der Platz für Autos gesperrt, Straßencafés aufgestellt, Feste gefeiert, Informationsveranstaltungen durchgeführt.

❖ Ausbau von Elektroladestationen für Elektroauto, E-Bikes & Co.,

❖ flächengerechtigkeit bei den Verkehrsträgern, deutlicher Anstieg bei Parkgebühren, Anwohnerparken und den Bußgeldern bei Verstößen.

Der **Kabinettsbeschluss der Bundesregierung** vom 09. Oktober 2019 fällt weiter hinter diese Ansprüche zurück:

❖ Die CO_2-Bepreisung von Benzin und Diesel mit einem Einstandspreis von 10 Euro/t CO_2 bzw. rund 3 ct für Benzin und Diesel ist viel zu gering,

❖ Die Erhöhung der Luftverkehrsabgabe ist so gering, dass sie kaum zu Änderungen im Flugverkehr führen wird.

❖ Tempolimits werden nicht eingeführt und nicht einmal diskutiert.

---

30 Umweltbundesamt, Europäische Mobilitätswoche – Leitfaden 2019 mit vielen Praxisbeispielen, Berlin 2019. Link: www.mobilitätswoche.eu

❖ Die grundsätzliche Änderung des Verkehrsrechts mit Streichung des Vorrangs für den Automobilverkehr und der Ermöglichung von Kommunen zu speziellen Regelungen zur Förderung des umweltfreundlichen Verkehrs wurde nicht beschlossen und nicht einmal diskutiert.

❖ Die Förderung des Kaufs von Elektroautos mit je nach Größe bzw. Kaufpreis bis zu 6.000 Euro und noch höher bei kleineren Elektroautos geht in die falsche Richtung – richtigerweise müsste der Kauf von E-Bikes und Elektrorollern sowie 365-Euro-Tickets im ÖPNV gefördert werden.

In die richtige Richtung geht die Reduktion der Mehrwertsteuer für Fernverkehrstickets der Bahn, die Änderung der Dienstwagenbesteuerung, die höhere finanzielle Förderung der Bahn, des ÖPNV und des Radverkehr sowie der geplante Ausbau von Elektroladestationen.

3 UMWELT UND GESUNDHEITSBEWUSSTE ERNÄHRUNG

3.1 HAUPTPROBLEME:
QUALVOLLE TIERHALTUNG UND ZU VIEL FLEISCH

Die Landwirtschaft produziert unsere *Lebens*-Mittel. Eine große Aufgabe, bei der es zwangsläufig zu Umweltbelastungen kommt. Leider kommt es jedoch durch die intensive Landwirtschaft, die Tierhaltung, Futtermittelimporte, Ernährungsindustrie und Transporte zu viel zu hohen Umweltbelastungen.

Die Treibhausgasemissionen lagen im Jahr 2017 bei 66 Millionen t CO_2. Die Zusammensetzung der Emissionen ist in der Landwirtschaft deutlich anders als etwa im Energie- oder Verkehrssektor. Die wesentlichen Treibhausgase aus der Landwirtschaft sind Kohlendioxid (CO_2) aus dem Einsatz von Energie, aus Landnutzungsänderungen inklusive der Trockenlegung von moorigen Standorten oder der Umwandlung von Wäldern auf Moorstandorten sowie Lachgas bzw. Stickstoffmonoxid (N_2O) aus der Düngung und Viehhaltung sowie Methan (CH_4) aus der Viehhaltung. Methan ist 23-mal, Stickstoffmonoxid sogar rund 300-mal so klimaschädlich wie Kohlendioxid.

Bei der Angabe von Treibhausgasemissionen aus der Landwirtschaft nach der UN-Klimarahmenkonvention werden allerdings nur die Treibhausgasemissionen aus der Landwirtschaft in Deutschland angegeben, keine Treibhausgasemissionen aus Vorketten im Ausland, z. B. aus der Futtermittelproduktion in Brasilien. Das Reduktionspotenzial durch Änderungen in Landwirtschaft und Ernährung wird dadurch deutlich unterschätzt. 15 % der Treibhausgasemissionen des privaten Konsums in Deutschland werden durch den Anbau, die Verarbeitung, den Transport, die Lagerung, die Zubereitung und die Entsorgung von Lebensmitteln verursacht.

Etwa 70 % der Treibhausgas Emissionen stammen aus der Tierhaltung, das zeigt sich auch bei der Klimabilanz der Lebensmittel. Tierische Produkte wie Fleisch oder Käse sind pro kg mit sehr hohen CO_2-Werten verbunden, Gemüse, Obst Kartoffeln und Teigwaren dagegen mit vergleichsweise niedrigen Werten.

Über den Beitrag zur Klimaerhitzung hinaus verursacht die Landwirtschaft weitere große Probleme: die Umweltbelastung mit Düngemitteln und Pestiziden, eine qualvolle Tierhaltung, die Reduktion der Biodiversität und über Importe einen hohen Flächenverbrauch sowie Urwaldrodungen im Ausland.

Hinzu kommen Lebensmittelverschwendung, Kinderarbeit und nicht existenzsichernde Löhne in Entwicklungsländern und Folgen für die Gesundheit.

Die *Stickstoffbelastung* durch Düngung und Viehhaltung ist in Deutschland deutlich zu hoch: Der Sachverständigenrat für Umweltfragen (SRU) geht davon aus, dass in Deutschland mindestens eine Halbierung der Stickstoffeinträge notwendig ist, um bestehende nationale und europäische Qualitätsziele zu erreichen.

Die *Biodiversität* nimmt weltweit ab, auch in Deutschland sind die Biodiversitätsverluste erheblich, wie verschiedene Studien gezeigt haben. Im Oktober 2017 wurde eine Langzeitstudie veröffentlicht, die erhebliche Biodiversitätsverluste selbst bei Insekten in Deutschland aufgezeigt hat. Gemessen in Biomasse, nahmen die fliegenden Insekten in Deutschland zwischen 1989 und 2016 um zwischen 76 und 82 % ab.

Die *Tierhaltung* ist überwiegend qualvoll.[1] In der Massentierhaltung werden die Tiere auf engstem Raum und in großen Industriehallen bei Kunstlicht gehalten. Ferkel werden ohne Betäubung kastriert und die Ringelschwänze abgeschnitten, Millionen von männlichen Küken werden nach dem Schlüpfen geschreddert, geltendes Tierschutzrecht wird nicht eingehalten. 25 % der Tiere sind krank.

Zur medizinischen Behandlung und Vorbeugung werden in großem Ausmaß Tierarzneimittel und im Besonderen Antibiotika eingesetzt, die über Gülle und Mist in die Umwelt gelangen und Resistenzen hervorrufen.

Nach Berechnungen des Umweltbundesamtes (UBA 2018) betrugen allein die für den Inlandsverbrauch an Ernährungsgütern benötigten Agrarflächen im Ausland im Jahr 2015 12,5 Millionen ha. Der Flächenbedarf im Inland für den Inlandsverbrauch an Ernährungsgütern betrug demgegenüber im Jahr 2015 nur 7 Millionen ha. Bei den Zahlen wurden die Anbauflächen im Ausland für Importe nach Deutschland und die Anbauflächen in Deutschland für Exporte verrechnet. Zusammengefasst heißt das: für die in Deutschland gegessenen Lebensmittel wird eine Anbaufläche von 19,5 Millionen ha benötigt, davon sind 66 % im Ausland!

Lebensmittelverschwendung: In Deutschland werden jährlich etwa 11 Millionen Tonnen Lebensmitteln im Wert von etwa 20 Milliarden Euro weggeworfen. Die meisten dieser Lebensmittel wären beim Wegwerfen noch verzehrbar gewesen (siehe S. 203f.).

Gesundheitsprobleme: Weltweit sind mehr als 800 Millionen Menschen unterernährt, andererseits sind 700 Millionen krankhaft überernährt. In Deutschland sind 37 Millionen

---

1 Siehe ausführlich https://www.boell.de/de/2019/01/09/tierhaltung-deutschland-wunsch-und-wirklichkeit

Erwachsene (drei Viertel der erwachsenen Männer und mehr als die Hälfte der erwachsenen Frauen) und rund zwei Millionen Kinder und Jugendliche übergewichtig oder sogar fettleibig (7,4 Millionen). 45 % der Erwachsenen sind körperlich zu wenig aktiv, auch bei Kindern und Jugendlichen nimmt die „körperliche Fitness" ab. Durch den hohen Anteil von Fleischprodukten und die insgesamt ungesunde Ernährung werden zudem erhebliche Gesundheitsprobleme verursacht. Besonders der hohe Fleischkonsum bzw. der an gesättigten Fettsäuren und Zucker sind hier ein Problem. Die Kosten durch ernährungsbedingte Krankheiten liegen jährlich bei 70 Milliarden Euro bzw. bei 30 % aller Gesundheitskosten.

Hohe Produktion und hoher Konsum von Fleisch als Multi-Problem

Vor allem die hohe Produktion und der hohe Konsum von Fleisch verursachen eine Vielzahl von Problemen: Gefährdung der Welternährung, hohe Treibhausgasemissionen, Rodung von Urwäldern, qualvolle Tierhaltung, hohe Stickstoffbelastung und hohe Gesundheitsbelastungen.

Für den physiologisch wichtigen Anteil von Fleisch – die Proteine – gibt es dagegen mehrere, auch traditionell genutzte Alternativen. Beispielsweise werden bei der Produktion von 100 g Proteinen über Linsen (400 g) nur 0,8 kg Treibhausgase frei, bei der Produktion von 100 g Proteinen in der Mastrindhaltung dagegen etwa 70 kg.

Der Fleischverbrauch in Deutschland lag 2018 bei 88,6 kg pro Kopf und Jahr, der Fleischverzehr lag im gleichen Jahr bei 60,2 kg pro Kopf und Jahr (die Differenz sind nicht verzehrbare Teile wie etwa Knochen). Weltweit liegt der Fleischverbrauch im Schnitt bei 43,1 kg, in Entwicklungsländern bei 33,3 kg (Stand 2013).

Der von der Deutschen Gesellschaft für Ernährung (DGE) aus gesundheitlichen Gründen empfohlene maximale Fleischverzehr liegt bei nur 15 bis max. 30 kg pro Kopf und Jahr. In den letzten Jahren war der Fleischkonsum in Deutschland leicht rückläufig bis stabil.

Die Fleischproduktion steigt aber weiter an. Beispielsweise ist bei Schweinefleisch der Pro-Kopf-Verbrauch im Zeitraum 1997 bis 2017 von 55 auf 49,7 kg gesunken. Gleichzeitig stieg aber die Schlachtmenge von 3,6 Millionen auf 5,6 Millionen t.

Grund dafür ist der Export ins Ausland. Eine Reduktion des Fleischkonsums in Deutschland würde die Treibhausgasemissionen und die Umweltbelastung also nur dann reduzieren, wenn parallel dazu die Tierbestände gesenkt und die Exporte reduziert würden.

3.2 TRANSFORMATION LANDWIRTSCHAFT UND ERNÄHRUNG

Werte und Leitbilder	Altes Leitbild „Fleisch ist ein Stück Lebenskraft" immer noch tief verwurzelt trotz vielfacher Kritik Aber Werteverschiebung in Richtung gesunde fleischarme oder fleischlose Ernährung, Sicherung der Welternährung, und tiergerechtere Tierhaltung Initiativen: Alternative Leitbilder propagieren wie mediterranes Essen, vegetarisches Essen, Slowfood,Planet Health Diet, tierwohlgerechte Tierhaltung
Verhalten und Lebensstile	Ungesundes unökologisches Essen immer noch vorherrschend. 20 % Lebensmittelabfälle Trotzdem Zunahme alternativer Ernährungsstile und Nachfrage nach Fleischersatzprodukten Initiativen wie etwa Solidarische Landwirtschaft, Kochwettbewerbe, Nachhaltige Gemeinschaftsverflegung, foodsharing
Soziale und zeitliche Strukturen	Auflösung traditioneller Essensstrukturen, weniger Zeit zum Kochen. Zunahme Außer-Haus-Essen und Convenience-Produkte, Männer essen doppelt so viel Fleisch wie Frauen, Personen mit geringem Einkommen überproportional viel Fleisch Initiativen wie Slowfood,Gemeinsam kochen, nachhaltige Gemeinschaftsverpflegung
Forschung Bildung Wissenschaft	Geringes Wissen über Landwirtschaft und Ernährung. Freiwilliges Tierwohllabel unzureichend Initiativen: Forschung zu tiergerechten Haltungsbedingungen, Eiweißstrategie bei Futtermitteln, sowie Fleischersatzprodukten. Integration von Ernährungsbildung in den Schulunterricht. Plattform Ernährungswandel
Märkte und Finanzsysteme	Hohe externe Umwelt- und Gesundheitskosten, falsch gerichtete EU-Subventionen, Höfesterben, hohe Marktanteile weniger fleischverarbeitender Unternehmen und weniger Handelsunternehmen, dadurch niedrige Erzeugerpreise. Nur noch 14 % der Konsumausgaben für Lebensmittel Initiativen: siehe Politik, siehe Verhalten
Technologien Produkte Dienstleistungen	Hohe CO_2-Werte von tiereiweißreichen Produkten, insbesondere Rindfleisch Zunahme von Fleischersatzprodukten. Initiativen: Nachhaltige Gemeinschaftsverpflegung mit attraktiven fleischarmen Menüs, klassische Drei-Komponenten-Struktur (Fleisch – Sättigungs-Beilage und Gemüse/Salat) aufbrechen

Materielle Infrastrukturen	66 % der Anbaufläche für verzehrte Lebensmittel in Deutschland befinden sich im Ausland. Fokussierung der Tierhaltung in Deutschland auf wenige Regionen mit hohen Bestandsdichten und punktuell hohen Umweltbelastungen, hohe Schlachthofdichte
	Initiativen: Umstellung der Subventionen (s.u.), Tierhaltungsbestand mittelfristig um 60 % reduzieren
Politikinstrumente und Institutionen	Grundlegende Umschichtung der EU-Subventionen, 20 % Ökolandbau, Reduktion des Tierhaltungsbestands um 60 % Internalisierung von externen Kosten, überarbeitete Düngemittelverordnung, Auflagen zum Tierschutz und zu Futtermittelimporten, nachhaltiges Catering in der öffentliche Beschaffung vorschreiben, anspruchsvolles staatliches Tierwohllabel einführen

3.3 LANDWIRTSCHAFTLICHE BÖDEN WEITGEHEND NUR FÜR TIERHALTUNG

Materielle Infrastrukturen

Grundlage für Viehzucht und Landwirtschaft und damit „materielle Infrastruktur" sind zuerst einmal die Böden und Bauernhöfe, für die Tierhaltung besonders die großen Zuchtbetriebe und die Schlachthöfe. Bei den Böden muss der Blick auf die gesamte Welt oder zumindest auf diejenigen Agrarflächen gerichtet werden, auf denen Futtermittel und landwirtschaftliche Produkte für die Nutzung in Deutschland produziert werden.

Von der globalen Landfläche werden 37 % für die landwirtschaftliche Produktion und Tierhaltung genutzt. Der Rest sind Waldflächen (29 %) und für die landwirtschaftliche Produktion nicht nutzbare Flächen wie Städte, Wüsten, Berge, Gletscher (34 %). Die 37 % nutzbarer Flächen unterteilen sich in 26 % Weideland und 6 % Ackerland, auf denen Futtermittel für Tiere und indirekt für den Fleischkonsum produziert werden. Nur auf 5 % des Ackerlands wachsen Getreide, Obst und Gemüse für den direkten menschlichen Verzehr!

In Deutschland wurde 2018 mit 16,6 Millionen ha die Hälfte der Fläche für die Landwirtschaft genutzt (50,9 %), 29,7 % waren Wald und 9,2 % Siedlungsfläche. Von der landwirtschaftlichen Nutzfläche waren 11,6 Millionen ha Ackerfläche und 4,6 Millionen ha Weideland und ein kleiner Rest (0,2 Millionen ha) Dauerkulturen. Für die Futtermittelproduktion werden 5,3 Millionen ha Ackerfläche und die 4,6 Millionen ha Weideland genutzt, zusammen 9,9 Millionen ha. 2,65 Millionen ha werden für die Energieerzeugung, für die direkte Erzeugung von Nahrungsmitteln werden nur 3,67 Millionen ha genutzt! Im Jahr 2018 gab es in Deutschland noch 267.000 landwirtschaftliche Betriebe, darunter 84.000 große Betriebe mit einer Nutzfläche von mehr als 50 ha. Die Zahl der Betriebe insgesamt nimmt stetig ab, im Jahr 1990 waren es noch 630.000 Betriebe, davon 185.000 mit Tierhaltung. 2017 wurden in Deutschland 173,6 Millionen Geflügel, 27,6 Millionen Schweine und 12,3 Millionen Rinder gehalten. Im Jahr 2010 lag die durchschnittliche (!) Anzahl von Tieren pro Betrieb bei Geflügel bei 10.143, bei Legehennen bei 712, bei Schweinen bei 409 und bei Milchkühen bei 47 Tieren. Bestände von 100.000 Legehennen, Zehntausenden Masthühnern oder Puten pro Betrieb sind eher die Regel als die Ausnahme.

In Deutschland gab es 2017 über 4.000 Schlachthöfe. Deutsche Schlachthöfe dominieren den europäischen Markt. Führte Deutschland zur Jahrtausendwende noch deutlich mehr Fleisch aus den EU-Staaten ein als aus, so hat sich das Verhältnis inzwischen umgekehrt. Zwischen 1997 und 2012 stieg die erzeugte Schlachtmenge um 61 % auf 8 Millionen t an. Ein Grund dafür ist, dass viele osteuropäische Leiharbeiter*innen unter Umgehung des Mindestlohns als Quasi-Dauerarbeitskräfte eingesetzt werden.

3.4 MAN IST, WAS MAN ISST

Werte und Leitbilder

Durch die Verbilligung und das Überangebot an Lebensmitteln hat sich die Ernährung seit den 1960er-Jahren geändert und wurde zunehmend ungesünder. Während sich normale Familien früher nur einmal in der Woche Fleisch leisten konnten (der klassische „Sonntagsbraten"), nahm der Fleischkonsum mehr und mehr zu und wurde für viele zur täglichen Ration. Unterstützt wurde dies durch die aggressive Werbung der Fleischwirtschaft („Fleisch ist ein Stück Lebenskraft"), fleischbezogene Rezepte in den Zeitschriften, opulente Grillabende und natürlich günstige Sonderangebote. Fleisch wurde damit zum zentralen und begehrten Teil des Essens, alles andere waren nur „Sättigungsbeilagen".

Die ungesunde Ernährung mit hohem Fleisch- und Fettanteil (und mit Süßigkeiten) führte im Laufe der Jahre zu Übergewicht und Gesundheitsproblemen wie Herz-Kreislauf-Krankheiten oder Diabetes. Dementsprechend gab es Gegenbewegungen: Die Bundeszentrale für Ernährung warnte vor ungesunder Ernährung und hohem Fleischkonsum, in Frauenzeitschriften wurde für Maßhalten geworben (typisch: die „Brigitte-Diät"), die Umweltbewegung warb für „Vollwert-Kost" und die Trimm-dich-Bewegung entstand. Dennoch gab es kein griffiges alternatives Leitbild.

Am meisten überzeugte noch der Begriff „mediterranes Essen" (für einen Ernährungsstil mit weniger Fleisch, mehr Obst und Gemüse), denn das erinnerte an gutes Essen im Süden und Ferien. Gegen die Vernachlässigung von gutem Essen und gegen Fastfood entstand die Slow-Food-Bewegung.

#klimAktiv

LANDWIRTSCHAFTS- UND ERNÄHRUNGSINITIATIVEN

Slow Food setzt sich für ein sozial und ökologisch verantwortungsvolles Lebensmittelsystem ein, das die biokulturelle Vielfalt beim Essen und das Tierwohl schützt (www.slowfood.de). International ist der Verein in 170 Ländern mit Projekten, Kampagnen, Veranstaltungen und praxisorientierter Bildungsarbeit aktiv. Slow Food Deutschland e.V. zählt rund 14.000 Mitglieder und 86 lokale Gruppen und engagiert sich in verschiedenen Netzwerken. Ähnliche Initiativen sind: Wam Kat, Berlin (www.wamkat.de) oder Wir-haben-es-satt (www.wir-haben-es-satt.de).

Bei der **Solidarischen Landwirtschaft** (Solawi) tragen mehrere private Haushalte die Kosten eines landwirtschaftlichen Betriebs, wofür sie im Gegenzug dessen Ernteertrag erhalten. Durch den persönlichen Bezug zueinander erfahren sowohl die Erzeuger*innen als auch die Verbraucher*innen die vielfältigen Vorteile einer nicht industriellen, marktunabhängigen Landwirtschaft.[2] Die solidarische Landwirtschaft fördert und erhält eine bäuerliche und vielfältige Landwirtschaft, stellt regionale Lebensmittel zur Verfügung und ermöglicht Menschen einen neuen Erfahrungs- und Bildungsraum.

URBAN GARDENING

Der Anbau von Lebensmitteln im städtischen Bereich war im letzten Jahrhundert weit verbreitet. Gründe hierfür waren Kriegssituationen, Versorgung bei geringem Einkommen sowie die bessere Versorgung mit frischen Lebensmitteln ohne lange Transportwege und Lagerung. Ein Überbleibsel davon (aber in der Funktion verändert) sind in Deutschland die Schrebergärten.

In vielen Ländern (z.B. Russland, Kuba, Lateinamerika) ist der Nahrungsmittelanbau in den Städten für die Versorgung und Armutsbekämpfung nach wie vor wichtig. Bei den vielen sozialen Initiativen zum Urban Gardening stehen die Nutzung und Fruchtbarmachung städtischer (Brach-)Flächen, der offene Zugang, das gemeinschaftliche Gärtnern und das Lernen und Austauschen über die natürlichen Stoffkreisläufe im Vordergrund.

Eine erste große Irritation zur Vorstellung von Fleisch als einem Stück Lebenskraft gab es, als das damalige Tennisidol Boris Becker in der Bild-Zeitung bekannte, dass er vor einem großen Spiel keineswegs ein paar Schnitzel, sondern stattdessen viele Nudeln verspeiste.

Argumente gegen den hohen Fleischkonsum kamen hauptsächlich aus der Umwelt-und Entwicklungsbewegung, auch mit dem Hinweis auf die Gefährdung der Welternährung und das Roden von Urwäldern für die Produktion von Futtermitteln für die Viehwirtschaft.

---

2   https://www.solidarische-landwirtschaft.org/startseite/

Parallel dazu wurden mehr und mehr die Auswüchse der industriellen Tierhaltung offensichtlich. Jeder konnte im Fernsehen und in Filmen grässliche Bilder von vollgepackten Hühnerfabriken und Schweineställen und von katastrophalen Tiertransporten sehen. Viele Jugendliche verweigerten daraufhin den Fleischkonsum und wurden zu Vegetarier*innen oder Veganer*innen. Die anderen schaffen es irgendwie, die Bilder beim Schnitzelessen zu verdrängen.

Mittlerweile gibt es 6,1 Millionen Bundesbürger*innen (Stand 2019), die sich als Vegetarier*innen bezeichnen und zumindest kein Fleisch und keinen Fisch essen, und 1,3 Millionen Veganer*innen (Stand 2016). Die Veganer*innen sind übrigens zu 80 % weiblich (also Veganerinnen :-).

Andererseits essen 18 % der Frauen und 39 % der Männer noch täglich Fleisch. Etwa ein Drittel der Bevölkerung bezeichnet sich als Flexitarier*innen (GfK 2016), die den Konsum von Fleisch bewusst reduzieren. Die Angebote und der Verzehr vegetarischer und veganer Lebensmittel nehmen stark zu. Dies ist „kein kurzfristiger Trend, sondern ein Kulturwandel", befand sogar Nestlé-Chef Ulf Mark Schneider.

Aber der „Veggieday" wurde kurioserweise zum Reizwort, obwohl von der katholischen und evangelischen Kirche seit Jahrhunderten der Freitag als fleischloser Tag propagiert wird. Auch versucht die Fleischindustrie verzweifelt, Begriffe wie Tofu-Schnitzel oder Veggieburger verbieten zu lassen (für Letzteres wurde stattdessen der kuriose Begriff „Veggie-Disk" vorgeschlagen), weil diese zu einer Irreführung der Verbraucher*innen führen würden. Dieser Vorschlag ist echt Käse. Denn niemand käme beispielsweise auf die Idee, dass Leberkäse tatsächlich Käse ist. Leider gibt es zu wenig Kooperationen zwischen Flexitariern, Vegetariern und Veganern.

3.5 BESSER ESSEN

| Verhalten und Lebensstile |

Im Lebensmittelbereich ist der Einfluss des Verbraucherverhaltens sehr groß, auch unabhängig von äußeren Rahmenbedingungen. Die wesentlichen Handlungsmöglichkeiten liegen beim Kauf der Lebensmittel (konventionell oder Bio, regional & saisonal), bei dem Ernährungsstil (klassisch fleischbetont, Flexitarier*innen, Vegetarier*innen, Veganer*innen) und der Vermeidung von Lebensmittelabfällen und unnötigen Lebensmittelverpackungen.

Den größten Einfluss auf die CO_2-Werte hat die Ernährungsweise. Je weniger tierische Produkte man isst, umso geringer sind die CO_2-Emissionen. Das gilt nicht nur für Fleisch, sondern auch für Käse und andere Milchprodukte, die ja auch aus der Viehhaltung bzw. von Kühen stammen (zur Klimabilanz einzelner Lebensmittel siehe S. 208ff.).

3.5.1 ERNÄHRUNGSSTILE

Die höchsten CO_2-Emissionen werden mit einem durchschnittlichen Ernährungsstil mit einem hohen Fleischverzehr von rund 60 kg pro Jahr verursacht, etwa 25 bis 40 % weniger durch eine vegetarische Ernährung und etwa 40 bis 50 % weniger durch einen veganen Ernährungsstil. Zu den absoluten Werten gibt es unterschiedliche Angaben. Dafür gibt es zwei Gründe:

Zum einen sind die Ernährungsstile jeweils nur allgemein definiert, aber es gibt unterschiedliche Ausrichtungen (z. B. Vegetarier, Ovo-Vegetarier, Lakto-Vegetarier) und es gibt keine Definition, welche und wie viele Lebensmittel im Einzelnen gegessen werden. Je nach Annahme (viel oder weniger Käse, viel oder wenig Soja oder Avocados etc.) fallen die Ergebnisse unterschiedlich aus. Zum anderen gibt es unterschiedliche Berechnungsmethoden:

❖ Nach der UN-Klimarahmenkonvention und dem zugrunde liegenden sektoralen Ansatz werden nur die CO_2-Emissionen aus der Landwirtschaft in Deutschland berechnet, aber keine Vorketten im Ausland und auch nicht die Verarbeitung der Agrarprodukte in der Ernährungsindustrie. Die CO_2-Emissionen aus der Landwirtschaft liegen in Deutschland bei 66 Millionen t – umgerechnet bei 810 kg CO_2 pro Jahr und Bundesbürger*innen.

❖ Bei der Berechnung nach der Ökobilanzmethode werden dagegen alle Emissionen entlang der Produktlinien der Lebensmittel bilanziert, also auch die Herstellung von Futtermitteln und Südfrüchten in Übersee, Transport, Landwirtschaft in Deutschland, Ernährungsindustrie, Lagerung im Handel und ggf. auch die Zubereitung bzw. das Kochen der Speisen berücksichtigt. Diese über die gesamte Produktlinie ermittelten Werte liegen deutlich höher als die 810 kg CO_2 (siehe unten). Auch die CO_2-Werte von einzelnen Lebensmitteln sind in der Regel über die gesamte Produktlinie berechnet.

Das Öko-Institut hat in einer aufwendigen Studie saisonal optimierte Essenspläne für ein ganzes Jahr zusammengestellt und die Preise entsprechender konventioneller Produkte und Bio-Produkte in den Handelsmärkten ermittelt. Auf Basis dieser „Jahres-Ernährungskörbe" wurden die CO_2-Emissionen über die gesamte Produktlinie errechnet (und zusätzlich die Kosten verschiedener Ernährungsstile; siehe S. 213). Die Studie des Öko-Instituts zeigte: Gegenüber der durchschnittlichen fleischbetonten Ernährung führt die Ernährung nach den Empfehlungen der DGE (maximal 30 kg Fleisch pro Jahr, mehr Gemüse und Obst) zu 12 % weniger Treibhausgasen als die durchschnittliche fleischbetonte Ernährung, die vegetarische Ernährung zu 26 % weniger und eine vegane Ernährung zu 37 % weniger Treibhausgasen.

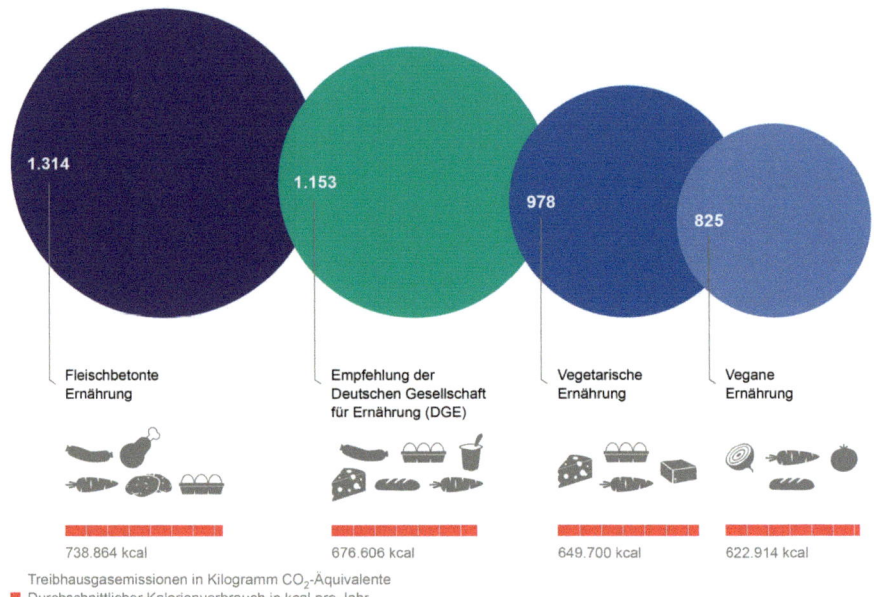

Abbildung: Vergleich der Treibhausgasemissionen verschiedener Ernährungsstile (Quelle: Öko-Institut e.V. 2014)

Beim CO_2-Rechner des Umweltbundesamts werden andere Ernährungskörbe zugrunde gelegt und noch weitere Ernährungsstile berechnet (ebenfalls über die gesamte Produktlinie). Hier werden folgende Werte angegeben:

❖ (Viel-)Fleischesser*innen 1.950 kg CO_2 pro Jahr,

❖ Flexitarier*innen: 1.480 kg CO_2,

❖ Vegetarier*innen: 1.160 kg CO_2 und

❖ Veganer*innen: 940 kg CO_2.

Bei den Vergleichen zur Klimarelevanz unterschiedlicher Ernährungsstile werden nur die Emissionen von Treibhausgasen berechnet. Aber es gibt eben weitere wesentliche Unterschiede im Hinblick auf tierische Produkte: Vegetarier*innen essen kein Fleisch und keinen Fisch und je nach Ausrichtung auch keine Milchprodukte oder keine Eier; Veganer*innen essen überhaupt keine tierischen Produkte, strenge Veganer auch keinen Honig.

Vegetarier*innen und Veganer*innen haben für die Entscheidung zu ihrem Ernährungsstil unterschiedliche Gründe. Tiere werden als den Menschen nahestehende Lebewesen gesehen, die man grundsätzlich nicht essen sollte. Die Tierhaltung, insbesondere die Massentierhaltung, wird als Qual und ethisch bedenklich gesehen (das sehen auch viele Flexitarier*innen so).

Darüber hinaus gibt es weitere ökologische und soziale Gründe: Die Umweltbelastung und die Treibhausgasemissionen durch die Tierhaltung und Fleischproduktion sind sehr groß und gefährden die Welternährung. Auch gesundheitliche Gründe können für die Entscheidung eine Rolle spielen.

3.5.2 BIOLEBENSMITTEL

Die Festlegung auf einen bestimmten Ernährungsstil ist nicht automatisch mit einer Entscheidung pro oder contra Bio-Produkte verbunden. Es ist also durchaus möglich, dass man wenig Fleisch oder gar kein Fleisch isst und dafür viel Gemüse und Obst, aber die Produkte im konventionellen Handel einkauft. Sehr oft gibt es Mischformen, weil man mal im Bioladen einkauft, mal im konventionellen Laden. Oder Obst und Gemüse und Milchprodukte nur als Bioprodukte, aber das Fleisch als konventionelle Ware, weil es im Bioladen teuer ist.

Im Jahr 2017 kauften 2,2 % der Verbraucher*innen (fast) nur Biolebensmittel und immerhin 17,2 % Verbraucher*innen überwiegend Biolebensmittel. 14 % kauften Gemüse und Obst ausschließlich als Bioware; nur 7 % kauften Fleisch ausschließlich als Biofleisch.

Es gibt viele gute Gründe, (zertifizierte) Bio-Lebensmittel zu kaufen. Sie werden umweltschonend und ohne Gentechnik sowie ohne den Einsatz von Pestiziden und synthetischen Düngemitteln angebaut, und sie stammen aus artgerechter Tierhaltung. Biolebensmittel tragen zum Erhalt einer kleinbäuerlichen Landwirtschaft und zum Bodenschutz bei, sie schmecken oft besser und sind gesünder. Und sie sind klimaschonender. Die CO_2-Äquivalente-Emissionen von Lebensmitteln aus Bioanbau sind meist etwas geringer als die der konventionellen Lebensmittel.

Innerhalb der Biolebensmittel gilt die gleiche Stufung wie bei den konventionellen Lebensmitteln – Biofleisch oder Biobutter verursachen deutlich mehr CO_2-äquivalente-Emissionen als Biogemüse und noch mehr als konventionelles Gemüse. Im Hinblick auf die Entstehung von Treibhausgasemissionen ist die Art des Lebensmittels (Fleisch oder Gemüse) viel entscheidender als der Unterschied zwischen der Art des Anbaus (konventionell oder bio).

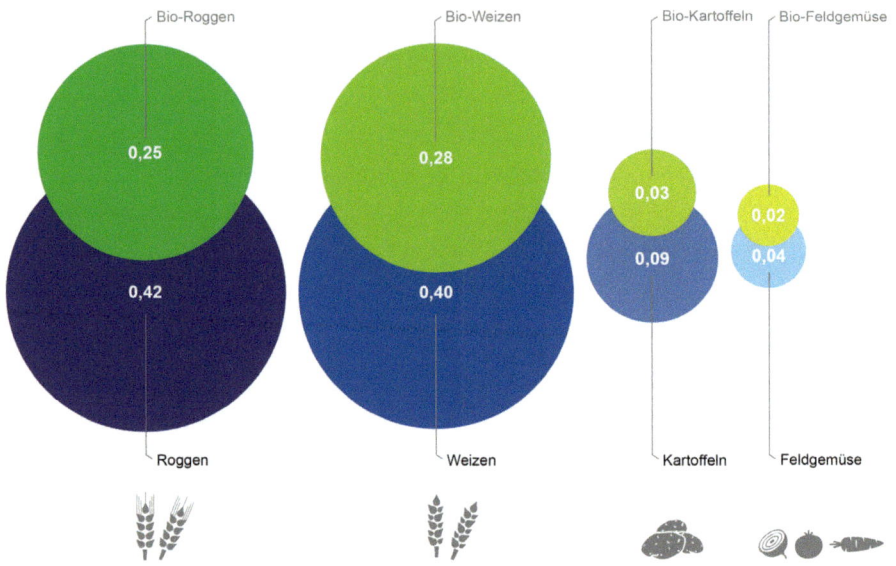

Abbildung: Treibhausgasemissionen ökologisch und konventionell erzeugter Grundnahrungsmittel (Quelle: Öko-Institut e.V. 2014)

Saisonale Produkte – also Obst und Gemüse, bei dem gerade Haupterntezeit ist – haben in der Regel eine bessere Ökobilanz als Produkte außerhalb der Saison, weil diese dann mit Gewächshausanbau oder langen Transportwegen verbunden sind. Außerdem schmecken Produkte in der Saison besser, weil sie wirklich reif sind.

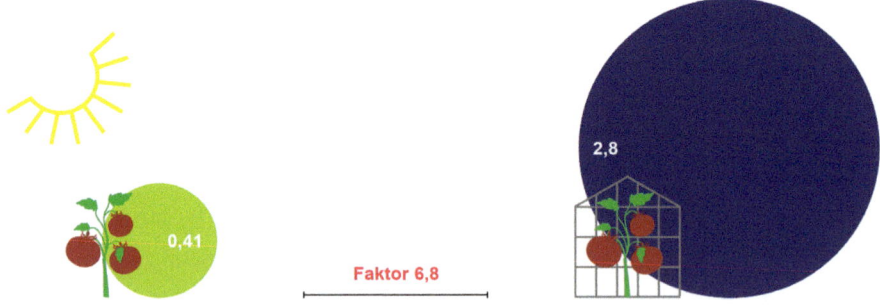

Abbildung: Tomatenanbau im Freiland im Vergleich zum Anbau im Gewächshaus (in kg CO_2 pro kg Tomaten. (Quelle: Öko-Institut e.V. 2014)

Außerhalb der Saison werden viele Produkte wie etwa Erdbeeren zudem per Flugzeug transportiert und haben dadurch eine besonders schlechte Klimabilanz. Einige Produkte wie etwa Bananen, Wein, Orangensaft werden dagegen per Schiff transportiert, hier sind die Emissionen aus dem Transport vergleichsweise gering.

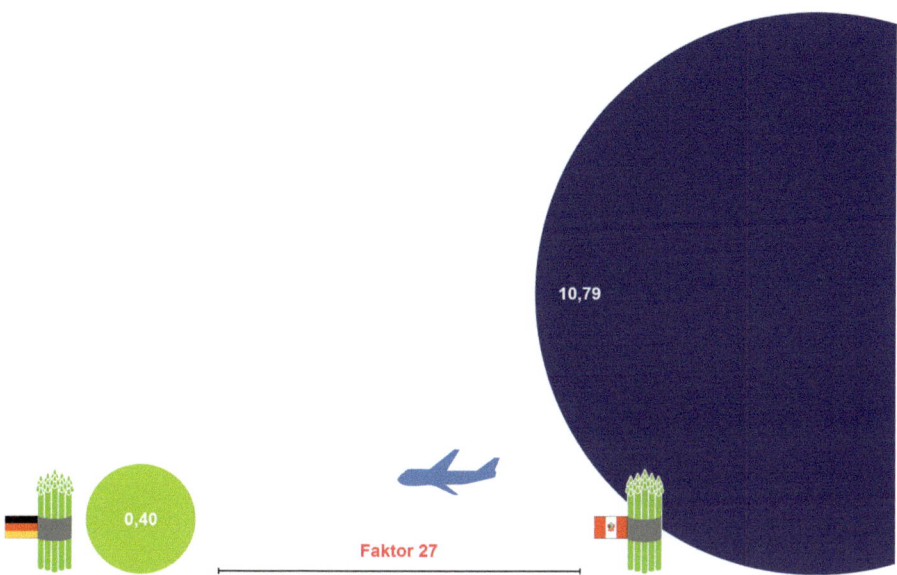

Abbildung: Die Treibhausgasemissionen von Spargel aus Deutschland und Peru/Flugtransport (in kg CO_2 pro 1 kg Spargel) (Quelle: Öko-Institut e. V. 2014)

Bei einem Transport des Spargels mit dem Schiff liegen die Werte in derselben Größenordnung wie von Spargel, der in Deutschland angebaut wird.

Regional angebaute oder verarbeitete Produkte haben den Vorteil kurzer Transportwege. Ihr Kauf unterstützt die Bauern vor Ort, auch dann, wenn sie auf dem Wochenmarkt oder Bauernmarkt eingekauft werden. Die Ökobilanz kann – muss aber nicht – besser sein als die von überregional hergestellten Lebensmitteln.

Faire Produkte (erkennbar am Fairtrade-Siegel) werden mit besseren Arbeitsbedingungen für Beschäftigte auf Plantagen in Entwicklungs- und Schwellenländern sowie besseren Preisen für Kleinbauernfamilien hergestellt. Typische Beispiele sind Kaffee, Tee, Bananen oder Schokolade. Am besten sollte man fair hergestellte Bioprodukte kaufen.

#klimaFAQ

SOLL MAN BIOPRODUKTE AUS ÜBERSEE KAUFEN?

Diese Frage stellen sich viele gerade im Hinblick auf die Klimabilanz, wenn sie beispielsweise Mangos aus Indien, Wein aus Südafrika oder Äpfel aus Chile in der Auslage des Bioladens sehen. Grundsätzlich ist es gut, den Bioanbau zu stärken. Produkte aus Entwicklungs- und Schwellenländern sollten möglichst auch noch fair hergestellt sein bzw. das Fairtrade-Siegel tragen. Leicht verderbliche Produkte, die per Flugzeug transportiert werden, wie z. B. Mangos oder Ananas, sollte man eher nicht kaufen. Bei Äpfeln im (späten) Frühjahr ist die Antwort nicht eindeutig. Hier muss man zwischen Äpfeln aus Übersee (meist Chile) wählen, die per Schiff transportiert werden, oder einheimische Äpfel kaufen, die dann aber über Monate in Lagerhäusern gekühlt und mit entsprechendem Energieaufwand gelagert wurden. Oder man wartet besser noch auf die Frühäpfel im Juni.

3.5.3 PLANET HEALTH DIET – DER SPEISEPLAN DER ZUKUNFT

Ein internationales Team von Forscher*innen aus 16 Ländern und den verschiedensten Bereichen (Umweltschutz, Gesundheit, Landwirtschaft und Politik) hat einen optimalen Speiseplan entworfen, bei dessen Einhaltung die Welternährung auch bei 10 Milliarden Menschen gesichert wäre, bei dem die Grenzen und Ressourcen der Erde eingehalten werden und der die Gesundheit fördert, indem beispielsweise Herzkrankheiten und Diabetes vorgebeugt wird.

Lebensmittel	Durchschnitt pro Tag in Gramm	Jahresmenge in Kilogramm (gerundet)
Gemüse	300	110
Milchprodukte	250	91
Vollkornprodukte, Reis, Mais	232	85
Obst	200	73
Hülsenfrüchte	75	27
Nüsse	50	18
Kartoffeln	50	18
Ungesättigte Fette	40	15
Zucker	31	11
Geflügel	29	11
Fisch	28	10
Rotes Fleisch (Rind, Lamm, Schwein)	14	5
Eier	13	5
Gesättigte Fette	12	4

Zum Plan gehört auch die Reduktion von Lebensmittelabfällen. Gegenüber der heutigen durchschnittlichen Ernährung soll der Verzehr von rotem Fleisch und Zucker um die Hälfte reduziert und der Anteil von Gemüse, im Besonderen von Hülsenfrüchten, Obst und Nüssen gesteigert werden. Bei den Empfehlungen der Planet Health Diet sind die Tagesrationen nur zum besseren Erfassen der Mengen angegeben – man muss also nicht jeden Tag das Gleiche oder die gleiche Menge essen ...

Lebensmittel verwenden statt verschwenden

Weltweit geht etwa ein Drittel der Lebensmittel auf dem Weg vom Feld bis zum Teller verloren, während gleichzeitig etwa 800 Millionen Menschen unter Hunger leiden. Auch in Deutschland werden riesige Mengen an Lebensmitteln weggeworfen – jährlich 11 Millionen t im Wert von mehr als 20 Milliarden Euro. Schon in der Landwirtschaft werden Lebensmittel entsorgt, weil die Produkte äußerliche Kriterien nicht erfüllen (diese Abfälle sind schwer zu erfassen und in den 11 Millionen t noch gar nicht enthalten).

Im Handel werden 550.000 t Lebensmittel vernichtet, weil sie nicht mehr frisch aussehen oder das Mindesthaltbarkeitsdatum oder Verbrauchsdatum überschritten ist. In der Lebensmittelindustrie werden 1,85 Millionen t weggeworfen. In der Gastronomie werden 1,9 Millionen t Lebensmittel entsorgt, weil zu viel eingekauft oder vorproduziert wurde und weil die Gäste zu große Portionen haben wollen, die sie nicht aufessen können. Und in den Privathaushalten landen 6,7 Millionen t im Müll – rund 80 kg pro Kopf und Jahr.

In der Agenda 2030 ist als internationales Ziel festgelegt, Lebensmittelabfälle bis 2030 um die Hälfte zu verringern. Dieses Ziel verfolgt auch das Bundeslandwirtschaftsministerium. Und jeder Haushalt kann dieses Ziel mit Überlegung, aber wenig Anstrengung erreichen.

Wesentliche Gründe für das Wegwerfen von Lebensmitteln in Privathaushalten sind der Einkauf von zu vielen Lebensmitteln, das Kochen von zu großen Portionen und das Wegwerfen der Lebensmittel nach Überschreitung des Mindesthaltbarkeitsdatums, das irrtümlicherweise mit dem Verderb der Lebensmittel gleichgesetzt wird. Mit jedem kg Lebensmittel, das man wegwirft, ist man für zwei weitere kg CO_2 verantwortlich, die bis dahin entlang der Produktlinie entstanden sind. Aber die Umweltbelastung geht ja weit darüber hinaus: Jedes Lebensmittel, das weggeworfen wird, wurde aufwendig produziert – mit Nutzung von Ackerfläche und viel Arbeit, mit Wasser, Düngemitteln und vielleicht Pestiziden, mit Energieverbrauch bei Herstellung, Transport, Lagerung und ggf. auch schon beim Kochen.

#klimaFAQ

KANN MAN LEBENSMITTEL NACH ABLAUF DES MINDESTHALTBARKEITSDATUMS NOCH ESSEN?

Das Mindesthaltbarkeitsdatum auf verpackten Lebensmitteln („mindestens haltbar bis …") gibt den Zeitpunkt an, bis zu dem ein ungeöffnetes Lebensmittel bei richtiger Lagerung seine typischen Eigenschaften behält – also Geschmack, Geruch, Nährstoffgehalt.

Das Mindesthaltbarkeitsdatum ist kein Verfallsdatum!

Viele Lebensmittel sind nach Ablauf des Mindesthaltbarkeitsdatums noch genießbar. Manche Lebensmittel sind mehrere Monate oder Jahre haltbar. Sie können oft noch nach dem Mindesthaltbarkeitsdatum gegessen werden. Dazu zählen z. B.: Mineralwasser, Nudeln/Reis, Mehl, Konserven. Andere Lebensmittel sind nur wenige Tage oder Wochen haltbar.

Man kann nach Ablauf des Mindesthaltbarkeitsdatums selbst testen, ob man das Lebensmittel noch essen kann:

❖ Sieht es aus wie immer?
❖ Riecht und schmeckt es so wie immer?
❖ Hat es sich verfärbt,
❖ hat sich Schimmel gebildet,
❖ riecht es komisch,
❖ hat eine Gasbildung stattgefunden

dann weg damit! Milch, Frischkäse und Frischwurst sind nach dem Mindesthaltbarkeitsdatum meist nicht mehr lange genießbar.

Im Gegensatz zum Mindesthaltbarkeitsdatum bedeutet das „Verbrauchsdatum" („zu verbrauchen bis …") definitiv, dass man das Lebensmittel bis zum angegebenen Datum essen sollte, weil sich danach gefährliche Keime bilden bzw. vermehren können. Zu den leicht verderblichen Lebensmitteln mit einem Verbrauchsdatum gehören beispielsweise vorgeschnittene Salate, Hackfleisch oder geräucherter Fisch.

#klimAktiv

GEGEN LEBENSMITTELVERSCHWENDUNG

Gegen die Verschwendung und das Wegwerfen von Lebensmitteln gibt es eine Vielzahl von Aktionsformen (Containern, Bandern) und Initiativen.

Foodsharing ist eine 2012 entstandene Initiative gegen die Lebensmittelverschwendung, die Lebensmittel „rettet", die man ansonsten wegwerfen würde. Über 200.000 registrierte

Nutzer*innen in Deutschland, Österreich und der Schweiz und über 25.000 Freiwillige, sogenannte Foodsaver, machen diese Initiative mittlerweile zu einer internationalen Bewegung. Es kooperieren über 3.000 Betriebe, bei denen bisher schon 7,8 Millionen kg Lebensmittel vor der Verschwendung bewahrt worden sind. Täglich finden etwa 1.000 weitere Abholungen statt.

Die Plattform foodsharing.de basiert auf ehrenamtlichem Engagement. Das Retten und Teilen von Lebensmitteln findet geldfrei statt. Der gemeinnützige foodsharing e.V. sorgt als Betreiber der Website dafür, dass diese nicht kommerziell genutzt wird und ohne Werbung bleibt.

Zu gut für die Tonne (bundesweit) – mit einer breit angelegten Informationskampagne und Aktionstagen setzt sich die Initiative des Bundesministeriums für Ernährung und Landwirtschaft für mehr Wertschätzung von Lebensmitteln ein, indem sie sich gegen das Wegwerfen wertvoller Lebensmittel wendet. Einfache Tipps, Rezepte für „beste Reste" und zahlreiche Mitmachaktionen zeigen, wie man die Lebensmittelabfälle reduzieren kann. Aktionstage in mittlerweile 17 Städten bundesweit werden veranstaltet, Aktionen wie „Restlos genießen" mit über 40.000 Beste-Reste-Boxen in deutschen Restaurants werden initiiert. Für Initiativen, Ausstellungen, Veranstalter, Kommunen, Lehrkräfte oder andere Engagierte werden Materialien angeboten: von Infobroschüren über Poster in diversen Größen bis hin zu Aufklebern und Bastelbögen.

Restlos genießen (bundesweit) – die Aktion möchte Gastronomen animieren, mitzumachen und ihren Gästen das Einpacken nicht verzehrter Speisen aktiv anzubieten, um so gegen Lebensmittelverschwendung vorzugehen. Über 200 Restaurants bundesweit verteilen dazu bereits die nachhaltigen Beste-Reste-Boxen (100 % biologisch abbaubar und recyclingfähig).

Too Good To Go – eine App, die es Unternehmen ermöglicht, ihre überflüssigen Lebensmittel zu vergünstigten Preisen zu verkaufen, so Lebensmittelverschwendung vorzubeugen und nachhaltiger zu wirtschaften.

www.lebensmittelwertschätzen.de – die Internetplattform des Bundesministeriums für Ernährung und Landwirtschaft stellt zahlreiche Initiativen zur Reduzierung von Lebensmittelabfällen und -verlusten vor.

www.tafel.de – im Handel, auf Messen und anderen Großveranstaltungen bleiben oft große Mengen Lebensmittel übrig, die originalverpackt und völlig intakt sind. Die Tafeln oder andere gemeinnützige Organisationen geben solche Lebensmittel an Bedürftige in Deutschland. Infos zur Arbeit der Tafeln und den Weg zur Tafel in der Nähe findet man auf der Website.

Auch immer mehr Instagrammer*innen nutzen ihre Reichweite, um auf das Problem aufmerksam zu machen, beispielsweise Madeleine Alizadeh (@dariadaria), Laura Mitulla (@lauramitulla), Pia Schulze (@piakraftfutter) und Jochen Schulze (@jochenkannkochen).

3.6 DIE STULLE DER POSTMODERNE

**Soziale und
zeitliche Strukturen**

Das Essen und Trinken hat sich in den letzten Jahrzehnten deutlich verändert. Die traditionelle Struktur mit gemeinsamem Frühstück, Mittagessen und Abendessen hat sich in den meisten Haushalten aufgelöst. Der Ort des modernen Menschen ist im Unterwegs, und deswegen isst er auch unterwegs – die schnelle Pizza, den Döner, einen Hamburger, das belegte Brötchen, Sushi, Obstsalat im Plastikbecher, Smoothie, Coffee to go.

Gegessen und getrunken wird in der Kantine, im Restaurant, in der Schule, im Ganztagskindergarten, in der S-Bahn, im Auto und im Laufen. Im Jahr 2016 sind die Deutschen durchschnittlich über 140-mal auswärts essen gegangen. Bereits heute ist der Außer-Haus-Markt nach dem Lebensmitteleinzelhandel der zweitwichtigste Absatzkanal für die Ernährungsindustrie. Die Verbraucherausgaben für den Außer-Haus-Konsum lagen 2015 bei rund 74 Milliarden Euro.

Zum Glück gibt es mittlerweile im Außer-Haus-Bereich viele Angebote für gesunde Lebensmittel und Biolebensmittel – aber die To-go-Verpackungen stellen hier ein großes Problem dar. Im Gegensatz zu den individuell wählbaren Verkaufsstellen und Restaurants ist die Massenverpflegung in Kantinen und Mensen in Kindertagesstätten, Schulen, Unis, Betrieben oder Krankenhäusern immer noch unbefriedigend – sowohl im Hinblick auf gesundes Essen als auch in Bezug auf die Versorgung mit Biolebensmitteln. Aber das kann man ändern.

Ökologische und gesunde Gemeinschaftsverpflegung

In Schulkantinen und Kita-Mensen beispielsweise sollte die Umsetzung der Empfehlungen der DGE für eine fleischarme Menügestaltung sowie die Anwendung von Kriterien für die Beschaffung von Biolebensmitteln und besonders umwelt- und tiergerecht produziertem Fleisch und Fleischwaren die Regel werden. Allerdings gelingt dies nicht von alleine:

Wichtig ist dafür eine sorgfältige Menügestaltung, die attraktive fleischarme Gerichte beinhaltet, und durch die Verarbeitung von frischen, saisonalen und regionalen Produkten, die Mehrkosten von Biolebensmitteln ausgleicht. Hier gibt es viele Vorreiter, die gezeigt haben, dass und wie es geht: Studierendenwerke, der Freiburger Caterer Albert Wöhrle, die LWL-Kliniken Münster und Lengerich und baden-württembergische Landeskantinen.[3]

---

3 https://www.baden-wuerttemberg.de/de/service/presse/pressemitteilung/pid/zwoelf-kantinen-nehmen-am-modellprojekt-gutes-essen-in-landeskantinen-teil/

#klimAktiv

ÖKOLOGISCHE UND GESUNDE GEMEINSCHAFTSVERPFLEGUNG

Der Praxisleitfaden „Mehr Bio in Kommunen" des Öko-Instituts zeigt, wie Kommunen gutes Bioessen in Kitas, Schulen, Krankenhäusern und anderen kommunalen Einrichtungen fördern können. Der Leitfaden wurde im Auftrag des Bio-Städte-Netzwerks entwickelt und beinhaltet Tipps, wie Kommunen ihre Ausschreibungen so gestalten können, dass Gemeinschaftsverpfleger, die biologische Produkte in ihrem Sortiment haben, gezielt angeworben und beauftragt werden können. Er zeigt darüber hinaus, wie aufgrund der aktuellen Rechtslage auf EU- und Bundesebene Bioqualität bei der öffentlichen Beschaffung von Lebensmitteln direkt gefördert werden kann.

In dem Projekt Ernährungswende wurden die Essgewohnheiten verschiedener Haushaltstypen und ihre Klimarelevanz untersucht. Die meisten CO_2-Emissionen verursachten die *desinteressierten Fast-Fooder* (jüngere Singles und Paare, überproportional mehr Männer – mit häufigem Außer-Haus-Essen und hohem Fleischverzehr). Um 20 bis 25 % niedriger waren dagegen beispielsweise die CO_2-Emissionen der *ernährungsbewusst Anspruchsvollen* (mit hohem Verzehr von frischen Lebensmitteln, Obst und Gemüse, wenig Fleisch, viel Biolebensmitteln und insgesamt trotzdem durchschnittlichen Ernährungsausgaben). Vergleichbar schnitten die *Gewohnheitsköch*innen* ab (eher ältere Personen mit traditionellen Kochkenntnissen, regelmäßigem Essen und wenig Außer-Haus-Essen).

Convenience

Der Zeitmangel und der Trend zu Single-Haushalten führen dazu, dass für das Kochen zu Hause und beim Einkauf oft zu vorgefertigten „Convenience-Produkten" gegriffen wird – allem voran zu Pizzas, aber auch Suppen, vorgebackenen Pfannkuchen, Tiefkühlprodukten, Brötchen u. a. m.

Der Umsatz im Lebensmittelhandel liegt 2018 bei rund 200 Milliarden Euro, der von Convenience-Produkten bei knapp 6 Milliarden Euro oder umgerechnet 70 Euro pro Kopf und Jahr.

Convenience-Produkte haben unter Umweltschützern einen schlechten Ruf – vor allem wegen des Verpackungsaufwands und des hohen Anteils an Tiefkühlprodukten. Aber gerade im Bereich der (Tief-)Kühl-Kette hat sich die Lage deutlich verbessert – durch effizientere Kühl- und Gefriergeräte in der Industrie, im Handel und in den Haushalten. Umgekehrt ist das Kochen und Backen in den Haushalten durch den Trend zu kleinen

#klimAktiv

GEMEINSAM KOCHEN

Je kleiner der Haushalt, umso schwieriger ist es, gut zu kochen und zu essen. Vor allem für Singles ist es zeitaufwendig, zu kochen, und manchmal auch frustrierend, allein zu essen. Da bietet sich Gemeinschaftswohnen an (S. 225), oder – noch schneller zu realisieren – gemeinsames Kochen mit Freund*innen oder Nachbar*innen. Am besten regelmäßig und unaufwendig. Aber natürlich gut.

Haushalten deutlich ineffizienter geworden. Denn der Energieaufwand zum Kochen von Nudeln oder Gemüse, zum Braten oder Backen von Kuchen und Pizza ist für eine Person fast so groß wie für drei oder vier Personen. Nur wenn man wirklich effizient kocht und backt und einen effizienten Herd hat sowie größere Portionen zubereitet und den Rest in den nächsten Tagen oder eingefroren später isst, verursacht man weniger CO_2-Emissionen als mit Convenience-Produkten in der richtigen Größe.

3.7 CARBON FOOTPRINT VON LEBENSMITTELN

> Technologien
> Produkte
> Dienstleistungen

Auch die CO_2-Emissionen aus dem Ernährungsbereich wiegen schwer. Ein Durchschnittshaushalt konsumierte im Jahr 2000 etwa 500 kg Nahrungsmittel – davon rund 27 % Milchprodukte, 21 % Gemüse, 15 % Obst, 11 % Brot und Backwaren, 10 % Fleisch und 10 % Kartoffeln und Teigwaren (den Rest bilden Öle, Fette, Eier, Zucker etc.). Beim Anbau der Lebensmittel und ihrer Verarbeitung werden pro Kopf 1,5 t Treibhausgase frei.

Zu den CO_2-Emissionen einzelner Lebensmittel findet man in der Literatur und bei den „Klimarechnern" verschiedener Organisationen oft etwas unterschiedliche Werte. Die genauen Werte hängen davon ab, welches Lebensmittel im Detail bilanziert wurde (z. B. Rindfleisch aus Stallhaltung oder Weidebetrieb), aus welcher Saison bzw. mit welchen durchschnittlichen Ernteerträgen, aus welchem Anbautyp (Freiland oder Gewächshaus), aus welchem Land (Rotwein aus Deutschland oder Spanien) das Lebensmittel stammt, ob Transporte und Lagerung berücksichtigt wurden oder nicht.

Dass die Werte schwanken bzw. eine Spannbreite haben, ist für die Entscheidung zum eigenen Ernährungsstil nicht wichtig. Es kommt eher auf die Größenordnung an (z. B. bei unterschiedlichen Werten zwischen Fleisch und Hülsenfrüchten oder zwischen einzelnen Fleischsorten). Den Wert für das spezifische Produkt, das man am nächsten Tag real im Laden kauft, kann man mit vertretbarem Aufwand sowieso nicht exakt bestimmen.

Die CO_2-Werte von Lebensmitteln sind generell unschärfer als die von standardisierten technischen Produkten oder gar Heizöl oder Benzin. Ein hohes Treibhauspotenzial haben – jeweils *bezogen auf ein kg* Lebensmittel – Fleisch (besonders Rindfleisch mit etwa 11 bis 13 kg CO_2, Schweinefleisch etwa 3,3 kg CO_2 und Geflügel etwa 3 kg CO_2) und fetthaltige *aufkonzentrierte* Milchprodukte wie Butter (etwa 22 kg), Sahne (etwa 7,5 kg) oder Käse (etwa 8,5 kg). Obst und Gemüse (etwa 0,15 kg) und Kartoffeln (etwa 0,2 kg) haben dagegen ein erheblich geringeres Treibhauspotenzial.

Die hohen Werte für tierische Lebensmittel liegen am hohen Futtermittelbedarf. Speziell bei Kühen bzw. Rindern kommen noch die klimarelevanten Emissionen von Methan beim Wiederkäuen dazu (das Treibhauspotenzial von Methan ist 23-mal höher als das von Kohlendioxid). Da Schweine und Geflügel keine Wiederkäuer sind, verursachen sie keine Methan-Emissionen. Schweinefleisch und Hühnerfleisch haben deutlich geringere CO_2-Werte als Rindfleisch (jeweils etwa 3,5 kg).

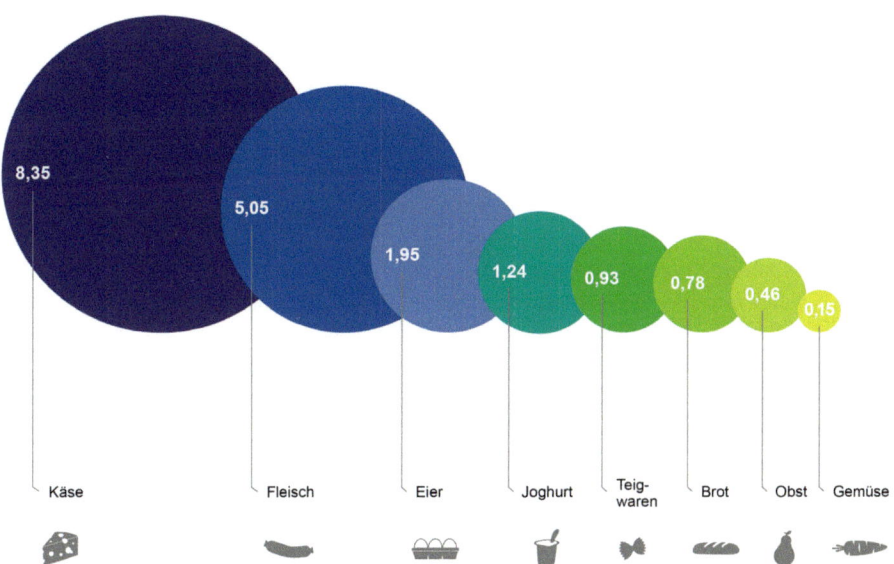

Abbildung: Vergleich der Treibhausgasemissionen unterschiedlicher Lebensmittel (in kg CO_2 pro kg Lebensmittel) (Quelle: Öko-Institut e. V. 2014)

Die hohen Werte für Butter und Käse kommen daher, dass für die Produktion mengenmäßig viel Milch eingesetzt wird und das begehrte Fett in der Milch aufkonzentriert wird. Je weniger Fett ein Käse enthält, desto geringere CO_2-Emissionen hat er. Ein rheinhessischer Handkäse mit weniger als 1 % Fett oder ein vorgefertigtes Käsefondue mit 16 % Fett haben also einen deutlich kleineren CO_2-Wert als ein Camembert mit einem Fettanteil von 70 % oder ein Hartkäse. Ganz hoch bei den Milchprodukten liegt die Butter mit einem Fettgehalt von über 80 %.

Bei Diskussionen über Fleischverzicht oder deutliche Verringerung des Fleischverzehrs wird von den überzeugten Fleischesser*innen oft darauf hingewiesen, dass die Werte von Käse oder Butter ja auch sehr hoch seien. *Dieser Vergleich ist schlicht Käse.* Denn man kann ohne Weiteres ein Steak mit 400 g Gewicht essen, aber man isst sicher nicht bei einer Mahlzeit 400 g Camembert oder gar 400 g Butter. Mit den stark unterschiedlichen Werten für verschiedene Fleischsorten kann man dagegen mehr anfangen: Wenn man unbedingt Fleisch will, sollte man aus Klimasicht eher Geflügel- und Schweinefleisch als Rindfleisch essen. Als Milchkühe und zum Erhalt von Bergwiesen und damit der Biodiversität haben Rinder aber durchaus eine wichtige Funktion.

#klimaChecker

ERNÄHRUNG

Die genaue Ermittlung der Treibhausgasemissionen des eigenen Ernährungsstils ist schwierig: Man müsste dazu alle Lebensmittel und die jeweils eingekauften und verzehrten Mengen bilanzieren. Für eine grobe Abschätzung kann man die klimachecker-Tabelle Ernährung nehmen.

Auch diese kann nur ungefähre Werte angeben, weil die Zusammensetzung der Lebensmittel bei den verschiedenen Ernährungsstilen nicht definiert ist, weil die Mengen je nach Körpergewicht und Essrationen schwanken und es Hunderte unterschiedlicher Lebensmittel gibt. Die Ergebnisse werden stark durch die Höhe des Fleischkonsums und die Art des konsumierten Fleischs dominiert. Wer gerne und viel Rindfleisch isst, landet ziemlich sicher bei H.

Klimachecker Ernährungsstil

	Ernährungsstil	kg CO_2 /Jahr
A	vegan; 100 % Biokost; keine Abfälle	740
B	vegetarisch; 100 % Biokost; keine Abfälle	880
C	DGE (15 kg-Fleisch); 100 % Biokost	1.030
D	DGE (15 kg-Fleisch), konventionell, keine Abfälle	1.150
E	DGE (15 kg-Fleisch), konventionell, 10 % Abfälle	1.280
F	fleischbetont (60 kg-Fleisch), konventionell, 10 % Abfälle	1.450
G	fleischbetont (60 kg-Fleisch), konventionell, 20 % Abfälle	1.820

#klimAktiv

KOCHWETTBEWERBE ZUM KLIMA

Mit einem Kochwettbewerb kann man zeigen, dass man ein sehr leckeres Essen ohne große Treibhausgasemissionen kochen kann. Am besten eignen sich eine Schulküche oder vergleichbare Räume mit mehreren Kochstellen, an denen mehrere Personen parallel kochen können. Zum Schluss wird bewertet, wie gut das Essen geschmeckt hat und wie die Klimabilanz des Essens aussieht. Für die Berechnung ist die Website der Klimatarier sehr praktisch.

https://www.klimatarier.com/de/CO2_Rechner

Die Bedeutung von Lebensmitteltransporten und Einkaufsfahrten

Die Treibhausgasemissionen für alle Lebensmitteltransporte liegen für einen Zweipersonenhaushalt in einer Größenordnung von 60 kg/Jahr. Falls man allerdings viele Produkte außerhalb der Saison isst und exotische Südfrüchte wie Mangos und Papayas, die jeweils per Flugzeug transportiert werden, liegt man deutlich darüber. Bei alledem darf man nicht vergessen, dass man den Transportaufwand auch mit dem privaten Auto toppen kann.

Zum Vergleich: ein Zweipersonenhaushalt fährt statistisch über 1.000 Kilometer mit dem Auto zum Einkaufen (Lebensmittel, Textilien etc.) und emittiert dabei rund 300 kg CO_2. Der beliebt gewordene authentische Einkauf direkt beim Bauern wird absurd, wenn man dafür jedes Mal das Auto nimmt. Schon die Fahrt zum vier Kilometer entfernten Bauernhof kann wegen der hohen Emissionen bei Kurzstreckenfahrten mit ca. 2,5 kg CO_2 zu Buche schlagen. Da ist das Fahrrad angesagt!

Entwicklung von Fleischersatzprodukten

Für Alternativen zum Konsum von Fleisch und speziell Proteinen gibt es schon seit Langem Ersatzprodukte, wie etwa das Tofu-Schnitzel oder traditionelle Linsengerichte. In den letzten Jahren gibt es verstärkt Entwicklungen am Markt, die das traditionelle Fleischprodukt noch stärker imitieren. Beispiele sind die fleischlose Wurst oder Mortadella (z. B. von klassischen Fleisch- und Wurstfabriken wie Wiesenhof oder Rügenwalder Mühle) oder der Veggieburger des amerikanischen Startups „Beyond Meat" (da wird sogar der „blutige" Effekt durch den Einsatz von Roter Bete nachgeahmt …). Beim Börsenstart stieg der Wert des Start-ups innerhalb weniger Tage von 1,5 auf 4 Milliarden Dollar – Hoffnung auf eine bessere Welt (und neue Profite …). Zunehmend kommen auch Produkte aus Insekten auf den Markt (Insektenburger, Eiweißriegel etc.). Insekten stecken voller hochwertiger Proteine, sie sind leicht und ressourcenschonend in großen Mengen zu züchten, und in vielen Teilen der Welt ernähren sich Menschen bereits von Insekten. Seit 2018 ist die EU-Marktzulassung für essbare Insekten einheitlich geregelt.

3.8 LEBENSMITTEL SIND ZU BILLIG

Einkommen der Landwirte

Märkte und Finanzsysteme

Die Bruttowertschöpfung in der Landwirtschaft ist gering, die Einkommen im Vergleich mit anderen Sektoren eher niedrig. Dies gilt vor allem auch für kleinere und Familienbetriebe. In Deutschland stammen über 40 % der Einkommen im Agrarbereich aus EU-Subventionen. Dies macht deutlich, welchen Hebel eine Umschichtung der Subventionen darstellt.

Ausgaben für Lebensmittel

Der Anteil der Ausgaben für Lebensmittel an den gesamten Konsumausgaben ist in Deutschland seit den 1950er-Jahren bis heuten stark gesunken – von ursprünglich 44 % auf jetzt nur noch 14 %.

Die Gründe dafür sind Effizienzsteigerung in Landwirtschaft und Ernährungsindustrie, die allgemein steigenden Einkommen, die über Steuern finanzierten EU-Zuschüsse für Landwirtschaft und Ernährungsindustrie sowie speziell in Deutschland die starke Konkurrenz im Lebensmittelhandel. Für die Bauern führt dies zu einem hohen Existenzdruck – nicht nur bei Kleinbauern, sondern auch bei der Großtierhaltung.

Obwohl ein durchschnittlicher Haushalt durchaus mehr freies Budget hat und auch mehr Geld für Lebensmittel ausgeben könnte, wird das freie Budget lieber für einen teuren Wagen, unnötige Klamotten und die schicke Wohnküche ausgegeben. Da brutzelt dann das Gammelfleisch auf dem Designer-Herd. Und wenn man zu viele Lebensmittel eingekauft hat, wirft man sie halt weg. Haben ja nicht viel gekostet.

Die Kosten unterschiedlicher Ernährungsstile

Wenn man angesichts der billigen Lebensmittel vorschlägt, dass doch Bioprodukte gekauft werden sollen, erhebt sich aber gleich ein Klagegeschrei: „Viel zu teuer!" Tatsächlich sind Biolebensmittel deutlich teurer. Der Grund dafür ist, dass der Bioanbau arbeitsintensiver ist, und dass der Ertrag geringer ist, weil kein synthetischer Dünger und keine Pestizide eingesetzt werden. Hinzu kommt, dass die Vermarktung in kleineren, weniger effizienten Handelsketten und Läden erfolgt.

Das Öko-Institut hat in seinem Projekt „Ist gutes Essen wirklich teuer?" untersucht, wie hoch die Kosten unterschiedlicher Ernährungsstile sind, wie weit die Kosten bei einem Übergang auf eine gesündere Ernährung sinken und inwieweit hier die Mehrkosten für Biolebensmittel teilkompensiert werden können. Dafür wurden ein Jahr lang tägliche Speisepläne aufgestellt und die realen Kosten für konventionelle Ware und Bioware im Handel ermittelt. Die Kosten sind niedriger als statistisch ausgewiesen, weil die Speise-pläne nach der Saison zusammengestellt wurden, weil kein Wegwerfen von Lebensmit-teln angenommen wurde und die Speisepläne Snacks und Süßigkeiten nur in Mengen enthielten, die die Deutsche Gesellschaft für Ernährung empfiehlt. Außerdem wurden keine „teuren" Spezialitäten wie Bündner Fleisch oder Parma-Schinken, keine Alkoholika in die Speisepläne aufgenommen.

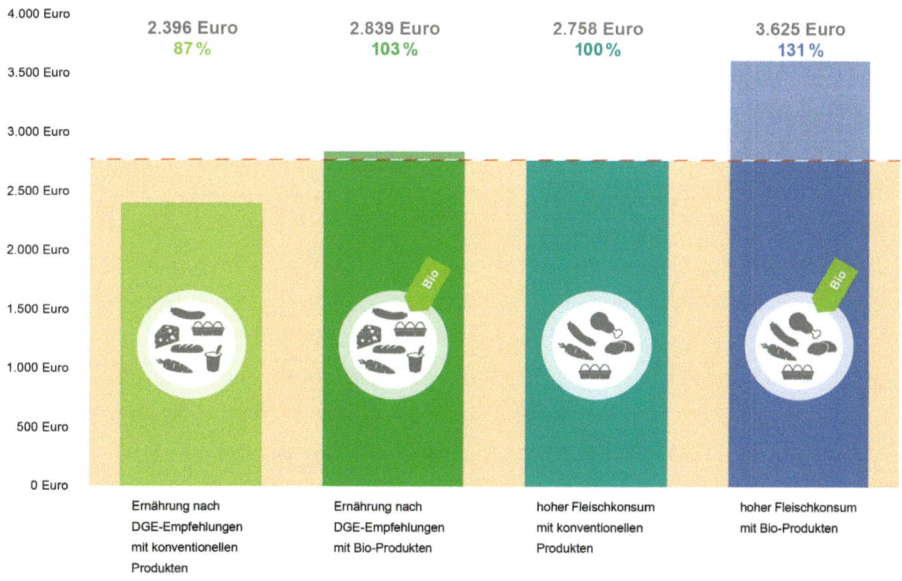

Abbildung: Jährliche Kosten unterschiedlicher Ernährungsstile, in Euro und pro Person (Quelle: Öko-Institut e. V. 2018)

Untersucht wurden die Kosten des Durchschnittskonsums mit konventionellen Produk-ten und einem hohen Fleischanteil sowie eine Ernährung nach den Empfehlungen der Deutschen Gesellschaft für Ernährung (DGE), aber mit konventionellen Produkten sowie die Kosten der Ernährungsstile jeweils auf der Basis von Bioprodukten.[4] Wenig überraschend war, dass die Kosten zurückgingen (um 13 %), wenn man sich gesünder ernährte – mit weniger Fleisch und mehr Obst und Gemüse, aber konventionellen Produkten. Wenn man den gleichen Ernährungsstil (nach DGE-Empfehlung) zugrunde legte, aber mit Bioprodukten, stiegen die Ausgaben nur geringfügig. Der Grund: Die Einsparungen durch den Kauf von weniger Fleisch wurden durch die Mehrausgaben für Bioprodukte (nur) leicht überkompensiert.

Die Kosten wurden auf Basis der Marktpreise bestimmt. Im zweiten Teil der Studie wurde untersucht, wie hoch die externen Kosten durch Umwelt- und Gesundheitsschäden durch die konventionelle Ernährung mit hohem Fleischanteil sind. Nach Angaben des Statistischen Bundesamts entstanden im Jahr 2008 knapp 87 Millionen Euro Kosten für Herz-Kreislauf-Krankheiten sowie 6,3 Milliarden Euro für Diabetes. Beide Krankheitsformen haben mehrere Ursachen, aber Ernährung ist eine davon. Eine Aufschlüsselung auf einzelne Ursachen ist nicht möglich. Wenn man aber vorsichtig davon ausgeht, dass 20 % der Kosten für Herz-Kreislauf-Krankheiten und Diabetes auf falsche Ernährung zurückzuführen wären, wären es immer noch 11 Milliarden Euro bzw. rund 140 Euro pro Bundesbürger*in. Für die Umweltkosten durch die konventionelle Landwirtschaft (Überdüngung, Pestizide …) gibt es keine genauen Erhebungen für Deutschland. Wenn man die Ergebnisse einer Studie in Großbritannien auf Deutschland überträgt, könnten die Kosten in einer Größenordnung von 30 bis 100 Euro pro Einwohner und Jahr liegen. Und wenn man für die CO_2-Emissionen aus der Landwirtschaft in Deutschland (66 Millionen t CO_2) die externen Kosten mit 180 Euro pro Tonne CO_2 ansetzt, würden sich daraus externe Kosten in Höhe von 11,9 Milliarden Euro oder 145 Euro pro Bürger*in und Jahr ergeben. Die überschlägigen Rechnungen zeigen, dass eine gesunde Ernährung auf Basis von Bioprodukten die billigste Ernährung wäre, wenn die externen Kosten auf die konventionelle Landwirtschaft und die fleischbetonte Ernährung umgelegt werden würden.

3.9 INTEGRATION VON ERNÄHRUNGSBILDUNG IN DEN SCHULUNTERRICHT

Forschung Bildung Wissenschaft

Die landwirtschaftliche Produktion, die Tierhaltung sowie Ernährung und Kochen werden in der Schule zu wenig behandelt. Viele Stadtkinder haben noch nie gesehen, wie eine Kuh gemolken wird, geschweige denn, wie ein Huhn oder ein Schwein geschlachtet

---

4   Ist gutes Essen wirklich teuer? Working Paper des Öko-Instituts zum Spendenprojekt „Ist gutes Essen wirklich teuer?,Versteckte Kosten' unserer Ernährung in Deutschland".

WISSEN

Bei der Ernährung wissen wohl die meisten Bürger*innen, dass ein zu hoher Fleischkonsum ungesund ist. Aber selbst nach jahrzehntelangen Kampagnen der staatlichen „Bundeszentrale für gesundheitliche Aufklärung", Informationen der Krankenkassen und der Deutschen Gesellschaft für Ernährung ist der Fleischkonsum lange gestiegen und verharrt nach einem kleinen Rückgang auf einem hohen Niveau. Das zeigt einmal mehr, dass auch ausreichende Informationen nicht zwangsläufig zu Verhaltensänderungen führen. Hier sind Änderungen der politischen Rahmenbedingungen, aber auch Initiativen wie in der Gemeinschaftsverpflegung wichtig.

Neben einem zu hohen Fleischkonsum können Lebensmittel auch durch einen zu hohen Gehalt von Kalorien, Fett, Zucker, Salz etc. ungesund sein. Diese Werte müssen auf allen verpackten Lebensmitteln aufgeführt werden und sich auf 100 g Lebensmittel beziehen. Die meisten Verbraucher*innen können mit der Angabe dieser Werte wenig anfangen. Deswegen wurde in den letzten Jahren diskutiert, wie die Werte durch eine verständlichere Gesamtwertung ergänzt werden können. Im nächsten Jahr wird hierzu der *Nutri-Score* eingeführt, den Hersteller dann freiwillig nutzen können. C steht dann für einen ernährungsphysiologisch mittelmäßigen Wert.

wird, und wissen nicht, welche Bedeutung die Ernährung für die Gesundheit hat. Aber auch viele Erwachsene haben falsche, idyllische Vorstellungen von der Landwirtschaft. Dies gilt auch für die finanziellen Bedingungen wie etwa die hohe Abhängigkeit von EU-Subventionen oder den enormen Preisdruck im Handel. Und selbst das Kochen haben viele verlernt oder gar nicht erst gelernt. Von daher ist eine verstärkte Behandlung dieser Themen wichtig. Dazu gehören auch Exkursionen und Praxistage in der Landwirtschaft (die über Tierestreicheln hinausgehen!), der Aufbau eines Schulgartens, Mithilfe bei der Ernte, Kochkurse sowie die ökologische Ausrichtung der Schulkantine. Lebenspraktische Initiativen wie Solidarische Landwirtschaft können bei Schülern und Erwachsenen den Bezug zu Landwirtschaft verstärken.[5]

Die „Biosiegel" kennzeichnen Lebensmittel, die nach anspruchsvollen ökologischen Kriterien angebaut werden. Neben dem staatlichen EU-Biosiegel und dem vergleichbaren deutschen Biosiegel gibt es private Label, die über die Anforderungen der

---

5 Das Bundeszentrum für Ernährung stellt Unterrichtsmaterialien und aktuelle Informationen zum Thema bereit: https://www.bzfe.de/inhalt/essen-und-klimaschutz-2335.html. Die Plattform Ernährungswandel www.ernaehrungswandel.org koordiniert junge WissenschaftlerInnen, Praktiker*innen und Medienvertreter*innen.

EG-Öko-Verordnung hinaus strengere Anforderungen stellen (Biokreis, Bioland, Demeter, Naturland). Das staatliche „Tierwohlsiegel" enthält Anforderungen zur Tierhaltung, die aber wenig anspruchswohl sind (siehe S. 2018).

3.10 POLITIKINSTRUMENTE

| Politikinstrumente und Institutionen |

Ein breites Bündnis von 60 gesellschaftlichen Organisationen hat 2018 ein konkretes Klima- und Umweltschutzprogramm für den Landwirtschaftssektor vorgestellt:[6]

Die vorgeschlagenen Maßnahmen sind:

- ❖ Gezieltere Förderung des Ökolandbaus zur Erreichung von 20 % Anteil im Jahr 2030
- ❖ Reduktion der Tierbestände
- ❖ Reduktion der Stickstoffüberschüsse auf 50 kg/ha
- ❖ Förderung der Reduktion des Fleischkonsums und der Lebensmittelabfälle auf der Verbraucherseite
- ❖ Bodenverbessernde Maßnahmen (CO_2-Bindung durch Humusaufbau in Mineralböden, Erhalt und Ausweitung der Dauergrünlandfläche, Renaturierung bzw. Vernässung von landwirtschaftlich genutzten Mooren)
- ❖ Steigerung der Güllevergärung in bestehenden Biogasanlagen

Die vorgeschlagenen Maßnahmen können teilweise auf nationaler Basis, teilweise nur durch eine Reform der EU-Agrarpolitik umgesetzt werden.

3.10.1 REFORM DER GEMEINSAMEN AGRARPOLITIK (GAP) DER EU

Die deutsche Agrarpolitik wird wesentlich von der EU-Agrarpolitik bestimmt. Mit ihr werden jährlich EU-weit etwa 60 Milliarden Euro an land- und forstwirtschaftliche Betriebe und die Ernährungsindustrie ausgeschüttet. Das EU-Budget für Deutschland umfasst in der aktuellen Periode der GAP jährlich 6,3 Milliarden Euro.

Da die Einkommen der Landwirte wesentlich von diesen Subventionen abhängen, stellt die Gemeinsame Agrarpolitik den entscheidenden Hebel für Veränderung in der Landwirtschaftspolitik dar. In Deutschland werden etwa 75 % der Subventionen als Direktzahlungen allein aufgrund der bewirtschafteten Fläche und mit wenigen Umweltauflagen vergeben (sogenannte „Erste Säule"). Etwa 25 % gehen in die sogenannte „Zweite Säule",

---

6   www.nabu.de/news/2018/11/25509.html

mit der gezielt Umweltprogramme in der Landwirtschaft und die ländliche Entwicklung gefördert werden. Allerdings müssen diese in Deutschland durch die Bundesländer kofinanziert werden. Seit vielen Jahren wird vorgeschlagen, die Direktzahlungen über die „Erste Säule" deutlich zu reduzieren und umgekehrt über die „Zweite Säule" die ökologische Landwirtschaft viel stärker zu fördern. Subventionen sollten viel stärker als bisher an die Bereitstellung öffentlicher Güter gekoppelt werden (z. B. Förderung der Biodiversität und Ökosystemleistungen, Klimaschutz, Reduktion der Stickstoffüberschüsse und des Pestizideinsatzes, artgerechte Tierhaltung, Erhalt vielfältiger Agrarstruktur und bäuerlicher Landwirtschaft u. a. m).

Die Förderleitlinien der GAP werden in der Regel jeweils für sieben Jahre beschlossen. Im Herbst 2019 beginnt die finale Runde der GAP-Verhandlungen zur nächsten Förderperiode ab 2021 (verhandelt wird zwischen EU-Kommission, Europäischem Rat und EU-Parlament).

Die aktuellen Reformvorschläge der EU-Kommission lassen aber keine Verbesserungen beim Umweltschutz erwarten. Obwohl eine Umschichtung der EU-Agrarsubventionen nicht von Deutschland allein erreicht werden kann, kann die deutsche Bundesregierung durchaus großen Einfluss auf die Verhandlungen nehmen. Nach den vagen Aussagen im Klimaschutzplan der Bundesregierung zum Thema Landwirtschaft (s. u.) ist dies leider nicht zu erwarten.

3.10.2 ERHÖHUNG DES ÖKOLANDBAUS

In der Deutschen Nachhaltigkeitsstrategie der Bundesregierung ist für 2030 das Ziel festgelegt, dass bis dahin 20 % der landwirtschaftlichen Fläche Deutschlands ökologisch bewirtschaftet werden sollen (2019 liegt der Anteil bei nur 9,1 %). Nach den bisher beschlossenen Maßnahmen ist nicht zu erwarten, dass das Ziel erreicht wird. Anders als etwa in Österreich (Anteil Ökolandbau 25 %!) wird das Ziel durch die Bundesregierung nicht wesentlich unterstützt.

3.10.3 REDUKTION DES TIERBESTANDS

Durch eine Reduktion des durchschnittlichen Fleischkonsums auf 30 kg pro Kopf und Jahr gemäß der Empfehlung der DGE könnten die Treibhausgasemissionen der Landwirtschaft um 7,3 Millionen t reduziert werden. Eine Reduktion des Fleischkonsums hätte für die Verbraucher*innen erfreuliche gesundheitliche Auswirkungen. Die Treibhausgasemissionen und die Umweltbelastung aus der Tierhaltung würden dadurch aber nur dann reduziert, wenn die Tierbestände reduziert und die Exporte von Fleisch reduziert würden. Mittelfristig sollte der Tierhaltungsbestand um etwa 60% reduziert werden – das wäre für die Selbstversorgung nach DGE-Empfehlung (mindestens Halbierung des Fleischverbrauchs) und weitgehende Reduktion der Exporte ausreichend. Dem Klimaschutzplan der Bundesregierung ist nicht zu entnehmen, dass eine Reduktion der Tierbestände überhaupt geplant ist.

3.10.4 HÖHERE FLEISCHPREISE

Zur Reduktion des Fleischkonsums wird richtigerweise eine Mehrwertsteuererhöhung für Fleisch vorgeschlagen. Die Mehrwertsteuer für Fleischprodukte liegt bislang wie bei allen anderen Lebensmitteln bei 7%. Eine Erhöhung auf die übliche Mehrwertsteuer in Höhe von 19% würde Fleischprodukte allerdings nur um 11,2% verteuern. Es ist nicht zu erwarten, dass sich dadurch der Fleischkonsum wesentlich ändert.

Allerdings würden die Fleischpreise durch eine Reduktion der Subventionen im Rahmen der Gemeinsamen Agrarpolitik, durch schärfere Auflagen bei der Tierhaltung sowie durch Nachhaltigkeitsanforderungen an Futtermittelimporte (vergleichbar wie bei Biokraftstoffen!) deutlich steigen und hätten dann entsprechende Auswirkungen auf die Höhe des Fleischkonsums. Jede Verteuerung von Fleisch muss aber definitiv mit dem notwendigen Umbau der Tierhaltung verknüpft werden und es muss ausgeschlossen werden, dass es Importe von Billigfleisch aus schlechter Tierhaltung gibt.

Tierwohl-Label

Das vom Landwirtschaftsministerium entwickelte freiwillige Tierwohl-Label wird die Tierhaltung voraussichtlich wenig ändern. Erstens ist das Label freiwillig, zweitens sind die Kriterien wenig anspruchsvoll. Die Tierhaltung könnte durch gesetzliche Maßnahmen und Änderungen in der Gemeinsamen Agrarpolitik der EU wesentlich schneller und tiefgreifender verbessert werden.

Für Verbraucher*innen tatsächlich wäre eine national und/oder EU-weit gesetzlich geregelte Deklarationspflicht der Haltungsbedingungen auf Fleisch- und Fleischprodukten hilfreich, denn sie würde beim Einkauf für Transparenz sorgen. Bei der verpflichtenden Deklaration zu frischen Eiern und der Haltungsbedingungen von Legehennen hat man bereits sehr gute Erfahrungen gemacht.

Klimaschutzplan der Bundesregierung – Teil Landwirtschaft

Die Maßnahmen zur Reduktion der Treibhausgase in der Landwirtschaft sind im Klimaschutzplan der Bundesregierung nur sehr allgemein formuliert: Erreichung eines Zielwerts von wenig ambitionierten (max.) 70 kg Stickstoff pro ha zwischen 2028 und 2032; konsequenter Vollzug des Düngerechts zusammen mit den Bundesländern; Einwirken auf die EU-Kommission zur Ausrichtung der Agrarsubventionen an den klimapolitischen Beschlüssen der EU. Auf die notwendige Reduktion des Fleischkonsums und der Tierhaltung wird nicht eingegangen.

4 BESSER WOHNEN

4.1 STATUS UND PROBLEME

Aus dem Gebäudesektor kommen – Stand 2018 – rund 117 Millionen Tonnen CO_2-Emissionen. Bis 2030 sollen diese nach der Klimaschutzstrategie der Bundesregierung auf 70 Millionen Tonnen sinken, bis 2050 soll der Gebäudebestand nahezu klimaneutral sein. Beim heutigen Stand der beschlossenen Maßnahmen wird dieses Ziel jedoch nicht erreicht werden.

Neben den hohen CO_2-Emissionswerten stellen der hohe Flächen- und Energieverbrauch durch Neubauten und neue Stadtteile ein weiteres Umweltproblem dar. Der Wohnungsbau ist ein wesentlicher Treiber des Flächenverbrauchs und der Flächenversiegelung in Deutschland – derzeit werden täglich 40 Hektar für den Bau neuer Siedlungen und Wohnen geopfert – das entspricht täglich rund 55 Fußballfeldern.

Die Gebäude sind vor allem wegen ihres hohen Energieverbrauchs bei der Nutzung ein Problem. Bezogen auf den Gesamtenergieverbrauch über 100 Jahre Lebensdauer eines Hauses, liegt der Energieverbrauch durch Heizen und Warmwassererzeugung bei etwa 90 %, nur etwa 10 % des Energieverbrauchs werden für die Baumaterialien und den Hausbau benötigt.

Der Wärmeverbrauch ist abhängig vom Energiestandard der jeweiligen Gebäude (beispielsweise mit oder ohne Wärmedämmung), den Heizungsanlagen und der Größe der beheizten Wohnfläche, nicht zuletzt aber auch von den Ansprüchen und dem Verhalten der Bewohner*innen.

Der wesentliche Treiber für den Neubau von Wohnungen ist die in den letzten Jahrzehnten massiv gestiegene Pro-Kopf-Wohnfläche. Sie hat sich von 19,4 m^2 im Jahr 1960 auf 46,5 m^2 im Jahr 2017 mehr als verdoppelt. Die Energie für Heizung und Warmwasser kam im Jahr 2019 überwiegend aus Erdgas (48 %) und Heizöl (26 %), gefolgt von Erneuerbaren Energien (Holz und Umgebungsenergie mit Wärmepumpen), Fernwärme und Strom.

Spätestens seit der ersten Ölkrise in den 1970er-Jahren ist klar, dass Heizen viel Energie verbraucht und ganz schön teuer werden kann. Der durchschnittliche Heizenergieverbrauch lag Anfang der 1970er-Jahre bei etwa 40 Liter Öl bzw. 400 kWh pro m^2 Wohnfläche und Jahr. Zum Glück konnte er seitdem deutlich reduziert werden – durch Wärmedämmung und bessere Heizungsanlagen. Heute liegt der Verbrauch im Durchschnitt bei 150 kWh pro Quadratmeter Wohnfläche und Jahr. Der spezifische Verbrauch pro m^2 wurde also immerhin mehr als halbiert.

Leider ist das aber kein Grund zum Aufatmen – denn durch den starken Anstieg der Wohnfläche pro Kopf und den der Gesamtwohnfläche wurde ein Großteil der Effizienzsteigerung wieder aufgefressen.

Im Zeitraum von 2010 bis 2017 ist der Energieverbrauch für Heizen und Warmwasser pro Quadratmeter nur minimal gesunken (von 135 auf 133 kWh pro m^2 und Jahr). Neben der energetischen Sanierung (nachfolgend „Energetisches Upgrade" genannt) könnten auch ein deutlicher Rückgang der Wohnfläche pro Kopf und ein anderes Nutzungsverhalten erheblich zur Reduktion der CO_2-Emissionen beitragen.

Da der Gebäudebestand hauptsächlich aus alten bzw. bestehenden Gebäude besteht und die Neubaurate unter 1 % liegt, können die oben genannten Reduktionsziele im Wesentlichen nur durch die Sanierung der Bestandsgebäude erreicht werden. Bis 2050 müssten jährlich mindestens 500.000 Gebäude saniert werden, das entspricht einer jährlichen Sanierungsquote von etwa 2 %, noch besser wären 3 %. In den letzten Jahren wurde aber nur eine Sanierungsquote von knapp 1 % erreicht. Und leider war hier auch noch die durchschnittliche Sanierungstiefe der vorgenommenen Sanierungen nicht ausreichend.

Die Reduktion der Treibhausgase im Gebäudebestand ist keine rein technische Angelegenheit. Sie wird durch die spezielle Eigentümerstruktur und das Eigentümer-Mieter-Dilemma erschwert. Hinzu kommen die großen regionalen Unterschiede. Zum einen gibt es wirtschaftlich boomende „Schwarmregionen" und „Schwarmstädte" mit Wohnungsknappheit und hohen Mieten – hier sind Vermieter*innen nicht auf freiwillige Sanierungen angewiesen, weil Wohnungen jeder Qualität leicht vermietbar sind.

Zum anderen gibt es im Westen wie im Osten Deutschlands „Entleerungsregionen" und Städte mit einem hohen Bestand leer stehender Wohnungen und vergleichsweise niedrigen Mieten – hier kann die Unsicherheit über längere Leerstände und durchsetzbare Mieterhöhungen ein wesentliches Hemmnis für eine Sanierung darstellen.

Für die Sanierung gibt es derzeit nur bei wenigen Anlässen gesetzliche Sanierungspflichten. Bislang wurde darauf gesetzt, dass finanzielle Förderprogramme ausreichen, um die Sanierungsziele zu erreichen. Von dieser Wunschvorstellung muss man sich verabschieden. Nötig sind verpflichtende Sanierungen, kombiniert mit CO_2-Steuern, Ausweitung der Förderprogramme und steuerlicher Absetzbarkeit. Natürlich sollten neue Gebäude von vornherein nur als nahezu klimaneutrale Gebäude bzw. Passivhäuser gebaut werden dürfen. Auch das ist bisher nicht vorgeschrieben.

4.2 TRANSFORMATIONSMATRIX

Werte und Leitbilder	Leitbilder wie „My Home is my castle"; „Sanierung ist schrecklich" dominieren die Debatte Initiativen „Leitbild Energetisches Upgrade" und „Vision neue Wohnmodelle" kommunizieren
Verhalten und Lebensstile	Zunahme Wohnraum pro Kopf; Sanierungsquote zu niedrig Initiativen: Unaufwändige, kleine Sanierung mit großem Erfolg (mit 20–30 % weniger CO_2). Komplettsanierung; vergleichbar auch in Schule, Uni etc.
Soziale und zeitliche Strukturen	75 % Ein- und Zweipersonenhaushalte, klassisches Einfamilienhausmodell, lange Lebensdauer der Gebäude Initiativen: große Wohnungen aufteilen, Wohnungswechsel, Gemeinschaftswohnen. Kommunale Initiativen zu Wohnungsumbau und UmzugsmanagementInitiative: Überflusskonsum reduzieren. Weniger und kleinere Geräte
Forschung Bildung Wissenschaft	Wissen zu Energieeinsparungen und Sanierungen unzureichend. Handwerkermangel Initiativen: Entwicklung standardisierter Sanierungen, Zahl der Handwerker ausweiten, Schulprojekte zur Sanierung
Märkte und Finanzsysteme	Geringe Eigentumsquote (42 %), Eigentümer-Mieter-Dilemma; Sanierungsquote unter 1 % Initiativen: niedrige Zinsen, günstige Förderungen und steigende Energiepreise für Sanierungen nutzen
Technologien Produkte Dienstleistungen	Sanierung für Privateigentümer*innen aufwendig; wenig Standardisierung Initiativen: neue Gebäude als Plusenergiehäuser; kommunale Beratung für Komplettsanierungen und Wohnungsumbau; neue Heizungen: Wärmepumpen oder Holzpelletheizungen
Materielle Infrastrukturen	Altbestand dominiert. Neubaurate unter 1 %. Gebäudestruktur passt nicht zu Haushaltsstrukturen (75 % Ein- und Zweipersonenhaushalte) Initiativen: Umbau großer Wohnungen in kleine. Wohnungen selbst wechseln. Umzugsmanagement fördern
Politikinstrumente und Institutionen	Gebäudebestand größte CO_2-Quelle; Gesetze zur Sanierung unzureichend Instrumente: CO_2-Steuer, Sanierungspflichten in Bestandsgebäuden, höhere finanzielle Förderung. Passivhausstandard für neue Gebäude. Vorrangiger Bau kleiner Wohnungen

4.3 NEUE WOHNMODELLE

> **Werte und Leitbilder**

Das Wort „wohnen" kommt aus dem althochdeutschen Wort „wonên". Das bedeutet so viel wie „zufrieden sein", „sein" und „bleiben". Wohnen soll Schutz bieten, Rückzugsmöglichkeit und Erholung, aber auch Gemeinsamkeit mit Familie oder Freund*innen. In der englischen Übersetzung heißt „wohnen" „living", bedeutet also auch „leben". Und das englische Sprichwort „My home is my castle" zeigt, wie wichtig das Bestimmen über die eigene Wohnung oder das eigene Haus genommen wird. Natürlich hat sich das im Lauf der letzten Jahrzehnte etwas geändert. Die Bürger*innen ziehen mehr um (z. B. wegen Studium und Arbeit), und junge Erwachsene haben nicht mehr die Vorstellung, ewig in demselben Haus zu wohnen.

Aber dennoch werden Vorschläge oder gar Vorschriften zur Sanierung des eigenen Hauses oder auch der Mietwohnung tendenziell als unerwünschter Eingriff oder Übergriff von außen empfunden. Das ist auch der Hauptgrund, warum die Politik sich mit Sanierungsvorschriften so stark zurückhält. Schließlich sind die Hausbesitzer*innen und Mieter*innen auch Wähler*innen. Zudem wurde versäumt, für die freiwillige Sanierung ein attraktives Leitbild und wirklich überzeugende Argumente zu entwickeln. Geworben wurde hauptsächlich damit, dass sich die energetische Sanierung finanziell lohnt. Das stimmt zwar im Grundsatz – aber der nach der Norm rechnerisch ermittelte Bedarf war meist höher als der reale Verbrauch, und die Wirtschaftlichkeit von Sanierungsmaßnahmen wurde überschätzt.

Aber selbst die finanziellen Fördermaßnahmen wurden nur unzureichend angenommen. In der politischen und gesellschaftlichen Debatte zur energetischen Sanierung gab es dagegen eine Vielzahl von Gegenpositionen und geradezu negative Leitbilder. Hören und lesen konnte man objektiv falsche Argumente („Nach der Dämmung kann man die Fenster nicht mehr öffnen") und unsinnige Argumente („Die Wände können nicht mehr atmen." Die Wände haben noch nie geatmet, allenfalls hat es durch undichte Fenster gezogen). Optisch missglückte Fassadenrenovierungen wurden hochgespielt, ebenso fehlgelaufene Renovierungen mit Schimmelbildung (durch eine richtig ausgeführte Sanierung sinkt das Schimmelrisiko; Schimmelbildung gibt es vor allem in unsanierten Altbauten und bei mangelnder Lüftung). Beschworen wurden auch giftige Dämmmaterialien wie Polyurethan – die enthalten zwar ein giftiges Flammschutzmittel und müssen deswegen bei der Entfernung nach 20 bis 30 Jahren ordnungsgemäß entsorgt werden, aber die Flammschutzmittel bleiben im Dämmmaterial und sind für die Bewohner*innen nicht giftig. Neben dem fehlenden gesellschaftlich verankerten Leitbild gibt es für die Sanierung auch weitere Hemmnisse. Dazu zählen die hohen Kosten der Sanierung (die sich erst über 15 bis 25 Jahre amortisieren), der erhebliche Informations- und Organisationsaufwand, der Mangel an Handwerkern sowie Uneinigkeit zwischen Eigentümer*innen und Mieter*innen über mögliche Mieterhöhungen nach der Sanierung (Eigentümer-Mieter-Dilemma).

Mit der Sanierung und Modernisierung sind aber wesentliche Vorteile verbunden, die in einem attraktiven Leitbild dargestellt werden können: verbesserter Wohnkomfort, gesünderes Wohnklima, Klimaschutz, Wertsteigerung des Gebäudes, geringe Energiekosten sowie die Möglichkeit zur Schaffung verbesserter Wohnungszuschnitte. Veit Buerger vom Öko-Institut schlägt vor, die Bezeichnung „Energetisches Upgrade" statt „Energetische Sanierung" zu verwenden. Über die Zukunft des Wohnens und neue Wohnmodelle gibt es erstaunlicherweise wenig gesellschaftliche Diskussion und Visionen. Dabei ist das traditionelle Wohnmodell doch überholt: Der Bau oder der Einzug in ein großes Einfamilienhaus findet heute meist statt, wenn die Kinder schon relativ alt sind. Nach zehn bis15 Jahren ziehen die Kinder aus. Zurück bleiben die Eltern im zu großen Haus; ein Umbau in kleinere Wohneinheiten wird nicht wirklich geplant. Ein Elternteil stirbt. Die Witwe oder der Witwer bleibt im jetzt erst recht zu großen Haus, denn ein Umbau oder Umzug fällt im hohen Alter noch schwerer. Erst bei schwererer Erkrankung geht man in ein Alters- oder Pflegeheim – oder muss gehen. Will man so leben und wohnen?

#klimaStory

WOHNEN DER ZUKUNFT –
WIE IST DEINE VISION? UND DIE DEINER ELTERN? VIELLEICHT SO?

Die Wohnung soll Dein zentraler Lebensort sein und sich in einem guten Wohnumfeld befinden, mit kurzen Wegen im Alltag, für Versorgung und Freizeit und, wenn es machbar ist, zur Arbeit (siehe Stadt der kurzen Wege). Für Deine/eure jeweilige Lebenssituation (Lehre, Studium, Single, WG, Paarbeziehung, Familie, Leben im Alter) gibt es geeignete Wohnungen, in die man leicht umziehen oder in denen man bleiben kann, weil sie leicht veränderbar sind.

Die Gebäudetechnik ist praktisch, zeitsparend und hocheffizient. Die Nutzung von Gemeinschaftsräumen zusammen mit anderen Hausbewohner*innen ist möglich, auch generationenübergreifendes Wohnen, Kontakte und Kommunikation fallen leicht. Die einzelnen Wohnungen sind eher kleiner, die Wohnfläche pro Kopf deutlich geringer als heute üblich. Die Gebäude bzw. Wohnungen sind klimaneutral, begrünt, gesund, ressourcenschonend, leicht zu pflegen – und natürlich verfügbar und bezahlbar.

4.4 ENERGETISCHES UPGRADE

Verhalten und
Lebensstile

Im Hinblick auf die ökologische Gestaltung und Nutzung von Wohnungen hängt das Verhalten wesentlich davon ab, ob man Eigentümer*in oder Mieter*in ist und wie viele Personen im Haushalt leben. Die Unterschiede zeigen sich schon im Umfang der genutzten Wohnfläche. Mit sinkender Personenzahl im Haushalt steigen pro Person die Wohnfläche und der Endenergieverbrauch (Heizung, Warmwasser, Strom). Die Wohnfläche pro Kopf lag 2014 bei Einpersonenhaushalten bei 66,7 m², bei Zweipersonenhaushalten bei 48 m² und bei Haushalten mit drei und mehr Personen bei 30,5 m².

Auch die Besitzverhältnisse und der Haustyp beeinflussen den Energieverbrauch. Denn selbst bei gleicher Haushaltsgröße ist die Wohnfläche im eigenen Einfamilienhaus deutlich größer als im Mehrparteienhaus, und die Eigentümerwohnung ist durchschnittlich etwa 33 % größer als die Mieterwohnung.

Das „energetische Upgrade von Gebäuden" wird fast ausschließlich von Eigentümer*innen der Gebäude durchgeführt. Die Mieter*innen haben hier in der Regel wenig mitzureden. Die Begeisterung hält sich in Grenzen und hängt davon ab, ob oder wie hoch die Miete erhöht wird und ob die Mehrkosten bei der Miete auch wirklich durch die geringeren Heizkosten kompensiert werden.

Die Entscheidung der Privateigentümer*innen für oder gegen eine Sanierung hängt dagegen von anderen Faktoren ab: der individuellen wirtschaftlichen Situation, der Lebensphase und dem Alter, dem örtlichen Immobilienmarkt und der Informationsbasis und vor allem von dem befürchteten und tatsächlichen Aufwand – der zeitlichen, organisatorischen und wirtschaftlichen Planung, der Absprache mit Handwerkern und ggf. Mieter*innen und der Vorbereitung der zu sanierenden Räume (z. B. Ausräumen von Keller oder Dach). Oft ist das energetische Upgrade mit anderen Anlässen gekoppelt – z. B. Wohnraumerweiterung oder Eigentumsübergang durch Kauf oder Erbe.

Der Energieverbrauch pro m² und Jahr hängt bei einem gegebenen Zustand weniger vom Status Eigentümer*in oder Mieter*in als vom Verhalten der Bewohner*innen ab. Je nach Wohntemperatur, Tag- und Nachtabsenkung der Temperatur, unterschiedlicher Nutzung der Räume (z. B. niedrigere Temperatur in Küche und Schlafzimmer), Lüftungsverhalten, Berufstätigkeit und außer Haus oder den ganzen Tag zu Hause etc. können sich Energieverbrauch und CO_2-Emissionen selbst bei vergleichbaren Wohnungen um mehrere Zehnerprozente oder Faktor zwei und mehr unterscheiden!

Das heißt, dass es auch für Mieter*innen (und für Eigentümer*innen) vor einer durchgreifenden Sanierung sehr große Möglichkeiten zur Senkung des Heizenergieverbrauchs und der CO_2-Emissionen gibt!

#klimaFAQ

WAS IST EIN ENERGIEAUSWEIS?

Beim Verkauf eines Hauses oder einer Wohnung ist die Vorlage eines Energieausweises Pflicht. Beim Schalten einer entsprechenden Anzeige muss der Energieausweis noch nicht vorliegen, aber es muss darauf hingewiesen werden, dass er erstellt wird. Manche Immobilienverkäufer nutzen diese Regelung aus, um dann erst in letzter Sekunde die Informationen über den tatsächlichen Energiestatus der Immobilie zu geben. Auf solche Tricks sollte man als Käufer*in nicht reinfallen.

Der Energieausweis soll Mieter*innen und Käufer*innen von Immobilien helfen, den energetischen Zustand eines Hauses und damit den voraussichtlichen Heizenergieverbrauch einschätzen zu können. Die Gebäude werden – vergleichbar wie bei den Haushaltsgeräten – in Energieeffizienzklassen eingruppiert (Skala von A+ bis H). Der Ausweis erhält unter anderem folgende energierelevante Angaben: den voraussichtlichen Energiebedarf oder den gemessenen Energieverbrauch für das Gebäude sowie Modernisierungsempfehlungen. Für ältere, vor 1977 erstellte Gebäude muss der „Energiebedarf" dargestellt werden, der sich aus der baulichen Konstruktion ergibt. Für die nach 1977 erstellten Gebäude kann auch der „gemessene" Energieverbrauch für Heizen und Warmwasser angegeben werden. Dazu sollen die Durchschnittswerte von drei aufeinanderfolgenden Heizperioden genommen und eventuelle Leerstandszeiten berücksichtigt werden. Die Angaben zum gemessenen Energieverbrauch sind mit Vorsicht zu genießen, denn bei der Ausstellung des Ausweises kann natürlich nur bedingt überprüft werden, ob die Nutzer*innen des Gebäudes wirklich regelmäßig tagsüber abwesend waren oder länger in Ferien.

4.3.1 CO_2-EMISSIONEN SCHNELL REDUZIERT

Auch ohne bzw. schon vor einem großen energetischen Upgrade kann man in einem Altbau etwa 20% bis 30% Energie sparen – durch angepasstes Verhalten und die Installation von Kleingeräten/Kleinmaterial. Die Maßnahmen führen auch dazu, dass es in den Räumen im Winter weniger zieht, dass man sich behaglicher fühlt und gesünder lebt.

Wenn Mieter*innen selbst Energiesparmaßnahmen durchführen, bevorzugen sie üblicherweise „verhaltensbezogene" Maßnahmen (niedrigere Temperatur, Temperaturabsenkung bei Nacht und längerer Abwesenheit, Stoßlüftung, keine Möbel vor den Heizkörpern). Maßnahmen, die mit – wenn auch – geringen Kosten verbunden sind (wie etwa

Abdichtungen von zugigen Fenstern und Türen, Dämmen von Heizkörpernischen oder Einbau elektronischer Thermostatventile), aber ein hohes Einsparpotenzial haben, werden von Mieter*innen weniger häufig umgesetzt, obwohl sich die Ausgaben in Kürze amortisieren.

#klimAktiv

SCHNELL VIEL SPAREN

Okay, Du wirst den Rest der Familie am Anfang etwas nerven, aber am Schluss werden alle begeistert sein, wie leicht man beim Heizen und der Warmwassernutzung den Energieverbrauch und die CO_2-Emissionen reduzieren und auch noch kräftig Geld sparen kann. Und das alles mit einer Kombination aus kleinen Verhaltensänderungen und dem Anbringen von ein bisschen Material. Und so geht es:

❖ Die durchschnittliche Raumtemperatur senken (kann man meist zentral an der Heizungssteuerung einstellen, und natürlich kann jede*r in „seinem/ihrem" Zimmer den Heizkörper tiefer einstellen). In der Küche reichen 18 Grad Raumtemperatur, im ansonsten nicht genutzten Schlafzimmer 15 bis 17 Grad. Pro Grad Temperatursenkung werden etwa 5 % Energie gespart. Die Einstellungen kann man übrigens auch mit individuell programmierbaren Thermostatventilen automatisch UND zeitabhängig einstellen. Das Austauschen der Thermostatventile ist leicht: einfach die alten Thermostatventile abschrauben und die neuen aufschrauben. Bei einem Umzug können Themostatventile mitgenommen oder an Nachnutzer*innen verkauft werden.

❖ Bei der Zentralheizung sollte man eine Nachtabsenkung einstellen und bei Abwesenheit aller Haushaltsmitglieder auch tagsüber oder tageweise (z. B. morgens zwischen 8 und 12 Uhr, wenn die Kinder in der Schule sind und die Erwachsenen arbeiten). Damit kann man etwa 5 bis 15 % Energie sparen.

❖ Fenster sollten im Winter auf keinen Fall dauerhaft offen stehen bzw. gekippt sein (z. B. zum Wäschetrocknen im Bad). Richtig ist dagegen Stoßlüften mit weit geöffnetem Fenster und Durchzug, und das nur für wenige Minuten. Dabei sollten die jeweiligen Heizkörper abgeschaltet werden.

❖ Heizkörper sollten regelmäßig entlüftet werden, bei der Heizungsanlage sollte der Wasserdruck richtig eingestellt sein.

❖ Im kalten Winter sollten Rollläden oder Fensterläden und Vorhänge geschlossen werden. Die Vorhänge sollten aber nicht die Heizungen oder Thermostatventile abdecken.

❖ Wenn Du oder ihr in einem Altbau wohnt, lassen sich noch einige Prozent Heizenergie sparen, indem die Heizkörpernischen isoliert (z. B. mit einer aluminiumbeschichteten, zuschneidbaren und möglichst dicken Dämmplatte) und undichte Fenster, Türen und Fugen mit selbstklebendem Schaumstoffmaterial abgedichtet werden. Das geht ohne große handwerkliche Begabung; das Material gibt es in jedem Baumarkt.

❖ Etwa 15 bis 20 % der Heizenergie wird für Warmwasser bzw. das Aufheizen des Wassers genutzt. Hier kann man kräftig sparen (etwa 30 bis 50 % des Warmwassers und 5 bis 10 % der dafür notwendigen Heizenergie), wenn man duscht statt badet, möglichst kurz duscht und die Wassertemperatur niedriger einstellt. Besonders wirksam ist die Installation von Perlstrahlern, Durchlaufbegrenzern und Sparduschköpfen (da muss der Rest der Familie gar nichts aktiv machen …). Mit denen kann man quasi „automatisch" Wasser sparen (da wird dem Wasserstrahl einfach Luft beigemischt, und der Wasserdruck und die Wasseroberfläche erhöht, bei gleich bleibendem Reinigungskomfort. Bei Durchlauferhitzern und drucklosen Speichern geht das leider nicht bzw. nicht einfach – da sollte man den Handwerker fragen.

Die Kosten sind niedrig: Perlatoren und Durchflussbegrenzer gibt es ab 2 Euro, Sparduschköpfe ab 20 Euro. Das Dämmmaterial kostet je nach Umfang 20 bis 50 Euro. Programmierbare Thermostatventile gibt es ab 20 Euro aufwärts. Die Heizkosten liegen pro Quadratmeter in der Größenordnung von jährlich 10 Euro, bei einer 100 m²-Wohnung bei etwa 1.000 Euro. Mit der einmaligen Investition für die Kleinmaterialien in Höhe von 100 bis 150 Euro kann man jährlich 200 bis 300 Euro sparen!

#klimaFAQ

GRADTAGSZAHL

Der Heizenergieverbrauch hängt auch davon ab, wie kalt oder warm der jeweilige Winter ist. Wenn Du die Heizkostenabrechnungen der letzten Jahre anschaust (die bekommst Du beim Energieversorger oder in Mehrfamilienhäusern ggf. bei der Hausverwaltung), wirst Du feststellen, dass die Verbräuche von Jahr zu Jahr schwanken. Beispielsweise war das Jahr 2018 im Vergleich zum langjährigen Mittel besonders mild und der Heizenergieverbrauch somit etwa 15 % geringer.

Es kann also passieren, dass euer Haushalt zufällig nach einem milden Winter anfängt zu sparen und im nächsten kalten Winter trotzdem mehr Heizenergie verbraucht. Das ist dann natürlich Frust hoch drei. Aber Rettung naht!

Es gibt zur Korrektur die sogenannte Gradtagszahl, und mit der kannst Du solche Schwankungen quasi mathematisch korrigieren. Die Gradtagszahl ist ein Maß für die Kälte des Winters bzw. Heizungszeitraums. Sie wird errechnet aus der Zahl der Tage, bei denen der Tagesmittelwert unter 15 Grad liegt, und der Differenz zwischen der angenommenen Raumtemperatur von 20 °C und dem Tagesmittelwert der Außentemperatur.

Die Gradtagszahl hängt also von der Intensität des Winters und der Übergangszeit ab, aber auch vom Ort – in Freiburg sind die Winter beispielsweise weniger kalt als im Hochschwarzwald. Entsprechend ist die Gradtagszahl in Freiburg niedriger. Angaben zur Gradtagszahl findet man leicht im Internet, sie werden dort auch monatsweise angegeben. Das ist hilfreich, weil die Heizkostenabrechnung meist mitten im Jahr kommt und beispielsweise von Juli eines Jahres bis Juni des Folgejahres gehen kann.

4.3.2 TEILSANIERUNG UND KOMPLETTE SANIERUNG

Gerade bei alten Häusern lassen sich viel Energie und CO_2-Emissionen einsparen. In der Regel sollte man die energetische Sanierung dann durchführen, wenn sowieso größere Renovierungen anstehen (z. B. weil die Heizungsanlage veraltet ist, die Fenter undicht sind, die Außenfassade abblättert und erneuert bzw. gestrichen werden muss oder es Schäden am Dach gibt) oder wenn ein Umbau geplant ist. Bei einer kompletten Sanierung hin zu dem Standard KfW-Effizienzhaus 55 (siehe S. Glossar) können etwa 75 bis 80 % der Heizenergie und der CO_2-Emissionen eingespart werden. Dazu sind folgende Maßnahmen erforderlich: Dämmung der Außenwände, des Daches bzw. der obersten Geschossdecke sowie der Kellerdecke, Einbau hochwertiger Fenster mit 3-Scheiben-Wärmeschutzverglasung, Austausch der alten Heizungsanlage gegen einen effizienten Brennwertkessel mit Solarthermie und Einbau einer Lüftungsanlage mit Wärmerückgewinnung. Wenn eine komplette Sanierung nicht ansteht oder finanziell nicht möglich ist, können auch Teilsanierungen erfolgen, beispielsweise Dämmung der obersten Geschossdecke und der Kellerdecke oder der Austausch von Fenstern. Beim Austausch der Heizungsanlage sollte man darauf achten, ob und wann eine Komplettsanierung geplant ist, weil die Heizung dann entsprechend kleiner konzipiert werden kann. Je nach Ausgangszustand des Hauses, der gewählten Sanierung und Annahme über die künftige Entwicklung der Energiepreise kann sich eine Sanierung finanziell lohnen oder aber knapp nicht.

#klimAktiv

ELTERN ZUM ENERGETISCHEN UPGRADE DRÄNGEN

Deine Eltern, Verwandten oder Nachbar*innen haben ein Haus mit hohem Energieverbrauch? Oder sie wollen das sowieso umbauen oder renovieren? Dann frage sie doch, wann, ob und wie sie das endlich energetisch sanieren? Die Klimaerhitzung drängt, die Zinsen sind niedrig, die Energiekosten werden durch CO_2-Bepreisung deutlich steigen. **What do we want? Energetic update! When do we want it? Now!**

Die Planung der Sanierung sollte durch einen Energieberater und ggf. Architekten erfolgen. Für die Energieberatung und für die Sanierung gibt es Zuschüsse und günstige Förderungen (zinsgünstige Darlehen, Teilerlass des Kredites bei weitgehender Sanierung durch Bund, Länder, Kommunen und Energieversorger).[1] Auf ein energetisches Upgrade kannst Du auch in der Schule drängen, am Arbeitsort, im Unigebäude, im Sportlerheim etc.

---

1 https://www.effizienzhaus-online.de/foerderung-sanierung. Fachliche Infos zur Sanierung gibt es beispielsweise bei: https://www.dena.de/themen-projekte/energieeffizienz/gebaeude/bauen-und-sanieren/sanierungsmassnahmen-und-energiespartipps/

#klimaChecker

Die CO_2-Emissionen durch Heizung und Warmwasser hängen von der Wohnungsgröße, der Personenzahl und dem Energieverbrauch pro m² und Jahr ab. Wie man in der nachfolgenden Checker-Tabelle sieht, schneiden Mehrpersonenhaushalte sehr gut ab (aber nicht jeder hat eine Familie oder will oder kann in einer WG wohnen).

Sehr gut sind auch kleine Wohnungen (darauf kann man bei der Wohnungswahl achten) und Wohnungen mit niedrigem Energieverbrauch (darauf hat man als Mieter*in nur beschränkt Einfluss, aber 20 bis 30 % Energie kann man durch gering investive Maßnahmen sparen).

Einstufung pro Person		A	A	B	B	C	D	E	F	G
1 Person im Haushalt	Wohnungsgröße in m²	45	67	89	45	67	89	45	67	89
	m³ Gas pro m2 undJahr	4	4	4	9	9	9	20	20	20
	kg CO_2 pro Jahr und Person	432	643	854	972	1.447	1.922	2.160	3.216	4.272
Einstufung pro Person		A	A	A	A	B	C	C	E	F
2 Personen im Haushalt	Wohnungsgröße in m²	64	96	128	64	96	128	64	96	128
	m³ Gas pro m² und Jahr	4	4	4	9	9	9	20	20	20
	kg CO_2 pro Jahr und Person	307	461	614	691	1.037	1.382	1.536	2.304	3.072
Einstufung pro Person		A	A	A	A	A	B	B	C	D
3 Personen im Haushalt	Wohnungsgröße in m²	73	96	128	73	96	128	73	96	128
	m³ Gas pro m2 und Jahr	4	4	4	9	9	9	20	20	20
	kg CO_2 pro Jahr und Person	234	307	410	526	691	922	1.168	1.536	2.048
Einstufung pro Person		A	A	A	A	A	B	B	C	D
4 Personen im Haushalt	Wohnungsgröße in m²	82	122	162	82	122	162	82	122	162
	m³ Gas pro m2 und Jahr	4	4	4	9	9	9	20	20	20
	kg CO_2 pro Jahr und Person	197	293	389	443	659	875	984	1.464	1.944
Einstufung pro Person		A	A	A	A	A	B	B	C	D
5 Personen im Haushalt	Wohnungsgröße in m²	101	150	200	101	150	200	101	150	200
	m³ Gas pro m² und Jahr	4	4	4	9	9	9	20	20	20
	kg CO_2 pro Jahr und Person	194	288	384	436	648	864	970	1.440	1.920
Einstufung pro Person		A	A	A	A	B	B	B	C	D
6 Personen im Haushalt	Wohnungsgröße in m²	121	180	239	121	180	239	121	180	239
	m³ Gas pro m2 und Jahr	4	4	4	9	9	9	20	20	20
	kg CO_2 pro Jahr und Person	194	288	382	436	648	860	968	1.440	1.912

Die Werte sind für Heizen mit Gas berechnet (2,4 kg CO_2 pro m³ Gas). Man kann sich mit seiner eigenen Wohnsituation auch selbst einordnen: Die Wohnungsgröße steht im Mietvertrag oder kann gemessen werden. Für die Rechnung kann man gleich den Heizenergieverbrauch der Wohnung aus der letzten Abrechnung entnehmen oder als Mittel der letzten Abrechnungen, ggf. korrigiert mit der Gradtagszahl. Bei Heizöl kann man 3,1 kg CO_2 pro Liter ansetzen. Und am Schluss – nicht vergessen – durch die Anzahl der Personen im Haushalt teilen!

Also: den jährlichen Heizenergieverbrauch (in Kubikmeter Gas oder Liter Heizöl) <u>mal</u> 2,4 kg CO_2 bei Gas (oder 3,1 kg CO_2 bei Heizöl), und die so errechneten CO_2-Emissionen pro Wohnung und Jahr durch die Anzahl der Personen teilen.

Übrigens: nicht nur die „CO_2-Emissionen sind" höchst unterschiedlich, sondern auch die Heizkosten, die sind proportional zum Heizenergieverbrauch.

4.5 DIE RICHTIGE ZEIT FINDEN

Soziale und zeitliche Strukturen

In Deutschland gab es Ende 2018 rund 83 Millionen Einwohner*innen und 41,4 Millionen Haushalte. Die Zahl der Haushalte und hier besonders die Zahl der kleinen Haushalte nehmen kontinuierlich zu, umgekehrt nimmt die durchschnittliche Haushaltsgröße entsprechend ab. Der Durchschnittshaushalt besteht nur noch aus 2,0 Personen.

Mittlerweile haben Einpersonenhaushalte an den Haushalten einen Anteil von 41,9 %, die Zweipersonenhaushalte liegen bei 33,8 %; zusammen sind das 75,7 % der Haushalte! Der als „typisches" Beispiel gern genommene Vierpersonenhaushalt hat nur noch einen Anteil von 9,1 %. Die oben beschriebene Zunahme der durchschnittlichen Wohnfläche pro Kopf auf 46,5 Quadratmeter ist durch steigende Konsumansprüche und den Mangel an kleineren Wohnungen für Ein- und Zweipersonenhaushalte bedingt.

Zudem bleiben viele ältere Menschen in den Familienwohnungen und -häusern, auch nachdem die Kinder ausgezogen sind. Ein Grund dafür ist allerdings auch, dass in Ballungsräumen die „Altmiete" beispielsweise für eine lange genutzte 4-Zimmer-Mietwohnung oft geringer ist als für eine 1,5-Zimmer-Neubauwohnung. Wenn die Wohnfläche pro Kopf aber weiter steigt, werden die Senkung des Energieverbrauchs und der CO_2-Emissionen im Gebäudebereich immer schwieriger. Hier können sich ökologische und soziale Interessen treffen. Denn viele wollen anders wohnen und leben – mit mehr Gemeinschaft, generationenübergreifenden Nachbarschaften, Wohnungen mit flexibel teilbarem Wohnraum und mit gemeinschaftlicher Infrastruktur, wie etwa Gemeinschaftsräumen.

#klimaFAQ

WAS BEDEUTET SCHON EIN WOHNUNGSWECHSEL?

Bei einem Wohnungswechsel legt man sich oft für viele Jahre fest – beim sozialen Umfeld, aber auch beim Heizenergieverbrauch und der Mobilität.

Wenn Du oder Deine Eltern in eine neue Wohnung oder ein neues Haus umziehen oder diese/s gar kaufen wollt, dann achtet auf folgende Eigenschaften: einen guten Energiestandard (Energiepass!), einen möglichst flexiblen und keinesfalls zu großen Wohnraum und Gemeinschaftsräume in der Umgebung, auf die Nähe zum Arbeitsort, zur Schule und zu Einkaufsmöglichkeiten sowie auf eine gute Anbindung an öffentliche Verkehrsmittel. Die billigere Miete auf dem Land kommt meist teuer zu stehen. Das Zweitauto lässt grüßen!

So kann die Wohnfläche pro Kopf sogar sinken. Neben der demografischen und sozialen Struktur sind auch „zeitbezogene Aspekte" wichtig. Da einmal gebaute Häuser lange bestehen, zum Teil weit über 100 Jahre, ändert sich der Gebäudebestand nur sehr langsam. Mit dem energetischen Upgrade kann man also nicht warten, bis die Häuser oder Hausteile (wie etwa Dächer) baufällig werden und renoviert werden. Und schon gar nicht kann man darauf warten, die Häuser in fernen Zeiten durch Neubauten zu ersetzen.

Wegen der Klimaerhitzung drängt die Zeit. Häuser und Wohnungen sollten möglichst bald energetisch saniert werden, spätestens aber dann, wenn das Gebäude oder einzelne Bauteile wie die Außenwand, das Dach oder die Fenster ohnehin renoviert werden. Fehlinvestitionen müssen vermieden werden. Denn wenn ein Gebäude in den kommenden Jahren renoviert wird, ohne gleichzeitig ambitioniert energetisch ertüchtigt zu werden, ist es auf Jahrzehnte für den Klimaschutz verloren.

4.6 ZU VIELE GROSSE WOHNUNGEN

| Materielle Infrastrukturen |

In Deutschland gibt es 18,8 Millionen Wohngebäude mit zusammen rund 40,3 Millionen Wohnungen (Stand 2017). Rund 15,6 Millionen Wohngebäude sind Ein- und Zweifamilienhäuser. Mit 63 % haben sie den größten Anteil am Endenergieverbrauch der Wohngebäude. Rund die Hälfte aller Wohnungen befindet sich in Gebäuden mit drei oder mehr Wohnungen. 12,3 Millionen Gebäude enthalten nur eine Wohnung. Noch wichtiger ist die Zahl der Zimmer in den verschiedenen Wohnungen.

Die Abbildung auf dieser Seite zeigt, dass der Wohnungsbestand auf größere Haushalte zugeschnitten ist. Es gibt zwar 41,9 % Einpersonenhaushalte und 33,8 % Zweipersonenhaushalte, aber nur 34,4 % der Wohnungen sind „kleinere" Wohnungen mit ein, zwei oder drei Zimmern. Das heißt, dass viele Singles oder Paare Wohnungen mit vier Zimmern nehmen müssen, weil es im Gebäudebestand nicht ausreichend kleinere Wohnungen gibt. Verkürzt ausgedrückt dürfte man eigentlich nur noch kleine Wohnungen neu bauen und müsste vor allem größere Wohnungen umbauen und in kleinere Wohnungen aufteilen, wenn man die Wohnfläche pro Kopf ernsthaft senken will.

Anzahl Zimmer	Anzahl Wohnungen in Millionen	Anteil in Prozent
1	1,40	3,3 %
2	3,88	9,2 %
3	9,12	21,7 %
4	10,65	25,4 %
5	7,12	11,0 %
6	4,63	11,0 %

Tabelle: Wohnungsbestand nach der Zahl der Räume (2017), (Quelle: Statista)

Die Gebäude haben eine lange Lebensdauer, oft weit über 100 Jahre. Knapp zwei Drittel der bestehenden Wohngebäude wurden vor dem Inkrafttreten der ersten Wärmeschutzverordnung 1978 errichtet.

Und etwa 70 bis 80 % der heutigen Wohnungen werden auch im Jahr 2050 noch genutzt werden. Wenn man bis 2050 einen nahezu klimaneutralen Gebäudebestand haben möchte, müssen also unbedingt die bestehenden Gebäude energetisch saniert werden. Es reicht nicht aus, nur noch hocheffiziente Gebäude im Passivhausstandard zuzubauen. Davon abgesehen, ist für neue Gebäude nicht einmal der Passivhausstandard vorgeschrieben.

4.7 GÜNSTIGE SANIERUNG DURCH NIEDRIGZINSEN UND CO$_2$-BEPREISUNG

Märkte und Finanzsysteme

Die zentralen Herausforderungen im Gebäudesektor sind die energetische Modernisierung des Altbestands und die hohen Mieten. Für die zunehmend hohen Mieten gibt es mehrere Gründe: das Auseinanderfallen von Nachfrage und Angebot in begehrten Städten und Regionen, die ständig steigende Wohnfläche pro Kopf (damit steigt auch die Gesamtnachfrage nach

Wohnraum), das Missverhältnis von vielen kleinen Haushalten und zu wenig kleinen Wohnungen), der zunehmende Rückzug des Staates aus dem Wohnungsmarkt und dem Bau von Sozialwohnungen und der Verkauf großer Immobilien-„Pakete" an auf Rendite getrimmte Wohnungsgesellschaften.

Die aus ökologischer Sicht sinnvolle Nutzung von weniger Wohnraum pro Kopf würde durch den Umbau von großen Wohnungen und Häusern in kleinere Wohneinheiten und mehr gemeinschaftlichem Wohnraum deutlich befördert und auch zu geringeren Mieten führen. Zwei Fliegen mit einer Klappe.

#klimaFAQ

LOHNT SICH EIN ENERGETISCHES UPGRADE?

Zur Wirtschaftlichkeit von Sanierungen gibt es unterschiedliche Berechnungsmethoden. Private Eigentümer*in und professionelle Wohnungsgesellschaften kalkulieren hier unterschiedlich. Die Wohnungsgesellschaften wollen mit dem angelegten Geld eine höhere Rendite und höhere Mieten erzielen. Bei privaten und erst recht selbst nutzenden Eigentümer*innen steht das nicht im Vordergrund. Die Kalkulation der Wirtschaftlichkeit hängt von verschiedenen Annahmen ab. Im Besonderen wird die Höhe der Energiekosten in den nächsten 20 Jahren unterschiedlich abgeschätzt (s. u.), die Höhe der Abschätzung dominiert aber das Ergebnis der Wirtschaftlichkeitsberechnung. Die Kosten einer Sanierung hängen von mehreren Faktoren ab:

❖ dem Haustyp (freistehendes Einfamilienhaus, Doppel- oder Reihenhaus, großes Mehrfamilienhaus),

❖ dem angestrebten Zustand nach der energetischen Sanierung und der jeweiligen Bauausführung (z. B. glatte Wände oder geschmückte Fassade, Dachform etc.),

❖ den verwendeten Materialien und den örtlich unterschiedlichen Arbeitskosten.

Wenn ein energetisches Upgrade durchgeführt wird, weil „sowieso" eine Renovierung erforderlich ist (s.o.), fällt ein Teil der Kosten eben „sowieso" an (z. B. für die neue Heizungsanlage, Gerüstaufbau, neue Fenster, Fassadenanstrich etc.). Ein anderer Teil der Kosten fällt dagegen nur für Energieeinsparungen, wie z. B. die Wärmedämmung, oder für zusätzliche Kosten für höhere Energieeffizienzstandards an (z. B. 3-Scheiben-Verglasung). Die Gesamtkosten setzen sich deshalb aus den „Sowieso-Kosten" und den Extrakosten für den besseren energetischen Standard zusammen. Die Abgrenzung zwischen diesen beiden Kostenarten ist nicht eindeutig.

Die Frage ist nun, ob die für das energetische Upgrade anfallenden Extrakosten wirtschaftlich sind (über die Wertsteigerung des Gebäudes hinaus). Die Antwort hängt von mehreren Annahmen bzw. Entwicklungen ab:

❖ **Wie hoch ist der Zinssatz für einen aufzunehmenden Kredit?** Derzeit (Stand Oktober 2019) liegt der Zinssatz für einen normalen Bankkredit auch für zeitlich lange Verträge sensationell niedrig – unter 1 %. Bei einem Förderantrag bei der KfW liegt der Zinssatz für die ersten zehn Jahre bei 0,75 %. Wenn die Bedingungen des KfW-Effizienzhauses 55 eingehalten werden, werden von der KfW auch noch 27,5 % der Kreditsumme erlassen – bei 40.000 Euro Kreditsumme also 11.000 Euro.

❖ Nach dem Kabinettsbeschluss der Bundesregierung vom 9. Oktober 2019 wurden die Förderbedingungen weiter verbessert. Alternativ können 20 % der Sanierungskosten von der Steuerschuld abgezogen werden.

❖ **Wie hoch sind die tatsächlich erzielbaren Energieeinsparungen?** Der Energieverbrauch nach der Sanierung lässt sich einigermaßen verlässlich berechnen. Der Energieverbrauch vor der Sanierung dagegen weniger sicher – zum einen ist die Qualität der alten Baumaterialien und der von zum Teil nicht einsehbaren Konstruktionen nicht einfach abzuschätzen, zum anderen hat das reale Nutzungsverhalten einen großen Einfluss. Als Vergleichsmaßstab kann dafür aber praktischerweise der Energieverbrauch der letzten Jahre herangezogen und mit der Gradtagszahl auf einen Durchschnittswert normiert werden.

❖ **Wie entwickeln sich die Energiekosten in den nächsten 20 Jahren?** Die Gaspreise lagen in den letzten Jahren um die 6,5 Cent/kWh bzw. 65 Cent/m^3 Gas. Durch Turbulenzen an den Öl- und Gasmärkten könnte der Preis deutlich steigen. Wenn es weltweit scharfe Klimaschutzmaßnahmen gibt und viel weniger Öl und Gas nachgefragt werden, könnte der Preis aber auch fallen. Da es nach dem Kabinettsbeschluss der Bundesregierung eine CO$_2$-Bepreisung geben wird (bis auf 55 Euro pro Tonne CO$_2$ im Jahr 2025), wird es dadurch eine Preissteigerung geben (und ab 2026 zwischen 55 und 65 Euro). Da bei einer Kalkulation aber nicht der Energiepreis des nächsten Jahres wichtig ist, sondern die Energiepreise der nächsten 20 bis 25 Jahre, spricht selbst die noch niedrige CO$_2$-Bepreisung für eine Sanierung. Außerdem müssen noch jährliche Steigerungen durch die Inflation angenommen werden.

❖ Wie auch immer: Statt mit durchschnittlich 6,5 Cent pro kWh bzw. 65 Cent/m^3 Gas (heutiger Preis) sollte man für die nächsten 20 Jahre eher mit einem Preis von 8,5 bis 10,0 Cent pro kWh bzw. 85 bis 100 Cent/m^3 Gas oder noch höher kalkulieren.

Je nach Gebäudetyp, Art der Sanierung und Energiepreisentwicklung, der Höhe der Förderung oder steuerlichen Absetzbarkeit und den unterschiedlichen Annahmen kann eine Sanierung wirtschaftlich vorteilhaft sein oder sich zwar weitgehend, aber nicht komplett refinanzieren. Aber auch im letzteren Fall sollte man das energetische Upgrade durchführen – denn neben Klimaschutz und Energieeinsparungen hat man weitere Vorteile wie etwa besseres Wohnklima und höheren Wohnwert.

Zusammengefasst: Das energetische Upgrade ist für den Klimaschutz sehr wichtig. Die Zinsen für einen Kredit sind sensationell niedrig, die Förderbedingungen sehr gut, die Energiepreise werden durch die CO$_2$-Bepreisung steigen. Mit dem Upgrade steigen der Wohnkomfort und -wert. Für mögliche Energiekrisen ist man besser gewappnet. Auf geht's!

Eigentümer*innen und Mieter*innen

In Deutschland wohnen 42,1 % der Bevölkerung in den eigenen vier Wänden. 57,9 % sind dagegen Mieter*innen. In den USA und in anderen europäischen Ländern liegen die Eigentumsanteile deutlich höher, in der EU-28 im Durchschnitt bei 69,3 %. Nur in der Schweiz ist die Wohneigentumsquote niedriger als in Deutschland. Innerhalb Deutschlands gibt es allerdings erhebliche Unterschiede:

Im Saarland liegt die Eigentumsquote mit 62,6 % sehr hoch, in Berlin mit 14,2 % sehr niedrig. Von den Eigentümer*innen der vermieteten Wohnungen sind etwa zwei Drittel private Kleinvermieter*innen und ein Drittel professionelle Vermieter*innen. Die Gruppe der professionellen Vermieter*innen bzw. Eigentümer*innen unterteilt sich in privatwirtschaftliche Eigentümer*innen (44 %), kommunale Wohnungsunternehmen (23 %) und Genossenschaften (23 %) sowie sonstige Wohnungsunternehmen (z.B. von Kirchen).

Die privatwirtschaftlichen Wohnungsgesellschaften entscheiden über mögliche Sanierungen in der Regel auf rein wirtschaftlicher Basis; bei kommunalen Gesellschaften können durch kommunalpolitische Schwerpunktsetzungen ökologische Aspekte eine zusätzliche Rolle spielen.

Bei der Durchführung von Sanierungen haben die professionellen Wohnungsbaugesellschaften den Vorteil, dass sie dafür Fachleute und Erfahrung haben, eine regelmäßige Zusammenarbeit mit Handwerkern, und oft eine Vielzahl identischer Wohnungen in großen Mehrfamilien- und Hochhäusern.

Bei privaten Kleineigentümer*innen sieht es meist gegenteilig aus – egal ob sie die eigengenutzte oder eine vermietete Immobilie sanieren wollen. Sie haben in der Regel wenig Erfahrung, haben individuelle und nicht standardisierte Gebäude und müssen die Arbeiten von Energieberatern, Heizungsexperten, Fensterbauern, Zimmerern, Malern und Verputzern abstimmen – wobei die Handwerker von solchen „Kleinarbeiten" meist wenig begeistert sind, weil auch für sie der Planungs- und Organisationsaufwand groß ist.

In einigen Regionen haben sich verschiedene Handwerker zusammengeschlossen, um die energetische Sanierung eines Gebäudes aus einer Hand anbieten zu können (z.B. „Hand-in-Handwerker" oder „One-stop-shops").

Zu den vorgenannten allgemeinen Hemmnissen können individuelle Hemmnisse hinzukommen – die Eigentümer*innen können schon sehr alt sein und die Vorteile der Sanierung vielleicht nicht mehr lange genießen, sie können Finanzierungsprobleme haben oder scheuen mögliche nervige Diskussionen mit den Mieter*innen.

Private Haushalte bzw. Mieter*innen müssen von ihrem Einkommen einen großen Teil für die Wohnkosten ausgeben – durchschnittlich etwa 27 % ihres Nettoeinkommens. Bei Einpersonenhaushalten liegt die Mietbelastungsquote sogar bei etwas mehr als 30 %. Die Nebenkosten für Heizung und Warmwasser, Müllabfuhr & Co. sind in Deutschland traditionell hoch und können mehr als ein Drittel der Bruttomiete ausmachen. Deswegen werden sie oft „die zweite Miete" genannt. Im Jahr 2018 bezahlten Mieter*innen für die Nebenkosten durchschnittlich 2,17 Euro pro m^2 und Monat.

Die Energiekosten können sehr stark schwanken – sowohl nach Verlauf des Winters als auch nach Entwicklung der Öl- und Gaspreise. Die Heizölpreise (an denen sich auch die Gaspreise orientieren) lagen im Mittel der letzten Jahre auf einem Niveau von etwa 60 Cent pro Liter. Die Schwankungen können aber beträchtlich sein: Im Jahr 2016 lag der Preis bei 49 Cent pro Liter, im Jahr 2012 bei 88 Cent (!).

In den nächsten Jahren wird es durch die CO$_2$-Bepreisung zu Preissteigerungen kommen. Von daher sollten Mieter*innen im Prinzip großes Interesse an Energieeinsparungen haben, und können durch Eigenmaßnahmen mit geringen Kosten selbst wesentlich dazu beitragen. Wenn die Eigentümer*innen von Wohnungen energetisch sanieren, können sie damit Mieterhöhungen begründen bzw. vornehmen. 8 % der Sanierungskosten, aber maximal 3 Euro pro m^3 können auf die jährliche Miete umgeschlagen werden. Bei Renovierungskosten von 15.000 Euro darf die Miete dann beispielsweise jährlich um 1.200 Euro bzw. monatlich um 100 Euro steigen.

Durch die Renovierung sinken zwar die Energiekosten für die Mieter*innen, aber sie erreichen oft nicht die gleiche Höhe wie die Mieterhöhung. Andererseits darf nach einer Mieterhöhung, die aus einer Umlage der Sanierungskosten folgt, die Miete erst dann erneut erhöht werden, wenn die ortsübliche Vergleichsmiete unterschritten wird. Das wiederum kann eine Sanierung auch für Eigentümer*innen bzw. Vermieter*innen unattraktiv machen. Eigentümer*innen und Mieter*innen haben im Hinblick auf eine Sanierung also oft gegensätzliche Interessen (das sog. „Eigentümer-Mieter-Dilemma").

In manchen Fällen wurden energetische Sanierungen als Luxussanierungen durchgeführt, um mit den dann folgenden großen Mieterhöhungen Mieter*innen mit niedrigem Einkommen aus den vermieteten Objekten zu verdrängen. Hier wird Umweltschutz für Profitmache vorgeschoben!

Bei den privaten Haushalten gibt es bei den Einkommen eine starke Differenzierung. Von Energiepreissteigerungen, bedingt durch höhere Öl- und Gaspreise oder CO$_2$-Bepreisung, sind einkommensschwache Haushalte aus dem unteren Drittel der Einkommensverteilung überproportional betroffen. Darunter sind nicht nur solche, die Grundsicherungsleistungen erhalten, wie etwa Hartz-IV-Haushalte. Mögliche Lösungen sind die Ausweitung der Heizkostenerstattung auf weitere Bevölkerungsgruppen und die Unterstützung von Sanierungsmaßnahmen für finanzschwache Hauseigentümer*innen.

Für größere energetische Sanierungen kommen nur die Eigentümer*innen infrage. Für die Erreichung eines nahezu klimaneutralen Gebäudebestands müssen daher rund 25 Millionen Gebäude- oder Wohnungseigentümer*innen dazu motiviert werden, für das energetische Upgrade der Gebäude in erheblichem Maße zu investieren. Nach den bisherigen Erfahrungen reichen dazu aber freiwillige Anreize und Fördermaßnahmen bei Weitem nicht aus.

Notwendig sind gesetzliche Verpflichtungen zur Sanierung, großzügigere finanzielle Förderung oder steuerliche Absetzbarkeit der Sanierungskosten, sowie in den Kommunen bessere Beratungsangebote mit individuellen Sanierungsplänen.

4.8 PLUSENENERGIEHÄUSER UND „ERNEUERBARE WÄRME"

Technologien Produkte Dienstleistungen Für neue Gebäude und für Sanierungen gab es in den vergangenen Jahrzehnten viele Entwicklungen, von denen hier nur die wichtigsten besprochen werden können: Passiv- und Plusenergiehäuser sowie Heizungssysteme. (Zu Photovoltaikanlagen s. S. 76).

Passivhäuser und Plusenergiehäuser

Sie bauen ein neues Haus? Echt? Wissen Sie, was im Jahr 2100 sein wird? Dann wird Ihr neues Haus 80 Jahre alt. Ihre Kinder vielleicht 90 – mit oder ohne massive Klimakrise. In den nächsten 80 Jahren wird Ihr Haus – oder falls Sie es vererben, dann das Haus Ihrer Kinder – so viel Heizenergie verbrauchen wie Sie heute mit dem Neubau festlegen. Wenn Sie nur den derzeit vorgeschriebenen – und zu hohen – Energiestandard einhalten, werden Ihre Kinder oder die Menschen, die dann in Ihrem Haus leben, Sie viele Jahrzehnte lang verwünschen. Oder soll das neu gebaute Haus etwa in 20 oder 30 Jahren nachträglich und damit teuer saniert werden?

Wer heute baut, sollte mindestens ein „Passivhaus" (mit einem Verbrauch von nur noch 15 kWh Energie pro m^2 und Jahr) oder gleich ein Plus-Energie-Haus bauen. Die baulichen Mehrkosten eines Passivhauses werden durch die Energieeinsparungen wieder eingespielt. Ein Passivhaus ist hochwirksam gedämmt (Außenwände, Dach und Bodenplatte), für gleichbleibend frische Luft – ohne dass es zieht – sorgt eine Lüftungsanlage, in der eine hocheffiziente Wärmerückgewinnung die Wärme der Abluft wieder verfügbar macht. Hohe Oberflächentemperaturen mit geringen Temperaturdifferenzen zur Raumluft sorgen für thermische Behaglichkeit. Der Heizenergieverbrauch eines Passivhauses liegt mit etwa 15 kWh je m^2 und Jahr um ein Vielfaches unter dem eines Niedrigenergiehauses.[2]

Heizungssysteme

Alte Heizungsanlagen haben meist einen schlechten Wirkungsgrad und höhere Schadstoffwerte bei der Verbrennung. Beim Ersatz der alten Heizungsanlage sollte man prüfen und wissen, ob parallel oder zu einem späteren Zeitpunkt eine Wärmedämmungssanierung des Hauses geplant ist, um die Heizungsanlage entsprechend kleiner zu dimensionieren. Heizenergie- und Warmwassererzeugung sollten möglichst gekoppelt und die Anlage sollte zusätzlich mit Sonnenkollektoren ergänzt werden. Der Einbau von Sonnenkollektoren wird staatlich gefördert. Beim Heizungssystem sollte auf jeden Fall eine hocheffiziente Heizungspumpe eingesetzt werden, hier lohnt sich ein Ersatz meist auch bei einer noch funktionsfähigen, aber alten Heizungsanlage.

Die Heizungsanlage sollte, wenn baulich möglich, durch eine elektrisch betriebene Wärmepumpe ersetzt werden (idealerweise in Kombination mit einer eigenen Photovoltaikanlage – dann kann man auch auf Solarkollektoren verzichten) oder bei großen Gebäuden bzw. großem Wärmebedarf durch eine Holzpelletanlage. Ölheizungen sind ein Auslaufmodell, ihr Einbau ist ab 2026 nicht mehr gestattet, wenn eine klimafreundlichere Alternative vorhanden ist. Nach den Beschlüssen der Bundesregierung vom 20. September 2019 soll der Austausch von Ölheizungen finanziell gefördert werden (mit einem Förderanteil von 40 % für ein neues, effizienteres Heizsystem).

Noch besser als Passivhäuser sind „Plusenergiehäuser". Ein Plusenergiehaus hat den Wärmedämmstandard eines Passivhauses und zusätzlich eine Photovoltaikanlage auf dem Dach, sodass das Plusenergiehaus mehr Primärenergie (in Form von Strom) produziert, als es an Heizenergie benötigt. Da der Strom zu wertvoll zum Heizen ist, wird er ins allgemeine Stromnetz eingespeist. Konzipiert wurden die Plusenergiehäuser von dem Freiburger Architekten Disch, der auch gleich eine ganze Siedlung damit bauen ließ.

Die Freiburger Solarsiedlung besteht aus 59 zwei- oder dreigeschossigen Plusenergiehäusern und dem 125 Meter langen „Sonnenschiff", einem Plusenergie-Büro- und Gewerbe-

---

2   Infos zu Passivhäusern: siehe http://www.passiv.de

komplex von 6.000 m². Mittlerweile gibt es bundesweit viele solcher Häuser und Siedlungen (siehe Foto S. 220).[3]

❖ **Wärmepumpe:** Eine Wärmepumpe nutzt die in der Umwelt gespeicherte thermische Energie, um Gebäude zu erwärmen. Sie funktioniert im Prinzip entgegengesetzt zu einem Kühlschrank. Die aus der Umgebung gewonnene Energie mit niedrigen Temperaturen wird mit dem Einsatz von Strom oder Gas auf ein höheres Temperaturniveau gebracht. Je nach Umgebung kann die Umweltenergie der Wärmepumpe aus verschiedenen Quellen gewonnen werden – aus der Luft, dem Erdreich oder dem Grundwasser.

Im Vergleich zu einer klassischen Heizungsanlage wie etwa einer Gasheizung ist eine Wärmepumpe aufwendiger zu installieren (im Besonderen bei der Gewinnung der Wärme aus Erdreich oder Grundwasser) und passt auch besser zu einem Niedrigtemperatursystem in einem gut gedämmten Gebäude. Da Gas aus fossilen Quellen stammt und mit CO_2-Emissionen verbunden ist, sollte man besser eine elektrisch betriebene Wärmepumpe einbauen lassen.

Strom ist zwar in einer längeren Übergangszeit noch mit CO_2-Emissionen verbunden, wird aber zunehmend auf Basis Erneuerbarer Energien produziert (derzeit mit einem rund 40 %-Anteil, im Jahr 2030 mit einem 65 %-Anteil).

Am besten ist die Kombination mit einer eigenen Photovoltaikanlage mit Batteriesystem, sodass der Strom komplett erneuerbar ist. Der Wärmebedarf und damit die Einsatzzeit einer Wärmepumpe sind vorrangig im Winter, frühmorgens und abends/nachts – zu der Zeit wird aber wenig bzw. kein PV-Strom produziert, im deutschen Strommix sind dann die Anteile von Kohlestrom hoch.[4]

❖ **Holzpelletheizungen:** Diese eignen sich vor allem für große Gebäude und Gebäude, die z. B. aus Denkmalschutzgründen nicht wärmegedämmt werden können. Sie sind beim Einbau bzw. der Anschaffung teurer als die anderen Heizungsanlagen, haben aber niedrigere Brennstoffpreise.

Da Bäume genau so viel Kohlendioxid binden, wie beim Verbrennen wieder freigesetzt wird, ist Heizen mit Holz fast klimaneutral (nicht ganz, denn bei der Waldbewirtschaftung, beim Sägen und Transport wird fossile Energie benötigt und werden Treibhausgase freigesetzt).[5]

---

3   Infos: http://www.rolfdisch.de/projekte/die-solarsiedlung/
4   Infos zu Heizbrennwertheizungen gibt es bei: https://www.proklima-hannover.de
5   Infos zu Holzpelletöfen und Holzpelletheizungen gibt es bei: https://www.ecotopten.de/waerme/holzpelletheizungen

#klimaFAQ

IST EIN PASSIVHAUS ODER EINE HOLZPELLETHEIZUNG OHNE WÄRMDÄMMUNG DES HAUSES BESSER?

Ein Passivhaus oder eine effiziente Wärmedämmung des Hauses ist definitiv besser – denn dadurch spart man schon mal 75 bis 90 % Energie und CO_2-Emissionen ein. Energiesparen ist mit Abstand die beste Energiequelle. Und so viel Holz oder andere regenerative Energieträger stehen nicht zur Verfügung, dass man sie unnötig „verheizen" sollte.

4.9 FÜRS LEBEN LERNEN

Forschung
Bildung
Wissenschaft

Forschung

Vordringlich sind Untersuchungen, wie die Wohnfläche pro Kopf und das Missverhältnis zwischen dem hohen Angebot an zu großen Wohnungen und 75 % kleinen Haushalten verringert und wie Wohnungswechsel, Umbau von großen Wohnungen in kleine Wohnungen und Gemeinschaftswohnen befördert werden können.

Zu vernetzten Smarthome-Konzepten gibt es viele Projekte. In der Praxis werden sich diese erst langsam durchsetzen, weil die Anschlüsse und Steuerung der unterschiedlichen Hersteller nicht standardisiert und teilweise nicht kompatibel sind und sich der Ersatz von Heizungssystemen und Haushaltsgeräten in den Haushalten lange hinziehen wird. Von daher sollten auch Übergangskonzepte mit Teilsystemen entwickelt werden. Bei allen Smarthome-Systemen muss aber nachgewiesen werden, dass sie ökologisch und ökonomisch Sinn machen.

Die Sanierung von Einzelgebäuden ist meist aufwendig und unnötig teuer, weil jeweils individuelle Lösungen gefunden werden müssen. Daher sollten besonders die industrielle Vorfertigung von Dämmelementen und innovative Sanierungskonzepte untersucht werden. Da in vielen Fällen Wärmedämmungen wegen „zu dicken" Dämmungen nicht möglich sind (z. B. bei der Deckendämmung in niedrigen Kellern), sollten Hochleistungsdämmsysteme entwickelt werden.

Bildung

In den Schulen sollten die Lehrpläne um Inhalte zu ökologisch und finanziell sinnvollem Stromsparen und Wärmesparen in Haushalten ergänzt werden. Die hohe Zahl von jährlich mehreren Hunderttausend Stromsperrungen zeigt, dass auch die finanzielle Allgemeinbildung und rationales Konsumverhalten gesichert werden sollten. Strom- und Wärmesparen kann auch bestens und sehr praxisorientiert in der Schule selbst und in der Universität gelernt werden (siehe Kasten). Schließlich soll man nicht für die Schule, sondern für das Leben lernen …

#klimAktiv

SCHULE MACHEN

Zum Altbaubestand gehören auch die meisten deutschen Schulen. Und in denen sieht es oft katastrophal aus. Nein, damit sind nicht die unter den Tischen klebenden Kaugummis, die Toiletten oder der Stundenausfall gemeint. Vor allem der bauliche und energetische Zustand vieler Schulen ist beklagenswert. Was sollen die Schüler*innen da wohl für das Leben lernen? Da die meisten Kommunen unter Finanzmangel leiden, werden kaum noch Sanierungen durchgeführt, geschweige denn Energie-Einsparinvestitionen getätigt, obwohl diese über die Jahre die Kosten erheblich reduzieren könnten.

An der Freiburger Staudinger-Schule gründete sich auf Initiative des Öko-Instituts eine Schüler-Eltern-Lehrer-Initiative und schlussendlich die „ECO-Watt GmbH & Co.KG Staudinger Gesamtschule", die einen Vertrag mit der Stadt Freiburg schloss und die Sanierung der Schule organisierte wie auch finanzierte.

Mit dem bereitgestellten Kapital von 270.000 Euro wurden eine neue Beleuchtungsanlage eingebaut, die Heizungs- und Lüftungssteuerung verbessert, eine neue Lastmanagementanlage installiert und Maßnahmen zur Wassereinsparung umgesetzt. Darüber hinaus investierte die ECO-Watt-Gesellschaft in eine thermische Solaranlage für die Warmwasserbereitung. Das Ergebnis war ein voller Erfolg: schon in den acht Jahren nach der Sanierung wurden 1,4 Millionen kWh Strom und 5,4 Millionen kWh Wärme und damit 2,6 Millionen kg CO_2 eingespart und den Anlegern (Eltern, Lehrer*innen und andere Privatpersonen) die vereinbarte Rendite von jährlich 6 % gezahlt. Die Schule erhielt aus den Einsparungen 79.000 Euro zur freien Verfügung. Und ganz nebenbei wurde noch der Wasserverbrauch um 77 Millionen Liter (!) reduziert.

Das Freiburger Modellprojekt wurde dann in Nordrhein-Westfalen in Kooperation mit dem Wuppertal Institut weiterentwickelt: An vier Schulen wurden weitere Bürger-Contracting-Projekte umgesetzt und noch weitergehende Maßnahmen zur Energieeinsparung und Stromerzeugung (Solar und Kraft-Wärme-Kopplung) als in Freiburg vereinbart. So konnte am Aggertal-Gymnasium in Engelskirchen eine CO_2-Minderung von über 50 % und am Willibrord-Gymnasium in Emmerich am Rhein sogar eine Reduktion um 80 % erzielt werden. Beide Projekte sind auch wirtschaftlich sehr attraktiv und werden eine Rendite von über 6 % erzielen. Weitere Informationen bei www.eco-watt.de.

Energiesparmeister 2020

Das Umweltministerium und co2online schreiben jedes Jahr einen Wettbewerb zum Energiesparmeister aus. Schulen und Klassen können sich, mit Initiativen wie etwa Energieanalyse der Schule, Bio-Mensa oder Nachhaltigkeitsmarkt bewerben. Ausgezeichnet werden die Landessieger und der Bundessieger.

Informationen zum Wettbewerb und ein Leitfaden zu möglichen Aktivitäten gibt es bei: https://www.energiesparmeister.de/.

Die „Handwerkerausbildung" sollte stark ausgeweitet und unterstützt werden. Die besten Gesetze und Fördermaßnahmen zur Gebäudesanierung können nicht umgesetzt werden, wenn hierfür in der Praxis die Handwerker fehlen. Genau dies ist aber zu befürchten – bereits im Jahr 2021 fehlen voraussichtlich 100.000 Fachkräfte.

Um dieser negativen Entwicklung zu begegnen, muss unter anderem in berufliche Bildung investiert, aber auch den Handwerksbetrieben eine langjährige Perspektive aufgezeigt werden, beispielsweise durch steigende CO_2-Preise, Sanierungspflichten und finanzielle Förderung der Sanierung.

Bei der Ausbildung von Architekt*innen und Stadtplanenden sollte ein Schwerpunkt auf integrative, gemeinsame Wohnformen, flexible Wohnungen und Umbau großer Wohnungen in kleinere Wohnungen gelegt werden.

Wissen: Entsprechend sollten für die Praxis Beratungseinrichtungen und Netzwerke zu gemeinsamen Wohnformen, Wohnungsumbau, Wohnungstausch und Umzugsmanagement gefördert werden. Für die Sanierung von Privatgebäuden sollte die Beratung von Privateigentümer*innen wesentlich ausgeweitet werden.

4.10 POLITIKINSTRUMENTE

Politikinstrumente
und
Institutionen

Im Gebäudebereich bestehen sehr hohe CO_2-Reduktionspotenziale. Technisch können sie im Wesentlichen durch die Wärmesanierung der Gebäude und durch den Einsatz Erneuerbarer Energien realisiert werden. In zweiter Linie müssen natürlich neue Gebäude von vornherein als klimaneutrale Gebäude gebaut werden – sonst müssen sie ja nach 20 bis 25 Jahren schon wieder saniert werden.

Die Erfahrung der letzten Jahrzehnte zeigt, dass die bislang verfolgte Klimaschutzstrategie mit Fokus auf „freiwillige" und finanziell geförderte Sanierungen von Gebäuden und moderaten Effizienzstandards für neue Gebäude unzureichend ist. Die Sanierungsrate ist mit unter 1 % zu gering, das Ziel eines nahezu klimaneutralen Gebäudebestandes im Jahr 2050 wird ohne eine deutliche Änderung der Gesetzgebung, der Förder- und Steuerpolitik nicht erreicht werden.

Wesentliche Maßnahmen müssten sein:

❖ Einführung einer CO_2-Bepreisung, am besten durch eine CO_2-Steuer. Diese müsste ab 2020 mit einem höheren Steuersatz beginnen (60 Euro pro Tonne CO_2 und bis 2026 stufenweise auf 180 Euro pro Tonne CO_2 erhöht werden.

❖ Ausrichtung des Neubaus an der Flexibilisierung von Wohnformen und an dem vorrangigen Bau von kleinen Ein-, Zwei- und Dreizimmerwohnungen

❖ Förderinitiativen zum Umzugsmanagement in kleinere Wohnungen und für gemeinschaftliche Wohnungen

❖ Der Umbau größerer Wohnungen in kleinere Wohnungen, entsprechender Wohnungswechsel und Umzugsmanagement sollten finanziell erheblich gefördert und in den Kommunen entsprechende Beratungen ausgeweitet werden.

❖ Im Gebäudebestand sollten bei Überschreiten von Energiebedarfsgrenzwerten verpflichtende Sanierungen („energetische Updates") vorgeschrieben werden. Komplette Sanierungen sollten dabei zu einem Standard KfW-Effizienzhaus 55 führen (siehe Glossar). Wenn dies aus wichtigen Gründen nicht möglich ist (z. B. wegen Denkmalschutz), sollte durch einen erhöhten Einsatz von Erneuerbaren Energien ein CO_2-Standard erreicht werden, der dem CO_2-Emissionsniveau eines KfW-Effizienzhaus 55 entspricht.

❖ Für die (verpflichtende) Sanierung sollten die finanziellen Förderprogramme erheblich ausgeweitet werden. Als frei wählbare Alternative sollten energetische Sanierungen steuerlich absetzbar sein. Die kommunale Beratung zur Gebäudesanierung sollte erheblich ausgeweitet werden.

❖ Der Einbau von neuen Ölheizungen sollte ab sofort, der von neuen Gasheizungen ab 2025 verboten werden (mit der Möglichkeit von Ausnahmen, z. B. für Gebiete ohne Gasanschluss, ohne Möglichkeit der Nutzung von Erneuerbaren Energien und ohne Anschluss an ein Wärmenetz).

❖ Für die Errichtung neuer Gebäude sollte ab 2021 der Passivhausstandard, mindestens aber der Standard KfW-Effizienzhaus 40 (Energieverbrauch max. 25 kWh/m^2 und Jahr) festgelegt werden.

❖ Für die Verwendung der zunehmend knappen Rohstoffe Kies und Sand sollte eine Primärbaustoffsteuer erhoben, und die teilweise Verwendung von Recyclingbeton vorgeschrieben werden.

❖ Die Handwerkerausbildung sollte mit dem Ziel einer deutlichen Erhöhung der Zahl der benötigten Handwerker (Dachdecker, Installateure, Maler etc.) gefördert werden.

Bewertung der Klimabeschlüsse der Bundesregierung am 20. September 2019

Vor dem Hintergrund der notwendigen Maßnahmen sind die Beschlüsse der Bundesregierung im Gebäudebereich völlig unzureichend:

❖ Das nach langjährigen Beratungen vorgelegte Gebäudeenergiegesetz ist unzureichend. Das Ziel eines klimaneutralen Gebäudebestands im Jahr 2050 wurde aufgegeben und kann mit den nun geltenden Vorgaben auch nicht erreicht werden. Die seit 2016 geltenden Standards für Neubauten und Sanierungen wurden nicht verschärft. Bei den bestehenden Nachrüstpflichten (z.B. die Austauschpflicht besonders alter Heizkessel) wurden die umfangreichen Ausnahmetatbestände beibehalten.

❖ Besonders schwerwiegend ist, dass keine Sanierungspflichten im Bestand eingeführt werden und dass die CO_2-Bepreisung mit dem Einstiegswert von 25 Euro pro Tonne CO_2 und langsamer Steigerung auf 55 Euro pro Tonne CO_2 zuerst einmal wenig Wirkung entfalten wird. Der Heizölpreis schwankte schon allein durch Bewegungen am Markt beispielsweise in den letzten sieben Jahren zwischen 88 Cent/Liter (2012) und 48,9 Cent/Liter (2016) sowie 67,9 Cent/Liter (2019). Durch die CO_2-Bepreisung von 25 Euro/Tonne CO_2 wird der Preis um rund 7,5 Cent pro Liter Heizöl steigen.

❖ Von den fossil betriebenen Heizungen sollen nur Ölheizungen verboten werden (ab 2026), wobei Ausnahmen möglich sind. Der Austausch von Ölheizungen soll mit 40% der Kosten des neuen Systems gefördert werden.

❖ Die finanzielle Förderung bei Sanierungen soll deutlich erhöht werden. Alternativ soll es eine steuerliche Absetzbarkeit von Sanierungskosten von der Steuerschuld geben.

❖ Gut sind die geplante Erhöhung von Wohngeld (um 10%) und die Erhöhung von Transferleistungen (etwa für Hartz-IV-Haushalte). Weiter will die Bundesregierung prüfen, ob nur ein Teil der Mehrkosten der CO_2-Bepreisung auf die Mieter*innen umgewälzt werden darf.

GLOSSAR

DEFINITIONEN, EINGANGSWERTE FÜR BERECHNUNGEN, PHYSIKALISCHE EINHEITEN

DEFINITIONEN

Demand-Side-Management ist die Steuerung von Stromproduktion und Stromverbrauch bzw. Stromnachfrage bei Stromkund*innen in Industrie, Gewerbe und Privathaushalten. Weil die Stromproduktion bei den Erneuerbaren Energien mit den Wetterbedingungen schwankt, ist der Ausgleich von Stromverbrauch und Stromproduktion besonders wichtig geworden.

EEG ist die Abkürzung für das „Gesetz für den Ausbau erneuerbarer Energien", mit dem für die Einspeisung von Strom aus Energien (z.B. Photovoltaikanlagen) feste Einspeisevergütungen festgelegt werden. Der Kurztitel ist Erneuerbare-Energien-Gesetz.

EE-Strom ist die Abkürzung für Strom, der aus Erneuerbaren Energien produziert wurde (z.B. aus Photovoltaik- oder Windkraftanlagen).

Endenergie ist der nutzbare Energieinhalt von Energieträgern wie Benzin oder Strom, die von Anwender*innen direkt genutzt werden können. Die Endenergie wird aus *Primärenergie* (s.u.) hergestellt (z.B. Benzin aus Rohöl, Strom aus Kohle). In der Regel gibt es bei der Umwandlung von Primärenergie in Endenergie Energieverluste.

Externe Kosten sind Kosten, die nicht von den Verursacher*innen (z.B. Unternehmen) getragen werden, sondern der Gesellschaft oder Dritten aufgebürdet werden. Andere Bezeichnungen für externe Kosten sind soziale Kosten oder volkswirtschaftliche Kosten.

Fahrleistung: Die Fahrleistung gibt die Gesamtstrecke in Kilometern an, die mit unterschiedlichen Verkehrsmitteln (z.B. Bahn, Pkw oder Fahrrad) jährlich zurückgelegt wird.

Flottengrenzwert: Der Flottengrenzwert gibt den Grenzwert in Gramm CO_2 pro km an, den die Fahrzeugflotte eines Herstellers bzw. die von ihm insgesamt verkauften Fahrzeuge im Durchschnitt einhalten müssen (im Rahmen einer EU-Richtlinie).

Fluktuierend: Dieser Fachbegriff beschreibt, dass die Stromproduktion bei Photovoltaik- und Windkraftanlagen mit den Wetterbedingungen schwankt und unregelmäßig ist.

Kapazität: Die Kapazität gibt die installierte maximale Leistung aller Kraftwerke an. Sie wird meist in Megawatt (MW) oder Gigawatt (GW) angegeben.

KfW-Effizienzhaus 40, 55 oder 70: Der Effizienzstandard von Häusern wurde im Rahmen der staatlichen Förderung durch die „Kreditanstalt für Wiederaufbau" (KfW) definiert. Ein Haus mit dem Standard KfW-Effizienzhaus 55 verbraucht nur 55 Prozent der Energie, die ein Neubau verbraucht, der die gesetzlichen Vorgaben der Energieeinsparverordnung einhält.

Multimodale Mobilität: Unter Multimodalität versteht man die flexible Nutzung und die Vernetzung von mehreren Verkehrsmitteln (z.B. Bus, Bahn, Fahrrad, Auto) in einem bestimmten Zeitraums (im Gegensatz zur überwiegenden oder ausschließlichen Nutzung nur eines Verkehrsmittels, in der Regel des Autos).

Modal Split: Im Modal Split werden die Anteile der einzelnen Verkehrsmittel (z. B. Bahn, Pkw, Fahrrad) am gesamten Verkehraufwand angegeben. Beim Verkehrsaufwand (s. u.) werden die mit den einzelnen Verkehrsmitteln insgesamt gefahrenen Kilometer mit der Personenzahl multipliziert.

Ozonloch: In ungefähr 15 bis 35 km Höhe über der Erde gibt es eine Ozonschicht, die die Menschen, Tiere und Pflanzen auf der Erde vor den schädlichen Auswirkungen ultra violetter Sonnenstrahlung schützt. Seit den 1970er-Jahren wurde die Ozonschicht durch Fluorchlorkohlenwasserstoffe (FCKW) zunehmend abgebaut. Über der Antarktis war die Ausdünnung besonders stark und wurde „Ozonloch" genannt. Im Montreal-Protokoll, dem ersten internationalen Umwelt-Abkommen, wurden die FCKW verboten. Die Ozonschicht hat sich daraufhin über einen Zeitraum von 30 Jahren langsam, mittlerweile schon weitgehend regeneriert.

Primärenergie ist der Energieinhalt von Primärenergieträgern. Das sind die natürlich vorkommenden, noch nicht weiter verarbeiteten Energieträger wie zum Beispiel Kohle, Erdöl oder Gas, aber auch Energieträger wie Sonne oder Wind.

Repowering bezeichnet den Ersatz bestehender Windkraftanlagen durch neue, größere und leistungsstärkere Windkraftanlagen. In der Regel erfolgt das Repowering nach Auslaufen der zwanzigjährigen Förderperiode.

Strommix: Der Strommix gibt an, aus welchen Energieträgern und Anlagen und mit welchen Anteilen der Strom produziert wurde. Der über das Stromnetz bezogene Strom wird in unterschiedlichen Anlagen und mit unterschiedlichen Energieträgern produziert. Dementsprechend spricht man je nach Herkunft von Kohlestrom, Atomstrom, Solarstrom etc. Physikalisch kann der Strom nach Einspeisung in das allgemeine Stromnetz nicht mehr unterschieden werden.

Treibhausgase: Für die Klimaerhitzung sind neben Kohlendioxid (CO_2) eine Reihe weiterer Stoffe verantwortlich. Im Verhältnis zu CO_2 mit dem definierten Treibhauseffekt von 1,0 haben die anderen Treibhausgase einen höheren Treibhauseffekt. Die wichtigsten Treibhausgase sind: Methan, das bei der Rinderhaltung, aus gewässerten Reisfeldern und aus auftauenden Permafrostböden freigesetzt wird (Treibhauseffekt 23) und Distickstoffoxid (N_2O), das ebenfalls aus der Tierhaltung (über die Gülle), und aus Kraftwerken und dem Verkehr freigesetzt wird (Treibhauseffekt 310). Die FCKW (s.o.) schädigen nicht nur die Ozonschicht, sondern haben auch einen sehr hohen Treibhauseffekt (bis zu 14.000). Um den Gesamttreibhauseffekt angeben zu können, werden die Treibhauseffekte der einzelnen Treibhausgase zusammengerechnet und in einer Einheit (CO_2-Äquivalente oder CO_{2e}) angegeben.

Verkehrsaufwand: Beim Verkehrsaufwand (s. u.) werden die mit den einzelnen Verkehrsmitteln gefahrenen Kilometer (sog. Fahrleistung, s. o.) mit der Personenzahl multipliziert. Der Verkehrsaufwand wird in Personenkilometern (Pkm) angegeben.

ANNAHMEN FÜR DIE BERECHNUNG VON KOSTEN UND VON CO_2-EMISSIONEN

Bei der Berechnung der Stromkosten von Haushalten wurde der durchschnittliche *Strompreis* mit 0,30 Euro/kWh zugrunde gelegt (Stand von Oktober 2019).

Bei den *CO_2-Werten* von *Benzin* (2,88 kg CO_2/l), *Diesel* (3,16 kg CO_2/l), *Erdgas* (2,42 kg CO_2/m³) und *Heizöl* (3,10 kg CO_2/l) wurden auch die Vorketten berücksichtigt (CO_2-Emissionen aus Förderung, Transport und Verarbeitung). Bei überschlägigen Rechnungen im Verkehrsbereich, bei denen nicht zwischen Diesel und Benzin unterschieden wurde, wurde vereinfacht ein Wert von 3 kg/l Kraftstoff genommen. Der *Durchschnittsverbrauch* von Pkw wurde mit 7,4 l Kraftstoff/100 km angenommen (Stand 2017); bei *Kurzstreckenfahrten* mit 10 l/100 km.

Die durchschnittlichen CO_2-Werte unterschiedlicher *Verkehrsmittel* sind in einer Übersichtstabelle im Mobilitätskapitel angegeben (s. Seite 150).

Der CO_2-Wert für *Strom* bzw. den *Strommix* ist der vom Umweltbundesamt für 2018 vorläufig bestimmte Wert (0,474 kg/kWh). Mit der geplanten Zunahme von Erneuerbaren Energien bei der Stromproduktion und dem geplanten Kohleausstieg wird der Wert in den nächsten Jahren zunehmend kleiner.

PHYSIKALISCHE EINHEITEN

Stunde ist eine Zeiteinheit und wird mit **h** abgekürzt

Tonne ist eine Gewichtseinheit und wird mit **t** abgekürzt

Watt (W) ist eine Einheit für Leistung. Die Leistung von technischen Geräten oder Anlagen wird in Watt (W) angegeben, z.B. die Leistung einer LED mit 10 W, eines Auto mit 45 kW (= 61 PS) oder eines Kraftwerk mit 300 MW. Die Leistung kann abgegeben werden (z. B. von einer Photovoltaikanlage) oder aufgenommen werden (z.B. von einer Lampe).

kWp (Kilowatt peak) gibt die maximale Leistung einer Photovoltaikanlage an. Sie wird nur im Idealfall bei hoher und direkter Sonneneinstrahlung erreicht. In der Praxis ist die

Nennleistung höher als die tatsächliche Leistung, weil die Wetter- und Betriebsbedingungen meist von der Norm abweichen.

Wh ist eine Energieeinheit. Wenn die Leistung abgerufen wird, wird *Energie* gebraucht (Leistung mal Zeit). Wenn eine LED mit 10 W beispielsweise 365 Tage lang jeweils 4 Stunden lang leuchtet, wird eine Energiemenge von 10 W mal 365 mal 20 h = 14.600 Wh = 14,6 kWh gebraucht.

Vielfaches von physikalischen Maßeinheiten

Um das Schreiben großer bzw. langer Zahlen vor physikalischen Einheiten zu vereinfachen, werden Buchstaben vorangestellt, die ein Vielfaches der nachstehenden Größe bedeuten, z.B.:

k = Kilo = 1.000 Beispiele: 1 kg = 1000 Gramm; 1 kWh = 1.000 Wattstunden

M = Mega = Million = 1.000.000

Beispiel: Die typische Leistung einer Windkraftanlage an Land liegt heute bei 2–5 MW, also 2–5 Millionen Watt (W)

G = Giga = Milliarde = 1.000.000.000

Beispiel: Jährlich werden weltweit rund 36 Gt CO_2 emittiert, also 36 Milliarden Tonnen CO_2

T = Terra = Billion = 1.000.000.000.000.

Beispiel: der jährliche Stromverbrauch in Deutschland beträgt rund 500 TWh (also 500 Billionen Wattstunden (Wh) oder 500 Milliarden Kilowattstunden (kWh)

Auflösung Rätsel: 1C, 2B, 3B, 4B, 5C, 6C, 7A, 8C, 9B, 10B, 11C, 12C.

Für jede richtige Antwort gibt es einen Punkt. Weitere 88 Punkte bekommt man, wenn das jeweilige Ergebnis auch in der Praxis beim Fahren berücksichtigt wird.

VERZEICHNIS #HASHTAGS

#klimaChecker

Strom 89
Mobilität 127
Ernährung 210
Wohnen 231f.

#klimaKlartext

Ausbau der erneuerbaren Energien 69f.
Boykott der Windkraft 80
Politischer Betrug bei den EU-Flotten-
   grenzwerten 164f.
Mit Vollgas in die Sackgasse 182

#klimaPolitik

Der große Radschlag 144
Tempolimits 120/80/30 km/h 161ff.
Das Dienstwagenprivileg für
   Spritfresser 163f.
Die Befreiung des Luftverkehrs von
   der Steuerbefreiung 175

#klimAktiv

Die Energiewende-Komitees 34f.
Der Protest der Eltern 56
Der Stromspar-Check 72
Geht Demand-Side-Management
   auch im Privathaushalt? 74
Stromsparen in Stufen 92f.
EcoTopTen 94
Dem Stand-by auf der Schliche 96
Einstellungen bei Fernsehgeräten 104

Es werde Licht 105
Für ganz Helle 106
Sauber bleiben 107
Eiskalt kalkulieren 110
Wasserkocher 113
Spülend Energie sparen 114
Warmwasser sparen 115
Pumpentausch 116
Doppelter Klimaschutz 118
Eine Wettfahrt 136
Verkehrsreduktion 137
Better Future wählen 138
Der Große Radschlag 144
Gegen faule Ausreden 145f.
Eltern zum ÖPNV bringen 149
Eltern auf die richtige Bahn bringen 152
Carsharing 153
Eltern zum Ridesharing aufsatteln 156
Neuauto verkleinern 159
10.000 km umsonst fahren 167
Spritsparend fahren 170
Videokonferenzen statt Geschäfts-
   flügen 174
Keine Abi-Reise per Flugzeug 176
Cargobike Race 186
Landwirtschaft und Ernährungs-
   initiativen 195f.
Gegen Lebensmittelverschwen-
   dung 204f.

Ökologische und gesunde Gemein-
  schaftsverpflegung 207
Gemeinsam kochen 208
Kochwettbewerbe zum Klima 211
Schnell viel sparen 228
Eltern auf energetisches Upgrade
  drängen 230
Schule machen 243

#klimaStory

Wenn der Kühlschrank zweimal
  klingelt 111
Die Stadt der kurzen Wege 134
Brief in die Heimat 146f.
Wenn die Kasse dreimal klingelt 181
Wohnen der Zukunft 225

#klimaFAQ

Atomkraftwerke für den Klima-
  schutz? 62f.
Mit Ökostrom auf Stromsparen
  verzichten? 91f.
Welches Energielabel ist besser: A oder
  A^{+}? 101f.
Wie trocknet man am umweltfreund-
  lichsten? 108
Sind Elektro-Autos besser als
  Diesel-Autos? 165f.

Brennstoffzellenautos statt
  Elektroautos? 168
Flugreisen kompensieren – der neue
  Ablasshandel 177
Gibt es genug Strom für die
  Elektromobilität? 179
Fehleinschätzung der Kosten des
  eigenen Autos 180f.
Wie kann man beim Autofahren Benzin
  sparen? 184
Soll man Bioprodukte aus Übersee
  kaufen? 202
Kann man Lebensmittel nach Ablauf
  des Mindesthaltbarkeitsdatums noch
  essen? 204
Gegen Lebensmittelverschwen-
  dung 204f.
Was ist ein Energieausweis? 227
Schnell sparen 228f.
Was ist der Gradzahltag? 229f.
Was bedeutet schon ein Wohnungs-
  wechsel? 233
Lohnt sich ein energetisches
  Upgrade? 235f.
Ist ein Passivhaus oder eine Holzpellet-
  Heizung ohne Wärmedämmung
  des Hauses besser? 242
Schule machen 243

STICHWORTVERZEICHNIS

A

„Agenda 2030" 20, 203

365-Euro-Ticket 148f.

ADAC-Kostenrechner 155, 180

Atomkraftwerke 62f.

Automobilindustrie 182

B

Batteriespeicher 117

Betriebskosten 87f., 122f.

Biogas(-Anlagen) 76

Biolebensmittel 199ff., 215

Biosiegel 215

Brennstoffzellen(-Auto) 168

Bundesbahn 150ff.

C

Carbon Footprint 51, 150, 198ff., 208ff.

Carsharing 152ff.

CO_2-Bepreisung 39ff., 83, 139ff., 186, 235ff.

CO_2-Kompensation 177

CO_2-Rechner 51

CO_2-Werte 51, 150, 198ff., 208ff

CO_2-Zertifikate 43, 67, 121f.

Convenience 207f.

D

Demand-Side-Management 74

Dienstwagenprivileg 162f.

Digitale Produkte 96ff.

Drei-Liter-Autos 158

E

E-Bikes 143

E-Book-Reader 102

EcoTopTen 94

EEG(-Umlage) 84ff.

Eigentümer-Mieter-Dilemma 237ff.

Einmalentscheidungen 52ff.

Elektroautos 165f.

Emissionshandel 119f.

Energetisches Upgrade 228ff., 235ff.

Energieausweis 227

Energielabel 101f.

Energiewende 23ff, 34f.

Energiewendekomitees 34f.

Ernährungsstile 197ff., 212ff.

Erneuerbare Energien 69f., 84ff.

Externe Kosten 83,125, 180,191, 214

F

Fahrleistung 126

Fahrrad(-Verkehr) 142ff.

Faire Produkte 99, 201

Fairphone 99

FCKW 22f.

Fernsehgeräte 103

Fleisch 191ff, 209ff., 217f.

Fleischersatzprodukte 211f.

Flexitarier 197ff.

Flottengrenzwert 164ff.

Flugverkehr 171ff., 201

Fußgänger 147f.

G

GAP – Gemeinsame Agrarpolitik 216f.

Gemeinschaftswohnen 232f.

Gebäudesanierung 39ff., 46ff., 244ff.

Gemeinschaftsverpflegung 206ff.

Gradtagszahl 229
Güterverkehr 128, 170

H
Haushaltsgrößen 226, 232
Heizungspumpe 115f.
Herde 112
Holzpellets(-Heizungen) 241f.

K
KfW-Effizienzhaus 40, 230, 236, 245
Klimaschutzgesetz 41ff.
Klimaschutzpolitik 37ff., 43ff., 216ff.
Klimaschutzprogramm 43ff.
Klimaschutzziele 37, 42
Kohleausstieg 66ff.
Kompensation 177
Kühl- und Gefriergeräte 109ff.

L
Lebensmittelabfälle 203f.
LED 104f.
Luftverkehrsabgabe 43, 186

M
Methan 189, 209
Mindesthaltbarkeitsdatum 204
Modal Split 126
Möbel 52f.
Multimodale Mobilität 141ff.

N
Nachhaltige Entwicklung 29
Netzausbau 82
Netzwerk-Stand-by 121
Niedrigverbrauchsautos 158ff.

O
Ökodesign-Richtlinie 121f.
Ökolandbau 199ff.
Ökostrom 91ff.

Ölheizungen 44, 240
Online-Shopping 100f.
ÖPNV 148f.
Ozonloch 22, 249

P
Papierprodukte 58f.
Passivhäuser 239f.
Paris Agreement 20,26,37
Photovoltaik(-Anlagen) 76,116f.
Planet Health Diet 202
Plastiktüte 10, 51, 58
Postwachstum 36f.
Pro-Kopf-Wohnfläche 221, 226, 232
Pumpentausch 116

R
Radinfrastruktur 142ff.
Raumklimaanlagen 119
Ridesharing 156

S
Sanierungsquote 222, 229
Schulsanierung 243
Sektorziele 42
Sharing 152
Slow food 194f.
Smartphone 90
Solidarische Landwirtschaft 195
Sozialverträglichkeit 47ff.
Spritsparend fahren 168f.
Spülmaschinen 113
Stand-by 95f.
Stickstoff(belastung) 45f., 189f.
Stromkosten 82ff.
Strommessgeräte 96
Strompreis 82f.
Stromproduktion 64

Stromspar-Check 72

Stromsparen 91f.

Stromspeicher 81

Stromverbrauch 88ff.

SUV 132, 160

T

Teilsanierung 228f.

Tempolimit 120/80/
   30 km/h 161ff.

Textilien 57f.

Thermostatventil 115, 228ff.

Tierbestandsreduktion 217f.

Tierwohl-Label 218

Transformation(en) 24ff.

Transformationsmatrix
   Landwirtschaft & Ernährung 192f.

Transformationsmatrix Mobilität 129

Transformationsmatrix Strom 70

Transformationsmatrix Wohnen 223

U

Überflusskonsum 16, 57ff.

Umzugsmanagement 244f.

Urban Gardening 195

V

Veganer*innen 197ff.

Vegetarier*innen 197ff.

Verbrennungsmotoren 157ff.

Verfallsdatum 204

Verkehrsaufwand 126

Verkehrsunfälle 126

Verkehrswende 129f.

Videokonferenz 174

Vorzeitiger Geräteaustausch 110f.

W

Wärmepumpe 63, 88, 241f.

Warmwasserreduktion 114f.

Warmwasser-Zirkulations-
   pumpe 115f.

Wäschetrockner 108

Waschmaschinen 106f.

Wasserkocher 113

Wasserkraft 61, 74f.

Windkraft(-Anlagen) 77ff.

Wohngeld 46ff., 246

Wohnmodelle 224f., 232f.

DER AUTOR

Prof. Dr. Rainer Grießhammer ist Professor für Nachhaltige Produkte an der Universität Freiburg und Bestseller-Autor („Der Öko-Knigge", „Der Klima-Knigge"). Er war langjähriger Geschäftsführer des Öko-Instituts und Mitglied im WBGU, dem Wissenschaftlichen Beirat der Bundesregierung für globale Umweltänderungen. Schon früh forderte er politische Maßnahmen gegen die Klimaerhitzung und einen klimaverträglichen Konsum („Ozonloch und Treibhauseffekt", 1989; Der „Klima-Knigge", 2007). 2010 wurde er mit dem Deutschen Umweltpreis ausgezeichnet.

NACHWORT

„Die Lage ist ernst, aber nicht hoffnungslos."

Diese Grundhaltung steht über dem Buch von Rainer Grießhammer. Der Umweltpreisträger und ehemalige Geschäftsführer des Ökoinstituts will diejenigen wachrütteln, die den Ernst der drohenden Klimakatastrophe noch nicht erkennen. Professor Dr. Grießhammer zeigt uns allen aber auch Wege auf, wie die Politik und wir selbst die drohende Katastrophe vermeiden können. Damit setzt er ein klares Zeichen gegen einen handlungslähmenden Pessimismus.

Auch unser kleiner sozialer Fachverlag geht mit der Herausgabe dieses Buches neue Wege. Wir waren überrascht, dass der Umweltpreisträger Rainer Grießhammer dieses Buch mit Lambertus machen wollte. Da die Mühlen größerer Verlage manchmal langsamer mahlen und die Zeit für Veränderungen drängt, kam der Autor auf uns zu. Und wir griffen das gerne auf.

Denn die sozialen Implikationen des Klimawandels liegen auf der Hand, Ökologie und Soziales müssen zusammengedacht und zusammengebracht werden. Die ökologische Wende kann nur dann vorankommen, wenn sie auch sozial abgefedert ist. Ein Beispiel soll dies verdeutlichen: Wenn Hausbesitzer öffentliche Zuschüsse erhalten, um ihre Immobilie klimagerecht zu renovieren, werden die Mieten zwangsläufig steigen. Die Mieter leiden. Solche Ungerechtigkeiten müssen ausgeglichen werden. Sie bedrohen sonst den sozialen Frieden.

Derlei Zusammenhänge werden in diesem Buch auf einleuchtende Art und Weise beschrieben, manch überraschende Gedanken und Ideen regen zum Nachdenken und vor allem: Nachmachen! an.

Große Teile des Buchinhaltes werden auch kostenlos digital zur Verfügung gestellt und mit #Hashtags über die Social-Media-Kanäle verbreitet. Sie sollen auch außerhalb der Buchdeckel ihre Wirkung entfalten können. Wie dem Autor, geht es unserem Verlag nicht nur um verkaufte Inhalte: Es geht uns um unseren Planeten, um die Zukunft der Menschheit und darum, dass wir als eine Menschheitsfamilie eine Lebenschance haben und gut zusammenleben können.

Thomas Becker
Lambertus-Verlag

Die Stiftung Zukunftserbe (Future Legacy) fördert Projekte,
mit denen frühzeitig Strukturveränderungen eingeleitet werden.
Projektbeispiele sind:

- Neues Wohnen - Plusenergiehäuser
- Nachhaltige Geldanlagen
- Gütesiegel Grüner Strom
- Ausstieg aus Atomkraft und Kohlekraftwerken
- Nachhaltige Digitalisierung
- Landwirtschafts- und Ernährungswende

Mit einer Spende oder Zustiftung unterstützen Sie eine lebenswerte Zukunft für die nächsten Generationen.
Unser Spendenkonto: GLS Gemeinschaftsbank eG
IBAN DE87 4306 0967 8040 5605 00

stiftung zukunftserbe ...

Sie sind interessiert?
Weitere Informationen finden Sie unter www.zukunftserbe.de
Oder Sie kontaktieren uns!
E-Mail: info@zukunftserbe.de oder Telefon: 0761-45295249

Auch
SOZIAL
engagiert?

„Sozialcourage", das Magazin der Caritas, zeigt, wie du dich engagieren kannst. 4x/Jahr informieren wir dich, wie du gesellschaftliche Probleme erfolgreich anpacken kannst.

Erfahre mehr und abonniere das Heft unter
www.sozialcourage.de

Für sozial Engagierte und Ehrenamtliche kostenlos.

Psycho Kick - Das Original

Was ist Freundschaft? Wie will ich leben? Wer ist mir wichtig? Was ist Liebe? Wer bin ich?

Das sind wichtige Fragen, die uns alle, aber insbesondere Jugendliche beschäftigen - und mit denen sich das Spiel „PsychoKick - Das Original" auseinandersetzt. Auf 130 bunten Karten werden viele spannende Fragen gestellt, die mal tiefsinnig, mal humorvoll nach dem Selbstbild, persönlichen Wertvorstellungen, Zukunftswünschen, Freundschaft und Liebe fragen. Perfekt, um sich und andere (noch besser) kennenzulernen und gemeinsam über diese Themen zu diskutieren.

Das Spiel eignet sich für spannende Gesprächsrunden mit Freunden genauso wie für Gruppen Jugendlicher oder Erwachsener, die sich neu kennenlernen, als „Mitnahme-Spiel" für Reisen, Seminare, Fortbildungen, für Interaktions-Spiel-Gruppen oder die außerschulische Jugend- und Erwachsenenbildung.

Peter Thiesen

Psycho Kick - Das Original
Das Kommunikationsspiel für
Jugendliche und Erwachsene
3. Auflage, 2018
Box, 130 Spielkarten in Stülpschachtel
16,90 €
ISBN 978-3-7841-3004-0

www.lambertus.de

Vom Gastarbeiterkind zum Hochschullehrer

Erzählt wird die Geschichte des sozialen Aufstiegs eines türkischen „Gastarbeiterkindes", dessen Eltern Ende der sechziger Jahre nach Deutschland kamen. Mal nüchtern, mal humorvoll beschreibt Ahmet Toprak seinen Weg vom Hauptschüler in Köln zum Professor an der Fachhochschule in Dortmund. Dieser Weg verläuft alles andere als geradlinig und wie viele Menschen mit Einwanderungsgeschichte erfährt er interkulturelle Missverständnisse, Diskriminierung, aber auch unerwartete Ermutigung. Oftmals von seinem Umfeld unterschätzt, wird Toprak am Ende vom eigenen Erfolg am meisten überrascht. Seine Biographie belegt eindrucksvoll, wie wichtig eine gute Schulbildung sowie Unterstützung in der Familie für den Integrationserfolg sind.

Ahmet Toprak

Auch Alis werden Professor
Vom Gastarbeiterkind zum Hochschullehrer
1. Auflage, November 2017
Kartoniert/Broschiert, 172 Seiten
22,00 €
ISBN 978-3-7841-3020-0

www.lambertus.de